第12版

高校法学专业
核心课程配套测试

商法
配套测试

解析

教学辅导中心 / 组编　编委会主任 / 姚海放

编审人员
姚海放　陈　楠　符大卿　钱　璇　张卓媛

中国法治出版社
CHINA LEGAL PUBLISHING HOUSE

目　　录

第一章　商法概述

单项选择题

答案：A。商法是调整商事交易主体在其商行为中所形成的法律关系的法律规范的总称。

名词解释

1. 答案：商法是指调整商事交易主体在其商行为中所形成的法律关系，即商事关系的法律规范的总称。对商法的这一定义，可以从两个方面来分析：一方面，它说明商法是以商事关系作为自己调整对象的法律部门；另一方面，它说明商法是由一系列法律规范所构成的一个法律体系。

2. 答案：商法的渊源，即商法规范的存在或表现形式，具体而言，是指具有法的效力的商法规范借以表现的形式。我国商法主要采用成文法形式。商法渊源是对商主体和商行为具有约束力的法律规范，也是商事活动和商事司法的重要法律依据。

3. 答案：商法的调整对象是商事关系，商事关系就是平等主体之间基于营利性活动所形成的社会关系。

4. 答案：商事外观主义是指以交易当事人行为的外观为标准来认定商事交易行为的效果。对此，德国、法国学者称为“外观法理”，英美法中称为“禁反言”。外观表示与真实意思可能不一致。依据外观主义，交易行为完成后，出于对交易安全保护的目的，原则上不得撤销。

简答题

1. 答案：（1）商法是私法

私法是商法的本质属性，虽然部分国家对经济活动的干预越来越多，并将其政策规定于法律之中，从而出现“私法公法化”的趋势，商法也具有了公法的色彩。但就其本性而言，商法依然属于私法，其根据在于：①商法的调整对象是商事关系，而商事关系是平等主体在从事以营利为目的的经济活动中所形成的一种社会关系。在商事关系中，商事主体的地位是平等的，始终贯彻意思自治原则。②商法调整商事关系的直接目的是保护和协调民事主体的私人利益，促进商业活动的增长和发展。③商法调整的方法主要是民事权利义务的设定和民事责任的追究。

（2）商法是民法的特别法

在整个法律体系中，民法与商法同属私法，却有着特别的固有联系。按照民法与商法是否分别制定法典，通常将各国的立法体例分为“民商分立”与“民商合一”两种基本模式。但在学理上不论是“民商合一”还是“民商分立”，商法多被认为是民法的特别法或称特别私法，其并非完全脱离民法而独立存在。由此，商法与民法在基本原理、基本制度方面相通。例如民法关于自然人能力、法人、法律行为、侵权责任的规定都适用于商事关系，商法不需要对此另作特别规定。在法律适用上，依照特别法优先于一般法适用的原则，凡涉及商事的事项，商法有规定的，优先适用商法；商法无规定的，则适用民法有关规定。

（3）商法是商品经济（市场经济）的法

商品经济是商法的基础，没有商品经济就没有商法。商品经济是以交换为目的的经济。商法所调整的商事关系具有营利性的特征，而这恰恰是商人从事商品交换活动的目的。商法作为商品经济的法，直接反映着商品经济的要求。商法中的商事主体制度规范的是商品生产者和经营者的组织形式和内外法律关系，商法中的商事行为规则调整的是商品交易行为和与此相关并为之服务的其他经营行为。

2. 答案：一般认为，商事主体的社会责任是指公司、企业等商事主体不仅对其成员负有责任，而且应对成员之外的雇员、债权人、供应商、客户，社区以及公共利益负有责任。商事主体是以营利为目的的法律主体，实现自身利益最大化是其成立的主要目的。然而，随着市场经济的发展，各类商事主体的数量和规模不断膨胀，公司这种商事主体已经成为社会经济的支配力量，对社会各方面的利益产生实质影响。工业事故频繁、劳动者缺乏社会保障、环境污染严重等事件意味着不仅商事主体自身承担经营的风险，雇员、债权人、客户甚至社区居民等利益相关方都在一定程度上承担风险。因此，商事主体不仅应追求企业经济效益的提升，还应致力于增进社会效益，组织和经营公司的终极目标应是社会的整体利益。这些利益涉及的主体除了股东，就是利益相关者。

虽然社会责任是一个宽泛的概念，法律不可能也没有必要对每一项社会责任予以明确列举，但在商法中明确商事主体的社会责任无疑具有重要的意义：一方面有利于预防商事主体滥用市场地位和经济力量，鼓励公益捐赠、环保活动等各种形式的社会公益行为；另一方面有利于保护利益相关者的合法权益。随着我国市场经济的发展，各类商事主体的规模和数量也与日俱增。但是，对营利的过度追求，违反法律法规，违背社会公德、商业道德的行为时有发生，导致公司债权人、消费者、职工的利益遭到侵害，有些行为也严重影响和破坏了社会、市场应有的正常秩序。因此，明确提出并肯定商事主体的社会责任，倡导其以各种形式维护社会公共利益，履行社会责任，具有重要的意义。

3. **答案**：所谓企业的维持，是指努力保持已经存在的企业的存续和发展，尽可能避免企业的解散或终止。企业是商事活动的主体，是国民经济的基本单位，其正常存续和健康发展，决定和影响着整个国民经济的稳定和发展。企业的解体，不仅牺牲了企业本身，同时也使投资者、职工、交易相对人遭受损失，也会给社会经济带来诸多消极影响。为此，商法的重要目标和任务是发挥企业在集中社会人力、物力和财力方面的功能，维持企业的持续发展，尽力防范和减少企业的解散和破产。在企业处于破产状态时，通过和解、整顿、更生等制度，使其摆脱困境，得以复兴。企业维持作为贯穿商法的基本法律原则，在商法的各个法律领域都有不同的体现，许多具体的商事法律制度都反映了企业维持的目的和要求。

（1）确认企业的主体法律地位

商法上的企业分为独资企业、合伙企业和公司企业三种基本的法定类型。虽然这几种企业形式各有特定的财产关系、组织结构和人格特征，但它们都是商法上的商事主体，都具有商事主体的法律地位和相应的商事能力。商法实行商事主体法定原则，企业的商事主体地位由商法赋予，商法以强制性的规范对商事主体的类型、设立条件、设立程序和组织关系作出具体的规定。

（2）公司法对资本的维持

公司法的资本制度坚持资本维持或资本充实原则，要求公司在其存续过程中，应经常保持与其资本额相当的财产。其目的正是通过对公司资本的维持保障企业作为经营体的正常存续和稳定经营，进而实现对债权人利益的保护。各国公司法围绕资本制度建立的绝大多数法律规则是资本维持原则的直接或间接体现，其中包括：退股行为的禁止，即公司成立后，股东不得抽回出资；公司不得折价发行股份；限定非货币出资的条件；规定发起人和股东对出资承担连带认缴责任；限制公司收购本公司的股份和接受以本公司股份提供的担保；等等。

（3）公司法对盈利分配的约束和限制

公司税后利润的分配是公司财务会计制度的重要内容，关系到公司、股东、债权人、公司职工和国家等不同利益主体的切身利益，同时也直接关系到公司的维持和稳定。“无盈不分”，即没有盈利不得分配，是公司股利分配的基本规则。公司的盈利首先应用于弥补亏损，只有在公司盈利的状态下，才能向股东分配股利。否则，等于以公司资本向股东分配，会影响公司资产实力和经营稳定。

同时公司亦规定有严格的公积金规则，公司的盈利在向股东分配之前，还必须按规定提取公积金。公司公积金的作用，一是未雨绸缪，将丰年的盈余留作储备，以抵御市场风险，充实公司资本和弥补公司经营的亏损。二是扩大公司经营规模，壮大公司实力。这两个方面都具有维持公司健康、持续、稳定发展的突出作用。

(4) 企业破产法的企业重整制度

企业破产法上的企业重整制度和破产和解制度是体现商法企业维持原则的又一重要法律制度。企业重整制度是预防企业破产最为积极、有效的措施。它是指在企业无力偿债的情况下，依照法律规定的程序，保护企业继续营业，实现债务调整和企业整理，使之摆脱困境，走向复兴的再建型债务清理制度。重整可以使那些陷入债务困境但有复苏希望的企业或其他债务人，按照法律规定的程序，与债权人、股东和其他利害关系人，就债务清偿、企业整顿、营业改善、财产出让、资本变更等一系列事项达成协议，使债权人得到公平的清偿，使企业摆脱困境，恢复生机。

4. 答案：总体上看，商法在性质上属于私法。然而随着市场经济的发展，商人基于意思自治、契约自由等原则而实施的行为极有可能侵害他人利益及社会公共利益，如不正当竞争、垄断、侵害消费者利益等行为。因此，需要国家对商事活动进行控制和调节，以维护经济秩序的正常运行，由此带来了“法律社会化”和“私法公法化”的倾向。私法公法化在很大程度上表现在商法领域，即商事立法中越来越多地体现政府的经济职权和国家意志的干预，越来越多地规定了调整个人与政府和社会间经济关系、维护社会公共利益的内容，这些内容体现了明显的公法属性。这意味着商法具有私法性质的同时，也具有公法的色彩。例如商事登记制度，公司法中关于公司登记的规定，企业破产法、公司法及保险法中关于罚则的规定，海商法中关于船舶登记的规定，保险法中有关责任准备金、保险业监督管理的规定，企业破产法中有关债务清偿顺序的规定等，都是具有公法性质的商法规范。

因此，商法虽属私法，却包含具有公法性质的规范，这表明了公法、私法在商法中的相互渗透。实际上，泾渭分明的公法、私法只存在于法学理论之中，实际生活中的法律几乎不存在纯粹的公法和纯粹的私法。

论述题

1. 答案：大陆法系国家的商事立法体例，可分为民商分立体例和民商合一体例两类。从大陆法系国家民商法的现状来看，多数国家采取了民商分立的立法体例，在民法典之外另制定了独立的商法典。从一定意义上说，民商分立与民商合一的立法体例之别仅仅限于，是否应将规制营利性主体营业行为的基本商法规则纳入独立的商法典的问题上；而对于实质意义上的商事普通法之存在以及商事特别法之存在，大陆法理论与实践中并无争议，均采取肯定制度。也就是说，民商合一体例从来不意味着要否定实质意义上的商事普通法，离开了确认商事普通法存在这一前提，也就无所谓合分问题。

归纳起来说，大陆法系国家的商事立法主要有主观主义商法模式、客观主义商法模式、折中主义商法模式。

(1) 主观主义商法模式。其基本特点表现在以下三个方面。第一，这一立法体系强调商主体的资格确定，并将其作为商法适用的一般前提。根据《德国商法典》所作的定义：“为本法所设定之目的而从事商业经营活动的人都是商人。”在对商主体资格确定上，商人法立法体系实际上采用双重确认标准：其一是主要依据商行为（营利性营业行为）确定，同时要求行为人负有商业登记义务；其二是主要依据商业登记标准（并辅以不同层次的商业范围）来确定，并根据外观公示原则推定其从事商行为。第二，这一立法体系强调对商行为内涵的一般概括，并以之作为确定商主体商法上身份的基本标准。在《德国商法典》之前，法国商法理论与实践虽然已经提出了商行为观念，但在立法中并没有概括出商行为的一般定义，并且这一观念也不具有系统的理论化内涵。实际上，现代商法中所普遍采用的固有商行为、营业商行为、辅助商行为，乃至双方商行为与单方商行为等概念均始自德国的商法理论与实践。根据《德国商法典》的规定，一般意义上的商行为是指“具有营利性营业性质的经营活动”，即包括：（1）商事法依行为内容所直接认定的固有商行为；（2）由商法典列举的营业商行为；（3）虽不在列举范围之内但系由公司或商事组织从事的营业活动；（4）与商人的基本商行为有牵连关系的（或当事人表示有牵连关系的）营业行为、服务行为；等等。故可知商人法立法体系中的商行为概念具有层次性，并且这一概念的结构是为了确定商主体的概念而设计的。第三，这一立法体系强调商事法中对一切商事关系具有普遍适用意义的基本规则之抽象，由此形成了商事基本法或商法总则的内容。不过学者通常的认识是：由于德国商法体系的形成缺少像《德国民法典》那样充分和深入的立法理论准备，因此商法典的体系化和系统化发展始终是一个悬而未解的问题。近年来，德国学者多致力于商法赖以存在的条件和商事企业概念等问题的研究，试图构建出更具一般性的商法理论体系，以统辖各类具体的商事特别法，他们中大多数人倾向于保留商人法主义的立法体系和《德国民法典》原有的体系结构。

（2）客观主义商法模式。其基本特征是：首先，这一立法体系强调商行为概念的基础作用，并试图主要以此概念来确定商主体的范围、商法的适用范围以及商法规则的体系，作出较商人法体系更为明确的界定。但由于在现代商品经济活动不断发展的条件下，商行为概念本身的范围就具有变动性和不确定性，这就决定了采取此立法体系所确定的商行为范围仅能狭于或大体趋近于现实商业活动的范围。其次，这一立法体系强调商主体资格对于商行为的依存性。但西班牙商法在公司和企业组织商主体问题上没有单纯依据商行为确定商主体资格的客观标准，从而有效避免了商主体身份的不确定性。可对于商个人的确定却留下了三个方面的含混或疑问。其一，商个人从事商业行为必须履行商业登记，这时商个人的资格何时取得，商事能力范围如何，何时须履行登记等一系列问题均处于含混状态。其二，商个人资格的不确定使其代理人代行的营业活动究竟属于代理人的商行为还是本人的商行为成为疑问。其三，由无行为能力人通过代理人从事的营利性营业活动以及由自然人从事的某些法定范围外的营利性营业行为，均被排除在商行为之外，而不受商法控制。这些疑问实际是客观商法体例下所无法避免的基本问题。

（3）折中主义商法模式。商人的概念与商行为的概念被共同作为商法体系的基础，即以商行为概念作为商人定义的基础，而商人概念又在一定程度上决定着商行为的具体范围。这种混合特征是折中主义商法体系的基础。这种体系并没有关于商行为的一般定义，而是通过列举方式明确了商行为的基本范围，明确将某些行为排除在商行为范围之外。

2. 答案：（1）二者的调整对象不同。商法的调整对象主要为平等主体之间从事商事交易所产生的社会关系；经济法的调整对象为国家协调本国经济运行过程中发生的社会关系。前者为私法关系，后者则明显不属于私法关系。

（2）二者的属性不同。商事法律规范以任意性规范为主，强制性规范为辅；经济法由于国家作为一方主体，其规范多为强制性规范，同时存在少量的任意性规范。

（3）二者的调整方法不同。商法属于私法，其调整方法多为市场机制和民事责任；经济法具有公法性质，其调整方法多为强行机制和行政责任。

（4）二者的规范内容不同。商法主要包括有关商人和商行为的原则规定、公司法、证券法、保险法、票据法、海商法等；经济法则主要包括有关经济法主体及其经济职能的原则规定、反垄断法、反不正当竞争法等。

第二章　商事主体

单项选择题

1. 答案：B。《合伙企业法》第 35 条规定："被聘任的合伙企业的经营管理人员应当在合伙企业授权范围内履行职务。被聘任的合伙企业的经营管理人员，超越合伙企业授权范围履行职务，或者在履行职务过程中因故意或者重大过失给合伙企业造成损失的，依法承担赔偿责任。"A 项错误。

根据《合伙企业法》第 31 条第 6 项的规定，聘请合伙人以外的人担任合伙企业的经营管理人员需要全体合伙人一致同意。B 项正确。

《合伙企业法》第 26 条第 2 款规定，"按照合伙协议的约定或者经全体合伙人决定，可以委托一个或者数个合伙人对外代表合伙企业，执行合伙事务"。合伙企业中执行合伙事务的合伙人相当于公司中的董事长或者执行董事一类的角色，有权对外代表合伙企业。而合伙企业的经营管理人相当于公司经理，通常并无对外代表合伙企业的权限，只有经过合伙企业授权才能对外代理合伙企业。就此，《合伙企业法》第 35 条第 1 款规定："被聘任的合伙企业的经营管理人员应当在合伙企业授权范围内履行职务。"本题中，陈东被聘为合伙企业的经营管理人，负责合伙企业的内部管理与市场开拓，当其进行市场开拓时，通常需要在合伙企业的授权范围内以合伙企业名义对外签订合同，并不当然有权代表合伙企业对外签约。C 项错误。

《合伙企业法》第 37 条规定："合伙企业对合伙人执行合伙事务以及对外代表合伙企业权利的限制，不得对抗善意第三人。"有权"代表"合伙企业的主体只能是合伙企业执行合伙事务的合伙人，而非合伙企业的经营管理人。经营管理人只有在经过合伙企业（通过执行合伙事务的合伙人）授权之后，才有权在授权范围内对外"代理"合伙企业。因为合伙企业中执行合伙事务的合伙人通常可以对外代表合伙企业，享有一般代表权，所以内部限制不得对抗善意第三人。而合伙企业的经营管理人只有经过特别授权后才有权代理合伙企业，没有授权就没有代理权，自然不存在内部限制不得对抗善意第三人的问题。而且 D 项表述连"善意"二字都被抹去，只是"第三人"而已，可谓错上加错。

2. 答案：C。《合伙企业法》第 26 条第 2 款规定，"按照合伙协议的约定或者经全体合伙人决定，可以委托一个或者数个合伙人对外代表合伙企业，执行合伙事务"。《民法典》第 166 条规定："数人为同一代理事项的代理人的，应当共同行使代理权，但是当事人另有约定的除外。"本题中，赵、钱共同担任合伙事务执行人，应当共同执行合伙事务，故 A 项错误。B 项，孙单独以合伙企业名义对外签约属于无权代理，其所签合同效力待定而非无效，故 B 项错误。C 项完全符合合伙协议的约定，正确。

《合伙企业法》第 37 条规定："合伙企业对合伙人执行合伙事务以及对外代表合伙企业权利的限制，不得对抗善意第三人。"D 项中，赵、钱违反合伙协议约定对外签约，其所签合同未必无效；如果相对人善意，则有效，故 D 项错误。

不定项选择题

1. 答案：C。本题主要考查的是民事主体和商主体的区别。公法上的主体既可以成为商主体，也能成为民事主体，故 C 项错误。

2. 答案：D。本题考查的是商主体的特征。商法人是按照法定构成要件和程序设立的，拥有法人资格，参与商事法律关系，依法独立享有权利和承担义务的组织。可见商法人的设立需要同时符合法律关于实体要件和程序要件的要求。

3. 答案：C。本题考查的是商主体的分类。法定商人、注册商人、任意商人是依照法律授权或法律设定的要件、程序和方式而作的分类，又可称为必然商人、应登记商人、自由登记商人。

4. 答案：AB。《合伙企业法》第 42 条第 1 款规定："合伙人的自有财产不足清偿其与合伙企业无关的债务的，该合伙人可以以其从合伙企业中分取的收益用于清偿；债权人也可以依法请求人民法院强制执行该合伙人在合伙企业中的财产份额用于清偿。"据此，A、B 两项都正确。

《合伙企业法》第 42 条第 2 款规定："人民法院强制执行合伙人的财产份额时，应当通知全体合伙人，其他合伙人有优先购买权；其他合伙人未购买，又不同意将该财产份额转让给他人的，依照本法第五十一条的规定为该合伙人办理退伙结算，或者办理削减该合伙人相应财产份额的结算。"据此，对刘璋的合伙份额进行强制执行时，其他合伙人享有优先购买权，故 C 项错误。相比合伙份额转让，合伙人退伙会给合伙企业造成更大的不良影响，根据《合伙企业法》第 42 条第 2 款规定，只有在合伙人的合伙份额无法转让给其他人时，才能办理退伙结算，故 D 项错误。

5. 答案：AB。《合伙企业法》第 57 条第 1 款规定："一个合伙人或者数个合伙人在执业活动中因故意或者重大过失造成合伙企业债务的，应当承担无限责任或者无限连带责任，其他合伙人以其在合伙企业中的财产份额为限承担责任。"本题中，因为曾君、郭昌的重大过失致人损害，应当由曾君、郭昌对客户的损失承担无限连带责任，而其他合伙人仅以其在合伙企业中的财产份额为限承担责任。据此，B 项正确，C、D 两项错误。

《合伙企业法》第 58 条规定："合伙人执业活动中因故意或者重大过失造成的合伙企业债务，以合伙企业财产对外承担责任后，该合伙人应当按照合伙协议的约定对给合伙企业造成的损失承担赔偿责任。"就某律师事务所而言，其应当以律所的全部财产对合伙人给客户造成的损失承担责任，所以客户可以要求该所承担全部赔偿责任，故 A 项正确。

6. 答案：ABCD。《合伙企业法》第 60 条规定："有限合伙企业及其合伙人适用本章规定；本章未作规定的，适用本法第二章第一节至第五节关于普通合伙企业及其合伙人的规定。"《合伙企业法》对有限合伙人的入伙、退伙并无特别规定，适用一般规定。《合伙企业法》第 43 条第 1 款规定："新合伙人入伙，除合伙协议另有约定外，应当经全体合伙人一致同意，并依法订立书面入伙协议。"据此，在合伙协议没有特别约定的情况下，有限合伙人的入伙需要经过其他全体合伙人的一致同意而不仅仅是普通合伙人的同意，故 A 项错误。

《合伙企业法》第 77 条规定："新入伙的有限合伙人对入伙前有限合伙企业的债务，以其认缴的出资额为限承担责任。"据此，三江公司应当以认缴的出资额而不是以实缴的出资额为限承担责任，故 B 项错误。

《合伙企业法》第 28 条第 2 款规定："合伙人为了解合伙企业的经营状况和财务状况，有权查阅合伙企业会计账簿等财务资料。"同时，根据第 68 条第 2 款第 5 项规定，有限合伙人"对涉及自身利益的情况，查阅有限合伙企业财务会计账簿等财务资料"不视为执行合伙企业事务。从这些规定可以看出，有限合伙人查阅合伙企业财务会计账簿的权利是受到限制的，即只有在涉及自身利益的情况下才能够查阅，而不能随意查阅合伙企业财务会计账簿，故 C 项错误。

《合伙企业法》第 71 条规定："有限合伙人可以自营或者同他人合作经营与本有限合伙企业相竞争的业务；但是，合伙协议另有约定的除外。"据此，D 项错误。

7. 答案：（1）C。《合伙企业法》第 31 条规定："除合伙协议另有约定外，合伙企业的下列事项应当经全体合伙人一致同意：（一）改变合伙企业的名称；（二）改变合伙企业的经营范围、主要经营场所的地点；（三）处分合伙企业的不动产；（四）转让或者处分合伙企业的知识产权和其他财产权利；（五）以合伙企业名义为他人提供担保；（六）聘任合伙人以外的人担任合伙企业的经营管理人员。”本题中，甲、乙决定将合伙企业的400万元现金用于股市投资，不属于应当由全体合伙人一致同意的情形，按照合伙企业事务执行的一般决议程序办理即可。《合伙企业法》第30条第1款规定：“合伙人对合伙企业有关事项作出决议，按照合伙协议约定的表决办法办理。合伙协议未约定或者约定不明确的，实行合伙人一人一票并经全体合伙人过半数通过的表决办法。”本题中，甲、乙决定将合伙企业的400万元现金用于股市投资，因为表决人数已经超过了全体合伙人的半数，故甲、乙有权决定将400万元现金用于股市投资，所以，甲、乙的行为属于有权处分。尽管甲、乙在丙不知情的情况下将400万元现金用于股市投资，不太符合规范的表决程序，但纵然甲、乙通知了丙，甲、乙依然有权在丙反对的情况下决议将400万元现金用于股市投资。而且，合伙企业形式灵活，《合伙企业法》对合伙人的决议程序和形式并无特别要求，甲、乙将400万元现金用于股市投资的表决纵然有程序瑕疵，也不会影响表决的效力。综上，应当认定甲、乙将400万元资金委托投资股市的行为属于有权处分，故A项错误。B项属于定性错误，甲、乙二人只是临时动用合伙企业资金炒股，并不涉及改变合伙企业经营范围的问题，故B项错误。甲、乙二人违反合伙企业表决程序，擅自动用合伙企业财产炒股，给合伙企业造成损失，就委托投资失败应当承担连带责任，故C项正确。就委托投资失败，题目中并未说明受托的投资机构存在过错或者违反委托合同约定，故该受托的投资机构不需承担责任，D项错误。

（2）BD。《合伙企业法》第21条规定：“合伙人在合伙企业清算前，不得请求分割合伙企业的财产；但是，本法另有规定的除外。合伙人在合伙企业清算前私自转移或者处分合伙企业财产的，合伙企业不得以此对抗善意第三人。”乙以其房屋使用权作为出资，并未将房屋所有权转移给合伙企业，其对房屋仍然享有处分权，故乙将房屋卖给丁属于有权处分，A项错误。但对合伙企业而言，乙按照合伙协议约定将房屋使用权作为对合伙企业的出资，其擅自转卖房屋给丁违反了合伙协议，应当对合伙企业承担违约责任，故D项正确。乙将房屋出卖给丁，并且办理了过户登记，丁获得房屋所有权，有权要求合伙企业搬出该房屋，故B项正确，C项错误。

（3）ABCD。《合伙企业法》第50条第1款规定：“合伙人死亡或者被依法宣告死亡的，对该合伙人在合伙企业中的财产份额享有合法继承权的继承人，按照合伙协议的约定或者经全体合伙人一致同意，从继承开始之日起，取得该合伙企业的合伙人资格。”据此，戊要成为继承人，需要符合合伙协议约定或者经全体合伙人一致同意，并不能当然取得合伙人资格，故A项错误。《合伙企业法》第85条规定：“合伙企业有下列情形之一的，应当解散：（一）合伙期限届满，合伙人决定不再经营；（二）合伙协议约定的解散事由出现；（三）全体合伙人决定解散；（四）合伙人已不具备法定人数满三十天；（五）合伙协议约定的合伙目的已经实现或者无法实现；（六）依法被吊销营业执照、责令关闭或者被撤销；（七）法律、行政法规规定的其他原因。”合伙企业亏损并非合伙企业解散的法定事由，而戊作为丙的继承人根本没有权利要求解散合伙企业，故B项错误。《合伙企业法》第97条规定：“合伙人对本法规定或者合伙协议约定必须经全体合伙人一致同意始得执行的事务擅自处理，给合伙企业或者其他合伙人造成损失的，依法承担赔偿责任。”甲、乙擅自将合伙企业的400万元资金用于炒股，虽然在表决权限上属于有权处分，但这种行为显然违反了合伙人对合伙企业的忠实勤勉义务，并且给合伙企业造成损失，应当对合伙企业或者其他合伙人承担责任。但戊作为丙的继承人，并不能当然成为合伙人，所以不能直接向甲主张赔偿，故C项错误。《合伙企业法》第96条规定："合伙人执行合伙事务，或者合伙企业从业人员利用职务上的便利，将应当归合伙企业的利益据为已有的，或者采取其他手段侵占合伙企业财产的，应当将该利益和财产退还合伙企业；给合伙企业或者其他合伙人造成损失的，依法承担赔偿责任。"乙擅自转卖房屋，给合伙企业造成损失，应当对合伙企业或者其他合伙人承担责任。但戊作为丙的继承人，并不能当然成为合伙人，所以不能直接向乙主张赔偿，故D项错误。

8. 答案：（1）CD。《合伙企业法》第26条规定，合伙人对执行合伙事务享有同等的权利。按照合伙协议的约定或者经全体合伙人决定，可以委托一个或者数个合伙人对外代表合伙企业，执行合伙事务。作为合伙人的法人、其他组织执行合伙事务的，由其委派的代表执行。第27条第1款规定，依照本法第26条第2款规定委托一个或者数个合伙人执行合伙事务的，其他合伙人不再执行合伙事务。据此，合伙人会议有权决定王某不享有对外签约的权利，而且这样的决定不会给王某造成经济损失，故A、B两项错误。《合伙企业法》第37条规定，合伙企业对合伙人执行合伙事务以及对外代表合伙企业权利的限制，不得对抗善意第三人。据此，D项正确。同时需要注意，合伙企业对合伙人的代表权限限制在合伙企业内部具有拘束力，张某必须遵从合伙人会议决定，故C项正确。

（2）BD。合伙企业对田某的对外代表权限并无特别规定，不因数额较大而需要征得朱某同意，故A项错误。《合伙企业法》第29条第1款规定，合伙人分别执行合伙事务的，执行事务合伙人可以对其他合伙人执行的事务提出异议。提出异议时，应当暂停该项事务的执行。如果发生争议，依照本法第30条规定作出决定。从合伙企业事务的执行来看，事务执行人提出异议，相关事务应当暂停执行。但田某对外签约是以合伙企业的名义，完全合法有效，故异议不影响合同的效力，B项正确。《合伙企业法》第38条规定，合伙企业对其债务，应先以其全部财产进行清偿。第39条规定，合伙企业不能清偿到期债务的，合伙人承担无限连带责任。本题中的合伙企业属于普通合伙企业，所有的合伙人对外都要承担无限连带责任，而不论是否承担合伙企业事务，故C项错误，D项正确。

（3）BC。《合伙企业法》第42条第1款规定，合伙人的自有财产不足清偿其与合伙企业无关的债务的，该合伙人可以以其从合伙企业中分取的收益用于清偿；债权人也可以依法请求人民法院强制执行该合伙人在合伙企业中的财产份额用于清偿。据此，B、C两项正确。只有金钱债务才能够被代位，合伙人在合伙企业中的权利不能被代位，故A项错误。《合伙企业法》第25条规定，合伙人以其在合伙企业中的财产份额出质的，须经其他合伙人一致同意；未经其他合伙人一致同意，其行为无效，由此给善意第三人造成损失的，由行为人依法承担赔偿责任。本题中，朱某并未将其在合伙企业中的财产份额依法出质给刘某，故刘某不享有优先受偿权，D项错误。

名词解释

1. 答案：商主体，也称商事法律关系主体，是指依照商法的规定具有商事权利能力和商事行为能力，能够以自己的名义独立从事商事行为，在商事法律关系中享有权利和承担义务的个人和组织。

2. 答案：商法人，指按照法定要件和程序设立的，具有法人资格，能够独立进行商事经营活动，并享有商事权利和承担商事义务的各种商事企业。

3. 答案：商事主体资格，又称商事能力，指商事主体独立从事商事活动，享有权利和承担义务的资格和能力，包括商事权利能力和行为能力。这是商事主体依法从事商事行为并承担法律上的权利义务的能力，它表明了商事主体在商法上的特殊资格和地位。

简答题

1. 答案：商法人，指按照法定要件和程序设立的，具有法人资格，能够独立进行商事经营活动，并享有商事权利和承担商事义务的各种商事企业。商法人的特征表现在：

（1）商法人是具有独立法律人格的法人组织，具备一般法人必须具备的基本条件和特点，包括依法成立、有自己的组织机构和场所，拥有独立财产、承担独立责任。此一特征使商法人区别于商个人和商合伙。

（2）商法人的设立和活动由商法规范调整，其设立依照商法规定的条件和程序，通常以注册登记方式进行。商法人的人格由商法赋予，此特征使商法人区别于依一般民法或行政法设立的法人。《民法典》对营利法人的成立、章程、组织机构及其决议效力等作了统一的原则性规定，明确规定营利法人经依法登记成立后，应当依法制定法人章程和设置权力机构、执行机构、监督机构等。由此，在我国，商法人的设立和活动由《民法典》进行一般原则性规定，具体的设立条件和程序以及其他事项则由相应的商法规范予以规定。

（3）商法人以营利为目的，具有特殊的从事商事活动的权利能力和行为能力，有权在其目的范围内开展经营活动，并承担相应的法律义务和责任。特别在税法上，商法人是特别的纳税主体承担特别的纳税义务和责任。此特征使商法人区别于其他非营利性的法人组织。

法人是民事法律关系的主体。传统大陆法系民法将法人分为公法人和私法人、社团法人和财团法人，商法人通常属于私法人和社团法人。对于公法人能否成为商法人，各国商法有不同规定，如意大利法律规定国家不得为商法人，而《德国商法典》则允许国家作为商法人。从民事主体和商事主体的概念与特征分析，国家和国际组织在从事民事活动或进行民事行为时，也属于特殊的民事主体，但因其不以营利性活动为常业，亦不经商事登记程序而成立，不应属于商事主体。我国法律没有公法人与私法人的分类，但我国机关法人的法律性质类似于大陆法系国家的公法人。商法人根据不同的标准可以有不同的分类。在我国，商法人又通常称为企业法人，企业法人除公司法人之外，还存在以下不属公司法调整的非公司企业：

全民所有制企业，又称国有企业，指由国家投资设立从事生产经营活动、财产归国家所有、企业享有经营管理权的企业法人。

集体企业，指根据集体企业法和其他相关法律、法规的规定，由公民或集体单位组合而成从事生产和经营活动、财产归集体所有、以谋求集体成员的共同利益为目的的企业法人。

外商投资企业，指由外商投资者根据我国有关外商投资的法律、法规，以合资、合作或独资形式在中国境内设立的具有法人资格的商事组织。目前对这些企业除适用公司法外，还有专门的外商投资法予以调整。

2. 答案：商法是规范商事主体交易活动的基本法律。市场经济条件下，商事主体是最基本的活动单位，其组织的健全与否直接关系到市场交易基础是否稳固。为了保护交易安全、相对人的利益及市场秩序的稳定，商法通常以强制性规范对商事主体的类型，标准及设立作出具体的规定，以此达到控制其进入市场的目的。该原则具体包括商事主体类型法定、商事主体内容法定和商事主体程序法定三个方面。

（1）商事主体类型法定

所谓商事主体类型法定，是指商法对于商事主体的类型作出明确规定，当事人只能在法定类型的范围内选择所要采用的类型，而不能任意创设法律中未规定的类型。这就意味着，当事人创设或者变更商事主体，仅具有在法定范围内自由选择的可能性，如果超出了法律规定的商事主体的类型，则不会得到法律的承认和市场准人。例如我国公司法没有规定无限公司、两合公司、股份两合公司，因此，这类经济组织在我国就不能成为商事主体。我国目前的立法实践中，商事主体的类型按照不同的标准主要存在以下几类：依组织形式可分为个体工商户、独资企业、合伙企业和公司等；依所有制可分为国有企业、集体企业、私营企业、混合所有制企业和个体工商户等。

(2) 商事主体内容法定

所谓商事主体内容法定，是指商法对各类主体的组织关系和财产关系在法律中予以明确规定当事人不得擅自变更其组织关系和财产关系。在商法中，对不同主体的财产关系和组织关系有不同的规定，当事人必须遵循。例如，有限责任公司、股份有限公司、合伙企业、独资企业、外资企业等不同的商事主体，在组织关系和财产关系方面存在重大差异。之所以如此，是因为法律对它们作出了不同的规定，并且不允许其擅自变更，否则就可能造成主体形式的混乱，从而影响市场经济秩序。

(3) 商事主体程序法定

所谓商事主体程序法定，是指设立、变更和终止商事主体，必须遵守商事法律规定的程序。商法对设立商事主体的程序有明确的规定，当事人欲设立商事主体，就必须严格按照法律规定的程序进行，否则，就无法达到其目的。例如，我国公司法规定的有限责任公司和股份有限公司的设立原则是严格准则设立主义和核准设立主义的结合。即设立一般的公司，符合法定条件的，原则上适用严格准则设立主义，直接办理登记注册手续；但对于涉及国家安全、公共利益和关系国计民生等特定的行业和项目，法律规定设立公司必须报经审批的，则应当履行审批手续。因此要设立这两类公司，就必须按照公司法规定的程序进行，只有在登记完成之后，该公司才宣告成立从而具备商事主体资格。

论述题

答案：(1) 商事能力的概念

商事主体的商事能力包括商事权利能力和商事行为能力。商事权利能力是指商法所赋予的商事主体能够参加商事法律关系，并在其中享有商事权利和承担商事义务的资格或能力。商事行为能力则指在法律规定的范围内，通过自己的行为或意志独立进行商事活动，并取得商事权利和承担商事义务的一种资格或能力。商事主体既有商事权利能力，也有商事行为能力。不具有此种能力的个人和组织不能成为商事主体。商事能力是商事主体人格的具体内容，而商业名称或商号则是商事主体人格的表现形式，商事主体以自己的名义从事商事行为就是以其商业名称或商号从事商事行为。

商事主体的商事能力不同于一般民事能力：①商事能力是特指从事商事行为的能力；②商事能力是在一般民事能力基础上附加的能力，具有商事能力应以具有民事能力为前提，但具有民事能力，不一定具有商事能力；③商事能力的范围具有特定性和限定性，取决于商法规范的限定和商事主体设立的目的，不同的商事主体具有不同的商事能力。而民事能力中，自然人的民事能力具有普遍性和统一性，自然人都具有相同的权利能力，行为能力只因其智力发育和精神状态不同而有所区别。

(2) 商事能力的特别限制

商事能力作为一种从事营业活动的资格，与行为主体自身的自然条件、身份条件、经营条件和经济政策、公共利益、国家安全等有着重要的联系。商事法律通常根据自然人成年与否和其社会身份赋予其商事能力，根据商事主体的生产经营条件包括技术能力等赋予其从事某些经营活动的商事能力，根据商事主体的性质、投资者身份与国籍等确定其涉及国家经济调控、公共利益和国家安全领域的商事能力。根据我国相关规定，对商事能力的特别限制尤其表现在以下几个方面：

①未成年人商事能力的限制。未成年人包括无行为能力人和限制行为能力人。商主体的商事能力以民事能力为基础，未成年人因其民事行为能力的缺陷，商事能力必然也受到限制。其目的一方面在于保护未成年人的身心健康及其合法权益，另一方面在于维护交易的安全和有效。对于未成年人的商事能力的限制，我国目前尚无明确规定，但有关企业立法涉及自然人设立企业的能力。如《个人独资企业法》第 9 条规定，投资人设立个人独资企业应提交设立申请书等文件，委托代理人申请设立登记的，应提交投资人

的委托书。对此，一般认为企业主应当具备完全行为能力，原则上未成年人不得设立独资企业从事营业活动。《合伙企业法》第14条规定："设立合伙企业，应当具备下列条件：（一）有二个以上合伙人。合伙人为自然人的，应当具有完全民事行为能力……"因此，未成年人也不得成为合伙人。

②对于公务人员商事能力的限制。我国对党政机关及其干部从事商事经营活动，进行了严格的限制。国家公务人员具有特殊的权力和地位，如果允许其从事商事经营，就可能导致其滥用权力，从而妨碍公平竞争。

③外国人商事能力的限制。在民法上，除法律有特别规定外，外国人、无国籍人的法律地位与本国公民相同，有关本国公民的规定适用于在本国领域内的外国人和无国籍人。此为民事主体平等原则之基本内涵。然而，在商法上，各国法律对外国人、无国籍人以及外国法人的商事能力，基本都有限制性规定。按照我国法律规定，外国的自然人、法人及其他组织，在我国从事商事活动，须经我国有关部门批准，并办理登记手续。

④外国企业经批准直接从事生产经营活动。例如，外国企业经我国有关部门批准，直接从事海洋、陆上石油及矿产资源的勘探开发，从事工程承包和承包经营等。

对于外国投资者进行商事经营的范围，各国在不同时期，出于国内经济发展情况和国家主权、安全的考虑，都会予以限制。在商事活动中虽有所谓国民待遇原则，但在任何国家，外国人要进入他国进行商事活动，必须遵守该国法律、政策对外资进入范围和规模的限制。

第三章　商事行为

单项选择题

1. **答案**：A。本题考查的是商行为的特征。商行为是指商主体所从事的以营利为目的的经营性行为。商行为有以下特征：(1) 商行为是以营利为目的的行为；(2) 商行为是经营性行为；(3) 商行为是商主体所从事的行为；(4) 商行为是体现商事交易特点的行为。
2. **答案**：D。本题考查的是商事信用的概念。商事信用是指在商事活动中，商品销售、提供服务、提借贷款等交易中取得商品、接受服务或贷款的一方，同意在将来规定的日期支付贷款、服务报酬、贷款本息的承诺，故本题选 D。

名词解释

1. **答案**：商事代理是最基本的商事行为之一，有狭义和广义之分。狭义的商事代理是指具有商人身份的人以自己的名义或以委托人的名义，为委托人买卖或提供其他服务，并从中获取佣金的营业性活动；广义的商事代理还包括商业雇用人对企业的代理活动，如经理或其他雇员的代理。
2. **答案**：商事行纪是指商主体以自己的名义为他人（委托人）购买或销售货物、有价证券，由此获取报酬，并以此作为职业性经营的行为。
3. **答案**：单方商行为是指根据交易当事人一方是商人或一方所从事的行为是商行为而认定的行为。如保险公司与投保人的行为，销售者与消费者之间的行为。
4. **答案**：融资租赁是指融租人和承租人双方商主体约定，融租人根据承租人的决定，向承租人选定的第三人（供货方）购买承租人选定的物件，然后将其租给承租人长期使用，以承租人支付租金的方式来收回投资的一种商行为。
5. **答案**：商事居间是指商事主体为获取一定的报酬（佣金）而从事的为委托人与第三人订立合同提供缔约机会或进行介绍，以促成合同订立的行为。
6. **答案**：特许经营关系是一种复合契约关系。首先，它是营业合作契约关系；其次，它是特许权授予契约关系；最后，它包含买卖、租赁、培训、开店、货物运输等商业契约关系。但是，在特许经营关系中，特许人与被特许人之间不是母公司与子公司或分支机构之间的关系，也不是代理关系、分销关系、雇佣关系，更不是简单的商标许可关系。特许经营关系是一种特殊的商事法律关系。
7. **答案**：第三方支付是指银行及非银行金融机构之外的“非金融机构”所从事的支付服务。第三方电子支付实质上是由非银行机构基于互联网提供的小额电子资金划拨服务，支付平台通过提供银行支付结算系统接口和通道服务或虚拟账户满足客户的收付款需要。

简答题

1. **答案**：特许经营法律关系由主体、客体和内容构成，它涉及特许人与被特许人之间的权利、义务关系，及各自与第三方发生的法律关系。

　　特许经营法律关系分为内部法律关系和外部法律关系。内部法律关系是特许人和被特许人之间基于特许经营权许可使用形成的合同关系。特许人和被特许人在产权上没有从属性，各自对外独立享有权利并承担义务。在特许内部权利义务分配上，遵循合同自由原则。外部法律关系是特许人、被特许人基于共同利益与第三人，如消费者、竞争者、债权人或债务人、社会公众等之间形成的法律关系。

　　特许经营法律关系的主体是指参与特许经营法律关系，享受权利、承担义务的商人，在不同类型的特许经营中，主体存在一定的差异，一般包括特许人、被特许人、分区特许经营中的分特许人等。

特许人是指在特许经营中，将其享有的特许权授予被特许人使用的商人。我国《商业特许经营管理条例》规定，只有企业才能成为特许经营中的特许人，商自然人和企业以外的其他单位不得作为特许人从事特许经营活动。同时法律还规定了特许人必须具备的其他要件。被特许人是指在特许经营活动中，经特许人授权而获得特许权使用资格的商人，又称“特许经营者”。商业实务中，特许人常被称为“总部”，被特许人则被称为“加盟商”或“加盟店”。我国《商业特许经营管理条例》规定，被特许人是从事商事经营的经营者，即商人，可以是商法人，也可以是商自然人。

特许经营法律关系的客体——特许经营权，又称特许权，是指由特许人授权被特许人依照特许人指定的经营模式以自己的名义从事商事交易，特许人可以因此获得财务回报的权利。

关于特许经营权的定义和性质，各国立法和学理解释并不一致。特许经营权实质上是由企业商誉权及其他无形财产权复合形成的特别知识产权。

在法律上，特许经营权具有权利内容开放性、权利期限性、权利地域性、权利转让依赖性、权利非绝对排他性等基本特征。

2. 答案：商事代理以民事代理关系为其法律关系的构成基础。其特点和规则主要体现在以下三点：

第一，商事代理可以为非显名代理。民事代理制度一般要求代理人在实施代理行为时应显示被代理人的名义，否则不发生代理的法律效力。而商事代理规则并无此要求，商事行为的代理人在实施代理行为时，即使不显示被代理人的名义，其行为的结果仍对被代理人发生代理的法律效力。

第二，商事代理权的存续基于营业存续。民事委托代理建立在本人与代理人之间的信赖关系基础之上，具有严格的人身属性，其代理权的存续以本人的存在为要件。但是商事行为的代理权与民法上的代理权不同，其实质是营业的代理甚至是企业组织的一部分，故而只要营业存续，代理权就不随本人的死亡而消灭，代理人在营业主死亡后当然地成为其继承人的代理人，不需要实施新的授权行为。授权行为的基础法律关系不局限于委托，还包括雇佣和合伙的情形。商事代理人既可以是商人（代理商为受托人的情形），也可以是非商人（代理商是营业辅助的情形）。但非商人委托商人实施商事行为的情形一般不适用于上述商事行为代理权存续。

第三，商事代理权的权限较大。民事代理人负有善良管理人的注意义务及按本人所授权的意思处理代理事项的义务。《民法典》第162条规定：“代理人在代理权限内，以被代理人名义实施的民事法律行为，对被代理人发生效力。”换言之，民事行为代理的权限仅在本人授权的范围之内，而对于商事行为代理权的权限、范围，多数国家规定：商事行为的代理，在不违背被代理人授权意思的范围内，可以实施未被委托的行为。

3. 答案：营业资产，又称营业财产（即客观意义上的营业），是指商事主体所拥有的、基于营利目的而形成的并用于营业活动的全部财产。营业财产包括不动产、动产、债权及债务、有形资产及无形资产等。在商法上，营业资产对商事营业活动的存在及其独立性具有独特的价值和意义。

（1）营业资产的特征

营业资产具有特殊的法律属性：其一，营业资产具有财产属性，也称资本属性；其二，营业资产的价值实现既取决于财产，更依赖于营业；其三，营业资产具有整体性、确定性、可转让性特点，但可流通性常常成为评价资产优劣的标志。营业资产的另一法律特性在于其具有独立性，即：独立为实现特定营业目的而结合；独立构成特定化资产；独立资产价值大于各项财产累加的价值总和；独立于资产权利人的其他财产。

（2）营业资产的分类

有形财产与无形财产。这是从资产的静

态状态考察所做出的分类。前者是具有物理外观的财产，如商品、现金、有价证券、器具、原材料等。后者包括商誉、商业名称、商业秘密、客户资源、知识产权和地理位置等。

积极财产与消极财产。这是从资产与负债角度所做出的分类。积极财产包括物（不动产、动产等）、权利（物权、债权、专利权、商标权、著作权等）、无形资产（商业秘密、商誉、客户资源等）；消极财产包括营业过程中各种负债形成的资产。

论述题

答案：（1）商事行为的含义

商事行为，是指商人经营或从事营利事业的各种营利行为。它是相对于民事行为而言，与商事主体密切联系的概念。商事行为是商法从一般民事法律中独立出来，形成商法独立性的根本原因。商事行为是大陆法系国家和地区商法中的一个法定概念。在民商分立国家商事行为是与民事行为对立的，须受商法法典及其特别法、商事习惯法调整；民事行为则受民法法典及其特别法、民事习惯法调整。这两种行为虽同属法律行为，但在商事行为上称为“商事行为”，在民事行为上称为“法律行为”，其行为所生之法律效果彼此互异。在民商合一国家，商事行为常称为“商业”“商事”，通过民法典内部规范体系将商事行为与其他民事行为做出区分。无论采取民商分立还是民商合一立法例，大陆法系国家都注重对商事行为概念予以抽象概括。

因大陆法系国家商事立法模式不同，商事行为的内涵和外延也不完全一样。①在以德国为代表的主观主义商法模式下，商事行为是指商人从事其商事经营的全部行为，并且只有商人这一特定主体所从事的经营行为才是商事行为，不过，行为人中只要有一方是商人的法律行为就属于商事行为。商人身份是商事行为的核心，非商人不得从事商事行为。②在以法国为代表的客观主义商法模式下，商事行为是指商法规定的各种营业活动。商法仅仅规定营业活动的客观内容，即活动的商事性质，任何人均享有遵循法定要求从事商事营业活动的权利，商事行为是任何主体的营利行为。③在以日本为代表的折中主义商法模式下，商事行为既包括任何主体从事的营利性营业行为，也包括商事主体从事的任何营业活动。折中主义商事行为的概念受到主观主义与客观主义的双重影响。

（2）商事行为的特征

①商事行为是以营利为目的的经营行为。营利目的为行为人的目标而非结果，使其区别于非营利的行政、司法、公益及普通民事行为等。公益、政治、宗教机构虽可能从事经济活动，但因不以营利为目的，其行为不属于商事行为。商事行为的营利目的需通过外在表现推定，实践中常借助法律推定规则，如商事主体实施的行为可被推定为商事行为。

②商事行为是经营性行为。商事行为是具有连续性、计划性、职业性的经营性行为，需满足五要素：以营利为目的，活动有计划性、反复性、连续性，且需进行商事登记。经营性活动与商事登记密切相关，完成登记的行为可推定为商事行为。商事行为不仅包括营业行为，也包括具有经营性连续性的投资行为，主体为企业或商个人。

③商事行为是商事主体所从事的行为。商事行为是商事主体所实施的营业行为，二者关系紧密但并非严格互为因果。法国的客观主义立法认为，商事行为无特定主体限制，一般民事主体从事商事行为即可成为商事主体。日本的折中主义立法也认为，商事主体实施的行为属于商事行为，且从事“绝对的商事行为”的主体也自然成为商事主体。不过，商事行为与商事主体的界定存在交叉与循环论证。从法律行为本质看，商事行为是具有商事行为能力的商事主体所从事的行为，其行为能力对行为有效性起决定作用。德国商法明确规定，只有商事主体的行为才是商事行为。但日本商法规定，即使不具商人身份，从事商事行为也可能受商法调整。

④商事行为是体现商事经营特点的行为。具有以下特征：一是技术性高，如票据、保

险、证券等行为要求行为人熟悉法律且精通操作技术；二是强调公开性，虽有商业秘密，但为维护交易安全，需通过商事登记、信息公示等制度公开相关信息；三是注重商事效率与外观主义，强调行为简便、迅捷，采用定型化行为范式和短期消灭时效原则，以维护交易安全。

⑤商事行为是受法律严格规范和约束的行为。商事行为是法律赋予商人的特权行为，允许其为营利目的实施一些超越普通社会规范的行为，如有限责任、风险投资等。为平衡这种特权，法律对其严格规范约束，要求行为人履行特别义务，如信息公开、公司治理制衡、人格否认等。商事行为通常由法律设定，若超越法律赋权则为违法行为。即使是商事习惯行为，也需法律追认才有效。

第四章　商事登记

单项选择题

1. **答案**：D。本题考查的是商事登记的限制。商事登记的限制可为主体之限制和行为之限制两方面把握。前者包括主体职务上的限制和主体能力上的限制；后者主要包括行为符合法律规定的一般要求和特殊要求。
2. **答案**：C。本题考查的是商事登记的主管机关。我国商事登记的主管机关为国家市场监督管理总局。
3. **答案**：D。本题考查的是商事登记的种类，我国《市场主体登记管理条例》规定的登记种类是：设立登记、变更登记、注销登记。

多项选择题

答案：ACD。A 项正确。《公司法》第 13 条第 2 款规定："公司可以设立分公司。分公司不具有法人资格，其民事责任由公司承担。"第 38 条规定："公司设立分公司，应当向公司登记机关申请登记，领取营业执照。"

B 项错误。企业被吊销营业执照后，并没有立即丧失主体资格，应当先进行清算，清算后要办理注销登记，注销登记之后才丧失主体资格。

C 项正确。根据《公司法》第 9 条第 1 款、第 32 条、第 34 条的规定，公司的经营范围由公司章程规定，并依法登记。公司可以修改公司章程，改变经营范围，但是应当办理变更登记。

D 项正确。企业未经清算的，相关的债权债务关系并没有解决，不能办理注销登记。

名词解释

1. **答案**：商事登记，也称商业登记，是指为取得、变更或终止商事主体资格，依照法律法规规定的程序，向主管机关提出申请，并由主管机关依法对申请事项审查、登记的一种法律行为和法律程序。换言之，商事登记主要是指商事主体登记。
2. **答案**：设立登记是指商事主体的创设人为设立商事主体而向登记机关提出申请，并由登记机关办理登记的法律行为。
3. **答案**：变更登记是指商事主体登记注册的事项在登记注册后发生变化的，应在法定期限内向原登记机关申请变更登记，未经核准变更登记的，不得擅自改变。

简答题

1. **答案**：现代商法意义上的商业登记是指商业筹办人为设立、变更或终止商主体资格，依照法律规定的内容和程序向主管机关申请登记并被主管机关核准注册登记的法律行为。商业登记就其性质而言具有三个特征，首先，商业登记是创设、变更或中止商主体资格的法律行为，其基本目的和意义在于创设、变更或中止商主体的资格和能力。其次，商业登记是一种要式法律行为，这一行为须依法定程序向法定主管机关履行，其登记注册的事项和内容往往也由商事特别法以强行性条款规定。最后，商业登记本质上是一种公法行为。
2. **答案**：商事登记是指商主体或商主体的筹办人，为了设立、变更或者终止其主体资格，依照商事登记法规定的内容和程序，向登记机关提出申请，经登记主管机关审查核准，并将登记事项记载于登记簿的法律行为。由于立法基点的差异，各国商事法对商事登记采取了不同的原则。目前，我国立法所采用的原则如下：

   （1）强制登记原则

   其含义有二：其一，商事主体的设立、变更和终止必须进行登记。非经登记者不具有商事权利能力和行为能力，不得从事任何种类的商事活动，否则构成非法商事行为。其二，商事登记应就法律规定的商事主体的全部必要事项进行登记，未经登记不发生效力。

（2）全面审查原则

即登记主管机关，对登记注册并不是简单地履行手续，而是要由国家登记主管机关全面审查登记的企业是否是一个经济实体，是否可以取得法人资格，德、法、瑞士等国和我国均实行此原则。

其审查内容主要是：①经营项目是否符合法律规定；②经营管理人员是否有经营管理的能力；③审查资本是否符合规定的最低限额；④审查机构是否健全；⑤审查公司的名称是否符合有关规定；等等。

（3）登记公开原则

即商人登记后，不论是开业登记、变更登记或注销登记，所有登记事项都要向社会公开，每个人都有权阅览、复制登记簿上的内容，使之做到众所周知。公开登记要通过以下渠道进行：①要在指定的报刊上由核准的法人公告；②在股东会上公开公司的经营状况；③登记机关要向公众提供咨询服务。

论述题

答案：（1）外观主义的内涵

外观主义是指以交易当事人行为的外观为标准来认定商事交易行为的效果。对此，德国、法国学者称为“外观法理”，英美法中称为“禁反言”。外观表示与真实意思可能不一致。依据外观主义，交易行为完成后，出于对交易安全保护的目的，原则上不得撤销。如果允许当事人基于外观表示与真实意思不符而撤销其交易行为，则显然不利于交易关系的稳固，危及交易安全。民法上的表见代理制度，在商法中贯彻得更加彻底。例如商法中关于不实登记的责任规定，关于字号借用人，表见经理人、表见代理董事的责任规定，票据法上关于票据行为解释的外观原则、背书证明力等的规定，都体现了外观主义的要求。商法承认权利外观表象在权利认定上的优先效力，即在企业设立上遵循登记或注册主义，在权利认定上采用登记或注册等方式，进而有助于促进商事交易，减少确权带来的交易成本，减少商事交易中的违约情势。

（2）商事登记对第三人效力

合法有效的商事登记，必然对第三人产生效力。但是，登记与公示是密切相连的一个完整的法律行为。考察各国司法实践，登记与公示对第三人的法律效力是一个颇为复杂的问题，主要包括以下三个方面。

①必须登记的事项在未履行登记或已履行登记但尚未公告的情况下，对第三人的效力

目前多数国家法律规定，在商事交易中，必须在商事登记簿上登记的事项未履行登记或未予以公告的，任何该必须登记事项的参与人都不得以该事项来对抗第三人，除非第三人已经了解该事项的真实情况。这一规则的前提是，第三人必须是真正的不知情人，必须对当事人在履行商事登记之前是否已具备商行为能力真正不知晓。由这种不知情推导出，第三人必须是登记相关事项的局外人，而不是参与人；第三人的不知情必须是善意的、积极的，而不能是第三人自己的严重过失所导致的不知情。此外，第三人不知情而产生的对原有事实的信任是导致其法律行为的直接原因。

②应登记事项在得到正确登记和公告之后对行为人和第三人的效力

一些国家法律规定，如果登记事项已经登记并已经公布，该事项对第三人生效。但是，如果在登记事项公布之后的一定时间以内，第三人既不知道，也无责任知道该登记事项，那么，该登记事项对其法律行为不生效力。

③已登记事项在公告发生差错的情况下对第三人的效力

一些国家法律规定，如果登记事项公告有误，第三人可以针对负有登记义务的登记人，根据已公告之事实为法律行为，除非第三人已经知道公告事实有误。在此，第三人必须是善意第三人，必须是该事项的局外人，不能是该事项的直接参与人。同时，第三人对公告内容之信任必须是导致其法律行为的

直接原因。

由上可知，商事登记对第三人效力的理论基础是外观主义。相关事项一经登记机关登记并公示，就形成了一个稳定的登记事实，既构成第三人信赖的商事外观，也构成登记义务人信赖第三人知悉相关登记事实的依据，为保护上述信赖，基于外观主义理论，商事登记应具有信赖保护的效力，也即商事登记的对抗效力。商事登记的对抗效力是外观主义原则在商事登记制度中的贯彻，为实现信赖保护目标而构建。

第五章　商号

单项选择题

1. **答案**：D。本题考查的是商号的法律特征。A、B、C项均为商号的法律特征，D为商标的特征，因此D项错误。
2. **答案**：A。本题考查的是商号权的特征。商号权是指商主体依法享有的对商号的专有使用权，商号权具有区域限制性、公开性、可转让性的特点。

名词解释

1. **答案**：商号，又称商事名称、商业名称，是商事主体在从事商事行为时表彰自身身份并区别于其他主体而使用的名称。商业名称为非自然人的商事主体使用，类似于自然人的姓名，商事主体通过使用商业名称，可以同其他商事主体相区别。
2. **答案**：商标是生产经营者或者服务者在其商品或服务上使用的，由文字、图形、字母、数字、颜色及其他要素的组合构成的区别商品或服务来源的标记。

简答题

1. **答案**：商业名称一经登记，商事主体就取得了该商业名称的专用权，从而产生以下两方面的效力：

   第一，排他效力。所谓排他效力，是指商事主体取得商业名称权，就取得了在一定地域范围内排除他人登记和使用与该商业名称相同或者相类似的商业名称的权利。非经商业名称所有人许可而假冒、使用其商号的行为即为侵权行为，侵权人应承担相应的法律责任。

   第二，救济效力。商事主体经登记而取得商业名称的专用权，如果其他商事主体侵犯其专用权，所有人可以请求其停止侵害，如造成损失，可以要求赔偿损失。
2. **答案**：第一，商业名称用于区分不同的商事主体，而商标则用来区分不同的商品。

   第二，一个商事主体只能有一个商业名称，但可以有多个商标。

   第三，商业名称只能以文字形态存在，而商标可以以文字、图形、数字、字母、颜色及其组合的形态来表示。

   第四，一个商事主体可以没有商标，但是必须有自己的商业名称。

   第五，商业名称的空间效力范围以核准机关辖区为限，而商标的专用权在全国范围内有效。

论述题

答案：商业名称权，即商业名称专用权，是指商业名称经登记，商事主体取得该商业名称的专有使用的权利。商业名称权兼具人格权和财产权的双重属性。一方面，商业名称依附于商事主体而存在，自身不能单独存在，因此具有人格权的性质。我国《民法典》第110条第2款将名称权规定为法人享有的民事权利，并于第1013条将其作为法人的人格权作了进一步规定。另一方面，商业名称具有财产价值，可以许可他人使用，可以转让，因而又具有财产权的性质。同时，商业名称权又常被作为知识产权的一种，其具有工业产权的一般特征，同时也与工业产权存在差别。

商业名称权具有以下特征：第一，地域性。各国法律普遍规定，商业名称权的效力只及于一定的地域范围内。一般只在其登记机关的辖区范围内有效，超出该区域的范围，商业名称权就不受保护。《企业名称登记管理规定》第4条规定："企业只能登记一个企业名称，企业名称受法律保护。"第17条规定："在同一企业登记机关，申请人拟定的企业名称中的字号不得与下列同行业或者不使用行业、经营特点表述的企业名称中的字号相同：（一）已经登记或者在保留期内的企业名称，有投资关系的除外……”第二，公开性。商业名称权经登记才能取得，而登记是公示的一种方式，因此，商业名称具有公开性。同时也必须经过公开，商业名称才能为公众知晓。商业名称的创设、变更、废止、转让和继承都应当进行登记，否则，不发生对外效力。第三，可转让性。商业名称权具有财产权的性质，因此可以转让和继承。我国规定商业名称可以随企业或企业的一部分一并转让，但也有一些国家对商业名称转让做了限制。第四，时间上的无限性。商业名称无时间上的限制，只有在商业名称所有人营业终止并未转让商业名称的情况下，商业名称才绝对终止，而专利权、商标权等工业产权均有一定的时间性。

对于商业名称权在法律上的定性，学说上存在分歧。就公权与私权而言，商业名称权为私权，而非公权；就绝对权与相对权而言，商业名称权为绝对权，而非相对权。但是，商业名称权究竟为人格权，或为财产权，抑或为人格权兼财产权，于学说上有下列不同的主张。目前通说是人格权兼财产权的折中说，即认为商业名称权兼具人格权与财产权的双重性质。其主要理由有两个方面：一方面，商业名称权是商主体表示自己名称所生之权，是商主体具有独立人格的标示，具有人格权的特征；另一方面，商业名称权是商主体在营业中区别于其他商主体营业的重要标志，与商誉相互结合，具有财产价值。

第六章　商事账簿

单项选择题

1. **答案**：D。本题考查的是资产负债表的概念。资产负债表是反映公司一定时期的资产、负债及所有者权益的会计报表。
2. **答案**：B。本题考查商业账簿的内容。
3. **答案**：B。本题考查商事账簿的种类。

名词解释

1. **答案**：商事账簿是商事主体为了记载和表明其营业活动和财产状况，依法制作的书面簿册。日本商法理论将商事账簿分为形式商事账簿和实质商事账簿。形式商事账簿是指按商事会计法规定所制作的账簿，专指制作账簿，也可以说是狭义的商事账簿。实质商事账簿指商事主体设置的反映商事主体活动的一切账簿，它在内容上不仅包括形式商事账簿，还包括各种会计报表、年度决算报告及各种财产债务清册，可以说是广义上的商事账簿。
2. **答案**：审计是指由独立专职机构或人员根据职权、授权或委托，对被审计对象的会计账进行审查，并依据法律法规、会计规则和审计准则对其真实性、准确性、公允性和合法性作出评价的会计监督活动。对商事主体的商事账簿的审计，可以称为商事审计。

简答题

答案：商事账簿可以分为以下三种：

（1）会计凭证

会计凭证是记录经济业务事项发生或完成情况的书面证明，也是登记账簿的依据。它是合法取得、正确填制和审核会计凭证，是会计核算的基本方法之一，也是会计核算工作的起点，在会计核算中具有以下重要意义：①记录经济业务，提供记账依据；②明确经济责任，强化内部控制；③监督经济活动，控制经济运行。

（2）会计账簿

会计账簿是指商事主体的会计人员以会计凭证为依据，按照一定程序和方法制作的，由具有固定格式又相互联结的账页组成的，用以连续、系统、全面记载商事主体各项经营活动的簿册。会计账簿的作用包括：①提供全面、系统的会计信息，成为会计报表编制的依据；②是进行资产评估的基础，便于对商事主体财产物资的安全与完整的监管，以维护所有者的合法权益；③提供经营成果的详细资料，为经营利润的分配和各项计划执行情况的考核评价提供依据，是商事主体决策的重要依据；④是会计分析的基本资料，为审计检查提供依据。

（3）会计报表

会计报表，也叫会计表册，指根据会计账簿及其他会计资料，按照统一的格式、内容和方法编制的，用以综合反映商事主体在一定时期内（通常是一个会计期间）的生产经营成果和财务状况的一种书面报告和表册，主要包括资产负债表、损益表、现金流量表财务状况说明书以及利润分配表。会计报表的编制应当遵循连续性原则、以账簿为根据的真实性原则以及公开性原则。会计报表是总括性的会计资料，是商事主体总结经营成果和分析财务状况的依据，也是商事主体向股东、社会提供会计信息以及向政府报告财务和经营状况的重要文件。其作用在于系统而有重点地、简明扼要地反映商事主体的财务状况和经营成果，并向商事主体的经营管理机关、投资者、债权人、政府有关部门等会计报表使用人提供必要的财务资料和会计信息。因此现代各国均规定编制和报送会计报表是商事主体必须履行的法定义务。

商事账簿的一般效力有：

①对于商事交易各方，它是进行财务清点核算的重要依据；

②对于商事主管部门，它是进行稽查审计、计算税率、资产评估等的重要依据；

③在法律诉讼中，它具有重要的证据效力。

第七章　公司与公司法概述

单项选择题

1. **答案**：A。根据《公司法》第 2 条的规定，《公司法》中所称公司是指依照本法在中华人民共和国境内设立的有限责任公司和股份有限公司。
2. **答案**：C。本题考查的是公司法的调整范围。
3. **答案**：D。公司集团由若干个具有独立法人资格的公司组成，其本身不是法人，集团由核心公司负责控制集团成员，以实现整个公司集团利润的最大化。
4. **答案**：C。根据《公司法》第 13 条第 2 款的规定，公司可以设立分公司。分公司不具有法人资格，其民事责任由公司承担。
5. **答案**：B。根据《公司法》第 247 条的规定，外国公司在中华人民共和国境内设立的分支机构不具有中国法人资格。外国公司对其分支机构在中华人民共和国境内进行经营活动承担民事责任。
6. **答案**：C。分公司不是独立的法人，其不能独立享受权利和承担义务，其可以在总公司授权范围内以自己的名义进行业务活动，但责任应由总公司承担。
7. **答案**：B。根据《公司法》第 3 条第 1 款的规定，公司是企业法人，有独立的法人财产，享有法人财产权。公司以其全部财产对公司的债务承担责任。根据《公司法》第 4 条第 1 款的规定，有限责任公司的股东以其认缴的出资额为限对公司承担责任；股份有限公司的股东以其认购的股份为限对公司承担责任。
8. **答案**：B。《合伙企业法》第 39 条规定，合伙企业不能清偿到期债务的，合伙人承担无限连带责任。第 84 条规定，普通合伙人转变为有限合伙人的，对其作为普通合伙人期间合伙企业发生的债务承担无限连带责任。所以本题中，甲虽然从普通合伙人转变为有限合伙人，但是对于其作为普通合伙人期间合伙企业发生的债务仍然承担无限连带责任，答案 B 是正确的。
9. **答案**：B。《公司法》第 172 条规定："国有独资公司不设股东会，由履行出资人职责的机构行使股东会职权……"《公司法》第 176 条规定："国有独资公司在董事会中设置由董事组成的审计委员会行使本法规定的监事会职权的，不设监事会或者监事。"
10. **答案**：D。股份有限公司是独立法人，以其全部财产为限对外承担债务；股东以其认购的股份为限对公司承担债务。
11. **答案**：A。本题考查的是外国公司的分支机构。根据《公司法》第 246 条的规定，外国公司的分支机构应当在其名称中标明该外国公司的国籍及责任形式。外国公司的分支机构应当在本机构中置备该外国公司章程。第 247 条规定，外国公司在中华人民共和国境内设立的分支机构不具有中国法人资格。外国公司对其分支机构在中华人民共和国境内进行经营活动承担民事责任。

    依以上法条及相关规定，外国公司在我国设立分支机构，应当在分支机构的名称中标明该外国公司的国籍及责任形式；该分支机构的存在须以外国公司的存在为前提，如外国公司不存在，分支机构应予撤销；同时，该分支机构不具备法人资格，分支机构的行为，视作该外国公司的行为，分支机构的行为产生的债权债务亦归属于该外国公司。

    《公司法》第 244 条规定，外国公司在中华人民共和国境内设立分支机构，应向中国主管机关提出申请，并提交其公司章程、所属国的公司登记证书等有关文件，经批准后，向公司登记机关依法办理登记，领取营业执照。外国公司分支机构的审批办法由国务院另行规定。依照《公司法》第 244 条及有关规定，A 项是正确的。

12. **答案**：D。《公司法》第 13 条第 2 款规定，公司可以设立分公司。分公司不具有法人资格，其民事责任由公司承担。《公司法》第 38 条规定，公司设立分公司，应当向公司登记机关申请登记，领取营业执照。据此，无论是在北京还是在外地设立分公司，都必须进行登记，领取营业执照，故 A 项错误。分公司不具备法人资格，不能独立承担民事责任，故 B 项错误。

C 项，关于分公司的负责人，现行法律并无特别的规制。自事理而言，公司投资者（股东）与公司经营层可以分开，股东之外的人担任公司经理并非罕见，股东之外的人担任公司分支机构负责人更是常态。所以，无论在北京还是在外地设立分公司，其负责人均可以是股东之外的人，故 C 项错误。

《公司法》第 13 条第 1 款规定，公司可以设立子公司。子公司具有法人资格，依法独立承担民事责任。无论在北京还是在外地，子公司均具备独立法人资格，独立承担责任，故 D 项正确。

13. **答案**：D。本题考查分公司民事责任承担问题，分公司的负责人在分公司经营范围内，享有以公司名义对外签订合同的权利，相当于《民法典》规定的职务代理。《公司法》第 13 条第 2 款规定："公司可以设立分公司。设立分公司，应当向公司登记机关申请登记，领取营业执照。分公司不具有法人资格，其民事责任由公司承担。"A、B、C 项正确，D 项错误。

多项选择题

1. **答案**：AC。A 项正确。《合伙企业法》第 22 条第 1 款规定，除合伙协议另有约定外，合伙人向合伙人以外的人转让其在合伙企业中的全部或者部分财产份额时，须经其他合伙人一致同意。本题中，张某经李某和王某同意（其他合伙人一致同意），可以将自己的财产份额作价转让给陈某。

B 项错误。《合伙企业法》第 25 条规定，合伙人以其在合伙企业中的财产份额出质的，须经其他合伙人一致同意；未经其他合伙人一致同意，其行为无效，由此给善意第三人造成损失的，由行为人依法承担赔偿责任。据此可知，如果张某不经李某和王某同意而将自己在合伙企业中的财产份额出质的，该出质行为无效。

C 项正确。《合伙企业法》第 42 条第 1 款规定，合伙人的自有财产不足清偿其与合伙企业无关的债务的，该合伙人可以以其从合伙企业中分取的收益用于清偿；债权人也可以依法请求人民法院强制执行该合伙人在合伙企业中的财产份额用于清偿。据此可知，陈某可直接要求法院强制执行张某在合伙企业中的财产以实现自己的债权。

D 项错误。合伙人个人的债务不是合伙企业的债务，合伙人个人的债务应当由合伙人自己承担。本题中，陈某只是张某的债权人，而不是合伙企业的债权人，因此不能要求李某和王某对张某的债务承担连带责任。

2. **答案**：ABCD。A 项违反了我国《公司法》的规定，根据《公司法》第 246 条的规定，外国公司的分支机构应当在其名称中标明该外国公司的国籍及责任形式。外国公司的分支机构应当在本机构中置备该外国公司章程。B、C 项违反了我国《公司法》的规定，《公司法》第 247 条规定，外国公司在中华人民共和国境内设立的分支机构不具有中国法人资格。外国公司对其分支机构在中华人民共和国境内进行经营活动承担民事责任。D 项违反了我国《公司法》的规定，《公司法》第 249 条规定，外国公司撤销其在中华人民共和国境内的分支机构时，应当依法清偿债务，依照本法有关公司清算程序的规定进行清算。未清偿债务之前，不得将其分支机构的财产转移至中华人民共和国境外。

3. **答案**：AD。根据《公司法》第 168 条第 2 款的规定，本法所称国家出资公司，是指国家出资的国有独资公司、国有资本控股公司，包括国家出资的有限责任公司、股份有限公司。

4. **答案**：ABCD。A 项当选，根据《公司法》第 142 条第 3 款的规定，采用无面额股的，应当将发行股份所得股款的二分之一以上计入注册资本。B 项当选，根据《公司法》第 115 条第 1 款的规定，召开股东会会议，应当将会议召开的时间、地点和审议的事项于会议召开二十日前通知各股东；临时股东会会议应当于会议召开十五日前通知各股东。第 4 款规定，“股东会不得对通知中未列明的事项作出决议”。C 项当选，第 150 条规定：“股份有限公司成立后，即向股东正式交付股票。公司成立前不得向股东交付股票。”D 项当选，第 162 条第 1 款规定：“公司不得收购本公司股份。但是，有下列情形之一的除外：（一）减少公司注册资本；（二）与持有本公司股份的其他公司合并；（三）将股份用于员工持股计划或者股权激励；（四）股东因对股东会作出的公司合并、分立决议持异议，要求公司收购其股份；（五）将股份用于转换公司发行的可转换为股票的公司债券；（六）上市公司为维护公司价值及股东权益所必需。”

不定项选择题

答案：（1）A。国有独资公司是国家授权投资的机构或者国家授权的部门单独投资设立的有限责任公司，是有限责任公司的特殊形式。

（2）AB。参见《公司法》第 168 条第 2 款的规定。

（3）A。《公司法》第 171 条规定：“国有独资公司章程由履行出资人职责的机构制定。”

（4）ACD。由于国有独资公司不设股东会，履行出资人职责的机构可以授权公司董事会行使股东会的部分职权，决定公司的重大事项，但公司章程的制定和修改，公司的合并、分立、解散、申请破产，增减资本和分配利润，应当由履行出资人职责的机构决定。而有限责任公司董事会的职权当然是国有独资公司董事会的职权。

（5）ABCD。根据《公司法》第 173 条第 2 款、第 3 款、第 4 款的规定，国有独资公司的董事会成员中应当有公司职工代表，董事会成员由履行出资人职责的机构委派；但是，董事会成员中的职工代表由公司职工代表大会选举产生。董事长、副董事长由履行出资人职责的机构从董事会成员中指定。根据该法第 175 条的规定，国有独资公司的董事、高级管理人员，未经履行出资人职责的机构同意，不得在其他有限责任公司、股份有限公司或者其他经济组织兼职。

名词解释

1. **答案：**公司是指由股东出资组成的，从事营利性经济活动的企业法人。传统的公司具有营利性、社团性、法人性的特征。
2. **答案：**一人公司是指股东仅为一人，全部资本由一人拥有的公司，又称形式上的一人公司。广义的一人公司也包括实质上的一人公司，即公司的真正股东只有一人，其余股东仅为持有最低股份的挂名股东，多表现为家庭式公司。
3. **答案：**无限责任公司简称无限公司，是指全体股东对公司债务负连带无限责任的公司。无限责任是指公司股东不仅要以其出资，而且要以其出资以外的其他个人财产来清偿公司债务；连带责任是指公司的各个股东必须对公司的全部债务承担责任。公司的债权人既可以要求所有股东，也可以只要求其中个别股东清偿债务，若部分股东清偿了全部债务，则有权向其他股东追偿。
4. **答案：**股份有限公司简称股份公司，是指注册资本由等额股份构成并通过发行股票筹集资本，股东以其认购的股份为限对公司承担责任，公司以其全部资产对公司债务承担责任的营利法人。
5. **答案：**有限责任公司简称有限公司，是指由一个以上五十个以下股东出资设立的，每个股东以其所认缴的出资额为限对公司承担责任，公司以其全部财产对公司的债务承担责任的营利法人。
6. **答案：**上市公司是指其股票在证券交易所上市交易的股份有限公司。上市公司是股份有限公司的一种，这种公司到证券交易所上市交易，除必须经过批准外，还必须符合一定的条件。

简答题

1. **答案**：公司是以营利为目的的经营组织，营利性是公司的本质特征之一。公司的营利性特征有两层含义：其一，设立公司的目的是获取利润。任何投资者出资设立公司，就其目的而言，都是获取利润。尽管以营利为目的而开始，而以经营亏损乃至以破产告终的公司也不在少数，但并不因此而丧失公司设立目的上的营利性特征。我国公司法中已明确规定公司以实现资产的保值增值为目的，这在实质上已经肯定了公司的营利目的。其二，公司应连续地从事同一性质的经营活动。公司作为以营利为目的的经济组织，必须是连续不断地进行经营活动，且其从事的经营活动须有固定的内容，即有确定的经营范围。这是公司与那些临时性合伙偶尔从事的营利性行为的根本区别。

   公司的营利性特征既使它区别于以行政管理为目的的国家机关，又使它有别于不以营利为目的的公益社团法人。强调公司的营利性特征，一方面是为了突出公司的经济属性；另一方面则是为了否定那些作为行政机关附属物的行政性公司。

2. **答案**：公司与合伙主要的不同点：合伙是根据合同成立的，它需要出资人之间的合意，没有当事人之间的合意就不能成立合伙，公司成立的基础是章程行为，章程行为是一种加入行为，同意公司章程者即可称为股东法人资格，合伙不具有法人资格，也就是说，合伙自身不具有独立人格，具有独立人格的只能是每一个合伙人，公司则自公司成立时起就具有法人资格性质，合伙中合伙人的人身信任性质就更大，公司则主要是资合性质财产所有权。合伙既然不是法人，它的财产就不属于合伙组织独立所有，而是属于合伙人共有，而公司既然是法人，它的财产就不属于全体股东共有，而是属于公司所有，由公司独立全部支配意思机关。合伙既然不是法人，它就没有法人的意思机关，合伙人共同的意志就是合伙的意志转让，合伙的人身信任性质决定了合伙人出资份额在转让上的限制，一般情况下，合伙人的出资份额不得任意转让，公司股东既然不得退股，转让其股份（或出资额）自然就属于股东应享有的权利规模，规模就不能大，合伙人数不能多，期限一般不很长，合同到期后可以续订，公司的存续期间没有规定，只要股东会不作出决定或无违法行为被解散，可以永远存续下去。

   总的来说，合伙和公司是共同出资经营的两种组织形式：合伙是共同出资经营的低级形式，公司是共同出资经营的高级形式。

3. **答案**：有限责任公司设立的条件包括：(1) 股东符合法定人数，即 1 人以上 50 人以下。(2) 有符合公司章程规定的全体股东认缴的出资额。(3) 股东共同制定公司章程。(4) 有公司名称，建立符合有限责任公司要求的组织机构。(5) 有公司住所。

   股份有限公司设立的条件包括：(1) 发起人符合法定人数。(2) 有符合公司章程规定的全体发起人认购的股本总额或募集的实收股本总额。(3) 股份发行、筹办事项符合法律规定。(4) 发起人制定公司章程，采用募集方式设立的并经成立大会通过。(5) 有公司名称，建立符合股份有限公司要求的组织机构。(6) 有公司住所。

   两者的主要区别在于设立人和注册资本。第一，有限责任公司由 1 人以上 50 人以下股东共同设立，而股份有限公司的设立则有赖于适格的发起人的行为。发起人符合法定人数是我国设立股份有限公司的必备重要条件之一，一般应当 1 人以上 200 人以下为发起人，其中须有半数以上的发起人在中国境内有住所。第二，股份有限公司为自身运营的需要和保护公司债权人的权益，要有相当规模的注册资本作为基础。

论述题

1. **答案**：公司法的调整对象主要包括公司的全部组织关系和公司的部分财产关系。

   (1) 就组织关系而言，公司法主要是规定公司的组织及其地位的法，因而公司法是侧重调整公司组织关系的法。公司法所调整的公司组织关系表现在以下四个方面：

①发起人相互间或股东相互间的关系。这种关系发生于公司设立、变更和解散的全过程，包括制定及变更章程中发起人或股东的相互关系，公司在设立和解散程序中发起人或股东的相互关系等。就其内容而言，既有股东相互间的财产关系，也有股东相互间的人身关系。但无论是财产关系抑或是人身关系，都是在公司组织过程中发生的，因而归根结底都是有财产或人身因素的组织关系。

②股东与公司相互间的关系。在公司成立后，股东与公司虽在法律上互为独立人格，公司以其认缴的出资额为限对公司债务承担责任，但因股东基于投资对公司享有股权，在股东与公司间仍有着十分密切的联系。股东要行使股权，就必须在股东与公司间产生以自益权为内容的财产关系，以及以共益权为内容的管理关系。这些关系都要由公司法予以调整，是公司法的重要规范对象之一。

③公司内部组织机构相互间的关系。公司的常设组织机构一般有股东会、董事会、监事会和经理。这些组织机构是带动公司运营的齿轮和纽带，在公司运作的过程中，它们相互间必须产生种种关系。为保证公司组织活动的有序进行，形成高效的相互监督、相互制约的自我约束机制，公司法就必须以相应的条款规定公司内部各类组织机构的地位及权利义务，从而将公司内部组织机构相互间的关系置于公司法的调整范围。

④公司与国家经济行政机关之间所发生的社会关系。公司在设立、变更和解散等活动中，与国家经济行政机关之间不可避免地要发生种种具体的行政关系，包括公司与主管机关之间的审批和业务指导关系，以及公司与市场监督管理机关之间发生的注册登记关系等。这些行政关系从广义上说也是一种组织关系，公司法对此也有原则规定。

（2）就财产关系而言，公司的经营活动是丰富多彩、纷繁复杂的，公司在经营活动中所发生的财产关系也是多种多样的，公司法一般只调整那些与公司组织关系有密切联系的财产关系。至于那些与公司组织关系无关的公司经营活动所产生的其他关系，如买卖合同关系等，则不由公司法调整。具体来说，与公司组织关系有联系的活动，主要有股票的发行、交易，债券的发行、转让，以及资本的增加、减少和出资的转让等。即使对公司的此类活动，各国公司法的调整范围也不尽一致，如我国公司法虽对股票的发行作出了规定，但对股票交易问题则基本上不涉及，而由证券法来加以调整。

（3）综上可见，公司法对公司关系的调整既涉及公司的全部组织关系，又涉及公司内部的部分财产关系。因此，完全可以说公司法是团体法和财产法的结合。

2. 答案：特点：（1）产权清晰。所谓“产权清晰”，主要有两层含义：

①有具体的部门和机构代表国家对某些国有资产行使占有、使用、处置和收益等权利。②国有资产的边界要“清晰”。首先要搞清实物形态国有资产的边界；其次要搞清国有资产的价值和权利边界，包括实物资产和金融资产的价值量，国有资产的权利形态，总资产减去债务后净资产数量等。

（2）权责明确。“权责明确”是指合理区分和确定企业所有者、经营者和劳动者各自的权利和责任。

①权利：所有者按其出资额，享有资产收益、重大决策和选择管理者的权利，企业破产时则对企业债务承担相应的有限责任。企业在其存续期间，对由各个投资者投资形成的企业法人财产拥有占有、使用、处置和收益的权利，并以企业全部法人财产对其债务承担责任。经营者受所有者的委托在一定时期和范围内拥有经营企业资产及其他生产要素并获取相应收益的权利。劳动者按照与企业的合约拥有就业和获取相应收益的权利。

②责任：包含通常所说的承担风险的内容。要做到“权责明确”，除明确界定所有者、经营者、劳动者及其他企业利益相关者各自的权利和责任外，还必须使权利和责任相对应或相平衡。此外，在所有者、经营者、劳动者及其他利益相关者之间，应当建立起相互依赖又相互制衡的机制，这是因为他们

之间是不同的利益主体，既有共同利益的一面，也有不同乃至冲突的一面。相互制衡就要求明确彼此的权利、责任和义务，要求相互监督。

(3) 政企分开。“政企分开”的基本含义是政府行政管理职能、宏观和行业管理职能与企业经营职能分开。

①政企分开要求政府将原来与政府职能合一的企业经营职能分开后还给企业，改革以来进行的“放权让利”“扩大企业自主权”等就是为了解决这个问题。

②政企分开还要求企业将原来承担的社会职能分离后交还给政府和社会。问题的关键还在于政府如何才能正确地行使而不是滥用其拥有的所有权。

(4) 管理科学。“管理科学”包括企业组织合理化的含义；从较窄的意义上说，“管理科学”要求企业管理的各个方面，如质量管理、生产管理、供应管理、销售管理、研究开发管理、人事管理等方面的科学化。管理致力于调动人的积极性、创造性，其核心是激励、约束机制。根据以上分析，在较为具体的层面，现代企业制度大体可包括以下内容：

①企业资产具有明确的实物边界和价值边界，具有确定的政府机构代表国家行使所有者职能，切实承担起相应的出资者责任。

②企业通常实行公司制度，即有限责任公司和股份有限公司制度，按照《公司法》的要求，形成由股东代表大会、董事会、监事会和高级经理人员组成的相互依赖又相互制衡的公司治理结构，并有效运转。

③企业以生产经营为主要职能，有明确的盈利目标，各级管理人员和一般职工按经营业绩和劳动贡献获取收益，住房分配、养老、医疗及其他福利事业由市场、社会或政府机构承担。

④企业具有合理的组织结构，在生产、供销、财务、研究开发、质量控制、劳动人事等方面形成了行之有效的企业内部管理制度和机制。

⑤企业有着刚性的预算约束和合理的财务结构，可以通过收购、兼并、联合等方式谋求企业的扩展，经营不善难以为继时，可通过破产、被兼并等方式寻求资产和其他生产要素的再配置。

3. 答案：商业判断规则是免除董事就合理经营失误承担责任的一项法律制度，是指董事在善意且在充分了解相关信息的情况下，为公司的最大利益做出的商业决策，即使事后看来是失误的或给公司带来了损害，法院也对做出该决策的董事给予免责的制度。

商业判断规则十分灵活，它包含一个基本原则：董事应被授予关于公司管理的自由裁量权，对此自由裁量权的理性行使在通常情况下并不需要接受司法审查。从这个方面来看，商业判断原则有排除或抑制司法介入的效果。在股东提起诉讼后，董事可以商业判断原则予以抗辩。

商业判断规则的适用条件主要涉及以下几个方面：

(1) 商业判断。商业判断是对董事在董事会权限内的具体行为和行事内容的定性。对商业判断的理解，首先强调的是董事或经理必须参与或做出判断或决定，即有所作为或经过考虑之后的不行为，否则，在缺乏任何决断的前提条件下，商业判断规则无法启动，更谈不上为董事和经理提供保护屏障。其次对商业判断的把握，必须确认董事会的权限范围。如果是董事或经理的行为越权，商业判断规则也无法保护董事和经理人员。判断董事会的职权范围，除章程或股东协议的特别规定外，案例法和成文法都有可以遵循的内容。同时，在判断董事会和董事的职权和董事的义务时，公司的规模和属性、交易或计划的规模和交易的性质等，都是在特定情形下必须考虑的因素。

(2) 善意。这个概念并不只适用于公司法，在公司法中，也不只针对董事，对善意也没有统一的解释。在公司法中，针对董事履行职责的构成要素，善意一般是指，董事诚实、没有欺诈、忠实地对待自己的职责和义务。建立在善意基础上的商业判断规则涉及主客观两个方面，但在引用时，法院首先考虑其程序或客观方面，只要在过程或方式上的善意得到证实，就不再对决策的实质内容进行判断，即从行为的方式和过程推定董事的主观意图是善意的。

（3）独立性。也称为“未受控制性”，是指董事作出的决策是基于公司目标价值而对所面临的问题作出的判断，并不是基于公司外部因素的考虑或受到外部的影响。当然董事们可以协商、争论，并且通过让步以解决他们之间的分歧，或者合理地依赖他们的同事或其他适格的人员。但无论如何，最终的结果必须是，每一个董事都对所讨论的事项，从公司价值的特殊性出发，作出了自己的知情商业判断，而不是受到或屈从于某些因素的影响，这些因素将导致一个有效的商业判断变成缺乏忠诚的行为。

（4）公司浪费。公司的浪费是不受商业判断规则保护的。公司浪费的一种表现是公司的行为不具有任何合理的目的。

（5）重大过失——知悉。被起诉的董事如欲主张受商业判断规则保护的权利，那么，董事就必须证明他是在知悉的基础上作出的决策，否则即构成重大过失。知悉强调董事让自己知情的过程和方式，而不是让自己了解的结果。

（6）为公司的最佳利益行事。这一构成要素体现了董事在履行职责时对结果的预期。它不代表未来公司盈利的现实，而是强调在此之前，董事本着善意，就其所了解和掌握的信息和资料所形成的合理的预见。因此，在这一目标上，立法者和学术界都以“合理地相信”加以限定。

商业判断规则具有很强的现实意义，它适应了当今商业活动复杂化、风险性的特点，在保证公司根本利益免受恶意行为滋扰的前提下为董事及董事会创造了较宽松的环境，鼓励其发挥企业家精神，从而有利于对股东权利的制衡，防止股东滥诉情况的发生，有助于公司的安全有序运行；商业判断规则一方面侧重于对董事提供保护，另一方面又加强了对股东利益的保护。

案例分析题

答案：（1）甲市分公司是实业公司的分公司。理由：一是根据《公司法》第13条第2款的规定，公司可以设立分公司。分公司不具有法人资格，其民事责任由公司承担。二是《公司法》第29条第1款规定，设立公司，应当依法向公司登记机关申请设立登记。而在该案中，甲市分公司事实上没有自己独立的注册资本，不是独立的法人。三是王某与实业公司签订的承包协议的实质是企业内部不同部门之间有关核算的安排，对外不生效力。

（2）有效。理由是：开立账户、私刻公司财务章所用的公司介绍信由实业公司提供，物资公司的货款是汇入因实业公司的行为而设立的账户上的，构成表见代理，应由实业公司负责。

（3）物资供应公司有权要求实业公司承担责任。根据《公司法》第13条第2款的规定，公司可以设立分公司。分公司不具有法人资格，其民事责任由公司承担。所以物资供应公司有权要求实业公司承担责任，以维护自己的合法权益。

第八章　公司的设立

单项选择题

1. **答案**：B。根据《公司法》第 33 条第 1 款的规定，依法设立的公司，由公司登记机关发给公司营业执照。公司营业执照签发日期为公司成立日期。

2. **答案**：C。根据《公司法》第 8 条的规定，公司以其主要办事机构所在地为住所。

3. **答案**：C。本题考查的是公司的设立方式。根据《公司法》第 91 条第 1 款的规定，设立股份有限公司，可以采取发起设立或者募集设立的方式。第 92 条规定，设立股份有限公司，发起人应有一人以上，若甲、乙、丙、丁、戊中有一人退出，并不影响公司的设立。根据《公司法》第 97 条第 2 款的规定，以募集设立方式设立股份有限公司的，发起人认购的股份不得少于公司股份总数的百分之三十五。在 C 项中，甲、乙、丙、丁、戊五人认购的股份只占公司股份总数的 34%，不符合法律要求的 35% 的规定。根据《公司法》第 92 条规定，发起人中须半数以上在中国境内有住所。

4. **答案**：D。本题考查的是公司登记。根据《公司法》第 29 条第 1 款的规定，设立公司，应当依法向公司登记机关申请设立登记。根据《公司法》第 260 条第 1 款的规定，公司成立后无正当理由超过 6 个月未开业的，或者开业后自行停业连续 6 个月以上的，可以由公司登记机关吊销营业执照，但公司依法办理歇业的除外。依上述法条可以确定只有 D 项为正确答案。

5. **答案**：B。根据《公司法》第 252 条的规定，公司的发起人、股东虚假出资，未交付或者未按期交付作为出资的货币或者非货币财产的，由公司登记机关责令改正，可以处以五万元以上二十万元以下的罚款；情节严重的，处以虚假出资或者未出资金额百分之五以上百分之十五以下的罚款；对直接负责的主管人员和其他直接责任人员处以一万元以上十万元以下的罚款。

6. **答案**：A。根据《公司法》第 48 条和第 98 条的规定，有限责任公司和股份有限公司的股东出资方式包括：货币出资，也可以用实物、知识产权、土地使用权、股权、债权作价出资。

7. **答案**：C。根据《公司法》第 84 条的规定，股东之间可以相互转让其全部股权或者部分股权。股东向股东以外的人转让其股权的，应当将股权转让的数量、价格、支付方式和期限等事项书面通知其他股东，其他股东在同等条件下有优先购买权。股东自接到书面通知之日起 30 日内未答复的，视为放弃优先购买权。两个以上股东行使优先购买权的，协商确定各自的购买比例；协商不成的，按照转让时各自的出资比例行使优先购买权。公司章程对股权转让另有规定的，从其规定。

8. **答案**：D。根据《公司法》第 50 条的规定，有限责任公司设立时，股东未按照公司章程规定实际缴纳出资，或者实际出资的非货币财产的实际价额显著低于所认缴的出资额的，设立时的其他股东与该股东在出资不足的范围内承担连带责任。

9. **答案**：C。根据《公司法》第 105 条第 2 款的规定，发起人、认股人缴纳股款或者交付非货币财产出资后，除未按期募足股份、发起人未按期召开成立大会或者成立大会决议不设立公司的情形外，不得抽回其股本。

10. **答案**：C。根据《公司法》第 105 条第 1 款的规定，公司设立时应发行的股份未募足，或者发行股份的股款缴足后，发起人在 30 日内未召开成立大会的，认股人可以按照所缴股款并加算银行同期存款利息，要求发起人返还。

11. **答案**：A。根据《公司法》第 106 条的规定，董事会应当授权代表，于公司成立大会结束后 30 日内向公司登记机关申请设立登记。

12. 答案：D。凡是为公司成立事宜而发生的费用，都是由成立后的公司承担责任。本题中，蒋某、李某和钟某为公司设立而发生的宴请费用、验资费用或者调研费用，都是为了公司的设立而承担的，因此应该由成立后的公司承担，而对于缪某扔烟头的行为，因为是他个人的行为造成的损失，跟公司无关，因此应该由其个人承担。本题正确答案是 D。

13. 答案：A。《最高人民法院关于适用〈中华人民共和国公司法〉若干问题的规定（三）》第 2 条规定："发起人为设立公司以自己名义对外签订合同，合同相对人请求该发起人承担合同责任的，人民法院应予支持；公司成立后合同相对人请求公司承担合同责任的，人民法院应予支持。"据此，在发起人以自己名义对外签约的情形，由具体对外签约的发起人承担合同责任。《最高人民法院关于适用〈中华人民共和国公司法〉若干问题的规定（三）》第 4 条第 1 款规定："公司因故未成立，债权人请求全体或者部分发起人对设立公司行为所产生的费用和债务承担连带清偿责任的，人民法院应予支持。"发起人李某以自己名义对外签约，其目的在于满足设立公司的需要，由此产生的债务应当由发起人李某和王某共同承担，故 A 项正确，B 项错误。

《最高人民法院关于适用〈中华人民共和国公司法〉若干问题的规定（三）》第 4 条第 2 款规定："部分发起人依照前款规定承担责任后，请求其他发起人分担的，人民法院应当判令其他发起人按照约定的责任承担比例分担责任；没有约定责任承担比例的，按照约定的出资比例分担责任；没有约定出资比例的，按照均等份额分担责任。"据此，在发起人的内部责任分担上，李某、王某应当按照约定的出资比例分担，但对外责任则属于连带责任，故 C、D 两项错误。

14. 答案：B。根据《公司法》第 107 条的规定，该法第 44 条、第 49 条第 3 款、第 51 条、第 52 条、第 53 条的规定，适用于股份有限公司。《公司法》第 44 条第 2 款规定，公司未成立的，其法律后果由公司设立时的股东承受；设立时的股东为二人以上的，享有连带债权，承担连带债务。

15. 答案：C。本题考查的是发起人的责任。根据《公司法》第 101 条的规定，向社会公开募集股份的股款缴足后，应当经依法设立的验资机构验资并出具证明。根据《公司法》第 103 条第 1 款中的规定，募集设立股份有限公司的发起人应当自公司设立时应发行股份的股款缴足之日起 30 日内召开公司成立大会。《公司法》第 105 条第 1 款规定，公司设立时应发行的股份未募足，或者发行股份的股款缴足后，发起人在 30 日内未召开成立大会的，认股人可以按照所缴股款并加算银行同期存款利息，要求发起人返还。依此，只有 C 项是正确的。

16. 答案：A。《公司法》第 45 条规定："设立有限责任公司，应当由股东共同制定公司章程。"同时，第 30 条规定："申请设立公司，应当提交设立登记申请书、公司章程等文件，提交的相关材料应当真实、合法和有效。"据此，公司章程是公司设立的必备条件，非公司股东协议所能替代，故 A 项错误。

《公司法》第 47 条第 1 款规定："有限责任公司的注册资本为在公司登记机关登记的全体股东认缴的出资额。全体股东认缴的出资额由股东按照公司章程的规定自公司成立之日起五年内缴足。"2023 年公司法修改之后，增加了股东应当自公司成立之日起五年内缴足所认缴出资额的规定，B 项正确。

关于公司名称，《公司法》并无特别要求。本题中，张某与潘某拟设立的有限公司为私营企业，可以使用作为投资人之一的张某的姓名作为公司名称。同时，使用张某的姓名也不存在违反法律、法规的强制性规定或者违背公序良俗的情形，故而公司可以张某姓名作为公司名称，C 项正确。

《公司法》对公司住所并无特别要求。

只要公司对潘某的住所享有使用权，就可以将潘某的住所作为公司住所，故D项正确。

多项选择题

1. **答案**：BC。个人独资企业与一人公司都只能有一个投资人，但根据《公司法》第42条以及《个人独资企业法》第2条的规定，一人公司的投资人可以是一个自然人或者一个法人，而个人独资企业只能由一个自然人投资设立。本题中的投资主体是自然人张某，故可选择设立独资企业或一人公司，A项正确。《公司法》于2013年修正时取消了对公司（包括一人有限责任公司）注册资本最低限额的规定，B项错误。根据《个人独资企业法》第19条第1款的规定，个人独资企业投资人可以自行管理企业事务，也可以委托或者聘用其他具有民事行为能力的人负责企业的事务管理。C是错误的。张某有权决定是否同时设立一家一人公司和一家独资企业，《公司法》于2023年修订时取消了一个自然人只能投资设立一个一人有限责任公司的规定。故D项正确。本题正确答案为B、C。

2. **答案**：ABCD。A项正确。《公司法》第92条规定，设立股份有限公司，应当有1人以上200人以下为发起人，其中须有半数以上的发起人在中华人民共和国境内有住所。据此可知，股份有限公司的发起人最多为200人。

   B项正确。根据《公司法》第107条和第44条第2款的规定，公司未成立的，其法律后果由公司设立时的股东承受；设立时的股东为二人以上的，享有连带债权，承担连带债务。据此可知，发起人在公司设立过程中的相互关系属于合伙性质的关系，其权利、义务、责任可以适用合伙的有关规定。

   C项正确。《公司法》第98条第1款规定，发起人应当在公司成立前按照其认购的股份全额缴纳股款。

   D项正确。《公司法》第93条第2款规定，发起人应当签订发起人协议，明确各自在公司设立过程中的权利和义务。据此可知，发起人承担公司筹备事务，必须签订发起人协议，发起人协议具有合同约束力，某一发起人违反该协议的，应当对其他发起人承担违约责任，该违约责任纠纷需要适用《民法典》合同编的规定来解决。同时，发起人还应当遵守《公司法》的相关规定。

3. **答案**：ABD。《合伙企业法》第26条规定："合伙人对执行合伙事务享有同等的权利。按照合伙协议的约定或者经全体合伙人决定，可以委托一个或者数个合伙人对外代表合伙企业，执行合伙事务。作为合伙人的法人、其他组织执行合伙事务的，由其委派的代表执行。"因此，A、B、D项正确。《合伙企业法》第37条规定："合伙企业对合伙人执行合伙事务以及对外代表合伙企业权利的限制，不得对抗善意第三人。"因此，当合同相对人为善意的时候，合同有效，C项错误。

4. **答案**：ACD。根据《公司法》第104条第1款的规定，公司成立大会行使下列职权：（一）审议发起人关于公司筹办情况的报告；（二）通过公司章程；（三）选举董事、监事；（四）对公司的设立费用进行审核；（五）对发起人非货币财产出资的作价进行审核；（六）发生不可抗力或者经营条件发生重大变化直接影响公司设立的，可以作出不设立公司的决议。

5. **答案**：ACD。根据《公司法》第107条的规定，股份公司的发起人责任准用《公司法》第44条关于有限公司发起人责任的规定，公司未成立的，其法律后果由公司设立时的股东承受；设立时的股东为二人以上的，享有连带债权，承担连带债务。《公司法》第105条第1款规定，公司设立时应发行的股份未募足，或者发行股份的股款缴足后，发起人在30日内未召开成立大会的，认股人可以按照所缴股款并加算银行同期存款利息，要求发起人返还。

6. **答案**：AD。《公司法》第104条第1款规定："公司成立大会行使下列职权：（一）审议发起人关于公司筹办情况的报告；（二）通过公司章程；（三）选举董事、监事；（四）对公司的设立费用进行审核；（五）对发起人非货币财产出资的作价进行审核；（六）发生不可抗力或者经营条件发生重大变化直接影响公司设立的，可以作出不设立公司的决议。”据此，厚亿公司的章程应当在成立大会上通过，A 项正确；设立厚亿公司的各种费用应由成立大会审核，D 项正确。B 项，发起人非货币财产出资的评估作价应当由成立大会审核，但发起人出资的验资证明不需要由成立大会审核，故 B 项错误。C 项，《公司法》并未要求公司的经营方针在成立大会上决定，故 C 项错误。

不定项选择题

答案：（1）ABCD。《公司法》第 154 条第 2 款规定：“招股说明书应当附有公司章程，并载明下列事项：（一）发行的股份总数；（二）面额股的票面金额和发行价格或者无面额股的发行价格；（三）募集资金的用途；（四）认股人的权利和义务；（五）股份种类及其权利和义务；（六）本次募股的起止日期及逾期未募足时认股人可以撤回所认股份的说明。”

（2）ABCD。A、B、C 项正确，《公司法》第 103 条第 1 款规定：“募集设立股份有限公司的发起人应当自公司设立时应发行股份的股款缴足之日起三十日内召开公司成立大会。发起人应当在成立大会召开十五日前将会议日期通知各认股人或者予以公告。成立大会应当有持有表决权过半数的认股人出席，方可举行。”D 项正确，第 104 条第 2 款：“成立大会对前款所列事项作出决议，应当经出席会议的认股人所持表决权过半数通过。”

名词解释

1. **答案**：发起设立亦称共同设立、单纯设立，是指公司的资本由发起人全部认购，不向发起人之外的任何人募集而设立公司。
2. **答案**：募集设立亦称渐次设立、复杂设立，是指发起人仅认购一定比例的股份，其余部分向外公开募集而设立公司。在各类公司中，只有股份有限公司在设立阶段可对外募集股份，需要指出的是，募集设立行为仅发生在公司设立阶段，公司成立后虽仍可对外发行股份，但已不属设立行为。

简答题

1. **答案**：公司的成立，是指公司经过设立程序，具备了法律规定的条件，经主管机关核准登记，发给营业执照，取得法人资格的一种法律事实。

   公司设立与成立的主要区别在于：发生阶段不同，设立行为发生于公司成立之前，成立则发生于公司被依法核准登记之时，成立是设立行为被法律认可后，依法存在的一种法律后果。行为性质不同，设立行为发生于发起人之间，是一种私法行为，成立行为发生在发起人与登记机关之间，是一种行政行为，具有公法的性质。法律效力不同，公司在被核准登记前，被称为设立中的公司，此时的公司尚无法人资格，其内外部关系一般被视为合伙，如公司最终未被核准登记，因设立公司所发生的债权债务关系，类推适用有关合伙的规定；如公司被核准登记，发起人为设立公司所实施的法律行为，其后果归属于公司，公司一经获准成立，即取得法律资格，其债权债务则由公司承担。解决有关行为争议的依据不同。设立过程中的争议和纠纷，一般依照发起人之间订立的协议解决，而成立过程中因设立事实能否得到登记机关或审批机关的登记认可或批准所产生的争议，一般按照有关行政法规解决，并多为行政争议，当事人可以提起行政诉讼。
2. **答案**：这是关于股份有限公司设立时的股东的责任的规定。在设立公司过程中，设立时的股东的行为往往直接关系到认股人、债权人以及即将成立公司的利益，关系到交易的安全和社会经济秩序的稳定。所以，各国对股份有限公司发起人的责任都作了较为严格的规定。我国公司法对设立时的股东的民事责任有如下的规定：公司未成立的，其法律后果由公司设立时的股东承受；设立时的股东为二人以上的，享有连带债权，承担连带债务。公司设立时应发行的股份未募足，或者发行股份的股款缴足后，发起人在 30 日内未召开成立大会的，认股人可以按照所缴股款并加算银行同期存款利息，要求发起人返还。

论述题

答案：公司章程是规范公司的组织和活动的基本规则。公司章程在公司的经营中有着重要的意义。其主要特征为：(1) 公司章程是公司的根本准则。公司从事经营活动应当遵守一定的行为规范。这里的行为规范，首先是指法律、法规，当然也包括公司章程在内的法律以外的行为规范。公司章程是公司最基本的规范性文件，它规定公司组织与经营的最根本的事项，如经营范围、注册资本、组织机构、股东的权利和义务、利润分配、解散事由以及清算办法等。只要公司经营不超过章程确定的经营范围，其合法经营就会受到国家法律的保护。(2) 公司章程是公司的自治规范。公司章程具有自治规范的特征。其一，公司章程是由公司依法自行制定的。每个公司依照公司法制定的公司章程，则能反映本公司的个性，为本公司提供了行为规范。其二，公司章程是一种法律以外的行为规范，无须国家强制力来保证实施。其三，公司章程作为公司内部规章，不具有普遍的约束力。

公司章程是由股份有限公司的发起人或有限责任公司的设立人全体共同制定的。公司章程应当采用书面形式。制定人应当在公司章程上签名、盖章。公司章程的内容因公司种类的不同而不同，即使是在同一种类的公司之间，也会因其具体情况不同，而导致公司章程内容有所区别。一般来说，公司章程的内容，即公司章程所记载的事项，可以分为以下三类：一是绝对记载事项，一般为涉及公司根本问题的重大事项，包括公司名称和住所、公司经营范围、公司设立方式、公司股份情况、发起人的姓名或者名称、认购的股份数、股东的权利和义务、董事会和监事会的组成和职权等、公司利润分配办法、公司的解散事由与清算办法以及公司的通知和公告办法等。二是相对记载事项，又称为相对必要记载事项，这些事项虽由法律列举，但是否记载于公司章程，由公司章程制定人抉择。相对记载事项，非经载于公司章程，不生效力。三是任意记载事项，指法律并无规定，而与公司经营有关，又不违反公共秩序、善良风俗，公司章程制定人认为需要规定的事项。

公司章程随着公司的成立发生效力，即在公司进行设立登记取得营业执照之日起生效。当公司进行注销登记，被登记机关核准时，即其章程效力终止。公司章程对公司的效力主要表现在两个方面：第一，公司的组织机构即公司的权力机关、业务执行和经营意思决定机关、监督机关都应按照公司章程规定的办法产生，在其规定的权限范围内行使职权。第二，公司应当使用公司章程上规定的名称，在公司章程确定的经营范围内从事经营活动。公司章程对股东的效力是指股东依照公司章程的规定享有权利和承担义务，主要有：股东享有出席股东会、行使表决权；依照规定转让出资；查阅公司章程和财务会计报告；获得股息和红利以及公司终止后依法取得剩余财产等多项权利。同时，负有缴纳所认缴的出资及公司章程规定的其他义务。公司的董事、监事和高级管理人员亦应当遵守公司章程，依照法律和公司章程的规定行使职权。

案例分析题

1. **答案**：(1) 2013 年修正后的《公司法》已取消最低资本限额的规定，该公司可以成立。

(2)《公司法》规定，股东可以用货币出资，也可以用实物、知识产权、土地使用权、股权、债权等可以用货币估价并可以依法转让的非货币财产作价出资。甲以货币，乙以实物即房产作出资，都是符合法律规定的，而丙公司以与市政府的特殊关系作为出资于法无据。故而丙公司实际出资只能按 10 万元计算。乙公司的出资是不足额出资，应当补缴。

2. **答案**：(1) 该股份有限公司在设立过程中多次违反法律的规定，主要有：

①作为发起人，仅认购 2000 万元的股份，少于股份总额 6000 万元的 35%；

②将国有资产低价折股：实价为 550 万

元，折股 500 万元。

（2）有效。如果该公司成立，则合同的法律效果由成立后的公司承担，如果公司不能成立，则该合同的法律效果由发起人承担。

（3）股份有限公司未成立的，其法律后果由公司设立时的股东承受；设立时的股东为二人以上的，享有连带债权，承担连带债务。对认股人已缴纳的股款，应负返还股款并加算银行同期存款利息的连带责任。

3. 答案：（1）《公司法》第 92 条规定："设立股份有限公司，应当有一人以上二百人以下为发起人，其中应当有半数以上的发起人在中华人民共和国境内有住所。"而本题设立中的公司 7 个发起人中只有 3 个在中国境内有住所，没有超过半数。

（2）在募集设立的情况下，发起人认购的股份不得少于公司章程规定的公司设立时应发行股份总数的 35%，即发起人至少需认购 8000 万元×35% = 2800 万元，向社会公众发行至多 8000 万元－2800 万元 = 5200 万元。题中发起人认购 2500 万元，向社会公众募集 5500 万元是错误的。

（3）所有的出资必须是货币是不符合法律规定的。发起人除可以用货币出资外，也可以用实物、知识产权、土地使用权、股权、债权等作价出资。

（4）认股人在缴纳股款后，并非在任何情况下都不可以要求发起人返还股款。认股人缴纳股款后，如有未按期募足股份，发起人、认股人未按期召开成立大会或成立大会决议不设立公司的情形之一，有权要求发起人返还所缴股款并加算银行同期存款利息。

4. 答案：（1）有效。甲公司以未取得所有权之楼房出资仅导致甲公司承担出资不实的法律责任，不影响公司设立的效力。

（2）不合法。丙公司的行为实为抽逃公司资金。《公司法》第 53 条第 1 款明确规定，公司成立后，股东不得抽逃出资。本案中，丙公司从丁公司取得退款 1000 万元后退出丁公司。违反了上述规定。所以，丙公司的做法是不合法的。

（3）无效。该担保事项应由无关联关系的股东表决决定。

根据我国《公司法》第 15 条的规定，丁公司为本公司的股东甲公司提供担保，须经股东会决议，并且甲公司不得参与该事项的表决，该表决由出席会议的其他股东所持表决权的过半数通过。丁公司股东会关于为甲公司提供担保的决议不符合法律规定，因而是无效的。

（4）陈某的申报构成破产债权。丁公司对汇票的保证有效；大满公司实为拒绝承兑，陈某对丁公司享有票据追索权。贾某的申报不构成破产债权。贾某的 200 万元是对丁公司的出资，公司股东不得以出资款向公司主张债权。破产债权，是指于破产宣告前成立的，只能通过破产程序才能得到公平清偿的债权。

我国《票据法》第 48 条规定："保证不得附有条件；附有条件的，不影响对汇票的保证责任。"陈某要求丁公司提供担保，丁公司在汇票上签注："同意担保，但 A 楼房应过户到本公司。"根据上述规定，虽然丁公司在为该汇票提供保证时附有条件，但这并不影响对汇票的保证责任。所以，丁公司要对汇票承担保证责任。陈某在丁公司破产时，申报的债权构成破产债权。

《最高人民法院关于审理企业破产案件若干问题的规定》第 61 条第 1 款第 5 项规定，破产企业的股权、股票持有人在股权、股票上的权利不属于破产债权。在本案中，丁公司经过变更后，贾某成为公司股东，并向其出资 200 万元。这 200 万元作为股东的出资，不能申报破产债权。

（5）B 银行申报破产债权的申请应当支持，但无权优先受偿。丁公司与 B 银行签订的担保合同有效，故 B 银行破产债权成立；但该担保是保证担保，B 银行不享有担保物权，无权优先受偿。乙公司的请求应当支持。乙公司仍是 A 楼房的产权人，故其可依法收回该楼房。

（6）债权人可以向甲公司、丙公司和某会计师事务所追索。甲公司虚假出资，丙公司非法抽逃资金，应对债权人承担连带责任；

某会计师事务所明知丁公司设立时甲公司出资不实，仍予验资，应在其虚假验资的范围内承担责任。《公司法》第49条第1款、第2款规定：“股东应当按期足额缴纳公司章程规定的各自所认缴的出资额。股东以货币出资的，应当将货币出资足额存入有限责任公司在银行开设的账户；以非货币财产出资的，应当依法办理其财产权的转移手续。”甲公司以其不享有所有权的楼房作为出资，且一直未向丁公司转移楼房的所有权，构成虚假出资。《公司法》第53条第1款规定：“公司成立后，股东不得抽逃出资。”丙公司的行为实际上是抽逃出资的行为。甲公司的虚假出资行为和丙公司的抽逃出资行为实际上使丁公司2000万元的注册资本只是纸面上的数字而已，甲公司和丙公司滥用公司的独立人格和股东的有限责任，严重损害了公司债权人的利益。《公司法》第23条第1款规定：“公司股东滥用公司法人独立地位和股东有限责任，逃避债务，严重损害公司债权人利益的，应当对公司债务承担连带责任。”所以甲公司和丙公司应该对公司债权人承担连带责任。《公司法》第257条第2款规定，承担资产评估、验资或者验证的机构因其出具的评估结果、验资或者验证证明不实，给公司债权人造成损失的，除能够证明自己没有过错的外，在其评估或者证明不实的金额范围内承担赔偿责任。据此，该会计师事务所应在其虚假验资的范围内承担责任。

第九章　公司的人格与能力

单项选择题

1. **答案**：D。《公司法》第 13 条第 2 款规定："公司可以设立分公司。分公司不具有法人资格，其民事责任由公司承担。"据此，分公司是公司的一个组成部分，可以以公司名义从事民事活动，其法律责任由公司承担。

《民法典》第 170 条第 1 款规定："执行法人或者非法人组织工作任务的人员，就其职权范围内的事项，以法人或者非法人组织的名义实施的民事法律行为，对法人或者非法人组织发生效力。"据此，分公司的负责人有权以公司名义对外签约，如果事事都需要公司授权，分公司事实上无法运转，故 A 项正确。

《公司法》第 3 条第 1 款规定："公司是企业法人，有独立的法人财产，享有法人财产权。公司以其全部财产对公司的债务承担责任。"分公司是公司的组成部分，分公司的债务就是公司的债务，应当以（总）公司及其所有分公司的财产清偿。据此，B、C 两项正确，D 项错误。

2. **答案**：D。《公司法》第 15 条第 2 款规定，公司为公司股东或者实际控制人提供担保的，应当经股东会决议。即只有股东会有权决定是否可以由公司为本公司的股东提供担保，公司的董事长、董事会、经理没有这项职权。本题正确答案是 D。

3. **答案**：A。《公司法》第 23 条第 1 款规定："公司股东滥用公司法人独立地位和股东有限责任，逃避债务，严重损害公司债权人利益的，应当对公司债务承担连带责任。"本题中，零盛公司控股股东甲公司将零盛公司的资产全部用于甲公司的其他项目，事实上掏空了零盛公司的资产，使零盛公司空壳化，构成否定零盛公司法人资格的理由，甲公司应当对零盛公司的债务承担连带责任，故 A 项正确，D 项错误。

本题中，零盛公司的股东乙公司并不存在滥用公司法人资格以损害债权人利益的行为，故对零盛公司的债务不承担责任，B、C 两项错误。

名词解释

答案：公司债为公司以公开募集方式向大众借入金钱而发生的债务，系与不特定多数人发生的消费借贷关系。为使公司债得以在市面上流通，公司可发行公司债券。公司债券为表示公司债权的有价证券。发行公司债需要符合：（1）具备健全且运行良好的组织机构；（2）最近三年平均可分配利润足以支付公司债券一年的利息；（3）国务院规定的其他条件。公开发行公司债券筹集的资金，必须按照公司债券募集办法所列资金用途使用；改变资金用途，必须经债券持有人会议作出决议。公开发行公司债券筹集的资金，不得用于弥补亏损和非生产性支出。

上市公司发行可转换为股票的公司债券，除应当符合《证券法》第 12 条第 1 款规定的条件外，还应当遵守第 2 款的规定，即上市公司发行新股，应当符合经国务院批准的国务院证券监督管理机构规定的条件，具体管理办法由国务院证券监督管理机构规定。但是，按照公司债券募集办法，上市公司通过收购本公司股份的方式进行公司债券转换的除外。

论述题

1. **答案**：法人是一种具有民事权利能力和民事行为能力，并且能独立承担民事责任的社会组织。作为一种民事主体，法人是否具有人格权，以及人格权之法律定性问题，依据对法人本质的理解不同，主要有以下几种理论：

（1）法人拟制说

该学说起源于罗马法，认为法人不具备人格，其承担权利义务只不过是对自然人的一种拟制。法人拟制说在很大程度上是受罗马法中的个人主义观念的法律思想的影响所致。依据该学说，一家公司法人毕竟不是一个自然人，它不能思想，它的思想只不过是控制公司的人的思想而已。

（2）法人否认说

其核心内容是不承认法人为独立的存在，法人只不过是个人或财产的集合而已。具体又分为以下三类：其一，目的财产说，认为法人的财产只属于特定个人，服从于特定目的，法人财产是为一定目的而存在的无主财产，为德国学者布林兹所提倡。其二，受益者主体说，该理论从财产主体及其利益的归属之基本观点出发，认为享有财产利益之支配权的主体，才是法人的真正主体。其三，管理者主体说，认为法人的财产，属于管理其财产的自然人，为德国学者霍达所提出。

（3）法人实在说

该学说认为法人并非一种空虚体，而是社会中实存的民事主体，其中，又分为有机体说与组织体说两种。有机体说认为自然人为自然之有机体，有个人意志，法人则为社会之有机体，有团体的意志。该学说为德国日耳曼法学家基尔克所提倡。组织体说认为，法人是作为一种社会团体而林立于人类社会生活中。它认为团体的意志应与个人的意志区别开来，法人有自己表达团体意志的机关。同时，团体所享有的利益与团体中个人所享有的利益也相区别，团体人格与团体中个人人格相对独立，使法人作为一种团体组织而存在。

法人作为一种组织体，由于其不是基于自然而产生，因此其不具有自然人的属性以及与这种属性相联系的人格性利益，但是，这并不意味着不能通过法律上的拟制使法人成为这种利益的形式上的承载者和有效的保护者。一般来说，法人都是自然人的组织体（即使是财团性法人，其活动也需要自然人来完成），因此自然人以其作为法人的一个成员这样的特殊资格进行活动时所涉及的某些人格利益，就必然要以法人的团体性人格利益的形式表现出来。当这种人格利益遭到侵害时，也是作为团体的法人受到侵害，而不是作为个体的自然人。因此，在这样的情况下，这种法人的团体性人格利益必须要求法人以自己的名义来承载和进行保护，而不是自然人以其个人名义来进行保护。这就要求法人能够享有人格权。

①法人拥有独立的财产，并以此来享有权利能力和行为能力，承担民事义务与责任。法人拥有独立的财产，这为法人进行民事活动，参与市场交易提供了一种可能性。同时，法人正是基于能独立承担责任，才使法人具有人格，也使法人与其成员区别开来。

②有限责任作为法人成员的责任承担方式，它是法人区别于其投资者和其他民事主体的重要方式。首先，法人的有限责任，是指法人的发起人或股东所承担的有限责任，出资人或股东以其出资额为限对法人承担的责任，对法人的债务人只承担间接责任。其次，法人成员的有限责任是法人区别于合伙的重要因素。合伙人对合伙企业之债务承担无限责任。而法人则是依自己的财产承担责任，与股东或发起人是两个不同的法律人格。同时，公司法人股东的有限责任与法人的财产独立，也与个人独资企业区别开来，投资个人对投资企业承担的是无限责任，个人独资企业的行为，往往是投资者的个人意志。因此，个人独资企业不具备法律人格，个人独资企业之债务亦由独资企业投资者所承担。同合伙与个人独资企业相比较，正是因为法人成员承担有限责任，才使得法人有其自己的行为能力，法人与法人成员个人行为相区别，法人的责任与其成员责任相区别，才使得法人作为一种独立的法律人格而存在。

2. 答案：公司法人作为民事或商事主体，和自然人一样，都具有民事权利能力。但是，由于公司法人与自然人在性质上的差异，以及公司法对公司的特殊要求，决定了公司的权利能力在性质上、法律上和目的上受限制，具体表现如下：

第一，公司权利能力因性质受到的限制。公司是法律所拟制的人，因此，其人格与自然人的人格迥然不同。这主要表现在专属于自然人基于性别、年龄、生命、身体、亲属关系而产生的权利与义务，公司不能承受。例如，公司法人不能享有属于自然人人身的生命权和身体自由权，公司法人不能享有属于自然人亲属关系的继承权、监护权和受扶养权等，也不能承担与上述权利相对应的义务。

第二，公司权利能力因法律规定受到的限制。公司作为法人，其权利能力不仅要受到一般法律的限制，还要受到公司法的特别限制。公司法对公司权利能力的限制主要表现在：

（1）公司在特定情况下不得成为其他营利性组织的无限责任股东。《公司法》第 14 条规定，公司可以向其他企业投资。法律规定公司不得成为对所投资企业的债务承担连带责任的出资人的，从其规定。第 2 款所涉情形，主要是指《合伙企业法》第 3 条所规定的国有独资公司、国有企业、上市公司以及公益性的事业单位社会团体不得成为普通合伙人。如此类公司成为其他公司的无限责任股东或合伙企业的合伙人，一旦其他公司或合伙企业破产倒闭，则该公司势必受其牵连，加重公司债务责任，故各国公司法对此普遍加以限制。

（2）设立中的公司不得享有法人的权利能力，解散后的公司，只能在清算范围内享有权利和承担义务。从发起设立到正式成立期间的公司，被称为设立中的公司或未完成的公司，是一种没有权利能力的社团，只能以非法人团体的身份进行民事活动，其内部、外部关系应适用有关合伙的法律规定。解散后的公司，在依法进行清算的阶段，其权利能力虽仍然存在，但仅限于清算范围内的活动，不得从事清算范围外的活动。自清算完毕之日起，公司的权利能力归于消灭。

第三，公司权利能力因目的受到的限制。对于公司的权利能力应否受目的范围的限制，各国立法有不同的规定，学理上也有不同的解释。19 世纪的民商法严格要求法人必须在目的范围内活动，至今，仍有一些大陆法系国家的民商法规定法人的权利能力须受目的的限制。在英美法上也有越权原则，认为法人从事章程所规定的目的以外的行为无效。公司的权利能力因章程中的目的（宗旨）条款而受到了严格的限制。然而，自 20 世纪以来，特别是近几十年来，在一些大陆法系国家，对公司权利能力因目的所受的限制已有所松动；在英美法系国家，对“越权”原则已呈现废弃的趋势。

在我国，公司的权利能力受到章程中的目的条款所确定的经营范围的严格限制，任何公司在设立时，都必须在章程中载明其经营范围，经营范围是公司章程的法定绝对必要记载事项。在实践中，凡公司超出登记机关核准登记的经营范围从事经营的，一般都被确认为无效行为。这是由于我国的各类企业法人都是按照一定的社会职能成立的，每个法人成立的目的不同，其经营范围和业务活动范围也不相同，因此它们都享有不同的民事权利能力。尽管近些年来对企业确定经营范围有所放宽，允许一业为主、兼营他业，特别是鼓励企业为获取更大的经济效益，根据市场预测和自身条件，可以主动实行转产，但经营范围仍需核定，转产亦需履行变更登记程序。因此，我国公司的权利能力仍受目的条款的限制。

第十章　公司的资本制度

单项选择题

1. **答案**：A。本题考查的是股份有限公司公积金的使用。根据《公司法》第 214 条第 3 款的规定，法定公积金转为资本时，所留存的该项公积金不得少于转增前公司注册资本的 25%。依此，A 项正确。
2. **答案**：A。资本确定原则——公司设立时必须在章程中对公司的资本总额作出明确的规定，并须由股东全部认足，否则公司不能成立。C、D 两项体现了资本不变原则——公司资本额一经确定，不得随意改变，如需增减，必须严格按照法定程序进行。
3. **答案**：A。《公司法》第 14 条规定："公司可以向其他企业投资。法律规定公司不得成为对所投资企业的债务承担连带责任的出资人的，从其规定。" A 项不属于法律规定的例外情形，故当选。《公司法》第 15 条第 2 款规定："公司为公司股东或者实际控制人提供担保的，应当经股东会决议。" 故 B 项错误。《公司法》第 73 条第 3 款规定："董事会决议的表决，应当一人一票。" 故 C 项错误。依《公司法》第 66 条第 3 项的规定，股东会作出修改公司章程的决议，应当经 2/3 以上表决权的股东通过。故 D 项错误。
4. **答案**：C。根据《公司法》第 210 条第 1 款规定："公司分配当年税后利润时，应当提取利润的百分之十列入公司法定公积金。公司法定公积金累计额为公司注册资本的百分之五十以上的，可以不再提取。"
5. **答案**：B。《公司法》第 66 条第 3 款规定："股东会作出修改公司章程、增加或者减少注册资本的决议，以及公司合并、分立、解散或者变更公司形式的决议，应当经代表三分之二以上表决权的股东通过。" 股东会关于新增注册资本的决议，应当经 2/3 以上表决权的股东同意而不是 2/3 以上股东同意，因此，A 项错。《公司法》第 227 条第 1 款规定，有限责任公司增加注册资本时，股东在同等条件下有权优先按照实缴的出资比例认缴出资。但是，全体股东约定不按照出资比例优先认缴出资的除外。因此，股东有权要求按照"实缴"出资比例来认缴新增注册资本的出资而不是按照"认缴"出资比例来认缴新增注册资本的出资，所以，C 项错误。《公司法》第 228 条第 1 款规定，有限责任公司增加注册资本时，股东认缴新增资本的出资，依照本法设立有限责任公司缴纳出资的有关规定执行。《公司法》于 2013 年修正时就取消了对股东出资额的缴付比例和期限的限制，对于是否分期缴纳出资法律不作强制性规定，B 项正确。根据《公司法》第 50 条规定，有限责任公司设立时，股东未按照公司章程规定实际缴纳出资，或者实际出资的非货币财产的实际价额显著低于所认缴的出资额的，设立时的其他股东与该股东在出资不足的范围内承担连带责任。所以，应当是公司股东都承担连带责任而非董事长，D 项错误。
6. **答案**：C。根据《公司法》第 116 条的规定，股东出席股东会会议，所持每一股份有一表决权，类别股股东除外。公司持有的本公司股份没有表决权。股东会作出决议，应当经出席会议的股东所持表决权过半数通过。股东会作出修改公司章程、增加或者减少注册资本的决议，以及公司合并、分立、解散或者变更公司形式的决议，应当经出席会议的股东所持表决权的 2/3 以上通过。
7. **答案**：A。《公司法》第 162 条第 1 款、第 2 款和第 3 款规定："公司不得收购本公司股份。但是，有下列情形之一的除外：（一）减少公司注册资本；（二）与持有本公司股份的其他公司合并；（三）将股份用于员工持股计划或者股权激励；（四）股东因对股东会作出的公司合并、分立决议持异议，要求公司收购其股份；（五）将股份用于转换公司发行的可转换为股票的公司债券；（六）上市公司为维护公司价值及股东权益所必需。公司因前款第一项、第二项规定的情形收购本公司股份的，应当经股东会决议；公司因前款第三项、第五项、第六项规定的情形收购本公司股份的，可以按照公司章程或者股东会的授权，经三分之二以上董事出席的董事会会议决议。公司依照本条第一款规定收购本公司股份后，属于第一项情形的，应当自收购之日起十日内注销；属于第二项、第四项情形的，应当在六个月内转让或者注销；属于第三项、第五项、第六项情形的，公司合计持有的本公司股份数不得超过本公司已发行股份总数的百分之十，并应当在三年内转让或者注销。”

8. **答案**：C。《证券法》第 17 条规定：“有下列情形之一的，不得再次公开发行公司债券：（一）对已公开发行的公司债券或者其他债务有违约或者延迟支付本息的事实，仍处于继续状态；（二）违反本法规定，改变公开发行公司债券所募资金的用途。”

9. **答案**：D。《证券法》第 15 条规定：“公开发行公司债券，应当符合下列条件：（一）具备健全且运行良好的组织机构；（二）最近三年平均可分配利润足以支付公司债券一年的利息；（三）国务院规定的其他条件。公开发行公司债券筹集的资金，必须按照公司债券募集办法所列资金用途使用；改变资金用途，必须经债券持有人会议作出决议。公开发行公司债券筹集的资金，不得用于弥补亏损和非生产性支出。上市公司发行可转换为股票的公司债券，除应当符合第一款规定的条件外，还应当遵守本法第十二条第二款的规定。但是，按照公司债券募集办法，上市公司通过收购本公司股份的方式进行公司债券转换的除外。”

10. **答案**：C。《公司法》第 21 条第 2 款规定，公司股东滥用股东权利给公司或者其他股东造成损失的，应当承担赔偿责任。本题中，甲公司作为丙公司的股东，滥用股东权利给丙公司造成损失，其应当对丙公司承担赔偿责任，答案 C 是正确的。

11. **答案**：A。根据《公司法》第 210 条第 2 款的规定，公司的法定公积金不足以弥补以前公司亏损的，在依照法律规定提取法定公积金和法定公益金之前，应当先用当年利润弥补亏损。

12. **答案**：C。根据《公司法》第 214 条第 3 款的规定，法定公积金转为增加注册资本时，所留存的该项公积金不得少于转增前公司注册资本的 25%。因公司注册资本为 2000 万元，故法定公积金留存不得少于 500 万元。C 项正确。

13. **答案**：A。《公司法》第 210 条第 1 款中规定，公司分配当年税后利润时提取利润的 10%列入公司法定公积金。这里的法定公积金为法定盈余公积金。法定公积金分为法定盈余公积金和法定资本公积金。法定资本公积金是指由公司资本或资产以及其他原因形成的公积金，来源有：股票溢价发行的净溢价额，每一营业年度内固定资产评估增值额处分资产或出售资产的溢价收入、吸收合并其他公司所承受的资本额，接受赠与财产的所得额等。

14. **答案**：B。《公司法》第 148 条规定：“面额股股票的发行价格可以按票面金额，也可以超过票面金额，但不得低于票面金额。”第 147 条第 2 款规定：“公司发行的股票，应当为记名股票。”故本题答案为 B。

15. **答案**：B。股票主要有以下三个特征：是证权证券，证明股东权的存在；是有价证券，代表一定的财产权利；是要式证券，即股票的制作及记载事项必须严格按照法律规定进行，否则将导致证券无效。另外股票是可以转让流通的。设权证券是指因证券的制作而设定一定的权利，票据法上的票据即是。

16. **答案**：B。《公司法》第 202 条规定：“股份有限公司经股东会决议，或者经公司章程、股东会授权由董事会决议，可以发行可转换为股票的公司债券，并规定具体的转换办法。上市公司发行可转换为股票的公司债券，应当经国务院证券监督管理机构注册。

发行可转换为股票的公司债券，应当在债券上标明可转换公司债券字样，并在公司债券持有人名册上载明可转换公司债券的数额。”

17. 答案：C。《公司法》第 210 条第 1 款规定，公司分配当年税后利润时，应当提取利润的百分之十列入公司法定公积金。公司法定公积金累计额为公司注册资本的百分之五十以上的，可以不再提取。故 A 项说法正确。

《公司法》第 210 条第 4 款规定，公司弥补亏损和提取公积金后所余税后利润，有限责任公司按照股东实缴的出资比例分配利润，全体股东约定不按照出资比例分配利润的除外；股份有限公司按照股东所持有的股份比例分配利润，公司章程另有规定的除外。由此，B 项说法正确。

《公司法》第 214 条第 3 款规定，法定公积金转为增加注册资本时，所留存的该项公积金不得少于转增前公司注册资本的百分之二十五。故 C 项说法错误。

D 项不是法律禁止的，因此根据民法意思自治的原则，该项决议是可以的。

18. 答案：B。《公司法》第 210 条第 4 款规定：“公司弥补亏损和提取公积金后所余税后利润，有限责任公司按照股东实缴的出资比例分配利润，全体股东约定不按照出资比例分配利润的除外；股份有限公司按照股东所持有的股份比例分配利润，公司章程另有规定的除外。”本题中，因为公司章程对红利分配没有特别约定，所以适用《公司法》第 210 条第 4 款的补充规定，按照实缴的出资比例，即 20 万元∶30 万元∶30 万元进行分红，故 B 项正确。A 项，按照实缴出资比例分红，丙可以按照 37.5%的比例分红，故 A 项错误。D 项不符合法律规定，错误。

需要特别分析的是 C 项。《最高人民法院关于适用〈中华人民共和国公司法〉若干问题的规定（三）》第 16 条规定：“股东未履行或者未全面履行出资义务或者抽逃出资，公司根据公司章程或者股东会决议对其利润分配请求权、新股优先认购权、剩余财产分配请求权等股东权利作出相应的合理限制，该股东请求认定该限制无效的，人民法院不予支持。”据此规定，因为丙未全面履行出资义务，公司可以通过股东会决议对丙的分红权利进行合理限制。关于有限责任公司的股东会决议表决程序，《公司法》第 66 条规定：“股东会的议事方式和表决程序，除本法有规定的外，由公司章程规定。股东会作出决议，应当经代表过半数表决权的股东通过。股东会作出修改公司章程、增加或者减少注册资本的决议，以及公司合并、分立、解散或者变更公司形式的决议，应当经代表三分之二以上表决权的股东通过。”题目中并未说明公司章程对于股东会决议的表决比例如何规定，按照一般情形，按超过半数通过即可。问题在于，《公司法》第 65 条规定：“股东会会议由股东按照出资比例行使表决权；但是，公司章程另有规定的除外。”该出资比例究竟是按认缴资本的出资比例还是按实缴资本的出资比例，法律和司法解释都没有规定，实践中比较流行的做法是公司股东的表决权按照认缴出资的比例而不是实缴出资的比例确定。如此一来，因为丙拥有 50%的表决权，通常而言，公司无法作出不利于丙的股东会决议。所以，其他股东无法通过决议取消丙当年分红资格。退一步讲，即便可以作出股东会决议，该决议完全取消而不是合理限制丙的分红权利，该决议是否合理合法，都需要进一步研究。综合考虑下来，C 项表述存在严重问题，不是正确选项。

19. 答案：C。《最高人民法院关于适用〈中华人民共和国公司法〉若干问题的规定（三）》第 11 条第 1 款规定：“出资人以其他公司股权出资，符合下列条件的，人民法院应当认定出资人已履行出资义务：（一）出资的股权由出资人合法持有并依法可以转让；（二）出资的股权无权利瑕疵或者权利负担；（三）出资人已履行关于股权转让的法定手续；（四）出资的股权已依法进行了价值评估。”本题中，虽然文某对甲公司的出资义务尚未实际缴纳完毕，但其出资义务按照甲公司章程规定在 2026 年 5 月缴足即可。因而在 2024 年 12 月，文某以其对甲公司享有的股权对乙公司出资完全合法，并不存在权利瑕疵，故A项错误。

《最高人民法院关于适用〈中华人民共和国公司法〉若干问题的规定（三）》第15条规定："出资人以符合法定条件的非货币财产出资后，因市场变化或者其他客观因素导致出资财产贬值，公司、其他股东或者公司债权人请求该出资人承担补足出资责任的，人民法院不予支持。但是，当事人另有约定的除外。"本题中，文某以其对甲公司享有的合法股权对乙公司出资，其出资因为客观因素而发生贬值，文某不承担补足出资的责任，故B项错误。

《最高人民法院关于适用〈中华人民共和国公司法〉若干问题的规定（三）》第13条第1款、第2款规定："股东未履行或者未全面履行出资义务，公司或者其他股东请求其向公司依法全面履行出资义务的，人民法院应予支持。公司债权人请求未履行或者未全面履行出资义务的股东在未出资本息范围内对公司债务不能清偿的部分承担补充赔偿责任的，人民法院应予支持；未履行或者未全面履行出资义务的股东已经承担上述责任，其他债权人提出相同请求的，人民法院不予支持。"据此，如果文某不履行其对甲公司的出资义务，甲公司有权要求其履行，故C项正确。乙公司既不是甲公司的股东，也不是甲公司的债权人，无权要求文某履行其对甲公司的出资义务，故D项错误。

多项选择题

1. **答案**：AB。《公司法》第227条第1款规定："有限责任公司增加注册资本时，股东在同等条件下有权优先按照实缴的出资比例认缴出资。但是，全体股东约定不按照出资比例优先认缴出资的除外。"据此，公司的三位股东可以决定股东不按照出资比例认缴出资，A项正确。

《公司法》第47条第1款规定："有限责任公司的注册资本为在公司登记机关登记的全体股东认缴的出资额。全体股东认缴的出资额由股东按照公司章程的规定自公司成立之日起五年内缴足。"第228条第1款规定："有限责任公司增加注册资本时，股东认缴新增资本的出资，依照本法设立有限责任公司缴纳出资的有关规定执行。"2023年年底公司法修订后，公司资本制度普遍采取限期认缴制，无论是公司设立出资还是公司增资，都可以在五年内缴足出资，故三位股东在实际缴足增资之前即可完成增资程序，B项正确。

根据《公司法》第46条第1款第3项规定，公司章程中应当载明"公司注册资本"，公司增值会引发公司注册资本变化，当然需要修订公司章程，故C项错误。

根据《公司法》第32条第1款第3项规定，注册资本属于公司登记事项。《公司法》第34条第1款规定："公司登记事项发生变更的，应当依法办理变更登记。"故D项错误。

2. **答案**：ABD。本题考查的是公司债券与股份之不同。A、B、D项关于二者区别的叙述正确。公司债券也可能自由流通、抵押和继承，故C项错误。
3. **答案**：AD。根据《公司法》第47条第1款中的规定，有限责任公司的注册资本为在公司登记机关登记的全体股东认缴的出资额。2013年修正后的《公司法》已取消最低资本限额的规定。故A项正确，B项错误。根据第59条第1款第5项的规定，股东会对公司增加或者减少注册资本作出决议。故D项正确。
4. **答案**：ABCD。《公司法》第49条规定，股东应当按期足额缴纳公司章程中规定的各自所认缴的出资额。股东以货币出资的，应当将货币出资足额存入有限责任公司在银行开设的账户；以非货币财产出资的，应当依法办理其财产权的转移手续。股东未按期足额缴纳出资的，除应当向公司足额缴纳外，还应当对给公司造成的损失承担赔偿责任。第50条规定，有限责任公司设立时，股东未按照公司章程规定实际缴纳出资，或者实际出资的非货币财产的实际价额显著低于所认缴的出资额的，设立时的其他股东与该股东在出资不足的范围内承担连带责任。故A项和B项的说法正确。丁作为机器设备的所有权人，其有权基于物上请求权要求丙公司返还财产，所以C项说法正确。该法第66条第3款规定，股东会作出修改公司章程、增加或者减少注册资本的决议，以及公司合并、分立、解散或者变更公司形式的决议，应当经代表三分之二以上表决权的股东通过。因此D项的做法也是可以的。本题正确答案是A、B、C、D。

5. **答案**：ACD。根据《公司法》第105条第2款的规定，发起人、认股人缴纳股款或者交付非货币财产出资后，除未按期募足股份、发起人未按期召开成立大会或者成立大会决议不设立公司的情形外，不得抽回其股本。

6. **答案**：ABCD。《公司法》第160条第1款、第2款规定："公司公开发行股份前已发行的股份，自公司股票在证券交易所上市交易之日起一年内不得转让。法律、行政法规或者国务院证券监督管理机构对上市公司的股东、实际控制人转让其所持有的本公司股份另有规定的，从其规定。公司董事、监事、高级管理人员应当向公司申报所持有的本公司的股份及其变动情况，在就任时确定的任职期间每年转让的股份不得超过其所持有本公司股份总数的百分之二十五；所持本公司股份自公司股票上市交易之日起一年内不得转让。上述人员离职后半年内，不得转让其所持有的本公司股份。公司章程可以对公司董事、监事、高级管理人员转让其所持有的本公司股份作出其他限制性规定。"第162条第1款规定："公司不得收购本公司股份。但是，有下列情形之一的除外：（一）减少公司注册资本；（二）与持有本公司股份的其他公司合并；（三）将股份用于员工持股计划或者股权激励；（四）股东因对股东会作出的公司合并、分立决议持异议，要求公司收购其股份……公司按照本条第一款规定收购本公司股份后，属于第一项情形的，应当自收购之日起十日内注销……"因此，本题全选。

7. **答案**：AC。《公司法》第210条第2款规定："公司的法定公积金不足以弥补以前年度亏损的，在依照前款规定提取法定公积金之前，应当先用当年利润弥补亏损。"故A项正确。而公司亏损5000万元并未达到暂停上市的条件，故B项错误。根据《公司法》第113条第2项规定，公司未弥补的亏损达股本额的1/3时，应当在2个月内召开临时股东会。故C项正确。根据2019年修订后的《证券法》第15条的规定，公司发行公司债券，已不再要求累计债券余额不超过公司净资产的40%，故D项错误。

8. **答案**：ACD。《公司法》第162条："公司不得收购本公司股份。但是，有下列情形之一的除外：（一）减少公司注册资本；（二）与持有本公司股份的其他公司合并；（三）将股份用于员工持股计划或者股权激励；（四）股东因对股东会作出的公司合并、分立决议持异议，要求公司收购其股份；（五）将股份用于转换上市公司发行的可转换为股票的公司债券；（六）上市公司为维护公司价值及股东权益所必需。公司因前款第一项、第二项规定的情形收购本公司股份的，应当经股东会决议；公司因前款第三项、第五项、第六项规定的情形收购本公司股份的，可以按照公司章程的规定或者股东会的授权，经三分之二以上董事出席的董事会会议决议。公司依照本条第一款规定收购本公司股份后，属于第一项情形的，应当自收购之日起十日内注销；属于第二项、第四项情形的，应当在六个月内转让或者注销；属于第三项、第五项、第六项情形的，公司合计持有的本公司股份数不得超过本公司已发行股份总数的百分之十，并应当在三年内转让或者注销……"故A项正确，B项错误。

根据第160条第1款中的规定，公司公开发行股份前已发行的股份，自公司股票在证券交易所上市交易之日起一年内不得转让。故C项正确。国有股份可以转让，故D项正确。

9. **答案**：BC。本题考查的是发起人不得抽回股本的例外。《公司法》105条第2款规定，在三种情形下，发起人可以抽回股本：一是公司设立时应发行的股份未募足的；二是股款缴足后30天内未召开成立大会的；三是成立大会决定不设立公司的。本例中，只有选项B、C符合上述情形。选项A中，因发起人认购的股本数额不得少于公司拟发行股本总额的35%，其向社会公众募集的股份数额最多只能占公司股本总额的65%。选项D中，因包销的证券经营机构在募股期满后，会将未售出股票全部买下，因而选项A、D两种情形，募股期届满时，股份是募足的，因而发起人在这种状况下不得抽回股本。

10. 答案：ABC。《公司法》第214条规定："公司的公积金用于弥补公司的亏损、扩大公司生产经营或者转为增加公司注册资本。公积金弥补公司亏损，应当先使用任意公积金和法定公积金；仍不能弥补的，可以按照规定使用资本公积金。法定公积金转为增加注册资本时，所留存的该项公积金不得少于转增前公司注册资本的百分之二十五。"

《公司法》第210条规定："公司分配当年税后利润时，应当提取利润的百分之十列入公司法定公积金。公司法定公积金累计额为公司注册资本的百分之五十以上的，可以不再提取。公司的法定公积金不足以弥补以前年度亏损的，在依照前款规定提取法定公积金之前，应当先用当年利润弥补亏损。公司从税后利润中提取法定公积金后，经股东会决议，还可以从税后利润中提取任意公积金……"因此，D项有误。

11. 答案：BD。《公司法》第208条第1款规定，公司应当在每一会计年度终了时编制财务会计报告，并依法经会计师事务所审计。据此，公司对自身的年度财务会计报告不能自我审计而必须聘请会计师事务所进行外审，以保证审计的客观、真实，故A项错误。

《公司法》第210条第2款规定，公司的法定公积金不足以弥补以前年度亏损的，在依照前款规定提取法定公积金之前，应当先用当年利润弥补亏损。公司资本维持是公司资本制度的核心要求，只有弥补亏损之后，才能提取法定公积金；只有提取法定公积金之后，才能向股东分配利润。据此，B项正确。

关于资本公积金的范围，《公司法》第213条规定，公司以超过股票票面金额的发行价格发行股份所得的溢价款、发行无面额股所得股款未计入注册资本的金额以及国务院财政部门规定列入资本公积金的其他项目，应当列为公司资本公积金。关于其用途，《公司法》第214条第1款规定，公司的公积金用于弥补公司的亏损、扩大公司生产经营或者转为增加公司注册资本。但是，资本公积金不得用于弥补公司的亏损。据此，资本公积金可以用于转增资本，但不能用于弥补亏损，C项错误。

《公司法》第214条第3款规定，法定公积金转为增加注册资本时，所留存的该项公积金不得少于转增前公司注册资本的25%。据此，D项正确。

12. 答案：ABD。本题考核有限责任公司股东出资的转让。有限责任公司的股东向股东以外的人转让出资时，应当将转让的条件书面通知其他股东，其他股东在同等条件下有优先购买权。股东自接到书面通知之日起30日内未答复的，视为放弃优先购买权。两个以上股东行使优先购买权的，协商确定各自的购买比例；协商不成的，按照转让时各自的出资比例行使优先购买权。

13. 答案：ABD。本题考核股东出资的规定。根据《公司法》第50条规定，有限责任公司设立时，股东未按照公司章程规定实际缴纳出资，或者实际出资的非货币财产的实际价额显著低于所认缴的出资额的，设立时的其他股东与该股东在出资不足的范围内承担连带责任。本题应由乙和丙对其承担连带责任。

14. 答案：ABC。A、B无效，《公司法》第160条规定："公司公开发行股份前已发行的股份，自公司股票在证券交易所上市交易之日起一年内不得转让。……公司董事、监事、高级管理人员应当向公司申报所持有的本公司的股份及其变动情况，在就任时确定的任职期间每年转让的股份不得超过其所持有本公司股份总数的百分之二十五；所持本公司股份自公司股票上市交易之日起一年内不得转让。上述人员离职后半年内，不得转让其所持有的本公司股份。公司章程可以对公司董事、监事、高级管理人员转让其所持有的本公司股份作出其他限制性规定……”C无效，《公司法》第159条规定：“股票的转让，由股东以背书方式或者法律、行政法规规定的其他方式进行；转让后由公司将受让人的姓名或者名称及住所记载于股东名册。股东会会议召开前二十日内或者公司决定分配股利的基准日前五日内，不得变更股东名册。法律、行政法规或者国务院证券监督管理机构对上市公司股东名册变更另有规定的，从其规定。”D有效，第158条规定：“股东转让其股份，应当在依法设立的证券交易场所进行或者按照国务院规定的其他方式进行。”

15. 答案：CD。A项错误，《公司法》第159条：“股票的转让，由股东以背书方式或者法律、行政法规规定的其他方式进行；转让后由公司将受让人的姓名或者名称及住所记载于股东名册。股东会会议召开前二十日内或者公司决定分配股利的基准日前五日内，不得变更股东名册。法律、行政法规或者国务院证券监督管理机构对上市公司股东名册变更另有规定的，从其规定。”B项错误，C、D项正确，第160条第2款规定：“公司董事、监事、高级管理人员应当向公司申报所持有的本公司的股份及其变动情况，在就任时确定的任职期间每年转让的股份不得超过其所持有本公司股份总数的百分之二十五；所持本公司股份自公司股票上市交易之日起一年内不得转让。上述人员离职后半年内，不得转让其所持有的本公司股份。公司章程可以对公司董事、监事、高级管理人员转让其所持有的本公司股份作出其他限制性规定。”

16. 答案：AB。《公司法》第97条第2款规定：“以募集设立方式设立股份有限公司的，发起人认购的股份不得少于公司章程规定的公司设立时应发行股份总数的百分之三十五；但是，法律、行政法规另有规定的，从其规定。”A项正确。第155条规定：“公司向社会公开募集股份，应当由依法设立的证券公司承销，签订承销协议。”第156条规定：“公司向社会公开募集股份，应当同银行签订代收股款协议……”B项正确。第106条规定：“董事会应当授权代表，于公司成立大会结束后三十日内向公司登记机关申请设立登记。”C项错误。第103条规定：“……成立大会应当有持有表决权过半数的认股人出席，方可举行……”即表决权过半数，不是股东人数超过半数，D项错误。

17. 答案：ABCD。《公司法》第149条规定：“股票采用纸面形式或者国务院证券监督管理机构规定的其他形式。股票采取纸面形式的，应当载明下列主要事项：（一）公司名称；（二）公司成立日期或者股票发行的时间；（三）股票种类、票面金额及代表的股份数，发行无面额股的，股票代表的股份数。股票采用纸面形式的，还应当载明股票的编号，由法定代表人签名，公司盖章。发起人股票采用纸面形式的，应当标明发起人股票字样。”

18. 答案：BCD。《公司法》第48条第1款规定：“股东可以用货币出资，也可以用实物、知识产权、土地使用权、股权、债权等可以用货币估价并可以依法转让的非货币财产作价出资；但是，法律、行政法规规定不得作为出资的财产除外。”股权可以用货币估价并且可以依法转让，可以用来出资，不需要公司章程特别规定，故A项错误。

《最高人民法院关于适用〈中华人民共和国公司法〉若干问题的规定（三）》第11条第1款规定：“出资人以其他公司股权出资，符合下列条件的，人民法院应当认定出资人已履行出资义务：（一）出资的股权由出资人合法持有并依法可以转让；（二）出资的股权无权利瑕疵或者权利负担；（三）出资人已履行关于股权转让的法定手续；（四）出资的股权已依法进行了价值评估。”B项中，甲对君则公司尚未履行完毕其出资义务，说明甲对君则公司的股权存在瑕疵，如果甲以对君则公司的股权对天际公司出资，则天际公司可能需要对君则公司承担补缴出资的义务，故B项出资有瑕疵。C项，甲用作出资的股权已经设质，存在权利负担，所以出资有瑕疵。D项，甲用作出资的股权被君则公司的另外一家股东行使优先购买权，则甲不能将该股权转让给天际公司作为出资，故D项出资有瑕疵。可见B、C、D项说法符合题意，当选。

19. 答案：ABD。根据《最高人民法院关于适用〈中华人民共和国公司法〉若干问题的规定（三）》第12条规定："公司成立后，公司、股东或者公司债权人以相关股东的行为符合下列情形之一且损害公司权益为由，请求认定该股东抽逃出资的，人民法院应予支持：（一）制作虚假财务会计报表虚增利润进行分配；（二）通过虚构债权债务关系将其出资转出；（三）利用关联交易将出资转出；（四）其他未经法定程序将出资抽回的行为。"本题中，选项A属于通过虚构债权债务关系将其出资转出的行为，选项B属于利用关联交易将出资转出的行为，选项D属于制作虚假财务会计报表虚增利润进行分配的行为，都可以被认定为抽逃出资。选项C中，王五擅自将天问公司若干贵重设备拿回家，这属于侵犯公司财产权的行为，不是抽逃出资。综上，本题正确选项为A、B、D。

20. 答案：AC。本题考查股份有限公司的公开募集程序。《公司法》第155条规定，公司向社会公开募集股份，应当由依法设立的证券公司承销，签订承销协议。据此，A项正确。《公司法》第156条第1款规定，公司向社会公开募集股份，应当同银行签订代收股款协议。据此，应当由发起人而不是证券公司与银行签订股款代收协议，故B项错误。《公司法》第101条规定，向社会公开募集股份的股款缴足后，应当经依法设立的验资机构验资并出具证明。第103条第1款规定，募集设立股份有限公司的发起人应当自公司设立时应发行股份的股款缴足之日起30日内主持召开公司成立大会。发起人应当在成立大会召开十五日前将会议日期通知各认股人或者予以公告。成立大会应当有持有表决权过半数的认股人出席，方可举行。据此，C项正确。《公司法》第104条第1款规定："公司成立大会行使下列职权：（一）审议发起人关于公司筹办情况的报告；（二）通过公司章程；（三）选举董事、监事；（四）对公司的设立费用进行审核；（五）对发起人非货币财产出资的作价进行审核；（六）发生不可抗力或者经营条件发生重大变化直接影响公司设立的，可以作出不设立公司的决议。"据此，公司成立大会可以选举董事与监事，但公司总经理并非由选举产生。《公司法》第126条第1款规定，股份有限公司设经理，由董事会决定聘任或者解聘。据此，D项错误。

不定项选择题

1. 答案：（1）C。根据《公司法》第14条第2款的规定，法律规定公司不得成为对所投资企业的债务承担连带责任的出资人的，从其规定。因此，除法律特别规定的情形之外，公司对合伙企业的转投资并无限制。

（2）BD。本题考查的是董事、高级管理人员自我交易的禁止。根据《公司法》第182条第1款的规定，董事、监事、高级管理人员，直接或者间接与本公司订立合同或者进行交易，应当就与订立合同或者进行交易有关的事项向董事会或者股东会报告，并按照公司章程的规定经董事会或者股东会决议通过。高级管理人员自我交易的除外条件就是章程规定或股东会同意，因而B、D项正确。

（3）C。本题考查的是公司债券的发行。《证券法》第15条规定："公开发行公司债券，应当符合下列条件：（一）具备健全且运行良好的组织机构；（二）最近三年平均可分配利润足以支付公司债券一年的利息；（三）国务院规定的其他条件。公开发行公司债券筹集的资金，必须按照公司债券募集办法所列资金用途使用；改变资金用途，必须经债券持有人会议作出决议。公开发行公司债券筹集的资金，不得用于弥补亏损和非生产性支出。上市公司发行可转换为股票的公司债券，除应当符合第一款规定的条件外，还应当遵守本法第十二条第二款的规定。但是，按照公司债券募集办法，上市公司通过收购本公司股份的方式进行公司债券转换的除外。”

2. 答案：（1）BD。有限责任公司的财务会计报告是由董事会负责制作，资产负债表中的所有者权益包括股东投入公司的资本以及所形成的资本公积金、盈余公积金和未分配利润。故A、C项不选。

（2）CD。《企业所得税法》第18条：“企业纳税年度发生的亏损，准予向以后年度结转，用以后年度的所得弥补，但结转年限最长不得超过五年。”可见，亏损企业享有长达5年的税前利润弥补亏损的权利，5年后仍有亏损，要用税后利润弥补。故A项错误。根据《公司法》第210条第1款的规定，公司分配当年税后利润时，应当提取利润的10%列入公司法定公积金。公司法定公积金累计额为公司注册资本的50%以上的，可以不再提取。公司弥补亏损和提取公积金后所余利润，有限责任公司按照股东的出资比例分取红利。故B项错误，C、D项正确。

（3）BD。《公司法》第214条规定：“公司的公积金用于弥补公司的亏损、扩大公司生产经营或者转为增加公司注册资本……法定公积金转为增加注册资本时，所留存的该项公积金不得少于转增前公司注册资本的百分之二十五。”故A项正确。必须留存3000万元×25%=750万元。故B项错误。法定公积金累计额为公司注册资本的50%以上的，可不再提取。故C项正确。法定公积金按提取的来源不同，可分为盈余公积金和资本公积金。故D项错误。

（4）BC。公司资本公积金的来源是股票溢价发行的溢价净额、资产评估增值的增值额、处分资产或出售资产的溢价收入、吸收合并其他公司所承受的资产余额、接受赠与财产的所得额等。

（5）C。公司的公积金包括法定公积金和任意公积金，所以，提取的公积金不必受10%比例的限制，可以超过100万元，但是公司提取任意公积金，必须由股东会决议。如果公司违反规定，在公司弥补亏损和提取法定公积金之前向股东分配利润的，应将违反规定分配的利润退还公司。

名词解释

1. 答案：法定资本制又称确定资本制，是指公司在设立时，必须在公司章程中明确记载公司的资本总额，并须由股东全部认足的一种公司资本制度。它具有以下特征：

（1）公司的资本总额须公示。

（2）公司章程确定的资本总额在公司设立的过程中必须全部发行完毕。

（3）股东认足股份后，需要实际缴纳股款。

（4）公司成立后如需增加资本，必须履行变更章程、发行新股等程序。①

2. 答案：授权资本制是指公司在设立时将公司资本总额记载于公司章程，但并不要求股东全部认足，未认购部分，由董事会在公司成立后根据业务需要随时发行新股进行募集的一种公司资本制度。它具有以下特征：

（1）公司的资本总额须公示。

（2）公司章程确定的资本总额在公司设立时不需要全部发行完毕。

（3）股东认足股份后，需要实际缴纳股款。

（4）公司成立后如需增加资本，不需要变更章程。

3. 答案：资本维持原则是指公司在其存续过程中，应当维持与其资本额相当的实有财产。在公司成立后的存续过程中，公司的财产会因盈余、亏损、无形损耗等在价值上发生变动，使公司的资产成为一个变量，为了使公司的资本具有实际的意义，使公司资本与公司资产基本相当，切实维护交易安全和保护债权人的利益，防止公司经营中的欺诈行为，主要体现为资本维持原则。

4. 答案：出资平等制即将公司资本划分为均等的份额，每个股东可以认购一份，也可以认

---

① 该资本制度为法国、德国公司法首创，并为许多大陆法系国家所效仿，为一种典型的公司资本制度。

购数份，各股东拥有与其出资股数相对应的份额。出资平等制下股东的出资份额，与股份有限公司的股份在形式上是相同的。它们最大的区别是，有限责任公司股东的出资证明书，即股单，不可以作为流通的标的；股份有限公司股东的出资证明书，即股票，却是一种可以流通的有价证券。

5. **答案**：普通股是指股东权一律平等，无任何差别待遇的股份。普通股是股份有限公司发行的最重要和最基本的股份。普通股的股息一般是不固定的，视公司的盈利情况而定。而且，普通股的股利分配和剩余财产分配都是在优先股之后。①

6. **答案**：优先股是指股东享有优先权的股份。优先股的内容包括股利分配的优先、剩余财产分配的优先、通常不具有表决权等。优先股的股息一般是固定的，不受公司经营状况的影响，具有债权的性质。②

7. **答案**：记名股是指将股东的姓名或名称记载于股东名册和股票的股份。

8. **答案**：债券是指政府、金融机构或公司依法向投资者出具的，在一定时期内按约定的条件履行还本付息义务的一种有价证券。其特点是：

（1）债券的发行人可以是中央或地方政府，也可以是金融机构或企业；

（2）债券是债权凭证；

（3）债券是有期限的投资证券。

9. **答案**：资本公积金，是指由公司资本或资产以及其他原因所形成的公积金。其主要来源有：股票超额发行所得的净溢价额；每一营业年度内，因资产评估增值所得估价溢额，处分资产或出售资产的溢价收入；吸收合并其他公司承受的资产余额；接受赠与财产的所得额；等等。

简答题

1. **答案**：股份转让是指通过转移股票所有权而转移股东权利的法律行为。股票是公司签发的证明股东持有股份的凭证，股份随股票而转让。股份转让自由是股东权的重要内容和股份公司的本质属性，对于股份公司和潜在的投资者具有重要的意义。

股份转让的限制包括以下几个方面：第一，公司公开发行股份前已发行的股份，自公司股票在证券交易所上市交易之日起一年内不得转让。法律、行政法规或者国务院证券监督管理机构对上市公司的股东、实际控制人转让其所持有的本公司股份另有规定的，从其规定。第二，公司董事、监事、高级管理人员在任职期间每年转让的股份不得超过所持有本公司股份总数的25%；所持本公司股份自股票上市交易之日起一年内不得转让。第三，公司董事、监事、高级管理人员在离职后半年内不得转让其所持有的本公司股份。第四，股份在法律、行政法规规定的限制转让期限内出质的，质权人不得在限制转让期限内行使质权。第五，国家授权投资的机构转让其持有的股份，得遵守相应法律、法规规定的程序和条件。

2. **答案**：授权资本制是指在公司设立时，公司资本总额虽亦应记载于公司章程，但并不要求发起人全部发行，只认足并缴付资本总额中的一部分，公司即可成立；未发行及认足部分，授权董事会根据需要，在公司成立后随时募集之公司资本制度。在授权资本制下，公司的实收资本可能微乎其微，加之资本内容复杂，显然更可能被欺诈行为所利用，削弱了对公司债权人利益的保护，因而其不足也是显而易见的。

法定资本制也因其过于严格和缺乏灵活性而在一定程度上制约着公司的发展。由于法律文化和司法制度的巨大差异，大陆法系国家在对公司资本制度进行修正时，并非对英美法系国家授权资本制予以简单复制，而是视其国情作出了不同的技术处理，实际上走的是一种折中的道路，其现行的公司资本制度在法理上被统称为折中的授权资本制，

---

① 普通股与优先股是依股东享有权益和承担风险的大小为标准对股份所进行的分类。

② 优先股具有三个特点以区别于普通股，即优先获得股息；优先分配公司财产；一般无表决权。

简称折中资本制。

折中资本制是介于法定资本制和授权资本制之间的一种公司资本制度，它吸收了两大资本制度的优点，既顺应了与小农经济相适应的安定观念向与生产基金相适应的效率观念、信息观念的转变，又克服了单纯的授权资本制使相对人面临过大风险的弊端，因而具有较强的生命力，代表着现代公司资本制度的发展趋势。

3. **答案**：股份具有两种含义：第一，股份是股份有限公司资本的构成单位，即公司的全部资本划分为等额股份，全部股份金额的总和即为公司资本的总额；第二，股份是股东权的基础和计量单位，即股东权的享有以持有一定数额的股份为前提，股东权的大小与持有的股份数额成正比，股份是股东在公司中的法律地位的象征。股份有限公司的股份具有以下特点：

(1) 股份一律平等

股份是股份有限公司资本构成的基本单位，每一股份所代表的资本都是等额的。不仅如此，每一股份所代表的股东的权利义务也是相等的，即持有同一种类相同数额股份的股东，具有同样的权利义务。

(2) 股份不可再分

股份有限公司的资本划分为等额股份，因此股份是公司资本的最小计算单位，不可以对其再进行分割。股份可以为数人共有，即一个股东权的主体可以为复数。但是，共有人应推定一人行使股东权，既不可以分别行使整个股东权，也不可以将股份再次分割成若干份由各共有人分别行使。

(3) 股份可以转让

股份有限公司的股份原则上可以自由转让，除非法律有特别规定。股份的自由转让权是公司法赋予股份有限公司股东的一项固有权利，除法律的特别限制外，公司不得以章程或股东会决议予以限制。股份的自由转让使股东可以随时调整自己的投资方向，这是股份有限公司与有限责任公司的主要区别之一。

(4) 股份表现为股票

公司成立后，即向股东交付股票，作为股东出资的证明。与有限责任公司股东的出资证明书不同的是，股票作为一种有价证券，具有流通性，股份的持有与转让都是通过股票的持有与转让进行的。所以，股份是股票的价值内容，股票是股份的存在形式。

4. **答案**：股票是股份有限公司签发的证明股东所持股份的凭证，是股份的表现形式。股票具有以下特点：

(1) 股票是一种证权证券

所谓证权证券，是指证券所代表的权利已经存在，证券只是起到一种权利证书的作用。股份有限公司登记成立后，根据股东投资的股份数额发给其相应的股票，以证明其投资的事实和投资的数额。股票代表的是股东权，而股东权的产生是基于股东向公司投资而持有公司的股份，并非基于股票的制作，所以，股票仅是股东权存在的证明，是一种证权证券。同时，股票也是股东行使股东权的凭证。股东从公司分得股利、参加股东会并行使表决权等，均要以股票的持有为依据，而且持有股票的多少，还决定着股东权利的大小。

(2) 股票是一种有价证券

所谓有价证券，是指证券代表的权利是一种财产性权利，而且行使这种权利须以持有证券为前提。股票是股份的表现形式，而股份的数额表明股东的投资数额，所以，股票代表着股东投入的财产的价值，代表着股东的权利。这种价值和权利恰恰是通过股票来实现的。股东可以依其持有的股票证明并行使股东权，从公司获得收益，也可以通过股票的有偿转让使股票所代表的财产性权利货币化。

(3) 股票是一种流通证券

正因为股票代表着一定的财产价值，所以股票可以作为买卖的标的在证券市场上流通。而且，股东对公司的投资具有永久性，只要公司存在，它发行的股票就会存在。股票的流通性使投资者可以随时调整投资方向，也能使社会资源得到优化配置。

(4) 股票是一种要式证券

所谓要式证券，是指证券的制作及记载事项必须严格按照法律规定进行，否则，将导致证券无效。我国《公司法》对股票的形式及记载事项作出了明确规定，同时股票的制作还必须经国家证券管理部门的批准，任何个人和团体不得擅自印发股票。

（5）股票是一种风险证券

股票投资的风险是各种投资方式中最大的。其主要原因在于企业有经营风险，股票还有市场风险。股票的期限与公司的存续期限是一致的。股东购买了公司的股票后，即不得要求公司返还本金，而只能通过将股票转让给第三者收回投资。股东的投资收益与公司的经营状况密切相关。公司经营业绩好，利润多，股利就多，股票价格就高，股东就能实现投资收益；反之，公司经营业绩差，盈利少，甚至亏损，则股利就少或没有，股票价格就会下跌，股东将不能实现收益。如果公司破产，则股东可能连本金都收不回来。另外，股票价格还受经济、政治、社会等多种因素的影响，股票价格经常处于大起大落的状态，投资者一旦选择错误，则可能血本无归。

5. **答案**：《公司法》第 162 条规定："公司不得收购本公司股份。但是，有下列情形之一的除外：（一）减少公司注册资本；（二）与持有本公司股份的其他公司合并；（三）将股份用于员工持股计划或者股权激励；（四）股东因对股东会作出的公司合并、分立决议持异议，要求公司收购其股份；（五）将股份用于转换公司发行的可转换为股票的公司债券；（六）上市公司为维护公司价值及股东权益所必需。公司因前款第一项、第二项规定的情形收购本公司股份的，应当经股东会决议；公司因前款第三项、第五项、第六项规定的情形收购本公司股份的，可以按照公司章程或者股东会的授权，经三分之二以上董事出席的董事会会议决议。公司依照本条第一款规定收购本公司股份后，属于第一项情形的，应当自收购之日起十日内注销；属于第二项、第四项情形的，应当在六个月内转让或者注销；属于第三项、第五项、第六项情形的，公司合计持有的本公司股份数不得超过本公司已发行股份总数的百分之十，并应当在三年内转让或者注销。上市公司收购本公司股份的，应当依照《中华人民共和国证券法》的规定履行信息披露义务。上市公司因本条第一款第三项、第五项、第六项规定的情形收购本公司股份的，应当通过公开的集中交易方式进行。公司不得接受本公司的股份作为质权的标的。"

6. **答案**：资本充实原则又称资本维持原则，是指公司在其存续过程中，应当经常保持与其资本额相当的财产。该原则不仅是大陆法系国家普遍适用的资本原则，也在英美法系国家的公司立法中得到体现。从我国的立法来看，该原则主要表现在：不得抽回出资；亏损先行弥补；无利润不得分配股利；提取法定公积金；股票的发行价格不得低于股票的面值；公司原则上不得收购本公司的股票；公司不得接受本公司的股票作为质物；等等。

7. **答案**：股票是股份有限公司发行的证明股东持有公司股份的要式证券。公司债券是指公司依照法定程序发行的，约定在一定期限内还本付息的有价证券。公司债券与股票同属有价证券，都是公司筹措资金的一种有效形式，但二者有如下不同：（1）持有人的法律地位不同：债券的持有人为公司的债权人；股票的持有人为公司的股东。（2）体现的法律关系不同：公司债券体现的是借贷关系，为公司的债权人；股票持有人为投资人，与公司之间属于股东与公司的关系。（3）风险不同：公司债券持有人在债券到期时可以得到本金和利息，一般不受市场行情和公司经营业绩的影响；股票的价值受市场行情和公司经营业绩的影响，波动较大。（4）发行程度不同：公司债券的发行实行审批制；根据公司法和证券法的有关规定，股票的发行实行核准制。（5）代表的财产的性质不同：债券所代表的财产是公司的临时性财产，为了保证债权人的利益，公司在发行债券时，应当提供相应的担保或者制定一定的偿债措施；股票代表的是公司的永久性的财产，发行股票无须提供担保。

8. **答案**：转让股权是指公司的股东把自己所持有的股权份额转让与他人，使他人成为公司股东的行为。

有限责任公司股东转让出资受到公司性

质的限制。《公司法》第84条规定："有限责任公司的股东之间可以相互转让其全部或者部分股权。股东向股东以外的人转让股权的，应当将股权转让的数量、价格、支付方式和期限等事项书面通知其他股东，其他股东在同等条件下有优先购买权。股东自接到书面通知之日起三十日内未答复的，视为放弃优先购买权。两个以上股东行使优先购买权的，协商确定各自的购买比例；协商不成的，按照转让时各自的出资比例行使优先购买权。公司章程对股权转让另有规定的，从其规定。"

论述题

1. 答案：公司债又称公司债券，是指公司为筹措长期资金，就其所需资金总额分割为多数单位金额，依照法定程序向社会公众集团发行的、大量的负担金钱债务，并约定在一定期限还本付息的有价证券。我国的公司债券具有以下特征：(1) 发行公司债券的主体包括股份有限公司和有限责任公司。(2) 公司债券是公司就所需资金总数分割为多数单位金额而负担债务之证券。(3) 公司债券是一种要式证券。公司债券的制作和记载必须按照公司法规定的方式进行。(4) 公司债券是一种有价证券。公司债券是公司债的表现形式，它所表示的是，债券持有人作为公司的债权人享有债权，即债券持有人享有按照约定期限取得利息、收回本金的权利；发行债券的公司作为向社会公众借债的债务人，负有按照约定期限向债券所有人还本付息的义务。作为一种有价证券，公司债券可以自由流通转让、抵押和继承。(5) 公司债券持有人具有广泛性。由于公司债券是公司向社会公众公开募集的，因此公司债券持有人具有广泛性，包括特定人和不特定人。前者如记名公司债券持有人，后者如不记名公司债券持有人。

公司发行公司债券关系到公众投资者的利益。为了保护公司债权人的权利，《证券法》第15条第1款规定："公开发行公司债券，应当符合下列条件：（一）具备健全且运行良好的组织机构；（二）最近三年平均可分配利润足以支付公司债券一年的利息；（三）国务院规定的其他条件。"第3款规定："上市公司发行可转换为股票的公司债券，除应当符合第一款规定的条件外，还应当遵守本法第十二条第二款的规定。但是，按照公司债券募集办法，上市公司通过收购本公司股份的方式进行公司债券转换的除外。"此外，本条第2款规定："公开发行公司债券筹集的资金，必须按照公司债券募集办法所列资金用途使用；改变资金用途，必须经债券持有人会议作出决议。公开发行公司债券筹集的资金，不得用于弥补亏损和非生产性支出。"如公开发行公司债券筹集的资金不得用于房地产买卖、股票买卖和期货交易等与本公司生产经营无关的风险性投资。

依照我国《公司法》的规定，公司发行债券应按以下程序进行：第一，股份有限公司和有限责任公司发行债券，应由董事会制订发行公司债券的方案，提交股东会审议作出决议。国有独资公司发行公司债券，由国有资产监督管理机构作出决定。第二，公司应当向国务院授权部门或国务院证券监督管理机构提出发行公司债券的申请，并提交包括公司营业执照、公司章程、公司债券募集办法和资产评估报告和验资报告在内的有关文件。第三，国务院证券管理部门对公司提交的发行公司债券的申请进行审查，对符合公司法规定的，予以批准；对不符合规定的，不予批准。第四，按照签订承销协议、公告公司债券募集办法、认购公司债券、置备存根簿的程序募集公司债券。

我国《证券法》第17条还对公司再次发行公司债券作了限制性规定，即具备法定条件和按照法定程序经批准已发行过公司债券的公司，有下列两种情形之一的，不得再次发行公司债券：(1) 对已公开发行的公司债券或者其他债务有违约或者延迟支付本息的事实，仍处于继续状态；(2) 违反本法规定，改变公开发行公司债券所募资金的用途。

如果公司发行的是可转换为股票的公司债券，那么，债券持有人可以按照公司债券募集办法中规定的转换条件、转换期间和转换程序等选择将公司债券转换为股票或选择不转换为股票。

公司债券还可以转让。《公司法》第 201 条规定：“公司债券由债券持有人以背书方式或者法律、行政法规规定的其他方式转让；转让后由公司将受让人的姓名或者名称及住所记载于公司债券持有人名册。”

发行公司债券的公司，应当按照公司债券上所记载的偿还期限和还本付息的方式，按期向公司债券持有人还本付息。

2. 答案：我国《公司法》中资本维持原则主要体现在以下几个方面：

（1）不得抽回出资。股东向公司投资后，便将其对投资财产的所有权让渡给公司以换取股权，不得随意撤资。《公司法》第 53 条规定：“公司成立后，股东不得抽逃出资。”第 105 条第 2 款规定：“发起人、认股人缴纳股款或者交付非货币财产出资后，除未按期募足股份、发起人未按期召开成立大会或者成立大会决议不设立公司的情形外，不得抽回其股本。”

（2）亏损先行弥补。亏损意味着公司资产的减少，若不及时弥补，必将导致公司的实有财产价值低于公司资本的价值。因此，《公司法》第 210 条第 2 款规定：“公司的法定公积金不足以弥补以前年度亏损的，在依照前款规定提取法定公积金之前，应当先用当年利润弥补亏损。”

（3）无利润不得分配股利。在公司没有利润的情况下，向股东分配股利无异于公司的减资。因此，我国公司法规定公司进行分配的是税后利润，即要求不仅无利润不能进行分配，而且在缴纳所得税之前也不能进行分配。

（4）提取法定公积金。根据《公司法》第 210 条第 1 款中的规定，公司分配当年税后利润时，应当提取利润的百分之十列入公司法定公积金。公积金的用途在于弥补公司的亏损，扩大公司生产经营或者转为增加公司注册资本。这一规定也是为了防止公司滥分股利，以保证公司有较高的偿债能力和充足的发展后劲。

（5）股票的发行价格不得低于股票的面值。股票是股份有限公司股份的外在表现形式，股票面值的总和即为公司的资本总额。为维持公司的资本与实有资产相当，《公司法》第 148 条规定：“面额股股票的发行价格可以按票面金额，也可以超过票面金额，但不得低于票面金额。”

（6）公司原则上不得收购本公司的股票。股份有限公司通过发行股份的方式筹集资本，股票是股东的出资证明。如果公司在股票交易市场上收购自己发行的股票，就会成为自己的股东，实际上造成公司资本的减少。因此，《公司法》第 162 条第 1 款规定：“公司不得收购本公司股份。但是，有下列情形之一的除外：（一）减少公司注册资本；（二）与持有本公司股份的其他公司合并；（三）将股份用于员工持股计划或者股权激励；（四）股东因对股东会作出的公司合并、分立决议持异议，要求公司收购其股份；（五）将股份用于转换公司发行的可转换为股票的公司债券；（六）上市公司为维护公司价值及股东权益所必需。”

（7）公司不得接受本公司的股票作为质物。公司在对外经济活动中，可以要求债务人提供担保。如果公司接受本公司发行的股票作为担保，一旦债务人到期不能清偿债务，则公司将有权行使该股票所代表的股权。而这样的结果，与公司收购本公司发行的股票是一样的。因此，《公司法》第 162 条第 5 款规定：“公司不得接受本公司的股份作为质权的标的。”

3. 答案：公积金，是指公司为了弥补公司的亏损，扩大公司生产经营或者转为增加公司资本，依照法律或者公司章程的规定，从公司盈余或资本中提取的积累资金。从形成公积金的来源来看，公积金可以分为盈余公积金和资本公积金。不同的公积金，其提取方式和使用范围不同。

（1）盈余公积金

盈余公积金是指从公司盈余中提取的累积资金。根据盈余公积金提取的方式的不同，可将盈余公积金分为法定公积金和任意公积金。

法定公积金是指基于法律的规定而强行提取的公积金。《公司法》第210条第1款至第3款规定："公司分配当年税后利润时，应当提取利润的百分之十列入公司法定公积金。公司法定公积金累计额为公司注册资本的百分之五十以上的，可以不再提取。公司的法定公积金不足以弥补以前年度亏损的，在依照前款规定提取法定公积金之前，应当先用当年利润弥补亏损。公司从税后利润中提取法定公积金后，经股东会决议，还可以从税后利润中提取任意公积金。"

（2）资本公积金

资本公积金是指依照法律规定，将特定的公司资本或者特定的项目列入资本公积金账户的积累资金。由于资本公积金主要表现为公司以超过股票票面价值发行股份所获得的股票溢价，或者出资人缴纳出资的溢价，因此，在早期的资产负债表中，资本公积金账户又被直接称为"股本溢价"账户。然而，随着现代企业经营和业务的日趋复杂化，在资本公积账户上不仅包括所有人的出资以及经营积累，还包括基于特定会计处理程序引起的项目。

我国《公司法》第213条规定，公司以超过股票票面金额的发行价格发行股份所得的溢价款、发行无面额股所得股款未计入注册资本的金额以及国务院财政部门规定列入资本公积金的其他项目，应当列为公司资本公积金。从我国公司法的规定来看，资本公积金的构成包括三个方面：一是公司以超过股票票面金额的发行价格发行股份所得的溢价款；二是发行无面额股所得股款未计入注册资本的金额；三是国务院财政主管部门规定列入资本公积金的其他收入。

对于公积金的使用范围，我国《公司法》第214条规定，公司的公积金用于弥补公司的亏损、扩大公司生产经营或者转为增加公司资本。但是，资本公积金不得用于弥补公司的亏损。公积金弥补公司亏损，应当先使用任意公积金和法定公积金；仍不能弥补的，可以按照规定使用资本公积金。法定公积金转为增加注册资本时，所留存的该项公积金不得少于转增前公司注册资本的百分之二十五。

4. 答案：2013年、2018年对《公司法》的修改集中围绕资本制度的改革，主要涉及三个方面：

（1）注册资本登记条件放宽。除法律、行政法规以及国务院决定对特定行业注册资本最低限额另有规定的外，取消注册资本最低限额规定。一般情况下，设立有限责任公司（包括一人有限责任公司）、股份有限公司均不再有最低注册资本限制。同时，不再限制全体股东（发起人）的首次出资比例，不再限制货币出资金额占注册资本的比例，不再限制股东（发起人）缴足出资的期限。法定最低资本额的大幅降低，一方面，拆除了中小投资者进入市场参与竞争的障碍，有利于保持必要的市场竞争繁荣经济，同时也与我国现有的经济状况和发展水平相适应。另一方面，适度的最低限额规定，有效避免了因滥设公司可能衍生的维持社会经济秩序的高成本，同时公司拥有最基本的物质条件，可保障成立后的正常生产经营之需，避免了空壳公司的产生。

（2）实行注册资本认缴登记制。除法律、行政法规以及国务院决定对特定行业或特定类型的公司实行注册资本实缴制度外，其他公司以及非公司制企业法人都实行认缴制。公司实收资本不再作为登记事项，公司登记时也无须提交验资报告。

暂不实行注册资本认缴登记制而仍实行实缴制的行业或企业类型，主要是采取募集方式设立的股份有限公司、商业银行、汽车金融公司、证券公司、保险公司、农村信用合作联社、小额贷款公司、直销企业等。

（3）股东出资额、出资时间和方式，不再作为公司登记事项。股东对其认缴出资额、出资方式、出资期限等自主约定，并记载于公司章程。发生变化的，应当修改公司章程并向公司登记机关依法申请办理公司章程或者公司章程修正案备案。

2023年，对《公司法》公司资本制度的修改主要围绕五个主要方面：

（1）实行限期认缴。全体股东认缴的出资额由股东按照公司章程的规定自公司成立之日起五年内缴足。

（2）出资义务可加速到期。公司不能清偿到期债务的，公司或者已到期债权的债权人有权要求已认缴出资但未届出资期限的股东提前缴纳出资。

（3）增加催缴失权制度。根据《公司法》第51条，有限责任公司成立后，董事会应当对股东的出资情况进行核查，发现股东未按期足额缴纳公司章程规定的出资的，应当由公司向该股东发出书面催缴书，催缴出资。根据第52条，股东未按照公司章程规定的出资日期缴纳出资，公司依照前条第一款规定发出书面催缴书催缴出资的，可以载明缴纳出资的宽限期；宽限期自公司发出催缴书之日起，不得少于六十日。宽限期届满，股东仍未履行出资义务的，公司经董事会决议可以向该股东发出失权通知，通知应当以书面形式发出。自通知发出之日起，该股东丧失其未缴纳出资的股权。依照前款规定丧失的股权应当依法转让，或者相应减少注册资本并注销该股权；六个月内未转让或者注销的，由公司其他股东按照其出资比例足额缴纳相应出资。股东对失权有异议的，应当自接到失权通知之日起三十日内，向人民法院提起诉讼。

（4）实行授权资本制。根据《公司法》第152条、第153条，公司章程或股东会可以授权董事会经过特别多数决，在三年内发行不超过已发行股份百分之五十的股份。

（5）其他修改内容。包括无面额股、简易减资、财务自助、未出资股权转让后的责任等。

5. 答案：股东会决议瑕疵主要包括：（1）股东会决议内容瑕疵。对于内容上的瑕疵，是股东会决议内容违反法律实体性规范及维持公司组织体的基本原则的情形，决议无效则决议自始无效，即股东会决议从形成之日起就不具有法律效力。对于决议有效性出现争议时，应交由法院进行审理确定。对股东会决议无效的类型，在司法实务界，济南中院将其概括为以下三类：一是内容违反法律原则，如违反公序良俗原则；二是决议内容违反有限责任公司本质，如违反股东平等原则、违反股东有限责任原则；三是决议内容违反强行法的规定，如违反盈余分配原则、违反股权转让规定等。（2）股东会决议程序瑕疵。股东会程序上的瑕疵则主要表现为召集程序瑕疵和表决方式瑕疵，或者决议内容违反公司章程。（3）股东会决议不成立。股东会决议不成立主要包括未召开股东会作出决议、未对决议事项进行表决、出席会议人数或者所持表决权数未达到法律或者章程规定的表决权数、同意决议事项的人数或者所持表决权数未达法律或者章程规定的人数或者所持表决权。

股东会决议瑕疵的法律救济主要有：（1）股东会决议瑕疵之诉的适格原告。我国股东会决议瑕疵诉讼的适格原告为公司股东，即被记载于公司名册并经登记的自然人、法人或其他组织。但是，如果股东已经出席股东会并未在当场对股东会召集程序和决议方式提出异议，可视为该股东认可了上述方式，那么在决议形成后，该股东就不能对决议提起程序瑕疵的撤销之诉讼；如果经过有效通知，股东未出席也未委托他人代为出席股东会，在股东会决议形成后，该股东原则上也不应享有股东会决议瑕疵诉讼原告的资格。（2）股东会决议瑕疵之诉的适格被告。股东会作为公司的权力机关和决策机关，如股东会的内容或程序或表决方式存在瑕疵，股东提起股东会决议程序瑕疵之诉将导致决议被撤销。股东会决议以少数服从多数的原则通过公司的股东会决议，如出现瑕疵，其解除的结果也应当由公司承受，故此公司为股东会决议程序瑕疵之诉的适格被告。

案例分析题

1. 答案：（1）两项议案均属违法，不得实施。（2）根据我国《公司法》关于利润分配的规定，税后利润必须首先提取10%的法定公积金才能分红。(3) 股东持有的公司已发行的股份，其处置权归属于每个股东，股东会决议无权作出质押决定。(4) 董事会不应将产生违法后果的议案提交股东会讨论。

2. 答案：(1) 根据《公司法》和《证券法》的相关规定，公司债券的发行主体包括股份有限公司。该公司是国有独资公司具有发行公司债券的资格。吸收自然人股东的进入只要不改变有限责任公司的性质的，公司就不丧失发行债券的资格。

(2) 公司债券的发行价格可以高于或低于债券票面金额，既可以溢价发行也可以折价发行。

(3) 不合法之处：①发行公司债券募集的资金的20%来弥补上一年度亏损就违反了法律规定，发行公司债券募集的资金必须用于审批机关批准的用途，不得用于弥补亏损和非生产性支出；②该公司为发行公司债券，专门成立了公司债券发行委员会，负责本次公司债券的具体销售工作也是不符合法律规定的。因为公司在向国务院证券监督管理部门报批时，要求提交的公司债券募集办法中规定必须载明公司债券的承销机构，因此，承销发行是我国公司债券的法定发行方式。

3. 答案：(1) 甲股东以三辆重型自卸车出资符合公司法的规定，但是根据《公司法》第48条的规定，应当经过资产评估才能生效。

(2) 债权人不能申请将该公司运营的三辆自卸车作诉前保全，因为该三辆自卸车不属于债务人。

(3) 公司股东的辩解没有法律依据，因为甲股东的车辆没有过户，所以视为出资未缴付，股东应当在此范围内承担清偿责任。

(4) 债权人若不服，可以根据公司法的规定，诉请甲股东在未缴付出资90万元的范围内承担清偿责任。

4. 答案： (1) 甲公司行为违法。根据《证券法》第14条的规定，上市公司对发行股票所募集的资金，必须按照招股说明书所列的资金用途使用。改变招股说明书所列资金用途，必须经股东会批准。因此，甲公司未经股东会批准而改变招股说明书所列资金的用途，属于违法行为。

(2)《证券法》规定，上市公司擅自改变用途而未经纠正的或者未经股东会许可的，不得发行新股。故本案中甲公司发行新股的计划将落空。

(3) 股东可依法对董事会违反法律、行政法规且侵犯股东合法权益的决议，向人民法院起诉，要求停止该违法行为。

5. 答案：(1) 该股份有限公司在设立过程中多次违反法律的规定，主要有：

①作为发起人，仅认购2000万元的股份，少于股份总额6000万元的35%；

②将国有资产低价折股：实价为550万元，折股500万元。

(2) 有效。如果该公司成立，则合同的法律效果由成立后的公司承担；如果公司不能成立，则该合同的法律效果由发起人承担。

(3) 股份有限公司不能成立的，发起人应对设立行为所产生的债权和费用承担连带责任；对认股人已缴纳的股款，应负返还股款并加算银行同期存款利息的连带责任。

第十一章　股东与股权

单项选择题

1. **答案**：C。《公司法》第 85 条规定："人民法院依照法律规定的强制执行程序转让股东的股权时，应当通知公司及全体股东，其他股东在同等条件下有优先购买权。其他股东自人民法院通知之日起满二十日不行使优先购买权的，视为放弃优先购买权。"据此，在强制执行公司股权时，应当由法院通知其他股东而不是由债权人通知其他股东，故 A 项错误。B 项，其他股东行使优先购买权的时间是 20 天而不是 1 个月，故 B 项错误。

　　C 项表述正确，公司股权在数额上可以分割，如果汪某所持股权的 50% 在价值上即可清偿债务，则永平公司不得强制执行其全部股权。

　　《公司法》第 34 条规定："公司登记事项发生变更的，应当依法办理变更登记。公司登记事项未经登记或者未经变更登记，不得对抗善意相对人。"据此，变更登记仅仅是股权变动的对抗要件而不是生效要件。在股权强制拍卖的情况下，因为人民法院事先已经通知了公司及其他股东，只要法院作出股权拍卖的裁定，即发生股权变动的效果，故 D 项错误。

2. **答案**：D。《公司法》第 209 条规定："有限责任公司应当按照公司章程规定的期限将财务会计报告送交各股东。股份有限公司的财务会计报告应当在召开股东会年会的二十日前置备于本公司，供股东查阅；公开发行股份的股份有限公司应当公告其财务会计报告。"

3. **答案**：D。将公司财务会计报表置备于公司备查，主要目的在于维持信息公开化，保护股东的利益。D 项错误。

4. **答案**：A。根据《公司法》第 166 条的规定，上市公司应当依照法律、行政法规的规定披露相关信息。根据《上市公司信息披露管理办法》第 14 条、第 15 条，上市公司应当披露的定期报告包括年度报告、中期报告。定期报告和中期报告均包含财务会计报告。

5. **答案**：B。法律对股东并无行为能力的要求，所以理论上股东可以是限制行为能力人或无行为能力人。当限制行为能力人或无行为能力人作为股东时，由其法定代理人代理其行使股东权利。因此，A 项错误。

　　《公司法》第 90 条规定，自然人股东死亡后，其合法继承人可以继承股东资格；但是，公司章程另有规定的除外。因此，B 项正确。

　　股东可以是自然人，可以是法人，可以是非法人组织，还可以是国家，当国家作为股东时需明确代表国家行使股东权的具体组织，如国有资产监督管理机构。因此，法律没有对股东的形式和国籍进行限制，C、D 项错误。

6. **答案**：B。《公司法》第 90 条规定，自然人股东死亡后，其合法继承人可以继承股东资格；但是，公司章程另有规定的除外。据此，公司章程可以对股东资格的继承作出特别规定，若无特别规定，则由已故股东的继承人继承股东资格。据此，A、C、D 三项正确。需要说明的是，股东资格的继承不是普通的继承法问题，而是公司法问题，而且属于公司自治的范畴，可以由公司章程对此进行特别的规范。因为股权不仅包含财产权内容，还包含非财产权内容如表决权等，事关公司治理，股东资格的变动对股东人数不多的有限责任公司影响尤其重大，所以《公司法》特别对有限责任公司的股权转让作出特别规范，并授权公司章程对股东资格的继承进行规范。鉴于有限责任公司的人合性质，公司章程可以规定在自然人股东死亡之后，公司其他股东可以出资购买已故股东的股权份额或者通过减资程序返还已故股东的出资现值。即便公司章程认可股东资格的继承，已故股东的继承人也不能当然取得股东资格，还需要公司重新签发出资证明书、修改公司章程与股东名册，并且要变更登记。所以，股权的继承与一般财产权的继承不同，而类似于合伙企业份额的继承。

《公司法》第 68 条第 2 款规定，董事会设董事长一人，可以设副董事长。董事长、副董事长的产生办法由公司章程规定。因为董事长是公司机关中的重要职位，并非财产权，不产生继承问题，故 B 项错误，当选。

7. 答案：B。本题考查的是有限公司的股权转让。《公司法》第 84 条第 2 款规定：“股东向股东以外的人转让股权的，应当将股权转让的数量、价格、支付方式和期限等事项书面通知其他股东，其他股东在同等条件下有优先购买权。股东自接到书面通知之日起三十日内未答复的，视为放弃优先购买权。两个以上股东行使优先购买权的，协商确定各自的购买比例；协商不成的，按照转让时各自的出资比例行使优先购买权。”据此，甲最初表示不愿意购买，依法应当视为同意转让，因此 A 项正确；由此，乙与丁之间的股份转让协议符合不需要其他股东过半数同意的要件，是合法有效的，C 项也正确；D 项对甲和丙同时行使优先购买权情形的处理也是符合法律规定的。但是本题中甲提出购买并未达到丁的同等购买条件（丁为一次性付清价款，而甲提出分期付款），因此其优先购买权不发生效力，B 项错误。本题为选非题，故选 B 项。

8. 答案：C。《公司法》第 34 条规定：“公司登记事项发生变更的，应当依法办理变更登记。公司登记事项未经登记或者未经变更登记，不得对抗善意相对人。”据此，登记仅仅是股东资格的对抗要件而不是取得要件，没有登记不影响股东资格的认定和股东权的行使，故 C 项正确，A、B、D 三项错误。

9. 答案：B。《公司法》第 30 条第 1 款规定：“申请设立公司，应当提交设立登记申请书、公司章程等文件，提交的相关材料应当真实、合法和有效。”第 55 条第 1 款规定：“有限责任公司成立后，应当向股东签发出资证明书……”可见，公司在成立之后才能向股东签发出资证明书，不可能在个别股东认缴出资之后当即向其签发出资证明书，故 A 项错误。

《公司法》第 56 条第 2 款规定：“记载于股东名册的股东，可以依股东名册主张行使股东权利。”据此，公司股东名册是股东资格的法定证明文件。相比之下，出资证明书只是认定股东资格的证明文件之一，并非法定证明文件，更非唯一文件，所以出资证明书遗失通常不影响股东资格的认定，更不会导致股东资格丧失，故 B 项正确。

《公司法》第 55 条第 1 款规定：“有限责任公司成立后，应当向股东签发出资证明书，记载下列事项：（一）公司名称；（二）公司成立日期；（三）公司注册资本；（四）股东的姓名或者名称、认缴和实缴的出资额、出资方式和出资日期；（五）出资证明书的编号和核发日期。出资证明书由法定代表人签名，并由公司盖章。”据此，严某的出资证明书上只需要记载严某的姓名与出资额，不需要记载其他股东的姓名与出资额，股东名册上才需要记载所有股东的姓名与出资额，故 C 项错误。

关于有价证券，我国现行法律并未给出法律上的定义，通说认为有价证券包括票据、股票、债券、证券投资基金券，其中并不包括有限责任公司的股东出资证明书。有价证券自身代表着一定的财产权利，可以自由流通。而有限责任公司的股东出资证明书仅仅是证明股东资格的众多文件之一，自身并无财产价值，也无法通过转让出资证明书来转让相应的股权。就此，《公司法》第 87 条规定，依照本法转让股权后，公司应当及时注销原股东的出资证明书，向新股东签发出资证明书，并相应修改公司章程和股东名册中有关股东及其出资额的记载。对公司章程的该项修改不需再由股东会表决。可见，股东的出资证明书并无有价证券表彰权利、交易流通的功能，因而并非有价证券，故 D 项错误。

10. 答案：A。本题考查股东资格的取得和认定，涉及委托持股和冒名入股。首先需要辨明的是，本题不属于委托持股的情形。《最高人民法院关于适用〈中华人民共和国公司法〉若干问题的规定（三）》第 24 条第 1 款规定："有限责任公司的实际出资人与名义出资人订立合同，约定由实际出资人出资并享有投资权益，以名义出资人为名义股东，实际出资人与名义股东对该合同效力发生争议的，如无法律规定的无效情形，人民法院应当认定该合同有效。"该款明确规定委托持股合同有效，应当按照合同约定处理相关纠纷。第 24 条第 2 款规定："前款规定的实际出资人与名义股东因投资权益的归属发生争议，实际出资人以其实际履行了出资义务为由向名义股东主张权利的，人民法院应予支持。名义股东以公司股东名册记载、公司登记机关登记为由否认实际出资人权利的，人民法院不予支持。"该款规定明确了委托持股时的股权归属，即实际股东享有股权，名义股东不享有股权。《最高人民法院关于适用〈中华人民共和国公司法〉若干问题的规定（三）》第 24 条第 1 款和第 2 款有关实际股东与名义股东的规定为解决出资人与名义股东不一致的纠纷提供了指南。

《最高人民法院关于适用〈中华人民共和国公司法〉若干问题的规定（三）》第 28 条规定："冒用他人名义出资并将该他人作为股东在公司登记机关登记的，冒名登记行为人应当承担相应责任；公司、其他股东或者公司债权人以未履行出资义务为由，请求被冒名登记为股东的承担补足出资责任或者对公司债务不能清偿部分的赔偿责任的，人民法院不予支持。"该条规定冒名入股时，被冒名的人并不是股东，不承担股东的出资义务，从侧面肯定冒名入股时的股权归属冒名者，即实际出资人或者认缴出资人。

依据《最高人民法院关于适用〈中华人民共和国公司法〉若干问题的规定（三）》第 28 条，参照《最高人民法院关于适用〈中华人民共和国公司法〉若干问题的规定（三）》第 24 条关于实际股东与名义股东的认定规则，并结合民法中冒名行为的处理规则，应当认为冒名者是投资入股的行为人，而被冒名者并不是出资人，被冒名者既不承担出资义务，也不能主张股东权。故张大伟是股东，而张小伟不是股东。A 项正确，B、C、D 三项错误。

11. 答案：A。关于抽逃出资的认定，《最高人民法院关于适用〈中华人民共和国公司法〉若干问题的规定（三）》第 12 条第 1 款规定："公司成立后，公司、股东或者公司债权人以相关股东的行为符合下列情形之一且损害公司权益为由，请求认定该股东抽逃出资的，人民法院应予支持：（一）制作虚假财务会计报表虚增利润进行分配；（二）通过虚构债权债务关系将其出资转出；（三）利用关联交易将出资转出；（四）其他未经法定程序将出资抽回的行为。"据此，将出资款项转入公司账户验资后又转出不再属于抽逃出资的行为，故 A 项当选。

12. 答案：D。《公司法》第 57 条第 2 款规定："股东可以要求查阅公司会计账簿、会计凭证。股东要求查阅公司会计账簿、会计凭证的，应当向公司提出书面请求，说明目的。公司有合理根据认为股东查阅会计账簿、会计凭证有不正当目的，可能损害公司合法利益的，可以拒绝提供查阅，并应当自股东提出书面请求之日起十五日内书面答复股东并说明理由。公司拒绝提供查阅的，股东可以向人民法院提起诉讼。"据此，张某要求查阅公司会计账簿时，应当以书面方式提出请求，故 A 项错误。股东要求查阅公司会计账簿，通常是向公司经营层提出，C 项没有法律依据，错误。

根据《公司法》第 57 条第 2 款规定，股东是否有权查阅公司会计账簿、会计凭证的关键在于股东查阅会计账簿是否有"正当目的"。一方面，股东对公司的财务状况享有知情权；另一方面，公司享有保护自身商业秘密（其中包括公司财务信息）的权利，公司法需要在两者之间进行平衡。就本题而言，一方面，红叶公司多年未分红，张某对红叶公司会计账簿存有疑惑，其查阅公司会计账簿具有正当目的；另一方面，张某又是红叶公司竞争对手枫林公司的董事，其查阅红叶公司会计账簿可能具有获取红叶公司商业秘密的不正当目的。根据《公司法》第57条第2款规定，只要公司有合理根据认为股东查阅公司会计账簿可能存在不正当目的，即可以拒绝其查阅公司会计账簿，故D项正确。

《公司法》第62条规定："股东会会议分为定期会议和临时会议。定期会议应当按照公司章程的规定按时召开。代表十分之一以上表决权的股东、三分之一以上的董事或者监事会提议召开临时会议的，应当召开临时会议。"本题中，股东张某持有红叶公司5%的股权，没有权利提议召开临时股东会会议，故B项错误。

13. 答案： B。《公司法》第162条第1款规定："公司不得收购本公司股份。但是，有下列情形之一的除外：（一）减少公司注册资本；（二）与持有本公司股份的其他公司合并；（三）将股份用于员工持股计划或者股权激励；（四）股东因对股东会作出的公司合并、分立决议持异议，要求公司收购其股份；（五）将股份用于转换公司发行的可转换为股票的公司债券；（六）上市公司为维护公司价值及股东权益所必需。"本题中并不存在股东要求公司回购股份的情形，故李某不得要求沃运公司收购其股权，A项错误。

《公司法》第84条第2款规定："股东向股东以外的人转让股权的，应当将股权转让的数量、价格、支付方式和期限等事项书面通知其他股东，其他股东在同等条件下有优先购买权。股东自接到书面通知之日起三十日内未答复的，视为放弃优先购买权。两个以上股东行使优先购买权的，协商确定各自的购买比例；协商不成的，按照转让时各自的出资比例行使优先购买权。"这是《公司法》对有限公司股东转让股权的特别限制，类似规定在股份公司中并不存在。《公司法》第157条规定："股份有限公司的股东持有的股份可以向其他股东转让，也可以向股东以外的人转让；公司章程对股份转让有限制的，其转让按照公司章程的规定进行。"其中并未规定股份公司股东转让股权需要经过其他股东同意，故B项正确。

针对股份公司的股权转让，《公司法》第160条第1款、第2款规定："公司公开发行股份前已发行的股份，自公司股票在证券交易所上市交易之日起一年内不得转让。法律、行政法规或者国务院证券监督管理机构对上市公司的股东、实际控制人转让其所持有的本公司股份另有规定的，从其规定。公司董事、监事、高级管理人员应当向公司申报所持有的本公司的股份及其变动情况，在就任时确定的任职期间每年转让的股份不得超过其所持有本公司股份总数的百分之二十五；所持本公司股份自公司股票上市交易之日起一年内不得转让。上述人员离职后半年内，不得转让其所持有的本公司股份。公司章程可以对公司董事、监事、高级管理人员转让其所持有的本公司股份作出其他限制性规定。"据此，股份公司发起人的股权转让、公司高管的股权转让受到《公司法》的法律限制，至于发起人的股权转让是否受到公司章程的限制，鉴于转让股权属于公司发起人的基本权利，《公司法》第157条对此有明文确认，即便公司章程可以"限制"发起人转让股权，公司章程也不能"禁止"发起人转让股权。如果存在章程条款禁止发起人转让股权，这样的章程条款也会因为违反法律规定而无效，李某可以转让其股权，故C项错误。

根据《公司法》第84条第2款规定，有限责任公司股东向股东以外的人转让股权时，其他股东享有优先购买权。在股份公司股东转让股权时，《公司法》中并无类似规定，故在李某转让股权时，其他发起人不享有优先购买权，D项错误。

14. 答案： D。股东派生诉讼有严格的前提条件与程序要求。《公司法》第181条规定："董事、监事、高级管理人员不得有下列行为：（一）侵占公司财产、挪用公司资金；（二）将公司资金以其个人名义或者以其他个人名义开立账户存储；（三）利用职权贿赂或者收受其他非法收入；（四）接受他人与公司交易的佣金归为己有；（五）擅自披露公司秘密；（六）违反对公司忠实义务的其他行为。”第188条规定：“董事、监事、高级管理人员执行职务时违反法律、行政法规或者公司章程的规定，给公司造成损失的，应当承担赔偿责任。”根据《公司法》第189条第1款规定，在公司高管存在《公司法》第188条规定的情形时，公司股东才有权提起股东派生诉讼。本题中，公司董事之间矛盾不断，可能是对公司的发展方向或者经营策略存在争执，未必违反对公司的忠实义务，公司股东不一定有权提起股东派生诉讼。即便股东有权提起股东派生诉讼，也应当按照《公司法》第189条规定的程序进行，先要求公司的监事会或者监事采取行动，在公司监事会或者监事不作为时，公司股东才有权提起股东派生诉讼，故A项错误。

《公司法》第231条规定：“公司经营管理发生严重困难，继续存续会使股东利益受到重大损失，通过其他途径不能解决的，持有公司百分之十以上表决权的股东，可以请求人民法院解散公司。”《最高人民法院关于适用〈中华人民共和国公司法〉若干问题的规定（二）》第1条第1款规定：“单独或者合计持有公司全部股东表决权百分之十以上的股东，以下列事由之一提起解散公司诉讼，并符合公司法第一百八十二条规定的，人民法院应予受理：……（三）公司董事长期冲突，且无法通过股东会或者股东大会解决，公司经营管理发生严重困难的……”本题中，公司董事之间矛盾不断，且连续两年多无法解决，导致公司经营严重困难，李桃持有公司14%的股份，有权提起解散公司之诉。

《最高人民法院关于适用〈中华人民共和国公司法〉若干问题的规定（二）》第2条规定：“股东提起解散公司诉讼，同时又申请人民法院对公司进行清算的，人民法院对其提出的清算申请不予受理。人民法院可以告知原告，在人民法院判决解散公司后，依据民法典第七十条、公司法第一百八十三条和本规定第七条的规定，自行组织清算或者另行申请人民法院对公司进行清算。”据此，B项错误。

《最高人民法院关于适用〈中华人民共和国公司法〉若干问题的规定（二）》第3条规定：“股东提起解散公司诉讼时，向人民法院申请财产保全或者证据保全的，在股东提供担保且不影响公司正常经营的情形下，人民法院可予以保全。”据此，股东如果要求财产保全，必须向法院提供担保且不影响公司正常经营，而不能“直接”要求法院采取保全措施，故C项错误。

《最高人民法院关于适用〈中华人民共和国公司法〉若干问题的规定（二）》第4条第1款规定：“股东提起解散公司诉讼应当以公司为被告。”据此，D项正确。

15. 答案：B。本题考核股东资格继承。《公司法》第90条规定：“自然人股东死亡后，其合法继承人可以继承股东资格；但是，公司章程另有规定的除外。”A项正确，B项错误。根据《最高人民法院关于适用〈中华人民共和国公司法〉若干问题的规定（四）》第16条：“有限责任公司的自然人股东因继承发生变化时，其他股东主张依据公司法第七十一条第三款规定行使优先购买权的，人民法院不予支持，但公司章程另有规定或者全体股东另有约定的除外。”C、D项正确。

16. 答案：C。《公司法》第89条第1款规定：“有下列情形之一的，对股东会该项决议投反对票的股东可以请求公司按照合理的价格收购其股权：（一）公司连续五年不向股东分配利润，而公司该五年连续盈利，并且符合本法规定的分配利润条件；（二）公司合并、分立、转让主要财产；（三）公司章程规定的营业期限届满或者章程规定的其他解散事由出现，股东会通过决议修改章程使公司存续。”C项正确。

多项选择题

1. 答案：BC。《公司法》第172条规定：“国有独资公司不设股东会，由履行出资人职责的机构行使股东会职权。履行出资人职责的机构可以授权公司董事会行使股东会的部分职权，但公司章程的制定和修改，公司的合并、分立、解散、申请破产，增加或者减少注册资本，分配利润，应当由履行出资人职责的机构决定。”

2. 答案：AC。《公司法》第 56 条第 1 款规定，有限责任公司应当置备股东名册，记载下列事项：（1）股东的姓名或者名称及住所；（2）股东认缴和实缴的出资额、出资方式和出资日期；（3）出资证明书编号；（4）取得和丧失股东资格的日期。据此，置备股东名册属于公司的法定义务，故 A 项正确。

《公司法》第 56 条第 2 款规定，记载于股东名册的股东，可以依股东名册主张行使股东权利。据此，C 项正确。

《公司法》第 32 条第 1 款规定，公司登记事项包括：（一）名称；（二）住所；（三）注册资本；（四）经营范围；（五）法定代表人的姓名；（六）有限责任公司股东、股份有限公司发起人的姓名或者名称。本条规定仅要求公司向公司登记机关提交股东的姓名或者名称，并未要求提交股东名册，故 B 项错误。

D 项，关于股东名册与公司登记的效力问题，应当区分情况考虑。就股东事项，如果股东与公司、其他股东之外的第三人发生纠纷，为了维护交易安全，应当以公司登记为准；如果股东与公司或者其他股东发生纠纷，则应当以股东名册为准，毕竟股东名册属于股东资格的法定证明文件。故 D 项错误。

3. 答案：AC。《公司法》第 231 条规定：“公司经营管理发生严重困难，继续存续会使股东利益受到重大损失，通过其他途径不能解决的，持有公司百分之十以上表决权的股东，可以请求人民法院解散公司。”本题中，公司经营管理出现了困难，且股东之间无法达成一致意见来解决，这样继续下去会给股东的利益造成重大损失。另外，股东甲已经持有公司 15%的表决权，超过了法定的 10%的标准，可以请求法院解散公司。因此，A 项正确。

《公司法》第 89 条第 1 款规定：“有下列情形之一的，对股东会该项决议投反对票的股东可以请求公司按照合理的价格收购其股权：（一）公司连续五年不向股东分配利润，而公司该五年连续盈利，并且符合本法规定的分配利润条件；（二）公司合并、分立、转让主要财产；（三）公司章程规定的营业期限届满或者章程规定的其他解散事由出现，股东会通过决议修改章程使公司存续。”

第 162 条第 1 款规定：“公司不得收购本公司股份。但是，有下列情形之一的除外：（一）减少公司注册资本；（二）与持有本公司股份的其他公司合并；（三）将股份用于员工持股计划或者股权激励；（四）股东因对股东会作出的公司合并、分立决议持异议，要求公司收购其股份；（五）将股份用于转换公司发行的可转换为股票的公司债券；（六）上市公司为维护公司价值及股东权益所必需。”

根据上述规定可知，本题中给出的情况不满足法定的可以请求公司以合理的价格收购其股权的条件。因此，B 项错误。

《公司法》第 84 条第 1 款规定：“有限责任公司的股东之间可以相互转让其全部或者部分股权。”因此，C 项正确。

《公司法》第 105 条第 2 款规定：“发起人、认股人缴纳股款或者交付非货币财产出资后，除未按期募足股份、发起人未按期召开成立大会或者成立大会决议不设立公司的情形外，不得抽回其股本。”因此，D 项错误。

4. 答案：BD。股东“对外转让”股权分为两种情形，可能是转让给其他股东，也可能是转让给股东之外的人。《公司法》第 84 条第 1 款规定：“有限责任公司的股东之间可以相互转让其全部或者部分股权。”如果甲将股权转让给某个股东，则完全可以自行决定，并不需要其他股东同意。《公司法》第 84 条第 2 款规定：“股东向股东以外的人转让股权的，应当将股权转让的数量、价格、支付方式和期限等事项书面通知其他股东，其他股东在同等条件下有优先购买权。股东自接到书面通知之日起三十日内未答复的，视为放弃优先购买权。两个以上股东行使优先购买权的，协商确定各自的购买比例；协商不成的，按照转让时各自的出资比例行使优先购买权。”据此，股东向股东以外的人转让股权时，已经不需要经过“其他”股东过半数同意，故A项正确。

《公司法》第84条第3款规定：“公司章程对股权转让另有规定的，从其规定。”第59条规定：“股东会行使下列职权：……（八）修改公司章程……”据此，修改公司章程的主体是股东会而非个别股东，甲无权直接修改公司章程，而应当召开股东会修改公司章程。根据《公司法》第66条第3款规定，“股东会作出修改公司章程、增加或者减少注册资本的决议，以及公司合并、分立、解散或者变更公司形式的决议，应当经代表三分之二以上表决权的股东通过”。因为甲持股达到69%，其可以通过召开股东会修改公司章程，但无权直接修改公司章程，故B项错误。

《公司法》第84条第1款规定：“有限责任公司的股东之间可以相互转让其全部或者部分股权。”据此，在股东之间转让股权时，转让股权的股东受到的限制很少，甲可以自由决定将股权分别转让给乙、丙，故C项正确。

如前所述，股东“对外转让”股权分为两种情形，可能是转让给其他股东，也可能是转让给股东之外的人。如果股东将股权转让给某个股东，则其他股东并不享有优先购买权。比如，甲将股权转让给乙，则丙并无优先购买权。在股东将股权转让给股东以外的人时，根据《公司法》第84条第2款规定，其他股东同等条件下有优先购买权。但需注意，其他股东行使优先购买权的前提是“在同等条件下”。如果甲要转让其“全部”股份，乙、丙不能对甲所转让的“一部分”股权行使优先购买权，故D项错误。

5. **答案**：ABC。《最高人民法院关于适用〈中华人民共和国公司法〉若干问题的规定（三）》第28条规定：“冒用他人名义出资并将该他人作为股东在公司登记机关登记的，冒名登记行为人应当承担相应责任；公司、其他股东或者公司债权人以未履行出资义务为由，请求被冒名登记为股东的承担补足出资责任或者对公司债务不能清偿部分的赔偿责任的，人民法院不予支持。”据此，其他股东可以要求冒名出资的胡铭履行出资义务，D项正确。

冒名股东与股份代持不同，在冒用他人名义出资的情形下，冒名者是负有出资义务的股东，而被冒名者与公司没有任何关系。因为姚顺并非股东，不享有股东的任何权利，既不能向贝达公司主张分配利润，也不能参与贝达公司股东会，故A、B两项错误。因为姚顺并非公司股东，所以不负有出资义务，贝达公司的债权人不能向其主张任何权利，故C项错误。

不定项选择题

1. **答案**：（1）BCD。垫付出资的本质在于股东向第三人借款用作出资，本身并无违法之处。本题中，高才让艾瑟垫付出资时，许诺一旦公司成立，就将该10万元从公司中抽回偿还给艾瑟。其中，有关抽回出资偿还垫付款的许诺无疑具有违法性，问题在于该许诺是否影响垫付出资的约定。高才与艾瑟之间的约定包括两部分内容：一为有关垫付出资的约定；二为有关抽回出资偿还垫付款的约定。如果将有关垫付出资的约定与抽回出资偿还垫付款的约定视为不可分割的整体，垫付出资以日后抽回出资为前提，垫付出资的约定完全是为了欺骗其他股东、公司未来的债权人以及公司登记机关，可以认为高才与艾瑟之间的约定属于恶意串通损害第三人利益的行为，则该约定无效。如果认为垫付出资的约定与日后抽回出资的许诺是可分的，高才许诺日后从公司抽回出资偿还垫付款仅仅是对一种可能的还款方式的说明，则许诺抽回出资的违法性并不影响垫付出资的合法性。考虑到垫付出资本身具有合法性，而许诺抽回出资偿还垫付款本身并不构成垫付出资的对价，应当认为垫付出资的约定与许诺抽回出资是可分的，高才有义务以合法的方式偿还艾瑟为其垫付的出资。无论如何，高才与艾瑟间垫付出资的约定本身并非抽逃出资行为，垫付出资的约定有效，故A项错误。

高才以公司名义与艾瑟签订虚假的食材买卖合同，完全以抽逃出资损害第三人利益为目的，属于恶意串通的行为。《民法典》第154条规定："行为人与相对人恶意串通，损害他人合法权益的民事法律行为无效。"据此，该食材买卖合同无效，B项正确。

《最高人民法院关于适用〈中华人民共和国公司法〉若干问题的规定（三）》第12条规定："公司成立后，公司、股东或者公司债权人以相关股东的行为符合下列情形之一且损害公司权益为由，请求认定该股东抽逃出资的，人民法院应予支持：（一）制作虚假财务会计报表虚增利润进行分配；（二）通过虚构债权债务关系将其出资转出；（三）利用关联交易将出资转出；（四）其他未经法定程序将出资抽回的行为。"据此，高才通过该食材买卖合同而转移10万元的行为属于虚构债权债务关系而抽逃出资，故C项正确。《最高人民法院关于适用〈中华人民共和国公司法〉若干问题的规定（三）》第13条第2款规定："公司债权人请求未履行或者未全面履行出资义务的股东在未出资本息范围内对公司债务不能清偿的部分承担补充赔偿责任的，人民法院应予支持；未履行或者未全面履行出资义务的股东已经承担上述责任，其他债权人提出相同请求的，人民法院不予支持。"本题中，高才抽逃出资，属于未全面履行出资义务的情形，应当在10万元的本息范围内对公司债权人承担补充赔偿责任，故D项正确。

（2）AB。《最高人民法院关于适用〈中华人民共和国公司法〉若干问题的规定（三）》第24条第1款规定："有限责任公司的实际出资人与名义出资人订立合同，约定由实际出资人出资并享有投资权益，以名义出资人为名义股东，实际出资人与名义股东对该合同效力发生争议的，如无法律规定的无效情形，人民法院应当认定该合同有效。"本题中，李一与李三之间的委托持股协议并无违法之处，合同有效，故A项正确。

《公司法》第56条规定："有限责任公司应当置备股东名册，记载下列事项：（一）股东的姓名或者名称及住所；（二）股东认缴和实缴的出资额、出资方式和出资日期；（三）出资证明书编号；（四）取得和丧失股东资格的日期。记载于股东名册的股东，可以依股东名册主张行使股东权利。"对公司而言，股东资格以出资证明书、股东名册和在市场监督管理机关的登记为准，李三以自己的名义完成出资并被登记为股东，自然被公司视为股东。故，B项正确。

C项存在一定的合理之处，但在表述上存在重大问题。题目中并未交代李一与其妻闻非之间是法定财产制还是约定财产制，即便是法定财产制，也无法判断李一用来投资入股的财产是夫妻共同财产还是个人财产，从而难以判断李一实际享有的股权是否属于夫妻共同财产。即便李一实际享有的股权属于夫妻共同财产，闻非要求分割该股权也存在重大困难。首先，李一仅仅是实际出资人而不是名义股东，只有当李一将自己变更为股东后，闻非才有可能分割李一实际享有的股权。其次，《最高人民法院关于适用〈中华人民共和国民法典〉婚姻家庭编的解释（一）》第73条第1款规定："人民法院审理离婚案件，涉及分割夫妻共同财产中以一方名义在有限责任公司的出资额，另一方不是该公司股东的，按以下情形分别处理：（一）夫妻双方协商一致将出资额部分或者全部转让给该股东的配偶，其他股东过半数同意，并且其他股东均明确表示放弃优先购买权的，该股东的配偶可以成为该公司股东；（二）夫妻双方就出资额转让份额和转让价格等事项协商一致后，其他股东半数以上不同意转让，但愿意以同等条件购买该出资额的，人民法院可以对转让出资所得财产进行分割。其他股东半数以上不同意转让，也不愿意以同等条件购买该出资额的，视为其同意转让，该股东的配偶可以成为该公司股东。”据此，闻非要求分割李一实际享有的股权，需要夫妻双方协商一致，还需要过半数股东同意、其他股东明确表示放弃优先购买权。所以，不能笼统地说闻非可以要求分割李一实际享有的股权，故C项错误。

D项，李一将自己变更为股东存在重大困难。《最高人民法院关于适用〈中华人民共和国公司法〉若干问题的规定（三）》第24条第2款规定：“前款规定的实际出资人与名义股东因投资权益的归属发生争议，实际出资人以其实际履行了出资义务为由向名义股东主张权利的，人民法院应予支持。名义股东以公司股东名册记载、公司登记机关登记为由否认实际出资人权利的，人民法院不予支持。”据此，在实际出资人与名义股东之间，法律特别保护了实际出资人。但是，《最高人民法院关于适用〈中华人民共和国公司法〉若干问题的规定（三）》第24条第3款规定：“实际出资人未经公司其他股东半数以上同意，请求公司变更股东、签发出资证明书、记载于股东名册、记载于公司章程并办理公司登记机关登记的，人民法院不予支持。”据此，在实际出资人与公司之间，法律特别保护了公司的利益。只有当经过其他股东半数以上同意的，李一才能将自己变更为股东，D项简单地声称“李一可以实际履行出资义务为由，要求公司变更自己为股东”，表述欠妥，故D项错误。

（3）ABCD。《最高人民法院关于适用〈中华人民共和国公司法〉若干问题的规定（三）》第25条第1款规定：“名义股东将登记于其名下的股权转让、质押或者以其他方式处分，实际出资人以其对于股权享有实际权利为由，请求认定处分股权行为无效的，人民法院可以参照物权法第一百零六条①的规定处理。”据此，名义股东转让股权是无权处分行为，A项应当是正确选项，当选。但需要说明的是：名义股东仍然是股东，对于公司而言就是法律上的股东，根据股东名册和登记享有股东权，因此很难说名义股东转让股权是无权处分。关于名义股东转让股权，向来存在实质主义和形式主义之争，实质主义认为名义股东仅仅是名义上的股东，股权属于实际出资人，名义股东转让股权是无权处分；而形式主义则认为名义股东就是股东，享有股权，其处分股权行为属于有权处分。实质主义和形式主义之间的争议持续多年，但《最高人民法院关于适用〈中华人民共和国公司法〉若干问题的规定（三）》第25条第1款明确采纳了实质主义，将名义股东转让股权界定为无权处分行为，故A项正确。

B项涉及股权买卖合同的效力问题。如果将名义股东转让股权理解为有权处分，则李三与王二之间的买卖合同自然不会因为无权处分不获追认而无效。如果认为名义股东转让股权属于无权处分，则需要慎重考虑股权买卖合同的效力问题。《民法典》第597条规定：“因出卖人未取得处分权致使标的物所有权不能转移的，买受人可以解除合同并请求出卖人承担违约责任。法律、行政法规禁止或者限制转让的标的物，依照其规定。”

《民法典》第597条第1款规定的内容，是对原《合同法》第51条、第132条第1款以及2012年5月10日公布的《最高人民法院关于审理买卖合同纠纷案件适用法律问题的解释》第3条的修改、整合及完善。该条明确了无权处分合同不因未取得处分权而无效。同时，该条在物权区分原则的指导下进一步对因未取得处分权而影响合同履行问题的违约责任进行了规定，即买受人可以解除合同并请求无权处分人承担违约责任。所以，无论李三转让股权是有权处分还是无权处分，李三与王二之间的股权买卖合同确定有效，

① 对应《民法典》第311条。《民法典》第311条规定：“所有权人或者其他权利人有权追回遗失物。该遗失物通过转让被他人占有的，权利人有权向无处分权人请求损害赔偿，或者自知道或者应当知道受让人之日起二年内向受让人请求返还原物；但是，受让人通过拍卖或者向具有经营资格的经营者购得该遗失物的，权利人请求返还原物时应当支付受让人所付的费用。权利人向受让人支付所付费用后，有权向无处分权人追偿。”。

故B项正确。

C项考查股东变动。如果认为李三转让股权是有权处分，王二自然可以获得股权。如果认为李三转让股权是无权处分，题目中没有说明王二知情，王二同样可以基于善意取得而获得股权。故无论如何理解，C项都是正确的。

《最高人民法院关于适用〈中华人民共和国公司法〉若干问题的规定（三）》第25条第2款规定："名义股东处分股权造成实际出资人损失，实际出资人请求名义股东承担赔偿责任的，人民法院应予支持。"据此，D项正确。

2. 答案：(1) ACD。《公司法》第210条第1款规定："公司分配当年税后利润时，应当提取利润的百分之十列入公司法定公积金。公司法定公积金累计额为公司注册资本的百分之五十以上的，可以不再提取。"同时，第2款规定："公司的法定公积金不足以弥补以前年度亏损的，在依照前款规定提取法定公积金之前，应当先用当年利润弥补亏损。"根据上述规定，结合会计规则与实务，在公司存在往年亏损的情况下，公司应当是先用当年利润弥补亏损，然后再按照弥补往年亏损之后的剩余利润计提法定公积金，而不是按照当年税后利润计提法定公积金。如此，公司2023年税后利润7000万元，减去弥补往年亏损的3000万元，还有剩余利润4000万元，计提10%的法定公积金，即400万元。故公司应提取的法定公积金数额为400万元，A项正确。

《公司法》第210条第3款规定："公司从税后利润中提取法定公积金后，经股东会决议，还可以从税后利润中提取任意公积金。"法定公积金即公司法强制要求公司提取的公积金数额为税后利润的10%，超过该数额之外的公积金为任意公积金而非法定公积金，所以不存在一次性提取法定公积金超过当年税后利润10%的做法或者说法。至于累计提取的法定公积金数额，如果超过公司注册资本的50%（2500万元）以上，可以不再提取法定公积金，但是不存在提取法定公积金的数额不超过税后利润的50%这样的规定，故B项错误。因为公司法对任意公积金的提取数额没有要求或者限制，公司可以提取任意公积金1000万元，C项正确。

根据《公司法》第210条第4款规定："公司弥补亏损和提取公积金后所余税后利润，有限责任公司按照股东实缴的出资比例分配利润，全体股东约定不按照出资比例分配利润的除外；股份有限公司按照股东所持有的股份比例分配利润，公司章程另有规定的除外。"据此，公司在分配2023年税后利润7000万元之前，应当先弥补往年亏损3000万元，再计提400万元的法定公积金，如此还剩下3600万元利润可供分配。同时，根据《公司法》第214条第1款规定："公司的公积金用于弥补公司的亏损、扩大公司生产经营或者转为增加公司注册资本。"公司2023年年底的公积金余额为5万元，如果以该5万元公积金弥补往年亏损，则公司2023年税后利润中用来弥补亏损2995万元即可，如此弥补亏损加上计提法定公积金之后的剩余利润为3605万元。所以，公司向股东可分配利润的上限为3605万元，D项正确。

(2) BC。《公司法》第214条第1款规定："公司的公积金用于弥补公司的亏损、扩大公司生产经营或者转为增加公司注册资本。"据此，公司公积金可以用于弥补公司日后经营中的亏损，但是不可能用于弥补公司当年的亏损，因为只有在弥补了2023年当年的亏损之后，才有公司利润可言，才可能提取公积金，不可能再用公积金去弥补当年的亏损，故A项错误。公积金可以用于扩大生产，故B项正确。公积金可以用于转增资本，故C项正确。

《公司法》第214条第3款规定："法定公积金转为增加注册资本时，所留存的该项公积金不得少于转增前公司注册资本的百分之二十五。"本题中，转增前公司注册资本为5000万元，公司转增注册资本后其法定公积金留存不得少于1250万元。因为公司2023年的法定公积金数额只有405万元，少于转增前公司注册资本的25%，故不能用于转增注册资本，D 项错误。

（3）AD。《公司法》第 162 条第 1 款规定：“公司不得收购本公司股份。但是，有下列情形之一的除外：（一）减少公司注册资本；（二）与持有本公司股份的其他公司合并；（三）将股份用于员工持股计划或者股权激励；（四）股东因对股东会作出的公司合并、分立决议持异议，要求公司收购其股份……”据此，公司为了实施股权激励，可以回购本公司的股份。

《公司法》第 162 条第 3 款规定：“公司依照本条第一款规定收购本公司股份后，属于第一项情形的，应当自收购之日起十日内注销；属于第二项、第四项情形的，应当在六个月内转让或者注销；属于第三项、第五项、第六项情形的，公司合计持有的本公司股份数不得超过本公司已发行股份总额的百分之十，并应当在三年内转让或者注销。”据此，公司为实施股权激励而回购股份的上限为 1000 万股的 10%，即 100 万股，故 A 项正确。公司用于回购股份的资金来源是税后利润而不能是公积金，故 B 项错误。同时，公司回购的股份应当在一年内转给职工，故 C 项错误。

《公司法》第 210 条第 5 款规定：“公司持有的本公司股份不得分配利润。”据此，紫霞公司所持有的本公司股票不得分配利润，故 D 项正确。

3. 答案：（1）AD。本题考查临时股东会的召集。《公司法》第 63 条第 2 款规定：“董事会不能履行或者不履行召集股东会会议职责的，由监事会召集和主持；监事会不召集和主持的，代表十分之一以上表决权的股东可以自行召集和主持。”本题中，甲持有源圣公司 25%的股权，有权自行召集和主持股东会，故 A 项正确。而乙、丙所持股份都不足 10%，不能召集和主持股东会，故 B、C 两项错误。D 项，既然甲单方即可召开临时股东会，甲联合乙、丙更可以召开临时股东会，故 D 项正确。

（2）ABC。本题考查股东抽逃出资的法律后果。《公司法》第 53 条第 1 款规定：“公司成立后，股东不得抽逃出资。”《最高人民法院关于适用〈中华人民共和国公司法〉若干问题的规定（三）》第 12 条规定：“公司成立后，公司、股东或者公司债权人以相关股东的行为符合下列情形之一且损害公司权益为由，请求认定该股东抽逃出资的，人民法院应予支持：（一）制作虚假财务会计报表虚增利润进行分配；（二）通过虚构债权债务关系将其出资转出；（三）利用关联交易将出资转出；（四）其他未经法定程序将出资抽回的行为。”本题中，源圣公司董事长陈某利用关联交易将出资转出，属于抽逃出资的行为。根据《最高人民法院关于适用〈中华人民共和国公司法〉若干问题的规定（三）》第 14 条第 1 款规定：“股东抽逃出资，公司或者其他股东请求其向公司返还出资本息、协助抽逃出资的其他股东、董事、高级管理人员或者实际控制人对此承担连带责任的，人民法院应予支持。”本题中，源圣公司董事长陈某帮助股东霓美公司抽逃出资，应当对返还出资承担连带责任，故 A 项正确。同时，股东霓美公司需要向源圣公司返还出资的相应利息，故 B 项正确。《最高人民法院关于适用〈中华人民共和国公司法〉若干问题的规定（三）》第 16 条规定：“股东未履行或者未全面履行出资义务或者抽逃出资，公司根据公司章程或者股东会决议对其利润分配请求权、新股优先认购权、剩余财产分配请求权等股东权利作出相应的合理限制，该股东请求认定该限制无效的，人民法院不予支持。”本题中，股东霓美公司抽逃出资，源圣公司可以通过股东会决议限制霓美公司的利润分配请求权，故 C 项正确。《最高人民法院关于适用〈中华人民共和国公司法〉若干问题的规定（三）》第 17 条第 1 款规定：“有限责任公司的股东未履行出资义务或者抽逃全部出资，经公司催告缴纳或者返还，其在合理期间内仍未缴纳或者返还出资，公司以股东会决议解除该股东的股东资格，该股东请求确认该解除行为无效的，人民法院不予支持。”据此，公司在解除抽逃出资股东的股东资格之前，需要先催告其返还出资，而不能直接解除其股东资格，故D项错误。

（3）AD。本题考查股东派生诉讼。《公司法》第189条第1款、第2款和第3款规定："董事、高级管理人员有前条规定的情形的，有限责任公司的股东、股份有限公司连续一百八十日以上单独或者合计持有公司百分之一以上股份的股东，可以书面请求监事会向人民法院提起诉讼；监事有前条规定的情形的，前述股东可以书面请求董事会向人民法院提起诉讼。监事会或者董事会收到前款规定的股东书面请求后拒绝提起诉讼，或者自收到请求之日起三十日内未提起诉讼，或者情况紧急、不立即提起诉讼将会使公司利益受到难以弥补的损害的，前款规定的股东有权为了公司的利益以自己的名义直接向人民法院提起诉讼。他人侵犯公司合法权益，给公司造成损失的，本条第一款规定的股东可以依照前两款的规定向人民法院提起诉讼。"第22条规定："公司的控股股东、实际控制人、董事、监事、高级管理人员不得利用关联关系损害公司利益。违反前款规定，给公司造成损失的，应当承担赔偿责任。"本题中，源圣公司控股股东霓美公司损害了公司利益，甲、乙、丙作为持股1%以上的股东，有权提起股东派生诉讼，故A项正确，B项错误。股东派生诉讼是股东为了维护公司利益而起诉，所得赔偿应当归属公司而不是起诉的股东，故C项错误，D项正确。

名词解释

1. **答案**：股东是指向公司出资并对公司享有权利和承担义务的人。有限责任公司的股东是指在公司成立时向公司投入资金或在公司存续期间依法继受取得股权而享有权利和承担义务的人；股份有限公司的股东就是在公司成立时或在公司成立后合法取得公司股份并对公司享有权利和承担义务的人。
2. **答案**：股份有着丰富的内涵，对股份的理解应当从股份有限公司的制度框架中去把握。其最基本的含义是指股份有限公司股东所持有的公司资本的基本单位。从股东与公司之间的关系角度去理解，股份是股东权存在的基础和股东权的计量单位；从股份与股票的关系来看，股份则是股票的价值内涵，股票是股份的存在形式。准确地说，股份是指以股票这种有价证券的形式表现的、股份有限公司的最基本的资本构成单位，也是股东权的最小计量单位。
3. **答案**：公司诉讼一般可以分为直接诉讼和派生诉讼两种类型。股东直接诉讼是指股东基于股权，对公司的受信托人对其个人范围内造成的损害提起的诉讼。股东派生诉讼，指的是当公司的利益受到侵害而公司却怠于起诉，或者说公司的控制者，包括控股股东、董事、经理等高级管理人员，拒绝公司以自己的名义起诉时，股东则以自己的名义起诉，所得赔偿归于公司的一种诉讼形态。

   两种诉讼的区别在于：（1）两种诉讼制度设计的理念不同；（2）提起诉讼的原因不同；（3）诉讼中的当事人的地位不同；（4）诉讼的形式不同；（5）诉讼继续进行附加条件不同；（6）对撤诉和进行诉讼和解的要求不同；（7）诉讼终止后的结果不同；（8）诉讼所得补偿或赔偿的享有者不同。
4. **答案**：少数股东权是指持有已发行股份的一定比例以上的股东才能行使的权利。行使少数股东权的股东既可是自己持股数达到一定比例的股东，也可是其所持股份合并达到一定比例的数名股东。

简答题

1. **答案**：就各国公司法的规定来说，股东一般具有以下权利：（1）出席或委托代理人出席股东会并行使表决权，但无表决权股除外。（2）按照公司法及公司章程的规定转让出资或股份。（3）查阅公司章程、股东会会议纪要、会议记录和会计报告，监督公司的经营，提出建议或质询。（4）按其出资或所持股份取得股利，即公司盈余分配的请求权。（5）公司终止后依法取得公司的剩余财产，即剩余财产的分配请求权。（6）公司章程规定的其他权利。为切实保障股东的合法权利，某些大陆法系国家和英美法系国家的公司法，还赋予股东个人诉权，即当董事、监事或职员对公司应负责任而公司未予追究时，可由股东为公司提起追究其责任的诉讼。此外，当股东会的召集程序及其决议内容或方法违法或违反章程时，股东亦可就此提起诉讼。

各国公司法对股东义务的规定大同小异，基本上共同确认了股东应承担以下义务：(1) 向公司缴纳股款的义务。该义务又称出资义务，即股东应按其所承诺的出资额或所认购的股份金额，向公司缴纳股款。这一义务的履行，是认股人取得股东资格的前提条件。在不允许分期缴纳股款的情况下，该义务事实上只是认股人的义务，而非股东义务；在允许分期缴纳股款的情况下，认股人只要缴纳了首期出资，即取得了股东资格，他此后所负的出资义务，则为股东义务。(2) 对公司所负债务的义务。无限公司的股东及两合公司中的无限责任股东，对公司所负的债务承担无限责任，即不以股东的出资为限。有限责任公司及股份有限公司的股东对公司的债务则仅以其出资额或认缴的股款为限，此外不负其他财产责任。股东除应履行上述义务外，还要承担遵守公司章程的义务，在公司登记后不得抽回出资的义务等。

2. 答案：股东代表诉讼又称派生诉讼、代位诉讼，是指当公司怠于通过诉讼手段追究有关侵权人员的民事责任及实现其他权利时，具有法定资格的股东为了公司的利益而依据法定程序代公司提起的诉讼。其特征是：

(1) 股东代表诉讼是基于股东所在公司的法律救济请求权产生的，这种权利不是股东传统意义上的因其出资而享有的股权，而是由公司本身的权利传来的，由股东行使的。

(2) 股东代表诉讼的原告须是公司的股东，一人或多人联合提起诉讼均可，但是并非只要公司的股东就可以提起诉讼，不同的国家对此均有限制，以防某些恶意的股东进行滥诉。

(3) 作为名义上的诉讼方，股东没有任何权利、资格或权益。也就是说，原告股东并不能取得任何权益，法院的判决结果直接归于公司承担。

(4) 股东代表诉讼发生在公司怠于行使其合法权利的情况下，也就是说，若公司不通过诉讼手段行使其权利时，则可能发生公司权益遭受损失之情形。只有这种条件下，才可发生股东代表诉讼。

3. 答案：股份有限公司是指将公司的全部资本划分为等额股份，股东以其所持股份为限对公司承担责任，公司以其全部资产对公司债务承担责任的企业法人。其法律特征如下：

(1) 公司组织的资合性。其表现为公司对外信用的基础为公司资本以及公司股份可自由转让方面。

(2) 资本募集的公开性。这也是设立股份公司的重要原因之一，即面向社会，广泛集资。

(3) 公司资本的股份性。股份有限公司的资本分为股份，股份则不可以再分。它是资本构成的最小单位。但股份的不可分性并不是排除某一股份可以为数人“合手共有”。当股份为数人共有时，股权一般应由共有人推选一人行使。共有人对股份利益的分享，不是对股份本身的分割。

(4) 股东责任的有限性。其股东仅以其所认购的股份为限对公司负责。

(5) 公司经营的独立性。

4. 答案：股东派生诉讼是指当公司的合法权益受到他人侵害，特别是受到有控制权的股东、母公司、董事和管理人员等的侵害而公司怠于行使诉权时，符合法定条件的股东以自己名义为公司的利益对侵害人提起诉讼，追究其法律责任的诉讼制度。

我国《公司法》第189条规定了股东派生诉讼制度，赋予股东提起派生诉讼的权利。股东派生诉讼的规定，将对提高我国公司治理水平、保护中小股东利益起到重要作用。《公司法》第189条规定：“董事、高级管理人员有前条规定的情形的，有限责任公司的股东、股份有限公司连续一百八十日以上单独或者合计持有公司百分之一以上股份的股东，可以书面请求监事会向人民法院提起诉讼；监事有前条规定的情形的，前述股东可以书面请求董事会向人民法院提起诉讼。监事或者董事会收到前款规定的股东书面请求后拒绝提起诉讼，或者自收到请求之日起三十日内未提起诉讼，或者情况紧急、不立即提起诉讼将会使公司利益受到难以弥补的损害的，前款规定的股东有权为公司利益以自己的名义直接向人民法院提起诉讼。他人侵犯公司合法权益，给公司造成损失的，本条第一款规定的股东可以依照前两款的规定向人民法院提起诉讼。公司全资子公司的董事、监事、高级管理人员有前条规定情形，或者他人侵犯公司全资子公司合法权益造成损失的，有限责任公司的股东、股份有限公司连续一百八十日以上单独或者合计持有公司百分之一以上股份的股东，可以依照前三款规定书面请求全资子公司的监事会、董事会向人民法院提起诉讼或者以自己的名义直接向人民法院提起诉讼。”

股东派生诉讼包括以下主要内容：(1) 股东派生诉讼的原告必须是股东，即原告在提起和维护派生诉讼时必须始终具有股东身份。(2) 诉讼的被告为有《公司法》第 188 条规定情形的董事、监事、高级管理人员。(3) 诉讼的前置条件是对公司提出正式请求或通知，根据《公司法》第 189 条第 2 款，监事会或者董事会收到前款规定的股东书面请求后拒绝提起诉讼，或者自收到请求之日起三十日内未提起诉讼，或者情况紧急、不立即提起诉讼将会使公司利益受到难以弥补的损害的，适格股东有权为公司利益以自己的名义直接向人民法院提起诉讼。

5. 答案：我国《公司法》中对异议股东股权回购请求权适用于有限责任公司、股份有限公司的情形均有规定。根据《公司法》第 89 条与第 162 条之规定，可以看出：异议股东股权回购请求权适用于股份有限公司的情形，比适用于有限责任公司的情形更严格。股份有限公司在合并、分立情形下异议股东才享有股份回购请求权。而有限责任公司中异议股东股权享有回购请求权的情形，除了公司合并、分立之外，还有在公司连续五年盈利而且不分配红利、公司届满后的存续，以及转让主要财产。

《公司法》第 89 条规定：“有下列情形之一的，对股东会该项决议投反对票的股东可以请求公司按照合理的价格收购其股权：(一) 公司连续五年不向股东分配利润，而公司该五年连续盈利，并且符合本法规定的分配利润条件；(二) 公司合并、分立、转让主要财产；(三) 公司章程规定的营业期限届满或者章程规定的其他解散事由出现，股东会通过决议修改章程使公司存续。自股东会决议作出之日起六十日内，股东与公司不能达成股权收购协议的，股东可以自股东会决议作出之日起九十日内向人民法院提起诉讼。公司的控股股东滥用股东权利，严重损害公司或者其他股东利益的，其他股东有权请求公司按照合理的价格收购其股权。公司因本条第一款、第三款规定的情形收购的本公司股权，应当在六个月内依法转让或者注销。”

《公司法》第 162 条第 1 款规定：“公司不得收购本公司股份。但是，有下列情形之一的除外：……(四) 股东因对股东会作出的公司合并、分立决议持异议，要求公司收购其股份……”

案例分析题

1. 答案：(1) 存在。①昌顺公司股东人数较少不设董事会的做法符合《公司法》第 75 条之规定，但此时刘昌的职位不应是董事长，而应是董事。②昌顺公司股东人数较少不设监事会符合《公司法》第 51 条第 1 款规定。但是按《公司法》第 76 条第 4 款规定，董事、高级管理人员不得兼任监事，而钱顺不得兼任监事。

(2) ①要形成 2/3 多数议决的关于减资的股东会决议，即符合《公司法》第 66 条第 3 款要求，形成有效的股东会决议。②编制资产负债表及财产清单。③按照《公司法》第 224 条第 2 款的规定，减资决议之日起 10 日内通知债权人，并于 30 日内在报纸上或者国家企业信用信息公示系统公告。④应向公司登记机关提交相关文件，办理变更登记。登记后才发生注册资本减少的效力。⑤还应修改公司章程。

（3）合理。依《公司法》第89条第1款，股东回购请求权仅限于该款所列明的三种情形下对股东会决议的异议股东（即公司连续5年不分红决议、公司合并分立或转让主要财产决议、公司存续上的续期决议），钱顺的情形显然不符合该规定。而就针对其他股东的强制性的股权购买请求权，现行公司法并无明文规定。即在现行公司法中，股东彼此之间并不负有在特定情况下收购对方股权的强制性义务；即使按照《最高人民法院关于适用〈中华人民共和国公司法〉若干问题的规定（二）》第5条，法院在审理解散公司的案件时，应尽量调解，并给出由其他股东收购股权的调解备选方案，也不能因此成立其他股东的收购义务。故钱顺对股东刘昌的诉求，也没有实体法依据。

（4）判决合理。依《公司法》第231条及《最高人民法院关于适用〈中华人民共和国公司法〉若干问题的规定（二）》第1条第1款第1项，本案符合公司持续两年以上无法召开股东会，公司经营管理发生严重困难的情形。昌顺公司自2022年6月至解散诉讼时，已超过两年时间未再召开过股东会，这表明昌顺公司已实质性构成所谓的“公司僵局”，即构成法院判决公司解散的根据。

2. 答案：（1）不符合法律的规定，因为公司的财产属于公司所有，在公司清算前，任何股东都不能分割公司的财产。

（2）公司的经理和监事的不同意见有公司法的依据，因为股东会无权改变公司法的规定，股东会无权将公司的财产分配给股东，否则就会造成公司注册资本的减少。

（3）公司如果要分配财产应当按照公司法规定的法律程序进行，即①先由股东会作出决议；②发布减少注册资本的公告，通知债权人主张债权；③对负债进行清偿或提供担保；④减少注册资本，将减少下来的注册资本分配给股东；⑤进行公司资产变更登记。

3. 答案：（1）《民法典》第577条规定：“当事人一方不履行合同义务或者履行合同义务不符合约定的，应当承担继续履行、采取补救措施或者赔偿损失等违约责任。”本案中债权人白云公司与债务人东风公司属于一般的债权债务纠纷，在债务人东风公司拒不履行支付货款义务的情况下，债权人白云公司可以向人民法院起诉要求东风公司清偿货款本金、利息及其他违约责任。

另外，由于债务人东风公司以其在新雨公司20%的股权进行了质押，根据《民法典》第440条的规定，债权人（质权人）白云公司可以行使其股权质权并就所得款项优先受偿。

（2）《民法典》第443条规定：“以基金份额、股权出质的，质权自办理出质登记时设立。基金份额、股权出质后，不得转让，但是出质人与质权人协商同意的除外。出质人转让基金份额、股权所得的价款，应当向质权人提前清偿债务或者提存。”根据该条规定，债权人（质权人）如要行使其质权，必须证明其质权有效成立。即必须订立书面质押合同并办理登记手续。

（3）本案中，股东甲可以为公司利益直接向法院提起股东派生（代表）诉讼。

（4）该保函具有保证合同的性质，保证合同有效。乙虽然未经股东会同意为银行担保，侵犯了公司利益，但其行为构成表见代理。表见代理一般是指因本人的行为造成了足以令人相信某人具有代理权的外观，本人必须对此负担被代理人责任的法律制度。《民法典》第172条规定：“行为人没有代理权、超越代理权或者代理权终止后，仍然实施代理行为，相对人有理由相信行为人有代理权的，代理行为有效。”本案中乙以新雨公司名义出具保函，乙本身是新雨公司的执行董事，具备了表见代理的特征，因而保证合同有效。

（5）甲持有公司20%的股权，可以请求法院解散公司。《公司法》第231条规定：“公司经营管理发生严重困难，继续存续会使股东利益受到重大损失，通过其他途径不能解决的，持有公司百分之十以上表决权的股东，可以请求人民法院解散公司。”本案中新雨公司严重亏损，且公司经营管理发生僵局，股东甲拥有公司20%的股份，可以请求法院解散公司。

4. 答案：（1）关于股东会决议的效力，《公司法》从内容和程序两方面作出了规定。关于决议内容，《公司法》第25条规定："公司股东会、董事会的决议内容违反法律、行政法规的无效。"关于决议程序，《公司法》第26条第1款规定："公司股东会、董事会的会议召集程序、表决方式违反法律、行政法规或者公司章程，或者决议内容违反公司章程的，股东自决议作出之日起六十日内，可以请求人民法院撤销。但是，股东会、董事会的会议召集程序或者表决方式仅有轻微瑕疵，对决议未产生实质影响的除外。"

从决议内容上看，公司股东会有权对董事长及公司法定代表人的权限进行限制。从决议程序上看，《公司法》第66条规定："股东会的议事方式和表决程序，除本法有规定的外，由公司章程规定。股东会作出决议，应当经代表过半数表决权的股东通过。股东会作出修改公司章程、增加或者减少注册资本的决议，以及公司合并、分立、解散或者变更公司形式的决议，应当经代表三分之二以上表决权的股东通过。"本题中，股东会决议对董事长的权限进行限制，只需要拥有过半数表决权的股东同意即可，乙、丙、丁、戊四人合计持有股权达到56%，自然可以通过限制董事长权限的股东会决议。

（2）《民法典》第504条规定，法人或者其他组织的法定代表人、负责人超越权限订立的合同，除相对人知道或者应当知道其超越权限的以外，该代表行为有效。本题中，尽管公司股东会决议对公司法定代表人甲的权限进行了限制，甲所签订的技术转让合同超越权限，但相对人并不知情，所以合同有效。

（3）《民法典》第443条第1款规定："以基金份额、股权出质的，质权自办理出质登记时设立。"本题中，乙为张三办理了股权质权登记手续，质权已经产生，张三享有质权。

（4）《最高人民法院关于适用〈中华人民共和国公司法〉若干问题的规定（三）》第15条规定："出资人以符合法定条件的非货币财产出资后，因市场变化或者其他客观因素导致出资财产贬值，公司、其他股东或者公司债权人请求该出资人承担补足出资责任的，人民法院不予支持。但是，当事人另有约定的除外。"本题中，丙以其对大都房地产开发有限公司所持股权出资，经验资后办理了股权转让手续，出资程序完全合法，不存在虚假出资或者抽逃出资的情形，丙用作出资的股权日后贬值属于公司经营的正常风险，不影响丙对鑫荣公司的股权。

（5）《公司法》第84条规定："有限责任公司的股东之间可以相互转让其全部或者部分股权。股东向股东以外的人转让股权的，应当将股权转让的数量、价格、支付方式和期限等事项书面通知其他股东，其他股东在同等条件下有优先购买权。股东自接到书面通知之日起三十日内未答复的，视为放弃优先购买权。两个以上股东行使优先购买权的，协商确定各自的购买比例；协商不成的，按照转让时各自的出资比例行使优先购买权。公司章程对股权转让另有规定的，从其规定。"据此，丁、戊可以将其股权转让给其他股东或者第三人。《公司法》第231条规定："公司经营管理发生严重困难，继续存续会使股东利益受到重大损失，通过其他途径不能解决的，持有公司百分之十以上表决权的股东，可以请求人民法院解散公司。"本题中，因为鑫荣公司经营状况不佳，且大股东与管理层间矛盾重重，合计持有股份11%的丁、戊可以申请司法解散公司。

5. 答案：（1）有效，设立中的公司可以实施法律行为。

（2）不可以。确定甲是否已履行出资义务，应以设备交付并移转所有权至公司时为准，故应以2024年6月初之130万元，作为确定甲承担相应的补足出资责任的标准，对此可以参照《最高人民法院关于适用〈中华人民共和国公司法〉若干问题的规定（三）》第9条、第15条。

（3）可以。首先，因继承无效，马玮不能因继承取得厂房所有权，而其将厂房投资设立兴平公司，因马玮是兴平公司的董事长，其主观恶意视为所代表公司的恶意，因此也不能使兴平公司取得厂房所有权；其次，兴平公司将该厂房再投资于大昌公司时，马玮又是大昌公司的设立负责人与成立后的公司董事长，同样不能使大昌公司取得所有权。因此所有权仍应归属于马屹，可以向大昌公司请求返还。

（4）不能。乙与丙、丁间根本就不存在股权转让行为，丙、丁的签字系由甲伪造，且乙在主观上不可能是善意，故不存在善意取得的构成。

（5）可以。乙自己原持有的股权，为合法有效，故可以有效地转让给吴耕。至于乙所受让的丙、丁的股权，虽然无效，但乙已登记于公司登记之中，且吴耕为善意，并已记入公司登记中，因此参照《最高人民法院关于适用〈中华人民共和国公司法〉若干问题的规定（三）》第25条、第27条的原理，吴耕可以主张股权的善意取得。

第十二章　公司的治理结构

单项选择题

1. **答案**：D。本题考查撤销决议问题。根据《公司法》第 26 条第 1 款，股东会召集程序违反法律、行政法规或者公司章程，股东可以自决议作出之日起 60 日内，请求人民法院撤销。但是，股东会、董事会的会议召集程序或者表决方式仅有轻微瑕疵，对决议未产生实质影响的除外。A 项错误。

   根据《公司法》第 89 条第 1 款规定，对股东会合并决议投反对票的股东可以请求公司按照合理的价格收购其股权，但本案中李某并未对该决议投反对票，B 项错误。

   根据《最高人民法院关于适用〈中华人民共和国公司法〉若干问题的规定（四）》第 4 条，股东请求撤销股东会决议，但会议召集程序仅有轻微瑕疵，且对决议未产生实质影响的，人民法院不予支持，C 项错误。

   根据《最高人民法院关于适用〈中华人民共和国公司法〉若干问题的规定（四）》第 3 条，原告请求撤销股东会决议的案件，应当列公司为被告。对决议涉及的其他利害关系人，可以依法列为第三人，D 项正确。

2. **答案**：C。本题考查查账权问题。根据《最高人民法院关于适用〈中华人民共和国公司法〉若干问题的规定（四）》第 9 条，公司章程实质性剥夺股东查阅或者复制公司文件材料的权利，公司以此为由拒绝股东查阅或者复制的，人民法院不予支持，A、B 项错误，股东甲、丙有权查阅公司会计账簿。

   赵某作为实际出资人，并不是公司的股东，不享有查账权，C 项正确。

   根据《公司法》第 57 条第 2 款，股东可以要求查阅公司会计账簿，D 项错误。

3. **答案**：B。《公司法》第 120 条第 2 款规定："本法第六十七条、第六十八条第一款、第七十条、第七十一条的规定，适用于股份有限公司。" 第 70 条第 2 款规定："董事任期届满未及时改选，或者董事在任期内辞任导致董事会成员低于法定人数的，在改选出的董事就任前，原董事仍应当依照法律、行政法规和公司章程的规定，履行董事职务。" 虽然任期届满，但在董事会改选出新的董事长之前，彭兵仍然是公司的董事长，故 A 项错误。B 项，因为新的董事会成员尚未产生，原董事会成员仍须履行董事职责，故 B 项正确。

   《公司法》第 188 条规定："董事、监事、高级管理人员执行职务时违反法律、行政法规或者公司章程的规定，给公司造成损失的，应当承担赔偿责任。" 本题中，公司董事长彭兵消极怠工，给公司造成损失，应当承担赔偿责任，但投资失败并非彭兵一个人的问题，不能由彭兵承担全部赔偿责任，故 C 项错误。

   根据《公司法》第 189 条规定，当公司高管有违反公司忠实义务的行为时，公司股东可以请求公司监事会提起诉讼，在监事会消极不作为时才能提起股东代表诉讼，故 D 项错误。

4. **答案**：C。根据《公司法》第 59 条和第 112 条的规定，股东会行使修改公司章程和对公司解散、清算等事项作出决议的职权。

5. **答案**：D。根据《公司法》第 77 条第 1 款的规定，监事的任期每届为 3 年。监事任期届满，连选可以连任。

6. **答案**：C。《公司法》第 72 条规定："董事会会议由董事长召集和主持；董事长不能履行职务或者不履行职务的，由副董事长召集和主持；副董事长不能履行职务或者不履行职务的，由过半数的董事共同推举一名董事召集和主持。"

7. **答案**：C。有限责任公司董事的任期和董事长、副董事长的产生办法由公司章程规定，董事每届任期不得超过3年。

8. 答案：A。根据《公司法》第171条的规定，国有独资公司章程由履行出资人职责的机构制定。因此国有独资公司的章程只能由履行出资人职责的机构制定，不能由董事会制定。

根据《公司法》第172条的规定，国有独资公司不设股东会，由履行出资人职责的机构行使股东会职权。履行出资人职责的机构可以授权公司董事会行使股东会的部分职权，但公司章程的制定和修改，公司的合并、分立、解散、申请破产，增减资本和分配利润，应当由履行出资人职责的机构决定。因此B、C、D项错误，公司申请破产、合并和分配利润只能由履行出资人职责的机构决定。

9. 答案：C。《公司法》第173条规定："国有独资公司的董事会……董事会设董事长一人，可以设副董事长。董事长、副董事长由履行出资人职责的机构从董事会成员中指定。"

10. 答案：C。根据《公司法》第77条第1款的规定，监事的任期每届为3年。监事任期届满，连选可以连任。

11. 答案：C。《公司法》第21条第2款规定，公司股东滥用股东权利给公司或者其他股东造成损失的，应当承担赔偿责任。本题中，甲公司作为丙公司的股东，滥用股东权利给丙公司造成损失，其应当对丙公司承担赔偿责任，选项C是正确的。

12. 答案：C。《公司法》第188条规定："董事、监事、高级管理人员执行职务时违反法律、行政法规或者公司章程的规定，给公司造成损失的，应当承担赔偿责任。"第124条第3款规定："董事会应当对会议所议事项的决定作成会议记录，出席会议的董事应当在会议记录上签名。"第125条第2款规定："董事应当对董事会的决议承担责任。董事会的决议违反法律、行政法规或者公司章程、股东会决议，给公司造成严重损失的，参与决议的董事对公司负赔偿责任；经证明在表决时曾表明异议并记载于会议记录的，该董事可以免除责任。"

13. 答案：B。根据《公司法》第61条的规定，首次股东会会议由出资最多的股东召集和主持，依照本法规定行使职权。第75条规定了不设董事会的情况。

14. 答案：D。《公司法》第72条规定："董事会会议由董事长召集和主持；董事长不能履行职务或者不履行职务的，由副董事长召集和主持；副董事长不能履行职务或者不履行职务的，由过半数的董事共同推举一名董事召集和主持。"根据该法第78条规定，监事会有权提议召开临时股东会。

15. 答案：C。根据《公司法》第67条、第120条第2款的规定，有限责任公司和股份有限公司的董事会职责均是：（1）负责召集股东会，并向股东会报告工作；（2）执行股东会的决议；（3）决定公司的经营计划和投资方案；（4）制订公司的利润分配方案和弥补亏损方案；（5）制订公司增加或者减少注册资本以及发行公司债券的方案；（6）制订公司合并、分立、变更公司形式、解散的方案；（7）决定公司内部管理机构的设置；（8）聘任或者解聘公司经理，根据经理的提名，聘任或者解聘公司副经理、财务负责人，决定其报酬事项；（9）制定公司的基本管理制度；（10）公司章程规定或者股东会授予的其他职权。

16. 答案：C。参见《公司法》第178条的规定。

17. 答案：B。《公司法》第127条规定："公司董事会可以决定由董事会成员兼任经理。"

18. 答案：C。参见《公司法》第71条的规定。股东会可以无因解任董事，无正当理由，在任期届满前解任董事的，该董事可以要求公司予以赔偿。

19. 答案：A。《公司法》第113条规定："股东会应当每年召开一次年会。有下列情形之一的，应当在两个月内召开临时股东会会议：（一）董事人数不足本法规定的人数或者公司章程所定人数的三分之二时；（二）公司未弥补的亏损达股本总额三分之一时；（三）单独或者合计持有公司百分之十以上股份的股东请求时；（四）董事会认为必要时；（五）监事会提议召开时；（六）公司章程规定的其他情形。"

20. 答案：B。根据《公司法》第 116 条的规定，（股份有限公司）股东出席股东会会议，所持每一股份有一表决权，类别股股东除外。股东会作出决议，应当经出席会议的股东所持表决权过半数通过。股东会对修改公司章程、公司合并、分立或者解散公司、增减注册资本、变更公司形式作出决议，应当经出席会议的股东所持表决权的 2/3 以上通过。

21. 答案：C。参见《公司法》第 120 条第 2 款的规定。根据《公司法》第 70 条第 1 款中规定，董事任期由公司章程规定，但每届不得超过三年。三年任期得减去王某已经担任董事的期间，为继任者李某任董事的期间。

22. 答案：C。《公司法》第 126 条："股份有限公司设经理，由董事会决定聘任或者解聘……"

23. 答案：A。根据《公司法》第 122 条第 1 款的规定，董事会设董事长一人，可以设副董事长。董事长和副董事长由董事会以全体董事的过半数选举产生。

24. 答案：C。A 项错误，《公司法》第 113 条规定："股东会应当每年召开一次年会。有下列情形之一的，应当在两个月内召开临时股东会会议：……（三）单独或者合计持有公司百分之十以上股份的股东请求时……"B 项错误，第 114 条第 1 款中规定，"股东会会议由董事会召集，董事长主持"。C 项正确，第 118 条规定："股东委托代理人出席股东会会议的，应当明确代理人代理的事项、权限和期限；代理人应当向公司提交股东授权委托书，并在授权范围内行使表决权。"D 项错误，第 115 条第 1 款规定，"临时股东会会议应当于会议召开十五日前通知各股东"。

25. 答案：A。《公司法》第 210 条："……公司从税后利润中提取法定公积金后，经股东会决议，还可以从税后利润中提取任意公积金……"

26. 答案：A。《公司法》《公司法》第 232 条第 1 款、第 2 款规定："公司因本法第二百二十九条第一款第一项、第二项、第四项、第五项规定而解散的，应当清算。董事为公司清算义务人，应当在解散事由出现之日起十五日内组成清算组进行清算。清算组由董事组成，但是公司章程另有规定或者股东会决议另选他人的除外。"题中公司是因《公司法》第 229 条第 1 款第 2 项规定而解散，应当组成清算组进行清算。清算组由董事组成。

27. 答案：C。《公司法》第 15 条第 1 款规定，公司向其他企业投资或者为他人提供担保，按照公司章程的规定，由董事会或者股东会决议；公司章程对投资或者担保的总额及单项投资或者担保的数额有限额规定的，不得超过规定的限额。故选项 C 说法正确，A、B 两项说法错误。《公司法》第 15 条第 2 款、第 3 款规定，公司为公司股东或者实际控制人提供担保的，应当经股东会决议。前款规定的股东或者受前款规定的实际控制人支配的股东，不得参加前款规定事项的表决。该项表决由出席会议的其他股东所持表决权的过半数通过。甲公司可以为王某提供担保，但是须经股东会决议通过。根据题意，王某并不是甲公司的股东，甲公司也并不是为其股东陈某提供担保，故陈某不需要回避表决，故 D 项说法错误。本题的正确答案为 C。

28. 答案：D。《民法典》第 504 条规定，法人的法定代表人或者非法人组织的负责人超越权限订立的合同，除相对人知道或者应当知道其超越权限外，该代表行为有效，订立的合同对法人或者非法人组织发生效力。本题中，根据烽源公司的章程规定，金额超过 10 万元的合同由董事会批准，蔡某与公司之间的租赁合同金额达到 15 万元，需要经过董事会的批准程序。但题目并未说明该租赁合同是否经过董事会批准，从题目中"蔡某要求公司支付租金"的表述来看，蔡某与公司之间的租赁合同应该经过了董事会批准，故该租赁合同有效，A 项错误。

《公司法》第 178 条第 3 款规定："董事、监事、高级管理人员在任职期间出现本条第一款所列情形的，公司应当解除其职务。"第 178 条第 1 款规定："有下列情形之一的，不得担任公司的董事、监事、高级管理人员：(一）无民事行为能力或者限制民事行为能力；(二）因贪污、贿赂、侵占财产、挪用财产或者破坏社会主义市场经济秩序，被判处刑罚，或者因犯罪被剥夺政治权利，执行期满未逾五年，被宣告缓刑的，自缓刑考验期满之日起未逾二年；(三）担任破产清算的公司、企业的董事或者厂长、经理，对该公司、企业的破产负有个人责任的，自该公司、企业破产清算完结之日起未逾三年；(四）担任因违法被吊销营业执照、责令关闭的公司、企业的法定代表人，并负有个人责任的，自该公司、企业被吊销营业执照、责令关闭之日起未逾三年；(五）个人因所负数额较大的债务到期未清偿被人民法院列为失信被执行人。”本题中，公司总经理蔡某只是从事自我交易，并不存在《公司法》第 178 条第 1 款规定的情形，除非烽源公司特别规定公司高管自我交易构成解聘高管的事由，否则烽源公司股东会不能解聘蔡某，故 B 项错误。

《公司法》第 5 条规定：“设立公司应当依法制定公司章程。公司章程对公司、股东、董事、监事、高级管理人员具有约束力。”第 265 条第 1 项规定：“高级管理人员，是指公司的经理、副经理、财务负责人，上市公司董事会秘书和公司章程规定的其他人员。”本题中，蔡某为烽源公司的总经理，属于公司高管，公司章程对蔡某具有约束力，故 C 项错误。

《公司法》第 186 条规定：“董事、监事、高级管理人员违反本法第一百八十一条至第一百八十四条规定所得的收入应当归公司所有。”第 182 条规定：“董事、监事、高级管理人员，直接或者间接与本公司订立合同或者进行交易，应当就与订立合同或者进行交易有关的事项向董事会或者股东会报告，并按照公司章程的规定经董事会或者股东会决议通过。董事、监事、高级管理人员的近亲属，董事、监事、高级管理人员或者其近亲属直接或者间接控制的企业，以及与董事、监事、高级管理人员有其他关联关系的关联人，与公司订立合同或者进行交易，适用前款规定。”据此，在公司高管与公司之间存在自我交易行为时，公司对于高管所得的收入享有归入权，故公司不必向蔡某支付租金，D 项正确。

29. 答案：C。《公司法》第 74 条第 1 款规定：“有限责任公司可以设经理，由董事会决定聘任或者解聘。”据此，是董事会而非董事长有权聘任公司总经理，故 A 项错误。

对于公司而言，享有代表公司对外签订合同的法定代理权的主体只能是公司的法定代表人。关于法定代表人，《公司法》第 10 条第 1 款规定：“公司的法定代表人按照公司章程的规定，由代表公司执行公司事务的董事或者经理担任。”据此，公司法定代表人由公司章程确定，可以是执行公司事务的董事或者经理，而不一定是经理。公司总经理若未被公司章程确定为公司法定代表人，则不享有对公司的法定代理权，故 B 项错误。

根据《公司法》第 74 条第 2 款规定：“经理对董事会负责，根据公司章程的规定或者董事会的授权行使职权。经理列席董事会会议。”故 C 项正确。

根据《公司法》第 67 条第 2 款规定：“董事会行使下列职权：……（八）决定聘任或者解聘公司经理及其报酬事项，并根据经理的提名决定聘任或者解聘公司副经理、财务负责人及其报酬事项……”据此，聘任公司财务负责人是公司董事会的权限，故 D 项错误。

30. 答案：A。《公司法》第 136 条第 1 款规定：“上市公司设独立董事，具体管理办法由国务院证券监督管理机构规定。”

根据证监会《上市公司独立董事管理办法》第 5 条第 1 款的规定，上市公司独立董事占董事会成员的比例不得低于三分之一，且至少包括一名会计专业人士，故 A 项正确。据此，在独立董事中，会计专业人士必不可少，法律专业人士则可有可无，故 B 项错误。

证监会《上市公司独立董事管理办法》第 8 条规定：“独立董事原则上最多在三家

境内上市公司担任独立董事，并应当确保有足够的时间和精力有效地履行独立董事的职责”。据此，某个独立董事不能在超过3家上市公司担任独立董事，这里的3家当然包括甲公司在内，故C项错误。

证监会《上市公司独立董事管理办法》第6条第2项规定：“独立董事必须保持独立性。下列人员不得担任独立董事：……（二）直接或者间接持有上市公司已发行股份百分之一以上或者是上市公司前十名股东中的自然人股东及其配偶、父母、子女……”据此，现有规定并未绝对禁止上市公司独立董事持有本公司股份，只是进行了数额限制，故D项错误。

31. 答案：C。《证券法》第79条规定：“上市公司、公司债券上市交易的公司、股票在国务院批准的其他全国性证券交易场所交易的公司，应当按照国务院证券监督管理机构和证券交易场所规定的内容和格式编制定期报告，并按照以下规定报送和公告：（一）在每一会计年度结束之日起四个月内，报送并公告年度报告，其中的年度财务会计报告应当经符合本法规定的会计师事务所审计；（二）在每一会计年度的上半年结束之日起二个月内，报送并公告中期报告。”但并未规定年度报告的具体内容。根据《公开发行证券的公司信息披露内容与格式准则第2号——年度报告的内容与格式》第59条可知C项错误。据此，A、B、D三项正确，分别属于上述准则的第19条和第25条、第30条、第59条的内容。根据上述条文第6项，上市公司只需要披露持有股份最多的前10名股东名单即可，而非前20名，故C项错误。

32. 答案：D。《公司法》第66条第3款规定，股东会作出修改公司章程、增加或者减少注册资本的决议，以及公司合并、分立、解散或者变更公司形式的决议，应当经代表三分之二以上表决权的股东通过，所以A项错误。《公司法》第96条第1款规定，股份有限公司的注册资本为在公司登记机关登记的已发行股份的股本总额。在发起人认购的股份缴足前，不得向他人募集股份。所以B项错误。《公司法》第122条第1款规定，董事长由董事会以全体董事的过半数选举产生。所以，新设立的股份公司董事长应由选举产生，麻某不当然成为董事长，C项错误。D说法正确，公司名称可以“继承”。

多项选择题

1. 答案：AB。《公司法》第126条第1款规定：“股份有限公司设经理，由董事会决定聘任或者解聘。”第120条第2款规定：“本法第六十七条、第六十八条第一款、第七十条、第七十一条的规定，适用于股份有限公司。”第67条第8项之规定，董事会的职责之一是“决定聘任或者解聘公司经理及其报酬事项，并根据经理的提名决定聘任或者解聘公司副经理、财务负责人及其报酬事项”。据此，公司董事会可以决定总经理的聘任及其薪酬，故A项正确。

《公司法》第112条第1款规定：“本法第五十九条第一款、第二款关于有限责任公司股东会职权的规定，适用于股份有限公司股东会。”根据《公司法》第59条第1款的规定，股东会并无聘任或者解聘总经理的职权，故D项错误。

《民法典》第170条第1款规定：“执行法人或者非法人组织工作任务的人员，就其职权范围内的事项，以法人或者非法人组织的名义实施民事法律行为，对法人或者非法人组织发生效力。”据此，王某作为公司总经理，有权以茂森公司名义对外签订合同，B项正确。

《公司法》第126条第2款规定：“经理对董事会负责，根据公司章程的规定或者董事会的授权行使职权。经理列席董事会会议。”根据《公司法》第67条第8项之规定，公司董事会的职责之一在于根据经理的提名决定聘任或者解聘公司副经理、财务负责人及其报酬事项。据此，王某受聘为总经理后，无权决定财务总监的人选，只能提请公司董事会任命其提名的人选，故C项错误。

2. 答案：ABC。根据《公司法》第175条的规定，国有独资公司的董事、高级管理人员，未经履行出资人职责的机构同意，不得在其他有限责任公司、股份有限公司或者其他经济组织兼职。

3. **答案**：AD。参见《公司法》第66条规定。

4. **答案**：ACD。《公司法》第68条规定："有限责任公司董事会成员为三人以上，其成员中可以有公司职工代表。职工人数三百人以上的有限责任公司，除依法设监事会并有公司职工代表的外，其董事会成员中应当有公司职工代表。董事会中的职工代表由公司职工通过职工代表大会、职工大会或者其他形式民主选举产生。董事会设董事长一人，可以设副董事长。董事长、副董事长的产生办法由公司章程规定。"

5. **答案**：AB。参见《公司法》第181条、第182条、第186条。C项中李某将50万元暂借给乙公司作周转资金用是不合法的。B项中李某向甲银行借款50万元，用以开发化学药物制品有限公司的新产品，并以公司的资产作为担保并不是为个人债务提供担保，因此该行为是合法的。A项中李某自己经营的减肥茶生产企业，并不是与其任职的公司同类的营业，因此是合法的。D项中未经股东会同意，李某将减肥茶生产企业的一批紧缺药品卖给该化学药物制品有限公司，该行为不合法。

6. **答案**：BC。根据《公司法》第66条第3款的规定，股东会作出修改公司章程、增加或者减少注册资本的决议，以及公司合并、分立、解散或者变更公司形式的决议，应当经代表三分之二以上表决权的股东通过。

7. **答案**：AC。依《公司法》第76条、第77条、第130条、第133条规定，有限责任公司股东人数较少和规模较小的，可不设监事会，设1名监事，也可不设监事；股份有限公司股东人数较少和规模较小的，也可不设监事会，但要设1名监事。二者的董事、高级管理人员不得兼任监事，监事任期均为3年。

8. **答案**：BD。《公司法》第188条规定："董事、监事、高级管理人员执行职务时违反法律、行政法规或者公司章程的规定，给公司造成损失的，应当承担赔偿责任。"第189条规定："董事、高级管理人员有前条规定的情形的，有限责任公司的股东、股份有限公司连续一百八十日以上单独或者合计持有公司百分之一以上股份的股东，可以书面请求监事会或者不设监事会的有限责任公司的监事向人民法院提起诉讼；监事有前条规定的情形的，前述股东可以书面请求董事会或者不设董事会的有限责任公司的执行董事向人民法院提起诉讼。监事会、不设监事会的有限责任公司的监事，或者董事会、执行董事收到前款规定的股东书面请求后拒绝提起诉讼，或者自收到请求之日起三十日内未提起诉讼，或者情况紧急、不立即提起诉讼将会使公司利益受到难以弥补的损害的，前款规定的股东有权为公司利益以自己的名义直接向人民法院提起诉讼。他人侵犯公司合法权益，给公司造成损失的，本条第1款规定的股东可以依照前两款的规定向人民法院提起诉讼……"根据上述规定可知，本题的正确答案是B、D。

9. **答案**：BD。A项正确，根据《公司法》第122条第2款的规定，董事长不能履行职务或者不履行职务的，由副董事长履行职务。B项错误，第120条第2款规定，关于有限责任公司董事会职权的规定，适用于股份有限公司董事会。根据《公司法》第66条的规定，对公司增加或者减少注册资本作出决议属于股东会的职权。C项正确，根据第120条和第127条的规定，聘任或解聘公司经理是董事会的职权，董事会可以决定由董事会成员兼任经理。D项错误，根据第124条第3款的规定，董事会应当对会议所议事项的决定作成会议记录，出席会议的董事应当在会议记录上签名。

10. **答案**：ACD。根据《公司法》第130条第4款的规定，公司的董事、高级管理人员不得兼任监事。

11. **答案**：AB。本题考点是股份有限公司董事会的运作程序。根据《公司法》第59条的规定，股东会的职权之一是对公司增加或者减少注册资本作出决议。因此，减少注册资本的决议应当由股东会作出，而不是董事会的职权。《公司法》第124条第1款规定，“董事会会议应当有过半数的董事出席方可举行”。因此2024年10月3日召开的董事会的到会董事只有7人，未过半数，该项会议不能举行。《公司法》第124条第1款规定，董事会作出决议，应当经全体董事的过半数通过。根据《公司法》第126条第1款的规定，股份有限公司的董事会有权聘任或者解聘公司经理。《公司法》第127条：“公司董事会可以决定由董事会成员兼任经理。”因此在2025年6月3日召开的董事会上，经11名董事表决同意，解聘现任总经理，并由副董事长兼任公司总经理的决议有效。《公司法》第125条第1款规定：“董事会会议，应当由董事本人出席；董事因故不能出席，可以书面委托其他董事代为出席，委托书应当载明授权范围。”因此在2025年6月3日召开的董事会上，两名董事的安排符合法律规定。

12. 答案：ACD。《公司法》第68条规定：“有限责任公司董事会成员为三人以上，其成员中可以有公司职工代表。职工人数三百人以上的有限责任公司，除依法设监事会并有公司职工代表的外，其董事会成员中应当有公司职工代表。董事会中的职工代表由公司职工通过职工代表大会、职工大会或者其他形式民主选举产生。董事会设董事长一人，可以设副董事长。董事长、副董事长的产生办法由公司章程规定。”本题中，富圆公司是由两个国有企业共同投资设立的有限责任公司，董事会成员中应当有职工代表，故A项正确。

《公司法》第70条第1款、第2款规定：“董事任期由公司章程规定，但每届任期不得超过三年。董事任期届满，连选可以连任。董事任期届满未及时改选，或者董事在任期内辞任导致董事会成员低于法定人数的，在改选出的董事就任前，原董事仍应当依照法律、行政法规和公司章程的规定，履行董事职务。”据此，只有当董事在任期内辞职导致董事会成员低于法定人数的，原董事才需要继续履行董事职务。本题中并未说明因为董事张某辞职产生了董事人数低于法定人数的情形，所以张某不需要继续履行董事职务，故B项错误。

《公司法》第68条第2款规定，“……董事长、副董事长的产生办法由公司章程规定。”根据公司章程自治的原则，富圆公司章程可以规定董事长可由小股东方圆公司派人担任，故C项正确。

《公司法》第210条第4款规定：“公司弥补亏损和提取公积金后所余税后利润，有限责任公司按照股东实缴的出资比例分配利润，全体股东约定不按照出资比例分配利润的除外；股份有限公司按照股东所持有的股份比例分配利润，公司章程另有规定的除外。”据此，D项正确。

13. 答案：AC。《公司法》第139条规定：“上市公司董事与董事会会议决议事项所涉及的企业或者个人有关联关系的，该董事应当及时向董事会书面报告。有关联关系的董事不得对该项决议行使表决权，也不得代理其他董事行使表决权。该董事会会议由过半数的无关联关系董事出席即可举行，董事会会议所作决议须经无关联关系董事过半数通过。出席董事会会议的无关联关系董事人数不足三人的，应当将该事项提交上市公司股东会审议。”关于“关联关系”的界定，《公司法》第265条第4项规定：“关联关系，是指公司控股股东、实际控制人、董事、监事、高级管理人员与其直接或者间接控制的企业之间的关系，以及可能导致公司利益转移的其他关系。但是，国家控股的企业之间不仅因为同受国家控股而具有关联关系。”本题中，董事梁某的妻子在坤诚公司任副董事长，应当认为董事梁某与坤诚公司之间存在关联关系，所以针对星煌公司向坤诚公司的投资之事，梁某需要回避表决，故A项正确。既然梁某需要回避表决，其他人自然不能代理梁某进行表决，故B项错误。

根据《公司法》第139条规定，出席董事会会议的无关联关系董事人数不足三人的，应将该事项提交上市公司股东会审议。C项，“参加董事会人数不足”的含义不是很清晰，可以将其理解为“出席董事会的无关联关系董事人数不足三人”，倘若如此，则应提交股东会审议，故C项正确。

D项，星煌公司能否投资于坤诚公司，应当由星煌公司董事会或股东会决定，不能一概而论，故D项错误。

14. 答案：BCD。《公司法》第78条规定：“监事会行使下列职权：（一）检查公司财务；（二）对董事、高级管理人员执行职务的行为进行监督，对违反法律、行政法规、公司章程或者股东会决议的董事、高级管理人员提出解任的建议；（三）当董事、高级管理人员的行为损害公司的利益时，要求董事、高级管理人员予以纠正；（四）提议召开临时股东会会议，在董事会不履行本法规定的召集和主持股东会会议职责时召集和主持股东会会议；（五）向股东会会议提出提案；（六）依照本法第一百八十九条的规定，对董事、高级管理人员提起诉讼；（七）公司章程规定的其他职权。”据此，监事会有权提议召开股东会会议，B项正确；监事会有权提议罢免董事狄某，C项正确。根据上述规定，监事会并无提议召开董事会的职权，故A项错误。

《公司法》第79条第2款规定：“监事会发现公司经营情况异常，可以进行调查；必要时，可以聘请会计师事务所等协助其工作，费用由公司承担。”据此，监事会可以聘请“会计师事务所等”协助调查，其中应该包括聘请律师事务所协助调查，故D项正确。

15. 答案：ABC。《公司法》第210条第4款规定：“公司弥补亏损和提取公积金后所余税后利润，有限责任公司按照股东实缴的出资比例分配利润，全体股东约定不按照出资比例分配利润的除外；股份有限公司按照股东所持有的股份比例分配利润，公司章程另有规定的除外。”所以甲、乙、丙可以在公司章程约定不按照出资比例分配红利，A项正确。《公司法》第67条第2款第3项规定，董事会行使决定公司的经营计划和投资方案的职权，所以B项正确。《公司法》第65条规定，股东会会议由股东按照出资比例行使表决权；但是，公司章程另有规定的除外。可知，章程可以约定股东不按出资比例行使表决权，因此C项正确。其他人投资成为股东，属于增加公司资本的事项，根据《公司法》第59条的规定，只能由股东会决定，董事会只能制定增资方案，不能直接决定增资，则也不能直接决定他人经投资成为股东。所以D项不正确。本题的B、C实际上都考了股东会和董事会的职权范围，理解的一个基本原则是，股东会决定做还是不做，董事会决定怎么做。

16. 答案：ACD。《公司法》第183条第1款规定：“董事、监事、高级管理人员，不得利用职务便利为自己或者他人谋取属于公司的商业机会……”第188条规定：“董事、监事、高级管理人员执行职务违反法律、行政法规或者公司章程的规定，给公司造成损失的，应当承担赔偿责任。”本题中，郑贺作为甲公司的经理，利用职务之便为其妻吴悠经营的乙公司谋取本来属于甲公司的商业机会，显然违反了《公司法》规定，应当对公司承担赔偿责任。

关于对郑贺追究责任的法律程序，《公司法》第189条第1款至第3款规定：“董事、高级管理人员有前条规定的情形的，有限责任公司的股东、股份有限公司连续一百八十日以上单独或者合计持有公司百分之一以上股份的股东，可以书面请求监事会向人民法院提起诉讼；监事有前条规定的情形的，前述股东可以书面请求董事会向人民法院提起诉讼。监事会或者董事会收到前款规定的股东书面请求后拒绝提起诉讼，或者自收到请求之日起三十日内未提起诉讼，或者情况紧急、不立即提起诉讼将会使公司利益受到难以弥补的损害的，前款规定的股东有权为公司利益以自己的名义直接向人民法院提起诉讼。他人侵犯公司合法权益，给公司造成损失的，本条第一款规定的股东可以依照前两款的规定向人民法院提起诉讼。”因为郑贺是公司经理，属于高级管理人员，付冰应当首先书面请求甲公司监事会对郑贺提起诉讼，故B项正确，A、C两项错误。

关于D项，《公司法》第189条第1款规定了能够提起股东派生诉讼的股东的资格，其中股份有限公司的股东要求单独或者合计持股1%以上，而对有限责任公司股东则没有持股比例的要求。据此，任何一个有限责任公司的股东都可以请求甲公司有关部门对郑贺提起诉讼，所以D项错误。

17. 答案：AB。《公司法》第64条第1款规定："召开股东会会议，应当于会议召开十五日前通知全体股东；但是，公司章程另有规定或者全体股东另有约定的除外。"据此，公司章程可以对股东会会议召开的通知时间另外作出规定，故A项正确。

《公司法》第66条第3款规定："股东会作出修改公司章程、增加或者减少注册资本的决议，以及公司合并、分立、解散或者变更公司形式的决议，应当经代表三分之二以上表决权的股东通过。"据此规定，公司重大事项应当坚持资本多数决，防止大股东压榨小股东，问题是：资本多数决可以达到何种程度？"应当经代表三分之二以上表决权"该如何理解？三分之二究竟是可以超越的最低标准还是不能改动的绝对标准？从字面意思来看，可以认为三分之二是最低标准，公司章程可以约定公司解散需要全体股东一致同意。尽管，全体股东一致同意的约定容易造成公司治理僵局，但也可以充分彰显股东自治与章程自治，并不违反法律规定，故B项正确。

《公司法》第73条第1款规定："董事会的议事方式和表决程序，除本法有规定的外，由公司章程规定。"第73条第3款规定："董事会决议的表决，应当一人一票。"在此，《公司法》特别将董事的表决机制确立为一人一票，属于强制性法律规定，不容许公司章程规定董事表决权按所代表股东的出资比例行使，故C项错误。

《公司法》第76条第1款、第2款规定："有限责任公司设监事会，本法第六十九条、第八十三条另有规定的除外。监事会成员为三人以上。监事会成员应当包括股东代表和适当比例的公司职工代表，其中职工代表的比例不得低于三分之一，具体比例由公司章程规定。监事会中的职工代表由公司职工通过职工代表大会、职工大会或者其他形式民主选举产生。"第83条规定："规模较小或者股东人数较少的有限责任公司，可以不设监事会，设一名监事，行使本法规定的监事会的职权；经全体股东一致同意，也可以不设监事。"据此，如果科鼎有限公司设监事会，则监事会应当包括适当比例的公司职工代表，而不能全由公司股东代表组成，就此而言，D项错误。但是，如果科鼎有限公司股东较少，公司决定不设监事会，则公司监事可以都由公司股东组成，D项又属于正确选项。总体而言，因为D项表述存在错误的可能，故D项不能选。

18. 答案：AB。本题是极具实践指导意义的一道题目。《公司法》第59条规定："股东会行使下列职权：（一）选举和更换董事、监事，决定有关董事、监事的报酬事项……"何谓"董事、监事的报酬事项"，并无相关的法律、法规或者司法解释进行明确的规定。综合学界讨论和实务做法来看，所谓报酬事项通常包括年薪、津贴、奖金、商业保险等事项，有时也将在职消费（如差旅费、旅游福利列入其中），但较少涉及社会保险的问题。

从公司的薪酬体系来看，公司董事、监事的报酬由公司股东会决定，而公司经理的报酬由公司董事会决定，公司员工的报酬由公司经理层决定。股东会决定公司董事、监事报酬的目的在于对董事、监事进行监督与约束，防止董事、监事为自己设定过高的报酬从而损害公司利益。由此立意出发，需要由公司股东会决定的报酬事项应当属于比较重大的事项，如董事年薪、商业保险之类，故A、B两项正确。至于一般的差旅费，按照公司财务制度办理即可，如果事事都由股东会决定，也不具有现实的可行性，故C项不当选。D项，董事、监事的社会保险通常由公司人力资源部门按照员工社会保险的一般流程办理，并不需要由公司股东会特别决议，故 D 项也不选。

19. 答案：AC。本题考查股权变动效力与优先购买权问题。根据《最高人民法院关于适用〈中华人民共和国公司法〉若干问题的规定（四）》第 21 条，有限责任公司的股东向股东以外的人转让股权，以欺诈、恶意串通等手段，损害其他股东优先购买权，其他股东主张按照同等条件购买该转让股权的，人民法院应当予以支持，但其他股东仅提出确认股权转让合同及股权变动效力等请求，未同时主张按照同等条件购买转让股权的，人民法院不予支持。A、C 项正确，B、D 项错误。

不定项选择题

1. 答案：CD。《公司法》第 178 条第 1 款规定："有下列情形之一的，不得担任公司的董事、监事、高级管理人员：（一）无民事行为能力或者限制民事行为能力；（二）因贪污、贿赂、侵占财产、挪用财产或者破坏社会主义市场经济秩序，被判处刑罚，或者因犯罪被剥夺政治权利，执行期满未逾五年，被宣告缓刑的，自缓刑考验期满之日起未逾二年；（三）担任破产清算的公司、企业的董事或者厂长、经理，对该公司、企业的破产负有个人责任的，自该公司、企业破产清算完结之日起未逾三年；（四）担任因违法被吊销营业执照、责令关闭的公司、企业的法定代表人，并负有个人责任的，自该公司、企业被吊销营业执照、责令关闭之日起未逾三年；（五）个人因所负数额较大的债务到期未清偿被人民法院列为失信被执行人。"本题 A 项中王某犯的是重大责任事故罪，不是贪污、贿赂、侵占财产、挪用财产或者破坏社会主义市场经济秩序方面的犯罪，所以可以担任公司董事，A 不能选；B 项中，张某是宣告破产的公司的股东，而不是其董事、厂长或者经理，所以也是可以担任甲公司董事的，B 不能选；C 项中，徐某因个人大额债务到期无法清偿，所以不得担任甲公司的董事；D 项中，赵某是被吊销营业执照公司的董事长，即法定代表人，且自公司被吊销营业执照之日起未逾三年，所以其也不能再担任甲公司的董事，本题正确答案是 C、D。

2. 答案：（1）AC。《公司法》第 124 条规定："董事会会议应当有过半数的董事出席方可举行。董事会作出决议，应当经全体董事的过半数通过……"

（2）AC。《公司法》第 116 条第 2 款、第 3 款规定："股东会作出决议，应当经出席会议的股东所持表决权过半数通过。股东会作出修改公司章程、增加或者减少注册资本的决议，以及公司合并、分立、解散或者变更公司形式的决议，应当经出席会议的股东所持表决权的三分之二以上通过。"

（3）AC。A 项正确，董事会 9 名成员，6 名参加会议，5 名通过决议，符合《公司法》第 124 条要求。公司董事会临时会议合法有效。C 项正确，出席会议股东所持表决权数占公司全部股份的 60%，共 120000 股，并经过其中的半数以上（65000 股）同意作出的决议，符合《公司法》第 105 条规定。《公司法》第 115 条第 4 款规定，股东会不得对通知中未列明的事项作出决议。本案公司临时股东会议的通知上所列议案，是讨论处分公司闲置财产偿还债务；而临时股东会议作出的三项决定，均属于处分公司财产以偿还债务。故股东会的决议也是合法有效的。

3. 答案：ACD。《公司法》第 124 条第 1 款规定，董事会会议应当有过半数的董事出席方可举行。董事会作出决议，应当经全体董事的过半数通过。本题中，出席会议的董事有 5 位，符合举行董事会会议关于出席人数的规定，可以举行董事会会议；但是因为董事会表决之前，丁因意见与众人不合，中途退席，导致董事会的决议实际上只有 4 名董事通过，不足全体董事的过半数，该决议无效，A、C、D 项的说法错误，B 项的说法正确。

名词解释

1. 答案：公司的治理结构是指适应公司的产权结构，以出资者（股东）与经营者分离、分立和整合为基础，连接并规范股东会、董事会、监事会、经理相互之间权利、利益、责任关系的制度安排。它包括公司的组织结构及其运行机制两方面。[①]

2. **答案**：股东会会议是指股东会的工作方式，是股东为行使股东会的职权，就股东会职权范围内的公司待决事项作出决议，而依照法律或公司章程召开的定期或临时会议。

股东会会议通常分为普通年会和特别会议两种。普通年会在性质上属于例会，又称股东常会、普通会议或定期股东会议，是指公司按照法律或章程规定必须定期召集的全体股东会议。通常是一年一次。

特别会议又称临时股东会或特别股东会，是指遇有特定情形，在两次普通年会之间不定期召开的全体股东会议。

3. **答案**：董事的竞业禁止义务是指董事不得实施与其任职公司的营业有竞争的行为。《公司法》第183条规定："董事、监事、高级管理人员，不得利用职务便利为自己或者他人谋取属于公司的商业机会。但是，有下列情形之一的除外：（一）向董事会或者股东会报告，并按照公司章程的规定经董事会或者股东会决议通过；（二）根据法律、行政法规或者公司章程的规定，公司不能利用该商业机会。"第184条规定："董事、监事、高级管理人员未向董事会或者股东会报告，并按照公司章程的规定经董事会或者股东会决议通过，不得自营或者为他人经营与其任职公司同类的业务。"

4. **答案**：股东代表诉讼，又称派生诉讼、股东代位诉讼，是指当公司的合法权益受到不法侵害而公司却怠于起诉时，公司的股东即以自己的名义起诉，而所获赔偿归于公司的一种诉讼形态。

5. **答案**：公司章程，是指公司依法制定的，规定公司名称、住所、经营范围、经营管理制度重大事项的基本文件。或是指公司必备的规定公司组织及活动的基本规则的书面文件，是以书面形式固定下来的股东共同一致的意思表示。公司章程是公司组织和活动的基本准则。公司章程的基本特征是要具备法定性、真实性、自治性和公开性。作为公司组织与行为的基本准则，公司章程对公司的成立及运营具有十分重要的意义，它既是公司成立的基础，也是公司赖以生存的灵魂。

简答题

1. **答案**：不合法的行为有：（1）董事甲未经提前通知就召开临时股东会。因为《公司法》第115条第1款规定，临时股东会应当于会议召开十五日前通知各股东。（2）经1/2的股东表决同意修改了公司章程。因为《公司法》第116条第3款规定，股东会作出修改公司章程、增加或者减少注册资本的决议，以及公司合并、分立、解散或者变更公司形式的决议，应当经出席会议的股东所持表决权的三分之二以上通过。

股东可以采取的措施：根据《公司法》第26条第1款，股东会的会议召集程序、表决方式违反法律、行政法规或者公司章程，或者决议内容违反公司章程的，股东可以自决议作出之日起六十日内，请求人民法院撤销。

如果是内容不合法，则根据《公司法》第25条的规定，公司股东会、董事会的决议内容违反法律、行政法规的无效。则股东可以直接请求法院确认决议无效。

2. **答案**：公司股东会的职能有：（1）选举和更换董事，决定董事的报酬事项。（2）选举和更换由股东代表出任的监事，由股东出任的监事代表股东的利益对公司及其高层管理人员的行为进行监督。（3）审议批准董事会的报告。（4）审议批准监事会或者监事的报告。（5）审议批准公司的利润分配方案和弥补亏损方案。（6）对公司增加或者减少注册资本做出决议。（7）对发行公司债券做出决议。（8）股份有限公司的股份转让。（9）对公司的合并、分立、变更公司形式、解散和清算等事项做出决议。（10）修改公司章程。

① 公司治理结构不同于公司组织机构，注意二者分析的视角以及重心的差异。

论述题

1. 答案：现以股份有限公司为例阐述现代公司机关权力的构架。股份有限公司的组织机构为：股东会、董事会、监事会和经理。在公司运营中，由各机构分别行使不同的权力，同时又对其他机构有一定的牵制，从而保证公司正常运作和合理分配利益。

股东会是股份有限公司必设的非常设权力机关。股东会会议由董事会负责召集，董事长主持会议。股东会依据《公司法》规定的职权，可就公司运营的重大事项作出决议。依照公司法的规定，应由股东会决议的事项可分为两类，一是审议批准董事会的报告、监事会的报告、公司的利润分配方案和弥补亏损方案；二是决定选举和更换董事、决定有关董事的报酬事项，选举和更换由股东代表出任的监事、决定有关监事的报酬事项，对公司增加或减少注册资本作出决议，修改公司章程。

董事会是股份有限公司必设而又常设的业务执行和经营意思决定机构，应执行股东会的决议，并向股东会报告工作。同时，董事会对公司的日常经营和行政事务有管理、决定的权利。对照股东会的职权可知，公司成立后，董事由股东会选举产生，由出席会议的股东所持表决权的半数以上通过，股东会有更换董事的职权，因此，股东会可作出将董事解任的决议。董事会的决议，应不违反法律、行政法规和公司章程的规定。

经理是对股份有限公司日常经营管理负有全责的高级管理人员。经理由董事会聘任或解聘，向董事会负责。经理应当按照公司法的规定履行义务和承担法律责任，其职权主要依据公司章程和董事会的授权。

监事会是股份有限公司常设的监察机构，对公司的财务及业务执行情况进行监督；当董事和经理的行为损害公司利益时，监事会有权代表公司，要求董事和经理予以纠正。监事的人选由股东代表和适当比例的公司职工代表构成，其中，监事会中的股东代表由股东会选举产生。监事会的职权包括：检查公司的财务；对董事、经理执行公司职务时违反法律、法规或者公司章程的行为进行监督，对违反法律、行政法规、公司章程或股东会决议的董事、高级管理人员提出罢免的建议。当董事和经理的行为损害公司的利益时，要求董事和经理予以纠正；提议召开临时股东会，在董事会不履行本法规定的召集和主持股东会会议职责时召集和主持股东会会议；向股东会会议提出提案；依照法律规定，对董事、高级管理人员提起诉讼；行使公司章程规定的其他职权。但是，监事会并非公司必设机关。股份公司可以选择在董事会下设置审计委员会，行使监事会职权，而不再设监事会。

公司机关权力构架是关于公司内部治理结构的重大课题，是围绕公正与效率的原则来设计的，目的在于保护与公司有利害关系的当事人的合法权益，亦防止其滥用权利侵吞公司财产，损害他方当事人利益。

2. 答案：董事忠实义务是指董事在执行公司业务时所承担的以公司利益作为自己行为和行动的最高准则，不得追求自己和他人利益的义务。对于董事忠实义务之理论基础，两大法系国家的公司法均作出了规定。在英美公司法中，董事忠实义务源于董事的代理人和受信托人的地位，这是由英美判例法确认的。在大陆法系国家，董事之忠实义务源于董事之受任人地位。

表现为以下几点：

（1）董事不得因自己的身份而受益

董事享有公司事务管理权和公司业务执行权，如果该种权力被滥用就会损害公司利益而使董事获利。因此，严禁董事获得任何由于他作为董事而取得的利益。如果他们从自己的公司所发行的股票中获利，即便此种获利是善意的，他们亦应就其利益对公司承担说明的义务。

董事不得收受贿赂、某种秘密利益或所允诺的其他好处。董事作为公司的代理人，在对外代表公司进行活动时，不得收受第三人的贿赂、某种秘密利益或所允诺的其他好处。根据《公司法》第 180 条第 1 款、第

181条第3项的规定，董事不得利用职权牟取不正当利益，不得利用职权收受贿赂或其他非法收入。董事如果违反此种义务，为自己谋取利益，不管该利益的表现形式如何，是手续费、资格股、现金还是回报，介绍费或物品，均应将其所得返还给公司。甚至，如果基于某种秘密利益的允诺，董事促使公司为某些财产支付了比其本来价值更多的价款，公司在这种情况下可以对卖主提起诉讼，要求卖主返还由于秘密安排而多付的款项，即便此种秘密利益尚未付给董事。当然，公司基于自愿，亦可撤销上种合同，因为，合同一方当事人贿赂对方当事人之代理人或者合同一方当事人与另一方当事人之代理人从事秘密交易的，后者一经发现，就可以拒绝承认该合同。

（2）董事不得同公司开展非法竞争

董事不得为自己或第三人的利益而同公司开展非法竞争，在大陆法系国家和我国公司法中，亦称之为竞业禁止义务，即不得为自己或第三人为属于公司营业范围内的事业或为损害公司利益的活动。否则，公司可以在一定的期限内行使归入权，将董事所得视为公司所有。

（3）董事不得与公司从事自我交易

董事作为公司的代理人，不得同作为本人的公司缔结合同，转让或受让公司的财产，将自己的财产转让给公司，由公司对董事提供贷款或就第三人对董事的贷款或准贷款提供担保。

自我交易有三种表现形式：

①自我契约。主要是指董事与公司间订立合同，转让或受让公司或董事的财产。

②自我贷款或准贷款。主要是指公司对董事提供贷款或准贷款或为董事之贷款或准贷款提供担保。

③自我雇用。主要是指公司雇用董事为公司提供劳务服务，诸如雇用公司董事为公司的法律顾问、会计师、拍卖师、经纪人等。原则上讲，公司法对自我交易持严厉的禁止性态度，主要是担心董事在从事自我交易时利用自己的权力损害公司利益而使自己获取不当利益。

（4）董事不得泄露公司秘密

公司秘密关系到公司的生存和发展，董事对他们自己掌握的有关公司的秘密，不得泄露给他人，否则，应对公司造成的损害承担法律责任。

（5）董事不得利用公司的财产、信息和商事机会

董事作为公司的受信托人，不得基于个人目的而使用公司财产、信息和商事机会，否则造成公司损害的，应对公司承担法律责任。

案例分析题

1. **答案**：（1）如意公司设立过程中订立的公司章程中关于召开临时股东会会议的提议权的规定不合法。《公司法》第62条："股东会会议分为定期会议和临时会议……代表十分之一以上表决权的股东、三分之一以上的董事或者监事会提议召开临时会议的，应当召开临时会议。"如意公司的章程规定代表1/2以上表决权的股东，1/2以上的董事或1/2以上的监事可以提议召开临时股东会会议，不符合法律规定。

（2）如意公司的首次股东会会议由甲召集和主持不合法。《公司法》第61条："首次股东会会议由出资最多的股东召集和主持，依照本法规定行使职权。"因此，首次股东会会议应由乙召集和主持。

（3）如意公司董事会作出的关于甲出资不足的解决方案的内容不合法。《公司法》第50条："有限责任公司设立时，股东未按照公司章程规定实际缴纳出资，或者实际出资的非货币财产的实际价额显著低于所认缴的出资额的，设立时的其他股东与该股东在出资不足的范围内承担连带责任。"而并非由其他股东按出资比例分担该差额。

（4）如意公司股东会作出的增资决议不合法。《公司法》第66条第3款，股东会作出修改公司章程、增加或者减少注册资本的决议，以及公司合并、分立、解散或者变更公司形式的决议，应当经代表三分之二以上

表决权的股东通过。而如意公司讨论表决时，同意的股东的出资额占表决权总数的58.3%，未超过2/3的比例。因此，增资决议不能通过。

（5）如意公司应替上海分公司承担违约责任。《公司法》第13条第2款规定："公司可以设立分公司。分公司不具有法人资格，其民事责任由公司承担。"

2. 答案：（1）不合法。根据《公司法》第183条的规定，董事、监事、高级管理人员，不得利用职务便利为自己或者他人谋取属于公司的商业机会。但是，有下列情形之一的除外：（一）向董事会或者股东会报告，并按照公司章程的规定经董事会或者股东会决议通过；（二）根据法律、行政法规或者公司章程的规定，公司不能利用该商业机会。

（2）不合理。正当的程序应是：由董事会提出召开临时股东会，通过股东会更换董事。《公司法》第59条第1款第1项规定，"选举和更换董事、监事，决定有关董事、监事的报酬事项"是股东会的职权，而非董事会职权。

3. 答案：（1）该临时股东会的违法之处：①发出通知的时间违法，根据《公司法》第115条第1款的规定，召开股东会会议，应当将会议审议的事项于会议召开20日前通知各股东。②该通知应该由董事会发出。③该通知的第1条规定违反了股东平等的原则。④《公司法》规定，临时股东会不得讨论通知所载事项以外的事项（如本案中的公司解散）。⑤计算表决权应该按照持有的股份数，而不是按照出席的人数。

（2）该小股东受到侵害的权益主要有：①平等的股东权。董事会不能硬性地要求小股东用通信的方式来表决，应该让股东选择行使权利的方式。②侵害了股东对董事会的质询权，未提供质询的机会和时间。

（3）根据《公司法》第113条的规定，临时股东会召开的法定事由有：董事人数不足公司法规定的人数或者公司章程规定人数的2/3时；公司未弥补的亏损达股本总额的1/3时；单独或者合计持有公司股份10%以上的股东请求时；董事会认为必要时；监事会提议召开时；公司章程规定的其他情形。

4. 答案：（1）本案违法事实包括：王某代理张某出席董事会议、期货投资违反公司章程、议案未得到董事会成员法定多数（即5名以上）通过、董事违背《公司法》第180条的勤勉义务。（2）本案董事违反法定义务，给公司造成损失，依据《公司法》第188条的规定，违反义务人应当对公司承担赔偿责任。（3）承担共同连带赔偿责任的具体责任人包括对议案投赞成票和弃权票的董事。

5. 答案：（1）刘某有权起诉甲。其请求权基础是《公司法》第189条关于股东派生诉讼的规定。股东派生诉讼，又称股东代表诉讼，是指当公司由于某种原因没有就其所遭受的某种行为的侵害提起诉讼时，公司股东可以代表公司以使公司获得赔偿等救济为目的而针对这种行为所提起的诉讼。

《公司法》第189条规定，董事、高级管理人员有前条规定的情形的，有限责任公司的股东、股份有限公司连续180日以上单独或者合计持有公司百分之一以上股份的股东，可以书面请求监事会向人民法院提起诉讼；监事有前条规定的情形的，前述股东可以书面请求董事会向人民法院提起诉讼。

监事会或者董事会收到前款规定的股东书面请求后拒绝提起诉讼，或者自收到请求之日起三十日内未提起诉讼，或者情况紧急、不立即提起诉讼将会使公司利益受到难以弥补的损害的，前款规定的股东有权为公司利益以自己的名义直接向人民法院提起诉讼。

他人侵犯公司合法权益，给公司造成损失的，本条第1款规定的股东可以依照前两款的规定向人民法院提起诉讼。

公司全资子公司的董事、监事、高级管理人员有前条规定情形，或者他人侵犯公司全资子公司合法权益造成损失的，有限责任公司的股东、股份有限公司连续180日以上单独或者合计持有公司百分之一以上股份的股东，可以依照前三款规定书面请求全资子公司的监事会、董事会向人民法院提起诉讼或者以自己的名义直接向人民法院提起诉讼。

《公司法》第188条规定，董事、监事、高级管理人员执行职务违反法律、行政法规或者公司章程的规定，给公司造成损失的，应当承担赔偿责任。

（2）受益人是公司。因为派生诉讼就是为公司利益而提起的诉讼。

（3）此种诉讼属于股东直接诉讼，《公司法》第190条规定，董事、高级管理人员违反法律、行政法规或者公司章程的规定，损害股东利益的，股东可以向人民法院提起诉讼。股东直接诉讼，是指基于对股东的直接侵害而由股东提起的诉讼。两者的区别如下：

第一，派生诉讼的诉权属于公司。直接诉讼的诉权属于股东。

第二，在派生诉讼中，原告股东不是为了自己的利益提起诉讼，而是为了公司的利益而代表公司提起诉讼。在这种诉讼中，真正的利益当事人是公司，不是股东。

第三，在派生诉讼中，所发生的侵权行为侵害的是公司的利益，而在直接诉讼中，所发生的侵权行为侵害的是股东的利益。

第四，正是因为提起派生诉讼的目的是公司的利益，就决定了在派生诉讼中，诉讼结果归于公司，而在直接诉讼中，诉讼结果归于原告股东。

第五，派生诉讼面临着不同于直接诉讼的一系列特别程序障碍，这些程序障碍的设计主要是用来保护董事会的地位，因为董事会是公司资产的主要监护人。如果不符合这些要求或者不满足程序法上的规定，该派生诉讼可能被驳回或者终止。

第十三章　公司的合并与解散

单项选择题

1. **答案**：D。本题考查的是合并决议规则。根据《公司法》第 66 条第 3 款规定，（有限责任公司）股东会会议对修改公司章程、公司增加或者减少注册资本、分立、合并、解散或者变更公司形式作出决议，应当经代表 2/3 以上表决权的股东通过。

　　根据第 116 条第 2 款规定，（股份有限公司）股东会作出决议，应当经出席会议的股东所持表决权过半数通过。股东会对公司合并、分立或者解散公司作出决议，修改公司章程、增加或减少注册资本的决议，应当经出席会议的股东所持表决权的 2/3 以上通过。因此，应选 D 项。①

2. **答案**：B。根据《公司法》第 12 条第 2 款的规定，有限责任公司依法变更为股份有限公司的，公司变更前的债权、债务由变更后的股份有限公司承继。

3. **答案**：D。根据《公司法》第 237 条第 1 款的规定，清算组在清理公司财产、编制资产负债表和财产清单后，发现公司财产不足清偿债务的，应当依法向人民法院申请破产清算。

4. **答案**：C。因公司经股东会决议解散，故制订如下清算方案：（1）股东会决议解散之日起 15 日内成立清算组。（2）清算组在清算期间行使下列职权：①清理公司财产，分别编制资产负债表和财产清单；②通知、公告债权人；③处理与清算本公司未了结的业务；④清缴所欠税款以及清算过程中产生的税款；⑤清理债权、债务；⑥分配公司清偿债务后的剩余财产；⑦代表公司参与民事诉讼活动；⑧发现公司财产不足以清偿债务时，依法向人民法院申请宣告破产。

5. **答案**：C。根据《公司法》第 263 条的规定，公司违反本法规定，应当承担民事赔偿责任和缴纳罚款、罚金的，其财产不足以支付时，先承担民事赔偿责任。

6. **答案**：A。因为公司具有独立法人资格，因此公司合并的当事人为参加合并的公司。

7. **答案**：A。公司在清算阶段，其法人主体资格仍然存在，但只可从事与清算有关的业务。因此，此阶段的法人不同于一般情况下的法人，其法人资格受限制。

8. **答案**：C。公司清算分为普通清算、特别清算和破产清算。特别清算是指公司在普通清算过程中出现了显著的障碍或发现清算公司的债务有超过实有资产的可能时，依法由法院和债权人直接干预和监管的清算。普通清算和特别清算的区别在于特别清算程序中债权人和法院直接干预、监督清算。破产清算是指公司因不能清偿到期债务被宣告破产后，法院组织清算组对破产公司进行清算并最终消灭公司法人资格，在破产清算中法院和公司债权人也直接参与。

9. **答案**：A。《公司法》第 232 条第 1 款规定：“公司因本法第二百二十九条第一款第一项、第二项、第四项、第五项规定而解散的，应当清算。董事为公司清算义务人，应当在解散事由出现之日起十五日内组成清算组进行清算。”即因公司合并或者分立需要解散的，不需清算。

10. **答案**：A。《公司法》第 242 条规定：“公司被依法宣告破产的，依照有关企业破产的法律实施破产清算。”根据《企业破产法》第 115 条第 1 款和第 3 款的规定，管理人应当及时拟订破产财产分配方案，提交债权人会议讨论。债权人会议通过破产财产分配方案后，由管理人将该方案提请人民法院裁定认

---

① 本题应当注意有限公司与股份公司的决议规则虽都需绝对多数票通过，但二者的基数要求是不一样的。

可后，由管理人执行。

11. 答案：A。公司合并是指两个或两个以上的公司，订立合并协议，依照《公司法》的规定，不经过清算程序，直接结合为一个公司的法律行为。公司合并分为两种形式，包括吸收合并与新设合并。本题属于吸收合并，即指一个公司吸收其他公司后存续，被吸收的公司解散。《公司法》第221条规定，公司合并时，合并各方的债权、债务，应当由合并后存续的公司或者新设的公司承继。本题中，甲公司被乙公司合并，那么甲的债务也应由乙公司来承担。由此，本题的正确答案为A。

12. 答案：B。《公司法》第222条规定："公司分立，其财产作相应的分割。公司分立，应当编制资产负债表及财产清单。公司应当自作出分立决议之日起十日内通知债权人，并于三十日内在报纸上或者国家企业信用信息公示系统公告。"故A项正确。

《公司法》第220条规定："公司合并，应当由合并各方签订合并协议，并编制资产负债表及财产清单。公司应当自作出合并决议之日起十日内通知债权人，并于三十日内在报纸上或者国家企业信用信息公示系统公告。债权人自接到通知书之日起三十日内，未接到通知书的自公告之日起四十五日内，可以要求公司清偿债务或者提供相应的担保。"值得注意的是，这是在公司合并时对债权人利益的特别保护，而在公司分立时，并无这样的规定，故B项错误。

《公司法》第223条规定："公司分立前的债务由分立后的公司承担连带责任。但是，公司在分立前与债权人就债务清偿达成的书面协议另有约定的除外。"据此，债权人可以要求分立后的阳春公司与白雪公司承担连带清偿责任，当然也可以在白阳公司分立之前与之签订关于债务清偿的书面协议，故C、D两项正确。

13. 答案：A。《最高人民法院关于适用〈中华人民共和国公司法〉若干问题的规定（二）》第8条规定："人民法院受理公司清算案件，应当及时指定有关人员组成清算组。清算组成员可以从下列人员或者机构中产生：（一）公司股东、董事、监事、高级管理人员；（二）依法设立的律师事务所、会计师事务所、破产清算事务所等社会中介机构；（三）依法设立的律师事务所、会计师事务所、破产清算事务所等社会中介机构中具备相关专业知识并取得执业资格的人员。"据此，公司董事长程某、公司财务总监钱某作为公司高管，可以成为清算组成员，故B、C两项正确。D项中，某律师事务所是依法成立的社会中介机构，可以成为清算组成员。只有A项中的债权人唐某不能成为清算组成员，故A项当选。

14. 答案：D。《公司法》第231条规定："公司经营管理发生严重困难，继续存续会使股东利益受到重大损失，通过其他途径不能解决的，持有公司百分之十以上表决权的股东，可以请求人民法院解散公司。"《最高人民法院关于适用〈中华人民共和国公司法〉若干问题的规定（二）》第1条第1款进一步规定："单独或者合计持有公司全部股东表决权百分之十以上的股东，以下列事由之一提起解散公司诉讼，并符合公司法第一百八十二条规定的，人民法院应予受理：（一）公司持续两年以上无法召开股东会或者股东大会，公司经营管理发生严重困难的；（二）股东表决时无法达到法定或者公司章程规定的比例，持续两年以上不能做出有效的股东会或者股东大会决议，公司经营管理发生严重困难的；（三）公司董事长期冲突，且无法通过股东会或者股东大会解决，公司经营管理发生严重困难的；（四）经营管理发生其他严重困难，公司继续存续会使股东利益受到重大损失的情形。"该款规定明确了公司股东可以申请强制司法解散的四种具体情形，D项属于其中第4项情形，故D项正确。

《最高人民法院关于适用〈中华人民共和国公司法〉若干问题的规定（二）》第1条第2款规定："股东以知情权、利润分配请求权等权益受到损害，或者公司亏损、财产不足以偿还全部债务，以及公司被吊销企业法人营业执照未进行清算等为由，提起解散公司诉讼的，人民法院不予受理。”A项属于知情权受到侵害的情形，B项属于利润分配请求权受到侵害的情形，C项属于企业法人执照被吊销的情形，都不能提起解散公司诉讼，故A、B、C三项错误。

15. **答案**：B。本题考查公司的司法解散。关于申请公司强制司法解散的条件，《公司法》第231条规定，公司经营管理发生严重困难，继续存续会使股东利益受到重大损失，通过其他途径不能解决的，持有公司10%以上表决权的股东，可以请求人民法院解散公司。《最高人民法院关于适用〈中华人民共和国公司法〉若干问题的规定（二）》第1条第1款进一步规定：“单独或者合计持有公司全部股东表决权百分之十以上的股东，以下列事由之一提起解散公司诉讼，并符合公司法第一百八十二条①规定的，人民法院应予受理：（一）公司持续两年以上无法召开股东会或者股东大会，公司经营管理发生严重困难的；（二）股东表决时无法达到法定或者公司章程规定的比例，持续两年以上不能做出有效的股东会或者股东大会决议，公司经营管理发生严重困难的；（三）公司董事长期冲突，且无法通过股东会或者股东大会解决，公司经营管理发生严重困难的；（四）经营管理发生其他严重困难，公司继续存续会使股东利益受到重大损失的情形。”本题情形符合上述第3项情形，故股东张某可以提起解散公司诉讼。《最高人民法院关于适用〈中华人民共和国公司法〉若干问题的规定（二）》第2条规定：“股东提起解散公司诉讼，同时又申请人民法院对公司进行清算的，人民法院对其提出的清算申请不予受理。人民法院可以告知原告，在人民法院判决解散公司后，依据民法典第七十条、公司法第一百八十三条和本规定第七条的规定，自行组织清算或者另行申请人民法院对公司进行清算。”据此，A项错误。《最高人民法院关于适用〈中华人民共和国公司法〉若干问题的规定（二）》第3条规定：“股东提起解散公司诉讼时，向人民法院申请财产保全或者证据保全的，在股东提供担保且不影响公司正常经营的情形下，人民法院可予以保全。”据此，B项正确。《最高人民法院关于适用〈中华人民共和国公司法〉若干问题的规定（二）》第4条第1款、第2款规定：“股东提起解散公司诉讼应当以公司为被告。原告以其他股东为被告一并提起诉讼的，人民法院应当告知原告将其他股东变更为第三人；原告坚持不予变更的，人民法院应当驳回原告对其他股东的起诉。”据此，C项错误。《最高人民法院关于适用〈中华人民共和国公司法〉若干问题的规定（二）》第6条第1款规定：“人民法院关于解散公司诉讼作出的判决，对公司全体股东具有法律约束力。”据此，D项错误。

多项选择题

1. **答案**：ABCD。A项正确，根据《公司法》第12条第2款的规定，有限责任公司依法变更为股份有限公司的，公司变更前的债权、债务由变更后的公司承继。B项正确，第220条规定，公司应当自作出合并决议之日起10日内通知债权人，并于30日内在报纸上或者国家企业信用信息公示系统公告。C项正确，依第211条规定，公司违反本法规定向股东分配利润的，股东应当将违反规定分配的利润退还公司；给公司造成损失的，股东及负有责任的董事、监事、高级管理人员应当承担赔偿责任。D项正确，第166条规定：“上市公司应当依照法律、行政法规的规定披露相关信息。”

2. **答案**：AB。A、B项正确，《公司法》第260条规定：“公司成立后无正当理由超过六个月未开业的，或者开业后自行停业连续六个月以上的，公司登记机关可以吊销营业执照，但公司依法办理歇业的除外。公司登记事项发生变更时，未依照本法规定办理有关变更

---

① 对应《公司法》（2023修订）第231条。

登记的，由公司登记机关责令限期登记；逾期不登记的，处以一万元以上十万元以下的罚款。”C、D 项错误，第 254 条规定：“有下列行为之一的，由县级以上人民政府财政部门依照《中华人民共和国会计法》等法律、行政法规的规定处罚：（一）在法定的会计账簿以外另立会计账簿；（二）提供存在虚假记载或者隐瞒重要事实的财务会计报告。”

3. 答案：ABC。A 项正确，见《公司法》第 66 条第 3 款的规定，股东会对公司分立、合并作出决议，应当经代表 2/3 以上表决权的股东通过。B、C 项正确，D 项错误，第 220 条规定：“……公司应当自作出合并决议之日起十日内通知债权人，并于三十日内在报纸上或者国家企业信用信息公示系统公告。债权人自接到通知书之日起三十日内，未接到通知的自公告之日起四十五日内，可以要求公司清偿债务或者提供相应的担保。”

4. 答案：ABCD。《公司法》第 233 条第 1 款规定，公司依照前条第一款的规定应当清算，逾期不成立清算组进行清算或者成立清算组后不清算的，利害关系人可以申请人民法院指定有关人员组成清算组进行清算。人民法院应当受理该申请，并及时组织清算组进行清算。据此，在公司逾期不成立清算组时，债权人可以申请法院指定有关人员组成清算组进行清算，公司股东无此权利，故 A 项错误，当选。

《公司法》第 234 条规定：“清算组在清算期间行使下列职权：……（七）代表公司参与民事诉讼活动。”但清算组本身是一个多人组成的组合，不太方便代表公司，所以《最高人民法院关于适用〈中华人民共和国公司法〉若干问题的规定（二）》第 10 条第 2 款进一步规定，公司成立清算组的，由清算组负责人代表公司参加诉讼；尚未成立清算组的，由原法定代表人代表公司参加诉讼。据此，应当由清算组负责人而不是由清算组代表公司参加诉讼，故 B 项错误。

《公司法》第 235 条第 1 款规定，清算组应当自成立之日起 10 日内通知债权人，并于 60 日内在报纸上或者国家企业信用信息公示系统公告。债权人应当自接到通知书之日起 30 日内，未接到通知书的自公告之日起 45 日内，向清算组申报其债权。《最高人民法院关于适用〈中华人民共和国公司法〉若干问题的规定（二）》第 13 条规定，债权人在规定的期限内未申报债权，在公司清算程序终结前补充申报的，清算组应予登记。公司清算程序终结，是指清算报告经股东会、股东会或者人民法院确认完毕。据此，债权人可以在公司清算程序终结前补充申报，故 C 项错误，当选。

《公司法》第 236 条第 1 款规定，清算组在清理公司财产、编制资产负债表和财产清单后，应当制订清算方案，并报股东会或者人民法院确认。《最高人民法院关于适用〈中华人民共和国公司法〉若干问题的规定（二）》第 15 条第 1 款规定：“公司自行清算的，清算方案应当报股东会或者股东大会决议确认；人民法院组织清算的，清算方案应当报人民法院确认。未经确认的清算方案，清算组不得执行。”据此，法院组织清算时，清算方案应当报法院确认而不是备案，故 D 项错误，当选。

5. 答案：BC。《公司法》第 218 条规定：“公司合并可以采取吸收合并或者新设合并。一个公司吸收其他公司为吸收合并，被吸收的公司解散。两个以上公司合并设立一个新的公司为新设合并，合并各方解散。”本题中“丁公司兼并甲公司”采用的是吸收合并的方式，被吸收的甲公司解散，而吸收者即丁公司依然存在。因此，A 项说法错误。

《公司法》第 221 条规定，公司合并时，合并各方的债权、债务，应当由合并后存续的公司或者新设的公司承继。本题中，原来甲公司的债务由丁公司继承，乙公司可以向丁公司主张原来对甲公司的债权 100 万元，因乙公司欠丁公司租金 80 万元，丁公司可以向乙公司主张债务抵销。因此，B 项正确。

《公司法》第 220 条规定：“公司合并，应当由合并各方签订合并协议，并编制资产负债表及财产清单。公司应当自作出合并决议之日起十日内通知债权人，并于三十日内在报纸上或者国家企业信用信息公示系统公告。债权人自接到通知书之日起三十日内，未接到通知书的自公告之日起四十五日内，可以要求公司清偿债务或者提供相应的担保。”本案中，丙公司是甲公司的债权人，甲、丁公司合并时，丙公司有权要求甲公司或丁公司提供履行债务的担保。因此，C 项正确。

根据《公司法》的规定，公司的合并、分立决议是股东会的职权，董事会无权作出。因此，D 项错误。

6. **答案**：AD。《公司法》第 66 条第 3 款规定：“股东会作出修改公司章程、增加或者减少注册资本的决议，以及公司合并、分立、解散或者变更公司形式的决议，应当经代表三分之二以上表决权的股东通过。”张某只持有甲公司 65% 的股权，未达到 2/3 以上的多数，故甲公司作出公司合并的决议时，必须有李某的同意方可，故 A 项正确。

根据《公司法》第 220 条之规定，公司应当自作出合并决议之日起十日内通知债权人，并于三十日内在报纸上或者国家企业信用信息公示系统公告。据此，甲公司应当在合并决议作出之日起 10 日内通知其债权人，故 B 项错误。

《公司法》第 220 条规定：“公司合并，应当由合并各方签订合并协议，并编制资产负债表及财产清单。公司应当自作出合并决议之日起十日内通知债权人，并于三十日内在报纸上或者国家企业信用信息公示系统公告。债权人自接到通知之日起三十日内，未接到通知的自公告之日起四十五日内，可以要求公司清偿债务或者提供相应的担保。”据此，债权人有权要求甲公司清偿债务或者提供担保，但无权对甲公司的合并行为提出异议，故 C 项错误。

《公司法》第 221 条规定：“公司合并时，合并各方的债权、债务，应当由合并后存续的公司或者新设的公司承继。”在甲公司吸收合并乙公司的情形，甲公司继续存在，而乙公司解散，故原乙公司的债务应当由合并后的甲公司承担，故 D 项正确。

不定项选择题

答案：（1）ABD。无名合同，是指我国法律没有规定其类型和内容的合同。本题中所述合同我国法律中没有规定，因此是无名合同，A 项正确。丙公司的股权属于张某和方某，因此甲公司处分丙公司 10% 的股权当属无权处分无疑，B 项正确。《民法典》第 597 条规定：“因出卖人未取得处分权致使标的物所有权不能转移的，买受人可以解除合同并请求出卖人承担违约责任。法律、行政法规禁止或者限制转让的标的物，依照其规定。”《民法典》第 597 条第 1 款规定的内容，是对原《合同法》第 51 条、第 132 条第 1 款以及 2012 年 5 月 10 日公布的《最高人民法院关于审理买卖合同纠纷案件适用法律问题的解释》第 3 条的修改、整合及完善。该条明确了无权处分合同不因未取得处分权而无效。同时，该条在物权区分原则的指导下进一步对因未取得处分权而影响合同履行问题的违约责任进行了规定，即买受人可以解除合同并请求无权处分人承担违约责任。因此 C 项错误，D 项正确。

（2）AC。《民法典》第 562 条规定：“当事人协商一致，可以解除合同。当事人可以约定一方解除合同的事由。解除合同的事由发生时，解除权人可以解除合同。”因此 A 项正确，B 项错误。《民法典》第 566 条第 1 款规定：“合同解除后，尚未履行的，终止履行；已经履行的，根据履行情况和合同性质，当事人可以请求恢复原状或者采取其他补救措施，并有权请求赔偿损失。”本题中的合同是可以恢复原状的，因此 C 项正确，D 项错误。

（3）ABCD。本题中，2025 年 5 月 1 日张某、方某与乙公司并无合同关系，因此 A 项表述错误。选项 B 无法律依据，因此表述错误。张某、方某与丙公司亦无合同关系，因此选项 C 表述错误。向某自然资源部门购买土地使用权的是丙公司，并非张某、方某，故 D 项表述也不正确。

（4）A。A 项显然正确。甲公司对乙公

司提出的异议理由有两点：一是认为已经转让了股权，因此对方不能终止合同；二是要求支付1000万元尾款。这两点均不成立，因为4000万元对应的甲公司的义务是取得土地使用权，而非股权。对应股权的是1000万元，但是甲公司提出异议时履行期限尚未届至。因此B项错误，C项错误。乙公司支付尾款的义务是在甲公司转让股权之后，是后履行义务的一方，而不安抗辩权是先履行义务的一方行使的权利，因此D项错误。

（5）A。《合作协议二》是双方的真实意思表示，也没有违反法律、行政法规的效力性强制性规定，因此是有效的，A项正确，B、C项错误。《合作协议一》是甲公司与乙公司之间签订的，而《合作协议二》是张某、方某与乙公司签订的，由于合同当事人不同，因此《合作协议一》不能被《合作协议二》取代，D项错误。

（6）AC。单方允诺是指表意人向相对人作出的为自己设定某种义务，使相对人取得某种权利的意思表示，本题中丁公司的《承诺函》符合单方允诺的构成，因此A项正确。保证，是一种合同关系，它需要当事人双方的要约和承诺来形成保证合同。本题中乙公司未作出任何意思表示，因此不可能产生合同关系，B项错误。债务承担是指在不改变合同的前提下，债权人、债务人通过与第三人订立转让债务的协议，将债务全部或者部分转移给第三人承担的法律现象。债务承担，以承担后债务人是否免责为标准，可分为免责的债务承担和并存的债务承担。其中免责的债务承担是指第三人取代原债务人的地位而承担全部合同债务，使债务人脱离合同关系的债务承担方式。并存的债务承担是指债务人并不脱离合同关系，而由第三人加入合同关系当中，与债务人共同承担合同义务的债务承担方式。并存的债务承担我国法律并没有规定，理论上认为，由于第三人参与到现在的法律关系当中，对债权人只会有利不会有害，因此原则上并存的债务承担不需要债权人同意即可构成。因此，C项正确，D项错误。

名词解释

1. **答案**：公司的合并是指两个或两个以上的公司依法达成合意，归并为一个公司或创设一个新的公司的法律行为。公司合并的形式有两种，即吸收合并和新设合并。所谓吸收合并，是指两个或两个以上的公司合并后，其中有一个公司（吸收方）存续，而其他公司（被吸收方）解散。所谓新设合并，又称创设合并，是指两个或两个以上的公司合并后，在合并各方均归于消灭的同时，另外创设出一个新的公司。
2. **答案**：公司的分立是指一个公司又设立另一个公司或一个公司分解为两个以上公司的法律行为。公司分立有新设分立和派生分立两种形式。所谓新设分立，是指一个公司将其全部资产分割设立两个或两个以上公司的行为。所谓派生分立，是指一个公司以其部分资产设立另一个公司的法律行为。
3. **答案**：公司解散是指已成立的公司，因发生法律或章程规定的解散事由而停止其积极的业务活动，并开始处理未了结事务的法律行为。

简答题

1. **答案**：在我国，公司解散的法律后果主要体现在以下几个方面：

（1）进入清算程序，成立清算组。公司解散必须依法成立清算组，公司原来的代表及业务执行机关即丧失权利，由清算组取而代之，清算组代表公司为一切行为。但是，公司的股东会及监事会依然存在。根据我国《公司法》第232条的规定，公司解散应当在15日内成立清算组。自此，即进入清算程序，公司便成为清算中的公司。

（2）限制权利能力，停止营业活动。公司宣告解散后，其权利能力即受到法律的特别限制，即仅局限于清算范围内，除为实现清算目的，由清算组代表公司处理未了结业务外，公司不得开展新的经营活动。但是，由于股份有限公司属资合公司，股份的转让对于解散后的公司并不产生重大的利害关系，原则上股份有限公司的股份仍可自由转让。

2. 答案：公司合并是指两个或两个以上的公司依照公司法规定的条件和程序，通过订立合并协议，共同组成一个公司的法律行为。它是指通过将一个或一个以上的公司并入另一个公司的方式而进行公司合并的一种法律行为。公司合并可以采取吸收合并和新设合并两种形式。在吸收合并中，参加合并的公司吸收其他公司，被吸收的公司解散，丧失独立的法人地位。在新设合并中，参加合并的两个公司合并为一个新的公司，参加合并的公司全部丧失独立的民事主体地位。在公司的合并中，因合并而消失的公司的财产、债权债务，由合并后存续的公司或者新设的公司承担。

3. 答案：公司分立是指一个公司依照公司法有关规定，通过股东会决议分成两个或两个以上独立公司的法律行为。公司分立时，其财产应作相应的分割。有两种分立方式：存续分立和解散分立。存续分立是指一个公司分立成两个以上公司，本公司继续存在并设立一个以上新的公司。解散分立是指一个公司分散为两个以上公司，本公司解散并设立两个以上新的公司。

公司分立程序是：（1）公司董事会拟订公司分立方案。此与公司合并类似。但在公司分立方案中，除应当对分立原因、目的、分立后各公司的地位、分立后公司章程及其他相关问题作出安排外，应特别妥善处理财产及债务分割问题。

（2）公司股东会关于分立方案的决议。公司分立属于《公司法》上所称重大事项，应当由股东会以特别会议决议方式决定。股东会决议通过方案时，特别要通过公司债务的分担协议，即由未来两家或多家公司分担原公司债务的协议。为了保证分立方案的顺利执行，应当同时授权董事会具体实施分立方案。该授权包括向国家主管机关提出分立申请、编制其他相关文件等事项。

（3）董事会编制公司财务及财产文件。根据《公司法》第222条的规定，公司分立时应当进行财产分割。为妥善处理财产分割，应当编制资产负债表及财产清单。经股东会授权后，应当由董事会负责实施。

（4）政府主管机关的批准。此与公司合并须经政府主管机关批准的规则在本质上相同，即公司分立应以政府批准为前提。

（5）履行债权人保护程序。根据《公司法》第224条规定，债权人保护程序主要涉及分立通知及公告及程序：公司分立，应当编制资产负债表及财产清单。公司应当自作出分立决议之日起十日内通知债权人，并于三十日内在报纸上或者国家企业信用信息公示系统公告。

4. 答案：公司合并是指两个或两个以上的公司依照公司法规定的条件和程序，通过订立合并协议，共同组成一个公司的法律行为。公司的合并可分为吸收合并和新设合并两种形式。吸收合并又称存续合并，它是指通过将一个或一个以上的公司并入另一个公司的方式而进行公司合并的一种法律行为。并入的公司解散，其法人资格消失。接受合并的公司继续存在，并办理变更登记手续。新设合并是指两个或两个以上的公司以消灭各自的法人资格为前提而合并组成一个公司的法律行为。其合并结果，原有公司的法人资格均告消灭。新组建公司办理设立登记手续取得法人资格。公司合并将产生如下法律后果：

（1）公司合并可以采取吸收合并或者新设合并。一个公司吸收其他公司为吸收合并，被吸收的公司解散。两个以上公司合并设立一个新的公司为新设合并，合并各方解散。

（2）《公司法》第220条规定："公司合并，应当由合并各方签订合并协议，并编制资产负债表及财产清单。公司应当自作出合并决议之日起十日内通知债权人，并于三十日内在报纸上或者国家企业信用信息公示系统公告。债权人自接到通知之日起三十日内，未接到通知的自公告之日起四十五日内，可以要求公司清偿债务或者提供相应的担保。"

（3）公司合并时，合并各方的债权、债务，应当由合并后存续的公司或者新设的公司承继。

论述题

答案：所谓公司合并是指两个或两个以上的公司依照公司法规定的条件和程序，通过订立合并协议，共同组成一个公司的法律行为。

按照我国《公司法》的规定，公司合并应当履行以下程序：

（1）召开股东会形成公司合并决议。一般由公司董事会拟订合并方案，由公司股东会决议。公司的分立和合并属于公司的重大事项，应以特别决议为之，应取得全体股东的绝对多数通过，即应由代表2/3以上的表决权的股东通过才能有效。如为国有独资公司，则必须由国有资产监督管理机构决定才能进行。（2）签订合并协议。合并协议则是指合并各方就合并的有关事项达成的一致意见。合并协议的内容主要应包括：合并前和合并后的公司的名称与住所；存续或者新设公司因合并而发行的股份总数、种类和数量，公司的总投资额及每一出资人所占的出资比例；合并各方现有的资本及对现有资本的处理方法；合并各方现有债权债务的处理方法；存续公司的章程是否需要变更；公司章程的变更内容；新设公司的章程如何订立及其主要内容；与合并有关的其他应载明事项。合并协议必须以书面形式为之。一般由董事会负责签订。（3）编制合并公司的资产负债表和财产清单。在公司合并之前，必须对公司进行清产核资。对拟合并或分立的公司编制资产负债表和财产清单，是对其资产状况的静态反映。公司合并后，需要编制合并资产负债表和财产清单。（4）通知和公告债权人。根据《公司法》第220条的规定，公司合并，公司应当自作出合并决议之日起10日内通知债权人，并于30日内在报纸上或者国家企业信用信息公示系统公告。债权人自接到通知之日起30日内，未接到通知的自公告之日起45日内，可以要求公司清偿债务或者提供相应的担保。（5）进行合并登记。合并登记分为解散登记和变更登记。公司合并后，解散的公司应当到登记机关办理注销登记手续；存续公司应当到登记机关办理变更登记手续；新成立的公司应当到登记机关办理设立登记手续。

案例分析题

1. 答案：（1）董事和监事的任期可以由公司章程规定，但法定每届任期不得超过3年。任期届满，可以连选连任。根据《公司法》第178条的规定，有下列情形之一的，不得担任董事、监事及高级管理人员：①无民事行为能力或限制民事行为能力；②因贪污、贿赂、侵占财产、挪用财产或者破坏社会主义市场经济秩序，被判处刑罚，或者因犯罪被剥夺政治权利，执行期满未逾5年，被宣告缓刑的，自缓刑考验期满之日起未逾2年；③担任破产清算的公司、企业的董事或者厂长、经理，对公司、企业负有个人责任的，自该公司、企业破产清算完结之日起未逾3年；④担任因违法被吊销营业执照、责令关闭的公司、企业的法定代表人，并负有个人责任的，自该公司、企业被吊销营业执照、责令关闭之日起未逾3年；⑤个人因所负数额较大债务到期未清偿被人民法院列为失信被执行人。

（2）董事、监事等不得从事下列违法活动：①侵占公司财产、挪用公司资金；②将公司资金以其个人名义或者以其他个人名义开立账户存储；③利用职权贿赂或者收受其他非法收入；④接受他人与公司交易的佣金归为己有；⑤擅自披露公司秘密；⑥违反对公司忠实义务的其他行为。郑某、宋某二人违反了上述禁止活动中的第③项。除公司本身需要承担行政责任、具体责任人员构成犯罪承担刑事责任外，公司可以对具体的违法人员（董事、监事、经理）进行处分，没收二人的非法收入归公司所有，对于因其违法行为对公司造成损害的，公司还可以要求这些违法的董事等人员赔偿。并可由股东会决定罢免渎职的董事、监事职务。

2. 答案：（1）公司合并有吸收合并和新设合并两种方式，上述合并属于新设合并。

（2）根据《公司法》第59条的规定，公司合并或分立应当由公司的股东会作出决议。本案中，东方公司与宏伟公司的董事会签订了合并协议而未经过公司股东会的通过，因此是无效的。

（3）公司合并后，主体资格发生变更，当事公司的财产成为一个整体，对原有公司的债权人产生重大影响。为保护公司债权人利益，根据《公司法》第220条的规定，公司应当自作出合并决议之日起10日内通知债权人，并于30日内在报纸上或者国家企业信用信息公示系统公告。本案中，东方公司与宏伟公司并未履行通知全部债权人的义务，同时未给予被通知的债权人提出异议的合理时间。公告债权人的程序未履行，在此情况下，如果债权人以公司未履行保护债权人程序义务为由对公司合并提出异议的话，公司合并将会被宣告无效。

（4）根据《公司法》第221条的规定，公司合并时，合并各方的债权、债务，应当由合并后存续的公司或者新设的公司承继。因此在本案中，新设成立的东宏有限责任公司应当承接东方商贸有限责任公司的债务，清偿李某的债务，东宏公司工作人员的说法没有法律依据。

3. 答案：（1）不合法。C公司是独立法人，而企业承包经营合同的承包方只能是全民所有制的工业企业，发包方是国家。所以A公司承包经营C公司不合法。

（2）A公司在经营C公司期间欠王某的债权应由A公司和C公司共同承担，两公司内部的债务承担协议对不知情的第三人王某不发生效力。所以王某由于C公司破产而不能得到清偿的债权得由A公司承担。

（3）王某的债权转化为破产债权，在破产债权申报后，就C公司的全部财产按照其破产债权在全部破产债权中的比例受偿。

（4）王某能得到清偿。《企业破产法》第123条第1款规定："自破产程序依照本法第四十三条第四款或者第一百二十条的规定终结之日起二年内，有下列情形之一的，债权人可以请求人民法院按照破产财产分配方案进行追加分配：（一）发现有依照本法第三十一条、第三十二条、第三十三条、第三十六条规定应当追回的财产的；（二）发现破产人有应当供分配的其他财产的。"

第十四章　证券法的基本问题

单项选择题

1. **答案**：C。本题是对《证券法》总则内容的考察。《证券法》第 6 条规定："证券业和银行业、信托业、保险业实行分业经营、分业管理，证券公司与银行、信托、保险业务机构分别设立。国家另有规定的除外。"故 A 项错误。

　　《证券法》第 7 条第 2 款规定："国务院证券监督管理机构根据需要可以设立派出机构，按照授权履行监督管理职责。"故 B 项错误。

　　《证券法》第 9 条 1 款规定："公开发行证券，必须符合法律、行政法规规定的条件，并依法报经国务院证券监督管理机构或者国务院授权的部门注册。未经依法注册，任何单位和个人不得公开发行证券。证券发行注册制的具体范围、实施步骤，由国务院规定。"故 C 项正确。

　　《证券法》第 8 条规定："国家审计机关依法对证券交易场所、证券公司、证券登记结算机构、证券监督管理机构进行审计监督。"故 D 项错误。

2. **答案**：D。本题考查的是证券法的适用对象。《证券法》第 2 条规定："在中华人民共和国境内，股票、公司债券、存托凭证和国务院依法认定的其他证券的发行和交易，适用本法；本法未规定的，适用《中华人民共和国公司法》和其他法律、行政法规的规定。政府债券、证券投资基金份额的上市交易，适用本法；其他法律、行政法规另有规定的，适用其规定。资产支持证券、资产管理产品发行、交易的管理办法，由国务院依照本法的原则规定……"

3. **答案**：A。本题考查的是证券的监管体制。《证券法》第 7 条第 1 款规定："国务院证券监督管理机构依法对全国证券市场实行集中统一监督管理。"第 164 条规定："证券业协会是证券业的自律性组织，是社会团体法人。证券公司应当加入证券业协会。证券业协会的权力机构为全体会员组成的会员大会。"

4. **答案**：C。本题考查的是证券的法律特征。证券具有以下四个法律特征：（1）证券是一种投资权利证书。证券代表了投资者的一定权利，如请求分配股息的权利、请求还本付息的权利等。投资者的权利是通过证券记载的，证券是投资者权利的载体。因此，证券是一定投资权利内容和形式的统一。（2）证券是一种可转让的权利证书。所谓可转让，是指证券可以根据当事人的意志在不同的主体间无偿或有偿地转让。通过转让，当事人可使自身权利随时得到实现。证券的可转让性是证券生命力之所在。（3）证券是一种面值均等的权利证书。证券在其票面上一般会标明特定的金额，同一种证券所标明的金额都是相等的。少数证券不标明金额，但它所代表的实际价值仍然是相等的。面值均等，既便于当事人履行义务和计算利益，也便于流通。（4）证券是一种含有风险的权利证书。证券投资是一项具有市场风险的行为。投资者可能因为证券行市的跌落而亏损，也可能因为证券发行者经营不善而不能得到预期收益甚至可能因证券发行者破产而亏本。当然，投资不同的证券，风险是不同的。

5. **答案**：D。股票是股份有限公司股份证券化的形式，是股份有限公司签发的证明股东所持股份的凭证，有限责任公司的出资份额并不划分成等额的股份，也不用股票来表示。公司债券是由股份有限公司或有限责任公司发行的债券。所以，A 项错误。

　　股票和债券同属投资证券，都具有风险，但二者的风险不同。通常认为，一般情况下股票的风险要大于债券的风险，故 B 项错误。

　　股票与债券都具有流通性，不同的股票

与债券，其流通性不同。就《证券法》所规定的发行上市的股票和债券而言，两者的流通性相当，故C项错误。

股票代表股权，债券代表债权，属于法律常识，D项正确。

6. 答案：C。本题考查证券自营业务的禁止性行为。根据《证券法》第129条规定："证券公司的自营业务必须以自己的名义进行，不得假借他人名义或者以个人名义进行。证券公司的自营业务必须使用自有资金和依法筹集的资金。证券公司不得将其自营账户借给他人使用。"C项正确。

多项选择题

1. 答案：BCD。本题考查的是证券市场的内部结构。证券发行市场是一个由发行者、投资者和证券公司（或投资银行）三者构成的市场，而证券交易市场是一个由证券出让者、交易场所、证券购买者三者构成的市场。故B项错误。

证券市场的交易量，只代表现有证券所有权的转移，不代表社会资本存量的增加。故C项错误。

按照证券交易的场所不同，可以将证券交易市场划分为场内市场和场外市场。所谓场内市场，即在证券交易所内进行的证券交易；场外市场则泛指在证券交易所外进行的各种证券交易。两个市场的不同主要体现在交易方式上，场内交易市场主要采取集中交易的方式，在特定的时间点，某只证券只能有一个交易价格；但场外交易市场的交易机制和方式更为灵活。故D项错误。

2. 答案：ACD。本题考查的是证券监督管理机构的职责。《证券法》第169条规定："国务院证券监督管理机构在对证券市场实施监督管理中履行下列职责：（一）依法制定有关证券市场监督管理的规章、规则，并依法进行审批、核准、注册，办理备案；（二）依法对证券的发行、上市、交易、登记、存管、结算等行为，进行监督管理；（三）依法对证券发行人、证券公司、证券服务机构、证券交易场所、证券登记结算机构的证券业务活动，进行监督管理；（四）依法制定从事证券业务人员的行为准则，并监督实施；（五）依法监督检查证券发行、上市、交易的信息披露；（六）依法对证券业协会的自律管理活动进行指导和监督；（七）依法监测并防范、处置证券市场风险；（八）依法开展投资者教育；（九）依法对证券违法行为进行查处；（十）法律、行政法规规定的其他职责。"

3. 答案：ABC。本题考查的是证券监督管理机构的职权。《证券法》第170条规定："国务院证券监督管理机构依法履行职责，有权采取下列措施：（一）对证券发行人、证券公司、证券服务机构、证券交易场所、证券登记结算机构进行现场检查；（二）进入涉嫌违法行为发生场所调查取证；（三）询问当事人和与被调查事件有关的单位和个人，要求其对与被调查事件有关的事项作出说明；或者要求其按照指定的方式报送与被调查事件有关的文件和资料；（四）查阅、复制与被调查事件有关的财产权登记、通讯记录等文件和资料；（五）查阅、复制当事人和与被调查事件有关的单位和个人的证券交易记录、登记过户记录、财务会计资料及其他相关文件和资料；对可能被转移、隐匿或者毁损的文件和资料，可以予以封存、扣押；（六）查询当事人和与被调查事件有关的单位和个人的资金账户、证券账户、银行账户以及其他具有支付、托管、结算等功能的账户信息，可以对有关文件和资料进行复制；对有证据证明已经或者可能转移或者隐匿违法资金、证券等涉案财产或者隐匿、伪造、毁损重要证据的，经国务院证券监督管理机构主要负责人或者其授权的其他负责人批准，可以冻结或者查封，期限为六个月；因特殊原因需要延长的，每次延长期限不得超过三个月，冻结、查封期限最长不得超过二年；（七）在调查操纵证券市场、内幕交易等重大证券违法行为时，经国务院证券监督管理机构主要负责人或者其授权的其他负责人批准，可以限制被调查的当事人的证券买卖，但限制的期限不得超过三个月；案情复杂的，可以延长三个月；（八）通知出境入境管理机关依法阻止涉嫌违法人员、涉嫌违法单位的主管人员和其他直接责任人员出境。为防范证券市场风险，维护市场秩序，国务院证券监督管理机构可以采取责令改正、监管谈话、出具警示函等措施。”故 A、B、C 项正确。

《证券法》第 96 条明确证券交易所实行自律管理，国务院证券监督管理机构虽然对证券交易所实行监督管理，但不得直接干预其日常经营，故 D 项错误。

4. 答案：BC。《公司法》第 227 条规定：“有限责任公司增加注册资本时，股东在同等条件下有权优先按照实缴的出资比例认缴出资。但是，全体股东约定不按照出资比例优先认缴出资的除外。股份有限公司为增加注册资本发行新股时，股东不享有优先认购权，公司章程另有规定或者股东会决议决定股东享有优先认购权的除外。”股东会决议有权决定股份有限公司股东享有优先认购权，故 A 项说法符合法律规定。

《公司法》第 148 条规定：“面额股股票的发行价格可以按票面金额，也可以超过票面金额，但不得低于票面金额。”故 B 项不符合法律规定。

C 项是关于记名股票和无记名股票。根据《公司法》第 147 条规定：“公司的股份采取股票的形式。股票是公司签发的证明股东所持股份的凭证。公司发行的股票，应当为记名股票。”故 C 项说法不符合法律规定。

D 项是关于股份的承销。《证券法》第 26 条规定：“发行人向不特定对象发行的证券，法律、行政法规规定应当由证券公司承销的，发行人应当同证券公司签订承销协议。证券承销业务采取代销或者包销方式。证券代销是指证券公司代发行人发售证券，在承销期结束时，将未售出的证券全部退还给发行人的承销方式。证券包销是指证券公司将发行人的证券按照协议全部购入或者在承销期结束时将售后剩余证券全部自行购入的承销方式。”因此，D 项符合法律规定。

名词解释

1. 答案：信息公开制度是指证券发行者在证券发行前或发行后根据法定的要求和程序向证券监督管理机构和证券投资者提供规定的有关能够影响证券价格的信息资料。

2. 答案：证券法的调整对象是证券市场的参与者和监督管理者在证券的募集、发行、交易、服务、监督管理过程中所发生的各种经济社会关系，这些关系可统称为“证券关系”。从其内容来看，可分为证券募集关系、证券发行关系、证券交易关系、证券服务关系、证券监督管理关系。

简答题

1. 答案：证券是指资金需求者为了筹措长期资金而向社会公众发行由社会公众购买且能对一定的收入拥有请求权的投资凭证。证券具有以下几个法律特征：（1）证券是一种投资权利证书。（2）证券是一种可转让的权利证书。（3）证券是一种面值均等的权利证书。（4）证券是一种含有风险的权利证书。

2. 答案：依据不同的标准，可对证券做出不同的分类：（1）依证券上是否记载面值证券可分为有面值证券和无面值证券；（2）依持券人的姓名是否记载在证券上证券可分为记名证券和不记名证券；（3）依发行人发行证券时是否向证券购买者提供担保，证券可分为担保证券和无担保证券；（4）依持券人享有权利的性质，证券分为股票、债券、新股认购权利证书、投资基金证券及其他衍生金融工具等，以股权为内容的证券主要是股票，以债权为内容的证券主要是债券。

论述题

答案：证券法的原则是指为了实现证券法的任务，要求证券市场的参与者和监督管理者必须遵守的最基本的活动准则。不同的学者会有不同的论述，但公开、公平、公正原则（即“三公原则”）无疑是公认的最重要的原则。

公开原则亦称为信息公开制度。信息公开通常是对发行证券的企业而言的。政府机构发行的证券，收益低、风险低、安全度高，人们一般不用担心还本付息。要求政府机构公开财务信息是没有意义的。公开原则要求企业所公开的信息做到：(1) 真实。公开的企业财务等内容必须准确、真实，不得有虚假不实记载。(2) 全面。所有与证券价格有关的信息资料应尽可能详细地公开，不得故意隐瞒、遗漏。(3) 及时。企业的有关信息应以最快的速度传达到接受者，不得故意拖延迟缓。(4) 易得。信息资料应以广大投资者最易获得的形式加以公开。发行者应设法通过各种宣传媒体进行传播。(5) 易解。信息内容的表述应通俗简明，易被大众理解。不得使用深奥、容易引起误解的字句。

公平原则是指证券商事关系主体在证券募集、发行、交易、服务活动中应公平合理，照顾各方的权利和利益。其具体含义主要有以下四点：(1) 证券商事关系主体参加证券市场活动的机会均等；(2) 证券商事关系主体在商事权利的享有和义务的承担上对等；(3) 证券商事关系主体在承担商事责任上要合理；(4) 在仲裁、司法工作中，仲裁人员、司法人员应实事求是、秉公办案，合情合理地处理商事纠纷。公平原则要求证券商事关系主体做到：(1) 平等。当事人无论其身份、经济实力等存在何种差异，在商事活动中的地位平等。证券商事关系主体应相互尊重，平等协商。(2) 自愿。当事人可依法行使自己的商事权利，按照自己的意愿参与商事活动。证券商事关系主体在商事活动中要真实表达自己的意志，切忌一方当事人将自己的意志强加于另一方当事人。(3) 等价有偿。证券商事关系主体在从事商事活动中要按照价值规律的要求进行等价交换，除法律另有规定或合同另有约定者外，已得他人财产利益或得到他人的劳动服务必须向对方支付相应的价款或酬金。当事人一方不得无偿占有、剥夺他方的财产，损害他人利益。(4) 诚实守信。证券商事关系主体在从事商事活动时，应讲诚实、守信用，以善意的方式履行其义务，不得规避法律和合同。

公正原则是指证券监督管理机构及其他组织和人员应充分运用法律，采取有效措施，对证券市场的违法犯罪活动进行制止和查处，以确保投资者得到公正的对待。公正原则要求证券监督管理机构及其他组织和人员做到：(1) 反欺诈。证券监督管理机构不仅要求信息得到充分公开，而且要求这些公开的信息是真实的，严禁发行者或出售者制造或散布虚假的或使人迷误的信息，并严禁某些不正当的证券销售技术。(2) 反操纵。法律禁止一切使用直接或间接方法操纵市场、扰乱市场的行为，如连续抬价买入或压价卖出同一种证券、联手买卖证券等。(3) 反内幕交易。公司的董事、高级职员、对公司有控制权的股东，利用未公开的情报进行证券买卖以图获利或避免损失，或将秘密情报透露给他人，和他人据此进行证券买卖，就构成内幕交易。证券法应对“内幕人士”从事证券买卖施以严格的限制。我国《证券法》总则从第3条至第8条规定了证券市场活动须遵守的七项基本原则。这七项原则是：(1)“三公原则”；(2) 自愿、有偿、诚实信用原则；(3)“三禁原则”，即“禁止欺诈、内幕交易和操纵证券市场的行为”的原则；(4) 证券业和银行业、信托业、保险业实行分业经营、分业管理的原则；(5) 集中统一监督管理原则；(6) 自律原则；(7) 国家审计监督原则。理解证券法，首先必须从理解这些原则着手。

第十五章　证券市场主体法律制度

单项选择题

1. **答案**：B。《证券法》第 96 条规定：“证券交易所、国务院批准的其他全国性证券交易场所为证券集中交易提供场所和设施，组织和监督证券交易，实行自律管理，依法登记，取得法人资格。证券交易所、国务院批准的其他全国性证券交易场所的设立、变更和解散由国务院决定。国务院批准的其他全国性证券交易场所的组织机构、管理办法等，由国务院规定。”
2. **答案**：C。《证券法》第 118 条规定：“设立证券公司，应当具备下列条件，并经国务院证券监督管理机构批准：（一）有符合法律、行政法规规定的公司章程……”
3. **答案**：C。《证券法》第 164 条规定：“证券业协会是证券业的自律性组织，是社会团体法人。证券公司应当加入证券业协会。证券业协会的权力机构为全体会员组成的会员大会。”
4. **答案**：A。《证券法》第 145 条规定：“证券登记结算机构为证券交易提供集中登记、存管与结算服务，不以营利为目的，依法登记，取得法人资格。设立证券登记结算机构必须经国务院证券监督管理机构批准。”

   第 146 条规定：“设立证券登记结算机构，应当具备下列条件：（一）自有资金不少于人民币二亿元；（二）具有证券登记、存管和结算服务所必须的场所和设施；（三）国务院证券监督管理机构规定的其他条件。证券登记结算机构的名称中应当标明证券登记结算字样。”
5. **答案**：D。《证券法》第 153 条规定：“证券登记结算机构应当妥善保存登记、存管和结算的原始凭证及有关文件和资料。其保存期限不得少于二十年。”
6. **答案**：D。《证券法》第 42 条规定：“为证券发行出具审计报告或者法律意见书等文件的证券服务机构和人员，在该证券承销期内和期满后六个月内，不得买卖该证券。除前款规定外，为发行人及其控股股东、实际控制人，或者收购人、重大资产交易方出具审计报告或者法律意见书等文件的证券服务机构和人员，自接受委托之日起至上述文件公开后五日内，不得买卖该证券。实际开展上述有关工作之日早于接受委托之日的，自实际开展上述有关工作之日起至上述文件公开后五日内，不得买卖该证券。”
7. **答案**：B。《证券法》第 127 条规定：“证券公司从每年的业务收入中提取交易风险准备金，用于弥补证券经营的损失，其提取的具体比例由国务院证券监督管理机构会同国务院财政部门规定。”
8. **答案**：C。《证券法》第 129 条第 1 款规定：“证券公司的自营业务必须以自己的名义进行，不得假借他人名义或者以个人名义进行。”
9. **答案**：B。《证券法》第 167 条规定：“证券业协会设理事会。理事会成员依章程的规定由选举产生。”
10. **答案**：B。根据《证券法》第 120 条、第 121 条的规定，经纪类证券公司的最低注册资本额为 5000 万元。
11. **答案**：C。《证券法》第 118 条规定：“设立证券公司，应当具备下列条件，并经国务院证券监督管理机构批准：（一）有符合法律、行政法规规定的公司章程；（二）主要股东及公司的实际控制人具有良好的财务状况和诚信记录，最近三年无重大违法违规记录；（三）有符合本法规定的公司注册资本；（四）董事、监事、高级管理人员、从业人员符合本法规定的条件；（五）有完善的风险管理与内部控制制度；（六）有合格的经营场所、业务设施和信息技术系统；（七）法律、行政法规和经国务院批准的国务院证券监督管理机构规定的其他条件。未经国务院证券监督管理机构批准，任何单位和个人不得以证券公司名义开展证券业务活动。”C项中的“全体股东”有误，故选C。

12. 答案：B。依据《证券法》第163条的规定，证券服务机构是为证券的发行、上市、交易等证券业务活动制作、出具审计报告、资产评估报告、财务顾问报告、资信评级报告或法律意见书等文件的机构，因此，证券登记结算机构不是证券交易服务机构，本题选B。

13. 答案：D。《证券法》第165条规定：“证券业协会章程由会员大会制定，并报国务院证券监督管理机构备案。”

14. 答案：D。《证券法》第118条规定：“设立证券公司，应当具备下列条件，并经国务院证券监督管理机构批准：（一）有符合法律、行政法规规定的公司章程……”

15. 答案：A。根据《证券法》第163条规定：“证券服务机构为证券的发行、上市、交易等证券业务活动制作、出具审计报告及其他鉴证报告、资产评估报告、财务顾问报告、资信评级报告或者法律意见书等文件，应当勤勉尽责，对所依据的文件资料内容的真实性、准确性、完整性进行核查和验证。其制作、出具的文件有虚假记载、误导性陈述或者重大遗漏，给他人造成损失的，应当与委托人承担连带赔偿责任，但是能够证明自己没有过错的除外。”

16. 答案：B。《证券法》第42条规定：“为证券发行出具审计报告或者法律意见书等文件的证券服务机构和人员，在该证券承销期内和期满后六个月内，不得买卖该证券。除前款规定外，为发行人及其控股股东、实际控制人，或者收购人、重大资产交易方出具审计报告或者法律意见书等文件的证券服务机构和人员，自接受委托之日起至上述文件公开后五日内，不得买卖该证券。实际开展上述有关工作之日早于接受委托之日的，自实际开展上述有关工作之日起至上述文件公开后五日内，不得买卖该证券。”故A项错误，B项正确。

《证券法》第120条规定：“经国务院证券监督管理机构核准，取得经营证券业务许可证，证券公司可以经营下列部分或者全部证券业务……（五）证券融资融券……”向客户提供融资融券服务需经国务院证券监督管理机构批准。故C项错误。

《证券法》第40条规定：“证券交易场所、证券公司和证券登记结算机构的从业人员，证券监督管理机构的工作人员以及法律、行政法规规定禁止参与股票交易的其他人员，在任期或者法定限期内，不得直接或者以化名、借他人名义持有、买卖股票或者其他具有股权性质的证券，也不得收受他人赠送的股票或者其他具有股权性质的证券。任何人在成为前款所列人员时，其原已持有的股票或者其他具有股权性质的证券，必须依法转让……”故D项错误。

17. 答案：C。《证券法》第85条规定：“信息披露义务人未按照规定披露信息，或者公告的证券发行文件、定期报告、临时报告及其他信息披露资料存在虚假记载、误导性陈述或者重大遗漏，致使投资者在证券交易中遭受损失的，信息披露义务人应当承担赔偿责任；发行人的控股股东、实际控制人、董事、监事、高级管理人员和其他直接责任人员以及保荐人、承销的证券公司及其直接责任人员，应当与发行人承担连带赔偿责任，但是能够证明自己没有过错的除外。”据此可知，上市公司披露虚假信息的责任主体包括：第一，上市公司的董事、监事、高级管理人员和其他直接责任人员；第二，保荐人、承销的证券公司及其直接负责人员；第三，上市公司的控股股东、实际控制人。因此，上市公司财务报告的刊登媒体并不包括在内。

多项选择题

1. 答案：ABC。《证券法》第40条规定：“证券交易场所、证券公司和证券登记结算机构的从业人员，证券监督管理机构的工作人员以及法律、行政法规规定禁止参与股票交易的其他人员，在任期或者法定限期内，不得直接或者以化名、借他人名义持有、买卖股票或者其他具有股权性质的证券，也不得收受他人赠送的股票或者其他具有股权性质的证券。任何人在成为前款所列人员时，其原已持有的股票或者其他具有股权性质的证券，必须依法转让……”

2. 答案：ACD。会员制的证券交易所不以营利为目的，其会员是各证券商。故 A 项说法错误。

会员制证券交易所的财产积累归会员所有，其权益由会员共同享有，在其存续期间，不得将其财产积累分配给会员。故 C、D 项说法错误。

3. 答案：BC。《证券法》第 124 条规定：“证券公司的董事、监事、高级管理人员，应当正直诚实，品行良好，熟悉证券法律、行政法规，具有履行职责所需的经营管理能力……有《中华人民共和国公司法》第一百四十六条规定的情形或者下列情形之一的，不得担任证券公司的董事、监事、高级管理人员：（一）因违法行为或者违纪行为被解除职务的证券交易所、证券登记结算机构的负责人或者证券公司的董事、监事、高级管理人员，自被解除职务之日起未逾五年；（二）因违法行为或者违纪行为被吊销执业证书或者被取消资格的律师、注册会计师或者其他证券服务机构的专业人员，自被吊销执业证书或者被取消资格之日起未逾五年。”

4. 答案：ABD。《证券法》第 105 条规定：“进入实行会员制的证券交易所参与集中交易的，必须是证券交易所的会员。证券交易所不得允许非会员直接参与股票的集中交易。”故 A 项正确。

《证券法》第 164 条规定：“证券业协会是证券业的自律性组织，是社会团体法人。证券公司应当加入证券业协会。证券业协会的权力机构为全体会员组成的会员大会。”故 B 项正确。

《证券基金经营机构董事、监事、高级管理人员及从业人员监督管理办法》（2025 修正）第 32 条第 1 款规定：“证券基金经营机构的高级管理人员、部门负责人和分支机构负责人，不得在证券基金经营机构参股或者控股的公司以外的营利性机构兼职；在证券基金经营机构参股的公司仅可兼任董事、监事，且数量不得超过 2 家，在证券基金经营机构控股子公司兼职的，不受前述限制……”故 C 项错误。

《证券法》第 136 条第 1 款规定：“证券公司的从业人员在证券交易活动中，执行所属的证券公司的指令或者利用职务违反交易规则的，由所属的证券公司承担全部责任。”故 D 亦正确。

5. 答案：BCD。《证券法》第 120 条第 1 款规定：“经国务院证券监督管理机构核准，取得经营证券业务许可证，证券公司可以经营下列部分或者全部证券业务：（一）证券经纪；（二）证券投资咨询；（三）与证券交易、证券投资活动有关的财务顾问；（四）证券承销与保荐；（五）证券融资融券；（六）证券做市交易；（七）证券自营；（八）其他证券业务。”

6. 答案：ABCD。《证券法》第 96 条规定：“证券交易所、国务院批准的其他全国性证券交易场所为证券集中交易提供场所和设施，组织和监督证券交易，实行自律管理，依法登记，取得法人资格。证券交易所、国务院批准的其他全国性证券交易场所的设立、变更和解散由国务院决定……”故 A 项正确。第 112 条第 1 款规定：“证券交易所对证券交易实行实时监控，并按照国务院证券监督管理机构的要求，对异常的交易情况提出报告。”故 B 项正确。第 110 条第 1 款规定：“上市公司可以向证券交易所申请其上市交易股票的停牌或者复牌，但不得滥用停牌或者复牌损害投资者的合法权益。”故 C 项正确。第 115 条第 2 款规定：“在证券交易所从事证券交易，应当遵守证券交易所依法制定的业务规则。违反业务规则的，由证券交易所给予纪律处分或者采取其他自律管理措施。”故 D 项正确。

7. 答案：AD。《证券法》第 166 条规定：“证券业协会履行下列职责：（一）教育和组织会员及其从业人员遵守证券法律、行政法规，组织开展证券行业诚信建设，督促证券行业履行社会责任；（二）依法维护会员的合法权益，向证券监督管理机构反映会员的建议和要求；（三）督促会员开展投资者教育和保护活动，维护投资者合法权益；（四）制定和实施证券行业自律规则，监督、检查会员及其从业人员行为，对违反法律、行政法规、自律规则或者协会章程的，按照规定给予纪律处分或者实施其他自律管理措施；（五）制定证券行业业务规范，组织从业人员的业务培训；（六）组织会员就证券行业的发展、运作及有关内容进行研究，收集整理、发布证券相关信息，提供会员服务，组织行业交流，引导行业创新发展；（七）对会员之间、会员与客户之间发生的证券业务纠纷进行调解；（八）证券业协会章程规定的其他职责。”

8. **答案**：BD。《证券法》第 147 条规定：“证券登记结算机构履行下列职能：（一）证券账户、结算账户的设立；（二）证券的存管和过户；（三）证券持有人名册登记；（四）证券交易的清算和交收；（五）受发行人的委托派发证券权益；（六）办理与上述业务有关的查询、信息服务；（七）国务院证券监督管理机构批准的其他业务。”故 B、D 项正确，A 项错误。第 160 条第 2 款规定：“从事证券投资咨询服务业务，应当经国务院证券监督管理机构核准；未经核准，不得为证券的交易及相关活动提供服务。从事其他证券服务业务，应当报国务院证券监督管理机构和国务院有关主管部门备案。”故 C 项错误。

9. **答案**：BD。《证券法》第 104 条规定：“因违法行为或者违纪行为被开除的证券交易场所、证券公司、证券登记结算机构、证券服务机构的从业人员和被开除的国家机关工作人员，不得招聘为证券交易所的从业人员。”

10. **答案**：ABCD。《证券法》第 125 条第 2 款规定：“因违法行为或者违纪行为被开除的证券交易场所、证券公司、证券登记结算机构、证券服务机构的从业人员和被开除的国家机关工作人员，不得招聘为证券公司的从业人员。”

11. **答案**：ABCD。《证券公司监督管理条例》第 13 条第 1 款规定：“证券公司增加注册资本且股权结构发生重大调整，减少注册资本，变更业务范围或者公司章程中的重要条款，合并、分立，设立、收购或者撤销境内分支机构，在境外设立、收购、参股证券经营机构，应当经国务院证券监督管理机构批准。”第 14 条第 1 款规定：“任何单位或者个人有下列情形之一的，应当事先告知证券公司，由证券公司报国务院证券监督管理机构批准：（一）认购或者受让证券公司的股权后，其持股比例达到证券公司注册资本的 5%；（二）以持有证券公司股东的股权或者其他方式，实际控制证券公司 5%以上的股权。”

名词解释

1. **答案**：证券交易所是依据国家有关法律设立的，为证券集中交易提供场所和设施组织和监督证券交易，实行自律管理的法人。证券交易所既不直接买卖证券，也不决定证券价格，而只为买卖证券的当事人提供场所和各种必要的条件及服务。

2. **答案**：证券登记结算机构是指为证券交易提供集中的登记、存管与结算服务的不以营利为目的的法人。证券登记结算机构一般具有登记、托管和结算三项职能。登记职能，是指证券登记结算机构具有记录并确定当事人证券账户、证券持有情况及相关权益的职责与功能；托管职能，是指证券登记结算机构具有接受证券商或投资者委托，代为保管证券并提供相应服务的职责与功能；结算职能，是指证券登记结算机构具有协助证券交易的双方相互交付证券与价款的职责与功能。

3. **答案**：证券服务机构是指专门从事证券投资咨询业务、证券资信评级业务、为证券发行与交易提供会计、审计及法律服务的机构，主要包括投资咨询机构、财务顾问机构、资信评级机构、会计师事务所、律师事务所、资产评估机构等。

简答题

1. **答案**：证券交易所具有以下特征：（1）证券交易所一般都是依法设立的法人组织。（2）证券交易所是集中交易的场所。（3）证券交易所是证券交易的组织者和监督者。(4) 证券交易所是自律管理的法人。

2. 答案: 证券资信评估机构具有中立性和非单一性的特征。

(1) 所谓"中立性",是指评估机构应尽最大努力使自己在人员或资金方面不和与自己存在利害关系的各方当事人发生任何关系。如果评估机构过分倾向于投资者一方而对证券评级要求得过严,则不利于证券的顺利发行,筹资者很难筹集到资金;如果评估机构过分倾向于客户一方而对评级要求得过宽,则可能导致"垃圾证券"泛滥,最终将导致投资者对市场失去信心。

(2) 所谓"非单一性",是指在证券市场上应设立多家资信评估机构。评估机构的单一,容易导致对证券评级的偏差,从而使投资者以及客户失去选择的余地。

论述题

答案: (1) 二者的概念

就国际上现有交易所来看,主要有两种形式:一种是会员制,一种是公司制。

会员制的证券交易所不以营利为目的,其会员是各证券商。会员必须向证券交易所交纳会费。会员制证券交易所的财产积累归会员所有,其权益由会员共同享有,在其存续期间,不得将其财产积累分配给会员。

公司制的证券交易所是由股东出资设立并以营利为目的的企业法人。这类交易所的核心目标是采纳股份制的所有权模式和管理结构,把交易所塑造成为一个"以客户和盈利为导向"的商业机构,使交易所的利益和市场参与者的利益达到统一,并按照客户的要求提供产品和服务。

(2) 会员制证券交易所的利弊

会员制证券交易所有如下优点:①作为一种非营利性的社团组织,每个会员都必须接受交易所对其交易情况的监督和对违反交易所规则的纪律处罚,这使得维持社团正常运营的自律机制得以顺利运行;②非营利性还可以使会员制证券交易所将历年的积累用以提高交易系统的稳定性和效率,提高交易所的成功可能性和可靠性。

其缺点在于:①新型交易系统的出现和电子交易的兴起消除了交易所的进入壁垒,在技术进步的推动下,交易自动化使交易过程更加便捷,从而减少了对金融中介的需要,打破了传统会员制交易所的垄断地位,可以说,交易的自动化使交易所丧失了采取会员制的必要;②会员制证券交易所的参加者主要是券商,从监管的角度看,由于交易所被券商控制,无论是在制定交易规则还是在执行交易规则时,证券交易所都会以会员券商的利益为出发点而忽视证券市场的公共利益。

(3) 公司制证券交易所的利弊

公司制证券交易所的优点在于:①有利于保护投资者的利益。在公司制下,任何符合资金和能力标准的国内外机构均可直接进入交易系统,不仅拓宽了证券交易所的投资者范围,也打破了"会员地位"的垄断性。②有利于保障交易公平。在公司治理模式下,公司的所有权和经营权相分离,证券交易所的经营权由股东选举出的董事会行使。这比会员制"两权合一"的情况更能确保交易所的公平、公正和公开。

其缺点集中体现在营利性目的与自律监管功能的冲突,具体而言:①公司制证券交易所以商业化为导向,经营目标就是要增进股东的利益,同时,交易所的股东可能又因为是市场的参与者而成为交易所应监管的对象,这造成营利的商业化目标与保护市场公正的监管职能之间的冲突。②公司制证券交易所的股东具有客户和股东的双重身份。这种双重身份使客户型股东面临着利益冲突的权衡:一方面,其可以从证券交易所获取利润分红,可以以较低费用使用交易所提供的设施;另一方面,其牺牲了交易所的利润。在客户型股东对证券交易所实施有效控制的情况下,证券交易所可能不会采取利润最大化的定价政策,从而使小股东的利益受到损害。

第十六章　证券发行与承销法律制度

单项选择题

1. 答案：C。《证券法》第 14 条规定："公司对公开发行股票所募集资金，必须按照招股说明书或者其他公开发行募集文件所列资金用途使用；改变资金用途，必须经股东大会作出决议。擅自改变用途，未作纠正的，或者未经股东大会认可的，不得公开发行新股。"

2. 答案：C。《证券法》第 32 条规定：股票发行采取溢价发行的，其发行价格由发行人与承销的证券公司协商确定。

3. 答案：B。根据《证券法》第 63 条和《上市公司收购管理办法》第 13 条规定，通过证券交易所的证券交易，投资者及其一致行动人持有上市公司已发行的有表决权股份比例每增加或减少 5%，应当在该事实发生之日起 3 日内，向国务院证券监督管理机构、证券交易所作出书面报告，通知该上市公司，并予公告。《证券法》第 44 条第 1 款规定："上市公司、股票在国务院批准的其他全国性证券交易场所交易的公司持有百分之五以上股份的股东、董事、监事、高级管理人员，将其持有的该公司的股票或者其他具有股权性质的证券在买入后六个月内卖出，或者在卖出后六个月内又买入，由此所得收益归该公司所有，公司董事会应当收回其所得收益。但是，证券公司因购入包销售后剩余股票而持有百分之五以上股份，以及有国务院证券监督管理机构规定的其他情形的除外。"本题中，证券公司因包销购入剩余股票而持有 5%以上股份的，卖出时每减少 5%并不需要履行上述报告、通知及公告义务。故 A 项错误。证券公司因购入包销售后剩余股票而持有 5%以上股份，因此卖出股票不受 6 个月时间限制，且卖出所得收益无须归该公司所有。因此 C、D 项错误。

4. 答案：D。《证券法》第 14 条规定："公司对公开发行股票所募集资金，必须按照招股说明书或者其他公开发行募集文件所列资金用途使用；改变资金用途，必须经股东大会作出决议。擅自改变用途，未作纠正的，或者未经股东大会认可的，不得公开发行新股。"由此，擅自改变招股说明书所列资金用途而未作纠正的，其法律后果是不得发行新股，故 A 项错误。第 27 条规定："公开发行证券的发行人有权依法自主选择承销的证券公司。"第 34 条规定："公开发行股票，代销、包销期限届满，发行人应当在规定的期限内将股票发行情况报国务院证券监督管理机构备案。"由此，B 项情形下报国务院证券监督管理机构备案即可，无须经其批准，故 B 项错误。《证券法》第 30 条规定："向不特定对象发行证券聘请承销团承销的，承销团应当由主承销和参与承销的证券公司组成。"《上市公司证券发行注册管理办法》第 65 条规定："上市公司发行证券，应当由证券公司承销……"C 项情形下若该公司为上市公司，则为应当而非可以，故 C 项错误。《证券法》第 31 条第 1 款规定："证券的代销、包销期限最长不得超过九十日。"D 项符合第 1 款之规定。

5. 答案：D。依据《证券法》第 28 条规定，证券公司承销证券，应当同发行人签订代销或者包销协议。故 A 项正确。

《证券法》第 26 条第 2 款规定："证券代销是指证券公司代发行人发售证券，在承销期结束时，将未售出的证券全部退还给发行人的承销方式。"故 B 项正确。

《证券法》第 30 条规定："向不特定对象发行证券聘请承销团承销的，承销团应当由主承销和参与承销的证券公司组成。"故 C 项正确。

《证券法》第 27 条规定："公开发行证券的发行人有权依法自主选择承销的证券公

司。”因此D项错误。

6. **答案**：B。证券包销合同签订后，证券的所有权从发行人转到承销人。因此，发行公司无权降低包销费用。

7. **答案**：B。《证券法》第32条规定：“股票发行采取溢价发行的，其发行价格由发行人与承销的证券公司协商确定。”

8. **答案**：C。《证券法》第9条规定：“公开发行证券，必须符合法律、行政法规规定的条件，并依法报经国务院证券监督管理机构或者国务院授权的部门注册。未经依法注册，任何单位和个人不得公开发行证券。证券发行注册制的具体范围、实施步骤，由国务院规定。有下列情形之一的，为公开发行：（一）向不特定对象发行证券；（二）向特定对象发行证券累计超过二百人，但依法实施员工持股计划的员工人数不计算在内；（三）法律、行政法规规定的其他发行行为。非公开发行证券，不得采用广告、公开劝诱和变相公开方式。”据此，证券发行方式分为公开发行与非公开发行，其中公开发行又可分为向不特定对象公开发行和向特定对象公开发行。客观上，我国目前公开发行基本上都是向不特定对象公开发行，故A项错误。

公司发行股份需要董事会通过发行方案，还需要股东会批准发行方案，并按照《证券法》及相关行政法规、部门规章的条件程序严格进行。《公司法》第120条规定：“股份有限公司设董事会，本法第一百二十八条另有规定的除外。本法第六十七条、第六十八条第一款、第七十条、第七十一条的规定，适用于股份有限公司。”根据《公司法》第67条第2款第5项的规定，董事会负责制订公司增加或者减少注册资本以及发行公司债券的方案。发行新股属于增加公司注册资本的行为，自然需要股份有限公司的股东会作出决议，而不是董事会作出决议。即便在股东会作出发行新股的决议后，公司也不能随意发行股份，无论是公开发行还是非公开发行股份，都受到法律的严格限制，故B项错误。

《公司法》第148条规定：“面额股股票的发行价格可以按票面金额，也可以超过票面金额，但不得低于票面金额。”《证券法》第32条规定：“股票发行采取溢价发行的，其发行价格由发行人与承销的证券公司协商确定。”这些规定都肯定了公司可以溢价发行股份，故C项正确。

《证券法》第34条规定：“公开发行股票，代销、包销期限届满，发行人应当在规定的期限内将股票发行情况报国务院证券监督管理机构备案。”据此，D项错误。

9. **答案**：D。《证券法》第9条规定：“公开发行证券，必须符合法律、行政法规规定的条件……非公开发行证券，不得采用广告、公开劝诱和变相公开方式。”由此可知，证券可公开发行，也可非公开发行。故A项错误。《证券法》第26条第1款规定：“发行人向不特定对象发行的证券，法律、行政法规规定应当由证券公司承销的，发行人应当同证券公司签订承销协议。证券承销业务采取代销或者包销方式。”所以尽管发行人可以选择承销方式发行，也可以选择自己发行，但是在法律规定必须承销发行的场合下，必须采取承销发行，因此B项错误。根据《证券法》第12条第1款第3项的规定，公司首次公开发行新股，应当符合的条件包括最近三年财务会计报告被出具无保留意见审计报告。因此C项错误。

多项选择题

1. **答案**：ABD。《证券法》第37条第1款规定：“公开发行的证券，应当在依法设立的证券交易所上市交易或者在国务院批准的其他全国性证券交易场所交易。”A项错误。《证券法》第39条规定：“证券交易当事人买卖的证券可以采用纸面形式或者国务院证券监督管理机构规定的其他形式。”B项错误。根据《证券法》第120条中规定，经国务院证券监督管理机构核准，取得经营证券业务许可证，证券公司可以经营证券融资融券服务。D项错误。

2. **答案**：BD。《证券法》第15条第1款规定：“公开发行公司债券，应当符合下列条件：

（一）具备健全且运行良好的组织机构；（二）最近三年平均可分配利润足以支付公司债券一年的利息；（三）国务院规定的其他条件。”故 B 项正确。

《证券法》第 15 条第 2 款规定：“公开发行公司债券筹集的资金，必须按照公司债券募集办法所列资金用途使用；改变资金用途，必须经债券持有人会议作出决议。公开发行公司债券筹集的资金，不得用于弥补亏损和非生产性支出。”D 项正确。

《证券法》于 2019 年修订时已删除 A、C 项内容，因此错误。

名词解释

1. **答案：**保荐人制度是指证券发行人申请其证券公开发行，必须聘请依法取得保荐资格的保荐人为其出具保荐意见，证明其发行文件中所载材料真实、完整、准确，符合公开发行的条件，从而由保荐人协助发行人建立严格的信息披露制度，承担风险防范责任。
2. **答案：**证券代销是指承销商代理发售证券，并于发售期结束后，将未销售部分证券退还发行人的承销方式。
3. **答案：**证券包销是指在证券发行时，承销商以自己的资金购买计划发行的全部或部分证券，然后再向公众出售，承销期满时未出售部分仍由承销商自己持有的一种承销方式。

简答题

1. **答案：**证券发行信息公开，是指证券发行人按照法律、行政法规、部门规章及相关规范性文件的规定，在证券公开发行前，公告公开发行募集文件，并将该文件备于指定场所供公众查阅的制度。

   建立证券发行信息公开制度的意义在于：（1）有利于投资者做出正确的投资选择。通过对发行公司的资信、资产负债情况及经营状况的公开，投资者可以全面了解拟发行证券，从而决定是否投资以及投资多少。（2）保证所有投资者有均等地获得信息的权利。将一切对投资者进行投资判断有重大影响的信息予以公开，有助于解决信息不对称问题，防止操纵市场、内幕交易等不公平现象的发生。（3）有利于规范发行公司的行为。信息的公开，可使发行公司受到公众的监督，从而保证发行公司在规范的轨道上运行。
2. **答案：**依发行是否借助证券发行中介机构的不同，证券发行可分为直接发行和间接发行。直接发行是证券发行人不通过证券承销机构，由自己承担发行风险，办理发行事宜。这种方式发行费用低廉，但要求发行者经营业绩优良并有较高知名度。间接发行是发行人委托证券承销机构发行证券。

   证券承销又称间接发行，它与直接发行有着明显的区别：直接发行，证券承销直接发行由发行人自销，也可由信托投资等机构帮助其选择投资者，促成交易，但不代理发行，证券承销则由证券公司承办发行事宜直接发行往往只适用于对少数特定投资人的私募证券，证券承销适用于所有证券，尤其适用于那些资金数额大的或准备上市的证券直接发行虽省时省力，但所筹资金有限，证券持有人也过于集中，证券承销发行成本增加，但由证券公司以其丰富的证券推销经验和较广泛的销售网点推销，可在较短的时间内筹集较多的资金。同时，可扩大发行人的社会影响，证券公司还分担了发行人的发行风险

   在我国，凡向社会公开发行的证券一般均需证券公司承销。发行证券数量较大者，还需多家证券公司组成承销团共同承销。

论述题

答案：证券发行市场管理的宗旨是保护投资人的利益，维护证券市场的秩序，防止证券欺诈行为。为了实现这一宗旨，各国都规定了一套有效的证券发行管理制度。其中，证券发行的审核制度占据着极为重要的地位。综观各国，审核制度主要有两种：注册制与核准制。

（1）注册制

注册制，是指发行人在发行证券时，应当并且只需依法全面、准确地把投资人作出投资决策所需的重要信息资料予以充分完全地披露，向证券主管机关申报；证券主管机

关对证券发行人发行证券并不作实质性审查，而仅对发行条件作形式要件的审查，审查的内容为发行人资料的真实性、准确性和完整性；发行人公开和申报有关信息材料后，若未受到证券主管机关的阻止，即可发行证券。

注册制的理念是：投资者对自己的决策负有最大的责任，是绝对理性的，可以依据已经公开的信息按照自己的判断作出理性分析，从而作出正确的投资决策；认为“自愿上当受骗也是投资人不可剥夺的一项权利”。

实行注册制，有利于投资人透过证券发行人的信息资料，观察到投资决策所必需的信息，从而既便于投资者决策，又可以暴露企图浑水摸鱼者的想法，从而使之知难而退。实行注册制，表明投资决策的责任在于投资者，而非证券主管机关。注册制的设立与一国的法律传统是一脉相承的。坚持政府较少干预经济的国家往往实行注册制。

（2）核准制

核准制，又称实质审查主义或实质管理原则，是指发行人不仅要依法全面、准确地把投资人作出投资决策所需的重要信息予以充分完全的披露，而且必须合乎法律、法规规定的实质条件，证券发行人只有在获得主管机关的核准后，才可开始发行证券；证券主管机关不仅审查发行人公开信息的真实性、准确性和完整性，而且对证券的投资价值进行实质性审查。核准制承认投资者是理性的，但认为投资者并非完全理性的，而是存在一定缺陷。即使是颇具投资经验的机构投资者，也经常会被发行人的信息资料所蒙蔽，更何况投资经验欠缺的社会公众投资者。因为证券发行人在提交申报资料时，往往已经作出了极具匠心的安排，容易引起他人误解，在合乎信息公开原则的边缘上活动。

证券主管机关为了维护证券市场的正常秩序，有必要禁止不具有投资价值的证券发行。证券主管机关的职责是保护投资者的利益，不承认所谓“自愿上当也是投资人不可剥夺的一项权利”。核准制也是与一国的法律传统一脉相承的。实行核准制的国家往往认为政府应该维护市场秩序，干预经济运行，保护证券交易的公平性。

（3）我国证券法的规定

《证券法》第9条第1款规定，公开发行证券，必须符合法律、行政法规规定的条件，并依法报经国务院证券监督管理机构或者国务院授权的部门注册。未经依法注册，任何单位和个人不得公开发行证券。证券发行注册制的具体范围、实施步骤，由国务院规定。2019年通过的新证券法一改我国证券法一直坚持的核准制，实施证券发行注册制，无疑是一项重大进步。应当注意的是，无论核准制还是注册制，都不意味着政府对发行人的经营与收益的担保承诺，政府无须对投资者的投资风险承担责任。《证券法》第25条规定，股票依法发行后，发行人经营与收益的变化，由发行人自行负责；由此变化引致的投资风险，由投资者自行负责。

案例分析题

答案：该方案有以下两个方面的错误：第一，根据《证券法》第31条规定，证券的代销包销期最长不得超过90日，故承销期为96天违反法律规定的。第二，根据《证券法》第40条规定，证券交易所、证券管理机构的工作人员，在任期或法定期限内不得直接或化名、借他人名义持有、买卖股票，也不能收受他人赠送的股票。因此，打算向证券管理机构、证券交易所的有关人员每人赠送1000股是违法的。

第十七章　证券上市与交易法律制度

单项选择题

1. **答案**：D。《证券法》第 55 条规定："禁止任何人以下列手段操纵证券市场，影响或者意图影响证券交易价格或者证券交易量：（一）单独或者通过合谋，集中资金优势、持股优势或者利用信息优势联合或者连续买卖；（二）与他人串通，以事先约定的时间、价格和方式相互进行证券交易；（三）在自己实际控制的账户之间进行证券交易；（四）不以成交为目的，频繁或者大量申报并撤销申报；（五）利用虚假或者不确定的重大信息，诱导投资者进行证券交易；（六）对证券、发行人公开作出评价、预测或者投资建议，并进行反向证券交易；（七）利用在其他相关市场的活动操纵证券市场；（八）操纵证券市场的其他手段。操纵证券市场行为给投资者造成损失的，应当依法承担赔偿责任。"而 D 项中的行为则属于正常的交易行为，故 D 项为正确答案。
2. **答案**：D。A 项错误，《证券法》第 52 条第 1 款规定："证券交易活动中，涉及发行人的经营、财务或者对该发行人证券的市场价格有重大影响的尚未公开的信息，为内幕信息。"本题中张大户所依据的是公开的信息，而非内幕信息。故张大户的行为不属于内幕交易。B 项错误，其弟张小户不是张大户的客户，故张大户的行为也不属于《证券法》第 53 条规定的损害客户利益的行为。C 项错误，张小户是根据自己的判断所作的决定，故也不存在误导的问题。据此，张大户的行为不违法，应选 D。
3. **答案**：D。《证券法》第 75 条规定："在上市公司收购中，收购人持有的被收购的上市公司的股票，在收购行为完成后的十八个月内不得转让。"
4. **答案**：A。《证券法》第 114 条第 1 款规定："证券交易所应当从其收取的交易费用和会员费、席位费中提取一定比例的金额设立风险基金。风险基金由证券交易所理事会管理。"第 2 款规定："风险基金提取的具体比例和使用办法，由国务院证券监督管理机构会同国务院财政部门规定。"
5. **答案**：C。《证券法》第 65 条第 1 款规定："通过证券交易所的证券交易，投资者持有或者通过协议、其他安排与他人共同持有一个上市公司已发行的有表决权股份达到百分之三十时，继续进行收购的，应当依法向该上市公司所有股东发出收购上市公司全部或者部分股份的要约。"
6. **答案**：D。法律未禁止党政机关工作人员买卖股票，A 项错误。《证券法》第 42 条第 1 款规定："为证券发行出具审计报告或者法律意见书等文件的证券服务机构和人员，在该证券承销期内和期满后六个月内，不得买卖该证券。"B 项错误。第 38 条规定："证券在证券交易所上市交易，应当采用公开的集中交易方式或者国务院证券监督管理机构批准的其他方式。"C 项错误。第 161 条规定："证券投资咨询机构及其从业人员从事证券服务业务不得有下列行为：（一）代理委托人从事证券投资；（二）与委托人约定分享证券投资收益或者分担证券投资损失；（三）买卖本证券投资咨询机构提供服务的证券；（四）法律、行政法规禁止的其他行为。有前款所列行为之一，给投资者造成损失的，应当依法承担赔偿责任。"D 项正确。
7. **答案**：D。根据《证券法》第 79 条第 2 项的规定，股票或者公司债券上市交易的公司，应当在每一会计年度的上半年结束之日起二个月内，向国务院证券监督管理机构和证券交易所提交记载以下内容的中期报告，并予公告。第 79 条第 1 项规定：上市公司和公司债券上市交易的公司，应当在每一会计年度结束之日起四个月内，向国务院证券监督管理机构和证券交易所提交年度报告，并予公告。

8. **答案**：C。内幕信息的范围。根据《证券法》第80条第2款第2项的规定，公司的重大投资行为是指公司在一年内购买、出售重大资产超过公司资产总额百分之三十，或者公司营业用主要资产的抵押、质押、出售或者报废一次超过该资产的百分之三十。C项中的比例未达百分之三十。详见《证券法》第50条、第80条、第81条之规定。

9. **答案**：C。该行为属于内幕交易。《证券法》第53条第1款规定："证券交易内幕信息的知情人和非法获取内幕信息的人，在内幕信息公开前，不得买卖该公司的证券，或者泄露该信息，或者建议他人买卖该证券。"

10. **答案**：D。《证券法》第105条规定："进入实行会员制的证券交易所参与集中交易的，必须是证券交易所的会员。证券交易所不得允许非会员直接参与股票的集中交易。"证券发行人在证券交易所进行证券上市交易时，需要通过会员（如证券公司）进行操作。

11. **答案**：C。《证券法》第40条第1款规定："证券交易场所、证券公司和证券登记结算机构的从业人员，证券监督管理机构的工作人员以及法律、行政法规规定禁止参与股票交易的其他人员，在任期或者法定限期内，不得直接或者以化名、借他人名义持有、买卖股票或者其他具有股权性质的证券，也不得收受他人赠送的股票或者其他具有股权性质的证券。"第2款规定："任何人在成为前款所列人员时，其原已持有的股票或者其他具有股权性质的证券，必须依法转让。"

多项选择题

1. **答案**：BD。《证券法》第63条第1款规定："通过证券交易所的证券交易，投资者持有或者通过协议、其他安排与他人共同持有一个上市公司已发行的有表决权股份达到百分之五时，应当在该事实发生之日起三日内，向国务院证券监督管理机构、证券交易所作出书面报告，通知该上市公司，并予公告，在上述期限内不得再行买卖该上市公司的股票，但国务院证券监督管理机构规定的情形除外。"据此，持有某家上市公司股份达到5%的股东，应当向证监会、交易所报告，并且发布公告，甲违反了信息披露义务，应该受到证监会处罚。根据《证券法》第196条规定："收购人未按照本法规定履行上市公司收购的公告、发出收购要约义务的，责令改正，给予警告，并处以五十万元以上五百万元以下的罚款。对直接负责的主管人员和其他直接责任人员给予警告，并处以二十万元以上二百万元以下的罚款。收购人及其控股股东、实际控制人利用上市公司收购，给被收购公司及其股东造成损失的，应当依法承担赔偿责任。"该规定只是对违反信息披露义务的收购人进行行政处罚，但并未禁止其继续购买目标公司股票，故A项错误。C项同样错误，收购人违反披露义务，并不影响其股票买卖的效力。

《证券法》第65条第1款规定："通过证券交易所的证券交易，投资者持有或者通过协议、其他安排与他人共同持有一个上市公司已发行的有表决权股份达到百分之三十时，继续进行收购的，应当依法向该上市公司所有股东发出收购上市公司全部或者部分股份的要约。"据此，持股30%以上的股东有强制要约收购的义务。本题中，甲持股6%，并无强制要约收购义务，乙可以邀请其他公司对力扬公司展开要约收购，故B项正确。

《证券法》第71条第1款规定："采取协议收购方式的，收购人可以依照法律、行政法规的规定同被收购公司的股东以协议方式进行股份转让。"本题中，因为甲对上市公司持股6%，不负有强制要约收购的义务，所以甲可以采取协议收购的方式进行收购，丁可以将其所持股份全部转让给甲，故D项正确。

2. **答案**：BC。《证券法》第62条规定："投资者可以采取要约收购、协议收购及其他合法方式收购上市公司。"

3. 答案：AB。《证券法》第71条规定："采取协议收购方式的，收购人可以依照法律、行政法规的规定同被收购公司的股东以协议方式进行股份转让。以协议方式收购上市公司时，达成协议后，收购人必须在三日内将该收购协议向国务院证券监督管理机构及证券交易所作出书面报告，并予公告。在公告前不得履行收购协议。"

4. 答案：ABCD。见《证券法》第53条。内幕交易是指内幕人员和以不正当手段获取内幕信息的其他人员违反法律规定，泄露内幕信息，根据内幕信息买卖股票或者向他人提出买卖股票的建议的行为。证券交易内幕信息的知情人员或者非法获取证券内幕信息的人员，在涉及证券的发行，交易或者其他对证券的价格有重大影响的信息尚未公开前，买入或者卖出该证券，或者泄露该信息或者建议他人买卖该证券等。

5. 答案：AC。A项正确、D项错误，《证券法》第70条规定："采取要约收购方式的，收购人在收购期限内，不得卖出被收购公司的股票，也不得采取要约规定以外的形式和超出要约的条件买入被收购公司的股票。"

B项错误、C项正确，《证券法》第68条规定："在收购要约确定的承诺期限内，收购人不得撤销其收购要约。收购人需要变更收购要约的，应当及时公告，载明具体变更事项，且不得存在下列情形：（一）降低收购价格；（二）减少预定收购股份数额；（三）缩短收购期限；（四）国务院证券监督管理机构规定的其他情形。"

6. 答案：AD。A项正确，《证券法》第105条规定："进入实行会员制的证券交易所参与集中交易的，必须是证券交易所的会员。证券交易所不得允许非会员直接参与股票的集中交易。"

B项错误，《证券法》第108条规定："证券公司根据投资者的委托，按照证券交易规则提出交易申报，参与证券交易所场内的集中交易，并根据成交结果承担相应的清算交收责任。证券登记结算机构根据成交结果，按照清算交收规则，与证券公司进行证券和资金的清算交收，并为证券公司客户办理证券的登记过户手续。"

C项错误，《证券法》没有关于当日买卖证券的禁止。

D项正确，《证券法》第106条规定："投资者应当与证券公司签订证券交易委托协议，并在证券公司实名开立账户，以书面、电话、自助终端、网络等方式，委托该证券公司代其买卖证券。"

7. 答案：CD。《证券法》第87条规定："国务院证券监督管理机构对信息披露义务人的信息披露行为进行监督管理。证券交易场所应当对其组织交易的证券的信息披露义务人的信息披露行为进行监督，督促其依法及时、准确地披露信息。"

8. 答案：ABD。《证券法》第57条规定："禁止证券公司及其从业人员从事下列损害客户利益的行为：（一）违背客户的委托为其买卖证券；（二）不在规定时间内向客户提供交易的确认文件；（三）未经客户的委托，擅自为客户买卖证券，或者假借客户的名义买卖证券；（四）为牟取佣金收入，诱使客户进行不必要的证券买卖；（五）其他违背客户真实意思表示，损害客户利益的行为。违反前款规定给客户造成损失的，应当依法承担赔偿责任。"故A、B、D项正确。

第55条规定："禁止任何人以下列手段操纵证券市场，影响或者意图影响证券交易价格或者证券交易量：（一）单独或者通过合谋，集中资金优势、持股优势或者利用信息优势联合或者连续买卖；（二）与他人串通，以事先约定的时间、价格和方式相互进行证券交易；（三）在自己实际控制的账户之间进行证券交易；（四）不以成交为目的，频繁或者大量申报并撤销申报；（五）利用虚假或者不确定的重大信息，诱导投资者进行证券交易；（六）对证券、发行人公开作出评价、预测或者投资建议，并进行反向证券交易；（七）利用在其他相关市场的活动操纵证券市场；（八）操纵证券市场的其他手段。操纵证券市场行为给投资者造成损失的，应当依法承担赔偿责任。"可见，《证券法》第 55 条规定了操纵股市的行为；而第 79 条规定了欺诈行为。C 项不属于法律明确规定的损害客户利益的行为。

9. 答案：ABC。《证券法》第 67 条规定："收购要约约定的收购期限不得少于三十日，并不得超过六十日。"第 68 条规定："在收购要约确定的承诺期限内，收购人不得撤销其收购要约。收购人需要变更收购要约的，应当及时公告，载明具体变更事项，且不得存在下列情形：（一）降低收购价格；（二）减少预定收购股份数额；（三）缩短收购期限；（四）国务院证券监督管理机构规定的其他情形。"第 69 条第 1 款规定："收购要约提出的各项收购条件，适用于被收购公司的所有股东。"

10. 答案：BD。A 项并无法律明文规定。

证券咨询机构向投资者提供专业服务，但并不保证一定能够盈利，故不对投资者的证券交易损失负责赔偿。故 B 项错误。

第 37 条第 1 款规定："公开发行的证券，应当在依法设立的证券交易所上市交易或者在国务院批准的其他全国性证券交易场所交易。"故 C 项正确。

《证券法》第 42 条规定："为证券发行出具审计报告或者法律意见书等文件的证券服务机构和人员，在该证券承销期内和期满后六个月内，不得买卖该证券。除前款规定外，为发行人及其控股股东、实际控制人，或者收购人、重大资产交易方出具审计报告或者法律意见书等文件的证券服务机构和人员，自接受委托之日起至上述文件公开后五日内，不得买卖该证券。实际开展上述有关工作之日早于接受委托之日的，自实际开展上述有关工作之日起至上述文件公开后五日内，不得买卖该证券。"故 D 项错误。

11. 答案：ABCD。见《证券法》第 161 条规定："证券投资咨询机构及其从业人员从事证券服务业务不得有下列行为：（一）代理委托人从事证券投资；（二）与委托人约定分享证券投资收益或者分担证券投资损失；（三）买卖本证券投资咨询机构提供服务的证券；（四）法律、行政法规禁止的其他行为。有前款所列行为之一，给投资者造成损失的，应当依法承担赔偿责任。"第 40 条规定："证券交易场所、证券公司和证券登记结算机构的从业人员，证券监督管理机构的工作人员以及法律、行政法规规定禁止参与股票交易的其他人员，在任期或者法定限期内，不得直接或者以化名、借他人名义持有、买卖股票或者其他具有股权性质的证券，也不得收受他人赠送的股票或者其他具有股权性质的证券。任何人在成为前款所列人员时，其原已持有的股票或者其他具有股权性质的证券，必须依法转让。实施股权激励计划或者员工持股计划的证券公司的从业人员，可以按照国务院证券监督管理机构的规定持有、卖出本公司股票或者其他具有股权性质的证券。"故 A、B、C、D 皆错。

12. 答案：BCD。见《证券法》第 67 条规定："收购要约约定的收购期限不得少于三十日，并不得超过六十日。"A 项正确。《证券法》第 77 条第 1 款规定："国务院证券监督管理机构依照本法制定上市公司收购的具体办法。"B 项错误。《证券法》第 75 条规定："在上市公司收购中，收购人持有的被收购的上市公司的股票，在收购行为完成后的十八个月内不得转让。"C 项错误。《证券法》没有限制个人投资者对上市公司的收购。D 项错误。

13. 答案：ABCD。《证券法》第 133 条规定："证券公司接受证券买卖的委托，应当根据委托书载明的证券名称、买卖数量、出价方式、价格幅度等，按照交易规则代理买卖证券，如实进行交易记录；买卖成交后，应当按照规定制作买卖成交报告单交付客户。证券交易中确认交易行为及其交易结果的对账单必须真实，保证账面证券余额与实际持有的证券相一致。"

14. 答案：ABCD。《证券法》第 74 条规定："收购期限届满，被收购公司股权分布不符合证券交易所规定的上市交易要求的，该上市公司的股票应当由证券交易所依法终止上市交易；其余仍持有被收购公司股票的股东，有权向收购人以收购要约的同等条件出售其股票，收购人应当收购。收购行为完成后，被收购公司不再具备股份有限公司条件的，应当依法变更企业形式。”

15. 答案：ABCD。《证券法》第 53 条规定：“证券交易内幕信息的知情人和非法获取内幕信息的人，在内幕信息公开前，不得买卖该公司的证券，或者泄露该信息，或者建议他人买卖该证券。持有或者通过协议、其他安排与他人共同持有公司百分之五以上股份的自然人、法人、非法人组织收购上市公司的股份，本法另有规定的，适用其规定。内幕交易行为给投资者造成损失的，应当依法承担赔偿责任。”

16. 答案：ABD。《证券法》第 69 条第 2 款规定：“上市公司发行不同种类股份的，收购人可以针对不同种类股份提出不同的收购条件。”故 A 项错误。

《证券法》第 70 条规定：“采取要约收购方式的，收购人在收购期限内，不得卖出被收购公司的股票，也不得采取要约规定以外的形式和超出要约的条件买入被收购公司的股票。”故 B 项错误。

《证券法》第 68 条规定：“在收购要约确定的承诺期限内，收购人不得撤销其收购要约。收购人需要变更收购要约的，应当及时公告，载明具体变更事项，且不得存在下列情形：（一）降低收购价格；（二）减少预定收购股份数额；（三）缩短收购期限；（四）国务院证券监督管理机构规定的其他情形。”故 C 项正确，D 项错误。

17. 答案：ABD。参见《证券法》第 62 条、第 63 条、第 67 条、第 68 条。

18. 答案：ABC。《证券法》第 15 条规定：“公开发行公司债券，应当符合下列条件：（一）具备健全且运行良好的组织机构；（二）最近三年平均可分配利润足以支付公司债券一年的利息；（三）国务院规定的其他条件。公开发行公司债券筹集的资金，必须按照公司债券募集办法所列资金用途使用；改变资金用途，必须经债券持有人会议作出决议。公开发行公司债券筹集的资金，不得用于弥补亏损和非生产性支出。上市公司发行可转换为股票的公司债券，除应当符合第一款规定的条件外，还应当遵守本法第十二条第二款的规定。但是，按照公司债券募集办法，上市公司通过收购本公司股份的方式进行公司债券转换的除外。”因此 A、B、C 项错误。

19. 答案：ABD。《证券法》第 9 条规定：“公开发行证券，必须符合法律、行政法规规定的条件，并依法报经国务院证券监督管理机构或者国务院授权的部门注册。未经依法注册，任何单位和个人不得公开发行证券。证券发行注册制的具体范围、实施步骤，由国务院规定。有下列情形之一的，为公开发行：（一）向不特定对象发行证券；（二）向特定对象发行证券累计超过二百人，但依法实施员工持股计划的员工人数不计算在内；（三）法律、行政法规规定的其他发行行为。非公开发行证券，不得采用广告、公开劝诱和变相公开方式。”

《证券法》第 26 条规定：“发行人向不特定对象发行的证券，法律、行政法规规定应当由证券公司承销的，发行人应当同证券公司签订承销协议。证券承销业务采取代销或者包销方式。证券代销是指证券公司代发行人发售证券，在承销期结束时，将未售出的证券全部退还给发行人的承销方式。证券包销是指证券公司将发行人的证券按照协议全部购入或者在承销期结束时将售后剩余证券全部自行购入的承销方式。”

20. 答案：AC。根据《证券法》第 9 条规定，公开发行包括向特定对象发行和不特定对象发行的情形，其中向特定对象发行证券需要累计超过二百人，且依法实施员工持股计划的员工人数不计算在内。因此 B 项正确，A、C 项错误。《证券法》第 10 条第 1 款规定：“发行人申请公开发行股票、可转换为股票的公司债券，依法采取承销方式的，或者公开发行法律、行政法规规定实行保荐制度的其他证券的，应当聘请证券公司担任保荐人。”D 项正确。

21. 答案：BC。《证券法》第 74 条第 1 款规定：“收购期限届满，被收购公司股权分布不符合证券交易所规定的上市交易要求的，该上市公司的股票应当由证券交易所依法终止上市交易；其余仍持有被收购公司股票的股东，有权向收购人以收购要约的同等条件出售其股票，收购人应当收购。”据此，收购完成后，如果被收购公司股权分布符合上市条件的，可以继续上市交易，故 A 项错误。《证券法》并未禁止收购失败者继续购买目标公司股票，故 B 项正确。

《证券法》第 62 条规定：“投资者可以采取要约收购、协议收购及其他合法方式收购上市公司。”第 65 条第 1 款规定：“通过证券交易所的证券交易，投资者持有或者通过协议、其他安排与他人共同持有一个上市公司已发行的有表决权股份达到百分之三十时，继续进行收购的，应当依法向该上市公司所有股东发出收购上市公司全部或者部分股份的要约。”据此，要约收购本身要求向所有股东进行收购，不能再与大股东进行协议收购，故 C 项正确。需要注意的是：在收购人持股达到 30%以后，如果收购人要继续收购，应当采用要约收购方式而不能再采用协议收购方式，但收购人在持股 30%以后并没有继续收购的义务，故 D 项错误。

名词解释

1. **答案**：证券交易是指对已经依法发行并经投资者认购的证券进行买卖的行为。证券交易的主要特征是：（1）它是一种具有财产价值的特定权利的买卖；（2）它是一种标准化合同的买卖；（3）它是一种已经依法发行并经投资者认购的证券的买卖。
2. **答案**：内幕交易是指内幕信息的知情人和非法获取内幕信息的人利用内幕信息进行证券交易活动的行为。它属于证券交易中的欺诈行为，不利于保护投资者的合法权益和社会公共利益，必须绝对禁止。

简答题

1. **答案**：（1）证券发行的对象是初始投资者，这些投资者要通过申购程序产生；证券上市的对象是市场的所有投资者，欲购买证券的人通过交易所均可购得。（2）证券发行的价格一般是事先确定的，而证券上市的价格则通过交易所竞价产生，由供求情况决定。（3）证券发行的卖方是特定的，买方是不特定的，而证券上市后的买卖双方均是不特定的。证券发行也可以与证券上市合并进行。
2. **答案**：投资者适当性制度是金融市场的一项基础性制度，其本质是要求金融机构承担将金融产品仅推荐给能够理解产品本身及投资机会，并能承受投资损失的投资者，实现保护投资者的目的。简言之，投资者适当性制度就是要求金融机构“把适当的产品卖给适当的投资者”以此实现金融产品与投资者之间双向的匹配关系。

   在该制度下，以证券公司为代表的证券经营机构在向投资者销售证券、提供服务时，应当做到如下四点：（1）了解客户，尤其是投资者的基本情况、财产状况、金融资产状况、投资知识和经验、专业能力等相关信息。（2）了解证券产品或服务。（3）如实说明证券、服务的重要内容，充分揭示投资风险。（4）适当性销售或推荐。即销售、提供与投资者上述状况相匹配的证券、服务。

论述题

答案：（1）持续信息公开的概念

持续信息公开，是指证券在进入证券交易场所交易之后，证券发行人依法向公众披露对投资者的投资决策有重大影响或对所发行证券的交易价格有重要影响的相关信息。

（2）持续信息公开的特点

与发行市场的信息公开相比，持续信息公开具有以下三个特点：①公开的功能不单是让投资者了解公司，更主要的是为投资者提供证券交易价值判断的依据。②信息公开不是一次性完成的，而是要持续不断地进行。上市公司只要继续存在，只要有影响价格形成的因素或情况产生，就须履行公开义务。③信息公开的形式和内容在法律上有不同的要求。持续信息公开主要涉及上市公告书、年度报告、中期报告及临时报告等，而初始信息公开主要是招股说明书、配股说明书、募债说明书等。

（3）持续信息公开的内容

①上市公告书。上市公告书，是指已在境内公开发行的证券申请在证券交易所挂牌交易的发行人，在经证券交易所审核批准上市后，按照要求编制并在上市前进行公告的法律文件。

②中期报告。中期报告是依法编制的反映公司上半年生产经营状况及其他各方面基本情况的法律文件股票或者公司债券上市交易的公司，应当在每一会计年度的上半年结束之日起两个月内，向中国证监会和证券交易所提交中期报告，并予公告。

③年度报告。年度报告是依法编制的反映公司整个会计年度生产经营状况及其他各方面基本情况的法律文件。股票或公司债券上市交易的公司，应当在每一会计年度结束之日起 4 个月内向中国证监会和证券交易所提交年度报告，并予公告。

④临时报告。临时报告是依法编制的反映公司重大事件的法律文件。重大事件是证券发行人发生的可能对证券交易价格产生较大影响的事件。证券发行人发生重大事件投资者尚未得知时，发行人应当立即将有关该重大事件的情况向中国证监会和证券交易所报送临时报告，并予以公告，说明事件的起因、目前的状态和可能产生的影响。临时报告可以有效弥补定期报告及时性不足的缺陷，能够使投资者尽快得知可能影响证券价格的重要信息，及时进行投资决策。

案例分析题

1. **答案**：根据《证券法》第 192 条的规定，应当没收违法所得，并处以违法所得一倍以上十倍以下的罚款；没有违法所得或者违法所得不足一百万元的，处以一百万元以上一千万元以下的罚款。

   这是一种操纵市场的行为。操纵市场的行为破坏了市场交易的公开、公正、公平原则，扰乱了证券市场的交易秩序，可以处以警告、没收违法所得、罚款、限制或者暂停证券经营业务等处罚。

2. **答案**：赵某的行为是内幕交易行为，根据《证券法》第 191 条规定，应当依法没收违法所得，并处以违法所得一倍以上十倍以下的罚款。

   内幕交易行为是指内幕人员利用尚未公开、可能影响证券市场价格的证券信息，进行的非法交易行为。内幕交易行为的特点有：（1）交易行为违反证券法规，利用内幕信息进行证券交易；（2）内幕交易行为的行为人须有主观上的故意，并有获利或减损的目的；（3）内幕交易须有内幕人员直接或间接地参与或泄露内幕信息。对于内幕交易行为，可以令其承担民事赔偿责任，也可以给予行政处罚，情节严重的还应追究其刑事责任。

第十八章　证券投资基金法律制度

单项选择题

1. **答案**：B。《证券投资基金法》第 3 条第 3 款规定，通过公开募集方式设立的基金的基金份额持有人按其所持基金份额享受收益和承担风险，通过非公开募集方式设立的基金的收益分配和风险承担由基金合同约定。
2. **答案**：A。参见《证券投资基金法》第 14 条第 2 款。
3. **答案**：C。《证券投资基金法》第 63 条规定："基金份额上市交易规则由证券交易所制定，报国务院证券监督管理机构批准。"
4. **答案**：B。本题考查基金运作方式的转换；基金信息公开。《证券投资基金法》第 78 条规定："按照基金合同的约定或者基金份额持有人大会的决议，基金可以转换运作方式或者与其他基金合并。"第 79 条规定："封闭式基金扩募或者延长基金合同期限，应当符合下列条件，并报国务院证券监督管理机构备案：（一）基金运营业绩良好；（二）基金管理人最近二年内没有因违法违规行为受到行政处罚或者刑事处罚；（三）基金份额持有人大会决议通过；（四）本法规定的其他条件。"据此，转换基金的运作方式，需要报证监会备案而不是经证监会核准，故 A 项错误。《证券投资基金法》第 68 条规定："开放式基金应当保持足够的现金或者政府债券，以备支付基金份额持有人的赎回款项。基金财产中应当保持的现金或者政府债券的具体比例，由国务院证券监督管理机构规定。"据此，"基金利达"由封闭式基金转换为开放式基金后，应当保持一定比例的现金或政府债券，故 B 项正确。《证券投资基金法》第 86 条第 3 款规定："基金份额持有人大会就审议事项作出决定，应当经参加大会的基金份额持有人所持表决权的二分之一以上通过；但是，转换基金的运作方式、更换基金管理人或者基金托管人、提前终止基金合同、与其他基金合并，应当经参加大会的基金份额持有人所持表决权的三分之二以上通过。"据此，转换基金运作方式应当由 2/3 以上的表决权通过而不是 1/2 以上的表决权通过，故 C 项错误。《证券投资基金法》第 46 条第 2 款规定："公开募集基金的基金份额持有人有权查阅或者复制公开披露的基金信息资料；非公开募集基金的基金份额持有人对涉及自身利益的情况，有权查阅基金的财务会计账簿等财务资料。"本题中，转换为开放式基金后，基金份额持有人并无查阅基金会计账簿等财务资料的权利，更无复制基金会计账簿等财务资料的权利。故 D 项错误。
5. **答案**：C。本条考查非公开募集基金。《证券投资基金法》第 87 条第 1 款规定："非公开募集基金应当向合格投资者募集，合格投资者累计不得超过二百人。"据此，A 项错误。《证券投资基金法》第 91 条规定："非公开募集基金，不得向合格投资者之外的单位和个人募集资金，不得通过报刊、电台、电视台、互联网等公众传播媒体或者讲座、报告会、分析会等方式向不特定对象宣传推介。"据此，B 项错误。《证券投资基金法》第 94 条第 2 款规定："非公开募集基金财产的证券投资，包括买卖公开发行的股份有限公司股票、债券、基金份额，以及国务院证券监督管理机构规定的其他证券及其衍生品种。"据此，C 项正确。《证券投资基金法》第 94 条第 1 款规定："非公开募集基金募集完毕，基金管理人应当向基金行业协会备案。对募集的资金总额或者基金份额持有人的人数达到规定标准的基金，基金行业协会应当向国务院证券监督管理机构报告。"据此，非公开募集基金应当向基金业协会备案，故 D 项错误。

多项选择题

1. **答案**：ABCD。参见《证券投资基金法》第5条。
2. **答案**：ABCD。参见《证券投资基金法》第28条。
3. **答案**：AC。参见《证券投资基金法》第62条。
4. **答案**：CD。参见《证券投资基金法》第87条、第91条、第93条。
5. **答案**：ABD。《证券投资基金法》第46条第1款规定：“基金份额持有人享有下列权利：（一）分享基金财产收益；（二）参与分配清算后的剩余基金财产；（三）依法转让或者申请赎回其持有的基金份额；（四）按照规定要求召开基金份额持有人大会或者召集基金份额持有人大会；（五）对基金份额持有人大会审议事项行使表决权；（六）对基金管理人、基金托管人、基金服务机构损害其合法权益的行为依法提起诉讼；（七）基金合同约定的其他权利。”据此，A、B两项正确，分别对应上述法条中的第1项与第2项。C项显然错误，转让基金份额属于基金份额持有人的基本权利，C项表述与上述条文第3项不符。

   根据《证券投资基金法》第46条第1款第4项规定，基金份额持有人可以召开基金份额持有人大会。《证券投资基金法》第47条规定：“基金份额持有人大会由全体基金份额持有人组成，行使下列职权……（三）决定更换基金管理人、基金托管人……”据此，基金份额持有人可以通过基金份额持有人大会来更换基金管理人，D项正确。

简答题

1. **答案**：股票是对公司所有权份额的凭证。公司的特点是将自身分成大小相等的许多份额，称作股份，以股份为单位计算投资者拥有公司所有权的份额。股票代表对公司的所有权，公司债券代表对公司的债权。债券反映了一种债权债务关系，发行债券的公司是债务人，又叫债券发行人；购买债券的投资者是债权人，又叫债券持有人。投资基金本质上是证券组合，即由多种股票和债券集合而成。基金管理人按照确定的比例在市场上购买各种成分证券，组合成基金。投资基金组成之后便将自身分成等额股份出售，每一股份代表对构成组合的所有证券的相等份额。证券的组合主要考虑风险和收益两个因素。较高的风险必须以较高的收益为补偿。
2. **答案**：根据基金募集方式的不同，投资基金的种类可以分为公募基金和私募基金。

   公募基金是以公开发行方式向社会公众投资者募集资金的投资基金，具有发行范围广、发行数量大、流动性强的特点。公募基金通常由投资银行或券商等中介机构向社会公开募集资金。因为面向不特定的社会公众投资者，所以公募基金的信息披露要求高，需要定期披露详细的投资目标、资产组合等，且该资产组合和投资目标也受到较多限制。

   《私募投资基金监督管理暂行办法》第2条规定：“私募基金是指在中华人民共和国境内，以非公开方式向投资者募集资金设立的投资基金。私募基金财产的投资包括买卖股票、股权、债券、期货、期权、基金份额及投资合同约定的其他投资标的。非公开募集资金，以进行投资活动为目的设立的公司或者合伙企业，资产由基金管理人或者普通合伙人管理的，其登记备案、资金募集和投资运作适用该办法……”

论述题

答案：（1）投资者保护机构

目前，在证券市场，我国证监会已经形成了“一体两翼”的投资者保护组织体系。其中，“一体”指的是证监会下设的投资者保护局，“两翼”分别指中国证券投资者保护基金有限责任公司（以下简称投保基金公司）和中证中小投资者服务中心有限责任公司（以下简称投服中心）。投资者保护局作为证监会内设机构，负责证券期货市场投资者保护工作的统筹规划、组织指导、监督检查、考核评估等工作；投保基金公司近年来在引导证券先行赔付方面的成就引人瞩目；

投服中心在支持诉讼、持股行权、调解纠纷等方面履行职责。可以说，“一体两翼”在投资者保护方面分工明确。同时，由于投服中心是作为中小投资者保护的专门机构，亦有支持诉讼和持股行权的实践经验，因而更可以发挥其在市场操纵、虚假陈述等证券侵权纠纷中的重要作用。

（2）先行赔付制度

先行赔付，是指在发生虚假陈述等案件时，在对发行人、上市公司等市场主体据以承担赔偿责任的行政处罚、司法裁判做出之前，由可能承担民事赔偿责任的连带责任人之一先行垫资向投资者承担赔偿责任，然后再由先行赔付者向未参与先行赔付的发行人、上市公司以及其他责任人进行追偿的一种措施。对于投资者而言，这一制度具有权益救济的方便快捷性。但是，先行赔付不可能用来解决所有的证券纠纷，目前，主要适用于发行人因欺诈发行、虚假陈述或其他重大违法行为给投资者造成损失的案件。先行赔付的责任主体主要是发行人的控股股东、实际控制人、相关的证券公司。实践中，往往是由保荐机构先行赔付，在先行赔付之后，其可依法向发行人或其他连带责任人追偿。

（3）证券支持诉讼制度

基于证券市场的复杂性和专业性，对于中小投资者而言，在其权益受到侵害后，要进行诉讼并取得胜诉并非易事。此时，就需要具有公益性的投服中心发挥积极作用。所谓证券支持诉讼，就是针对涉及中小投资者众多、矛盾比较突出、社会影响较大的典型证券侵权纠纷，由投服中心以投资者保护机构的身份，根据中小投资者提出的申请，委派投服中心的公益律师或法律专业人员作为中小投资者诉讼代理人，代理中小投资者向法院起诉并参与诉讼的活动。在该制度中，投服中心作为支持机构，选择案件，委派诉讼代理人，支持权益受损的中小投资者依法诉讼维权。该制度不但有利于维护中小投资者的合法权益，而且有助于提高证券纠纷案件的司法审判质量，对维护资本市场发展起到积极效果。

（4）证券代表人诉讼制度

由于证券市场上的投资者人数众多，因某一证券违法行为造成的受害主体为不特定多数人，从而形成大规模证券纠纷。为快速、高效地解决这类纠纷，应当建立特殊的诉讼机制。在我国，解决该问题主要采取的是代表人诉讼制度。《民事诉讼法》对代表人诉讼有明确规定，即当事人一方人数众多的共同诉讼可以推选代表人进行诉讼，代表人的诉讼行为对其所代表的当事人发生效力。与此相应，《证券法》明确规定了证券领域的代表人诉讼制度，主要内容包括：①投资者提起虚假陈述等证券民事赔偿诉讼时，诉讼标的是同一种类，且当事人一方人数众多的，可以依法推选代表人进行诉讼。②对于这类诉讼，人民法院可以发出公告，说明该诉讼请求的案件情况，通知投资者在一定期间向人民法院登记。人民法院做出的判决、裁定，对参加登记的投资者发生效力。③投资者保护机构受50名以上投资者委托，可以作为代表人参加诉讼，并为经证券登记结算机构确认的权利人向人民法院登记，但投资者明确表示不愿意参加该诉讼的除外。可见，我国现行立法对于投资者保护机构作为证券代表人诉讼的案件实行的是“默示加入、明示退出”，即投资者保护机构在接受50名以上投资者委托后，便取得证券诉讼代表人资格，其可以当然代表证券登记结算机构登记确认的投资者进行诉讼，所产生的诉讼结果对登记在册的投资者有效，除非有投资者明示反对，不愿意参与投资者保护机构作为诉讼代表人的诉讼中。该制度对于有效维护中小投资者合法权益、高效解决大规模证券纠纷具有积极作用。

第十九章　企业破产法概述

单项选择题

1. **答案**：B。本题考查的是破产案件的管辖。《企业破产法》第3条规定："破产案件由债务人住所地人民法院管辖。"据此，本题正确答案为B。
2. **答案**：C。本题考查的是企业申请破产的条件。《企业破产法》第2条第1款规定："企业法人不能清偿到期债务，并且资产不足以清偿全部债务或者明显缺乏清偿能力的，依照本法规定清理债务。"据此，本题正确答案为C。
3. **答案**：A。本题考查的是破产界限。企业的破产与否取决于企业是否具备破产条件达到破产界限，而不在于债权人或债务人是否同意。本题中，该公司经法院审查，已达到破产界限，法院有权根据债务人的具体情况，宣告该债务人破产。

多项选择题

1. **答案**：ABD。本题考查的是具备破产原因企业的清理债务途径。《企业破产法》第2条规定："企业法人不能清偿到期债务，并且资产不足以清偿全部债务或者明显缺乏清偿能力的，依照本法规定清理债务。企业法人有前款规定情形，或者有明显丧失清偿能力可能的，可以依照本法规定进行重整。"第7条规定："债务人有本法第二条规定的情形，可以向人民法院提出重整、和解或者破产清算申请……企业法人已解散但未清算或者未清算完毕，资产不足以清偿债务的，依法负有清算责任的人应当向人民法院申请破产清算。"据此，A、B、D项正确，C项错误。选A、B、D。
2. **答案**：ABC。《最高人民法院关于适用〈中华人民共和国企业破产法〉若干问题的规定（一）》第4条规定："债务人账面资产虽大于负债，但存在下列情形之一的，人民法院应当认定其明显缺乏清偿能力：（一）因资金严重不足或者财产不能变现等原因，无法清偿债务；（二）法定代表人下落不明且无其他人员负责管理财产，无法清偿债务；（三）经人民法院强制执行，无法清偿债务；（四）长期亏损且经营扭亏困难，无法清偿债务；（五）导致债务人丧失清偿能力的其他情形。"A项中，核心资产不能变现，属于上述规定第1项情形，故A项正确。B项属于上述规定第2项情形，故B项正确。C项属于上述规定第3项情形，故C项正确。D项情形不符合法律规定，错误。

名词解释

1. **答案**：破产是指债务人不能清偿到期债务时，为满足债权人正当合理的清偿要求，在法院的指挥和监督之下，就债务人的总财产实行的以分配为目的的清算程序。
2. **答案**：支付不能又可称为不能清偿或无力清偿，是指债务人因缺乏清偿能力，对于已届清偿期而受请求的债务全部或大部分不能清偿的客观经济状态。

简答题

答案：第一，从本条规定可以看出，债务人不能清偿到期债务并且具有下列情形之一的，应当认定其具备破产原因：(1) 资产不足以清偿全部债务；(2) 明显缺乏清偿能力。根据《最高人民法院关于适用〈中华人民共和国企业破产法〉若干问题的规定（一）》第1条第2款规定，相关当事人以对债务人的债务负有连带责任的人未丧失清偿能力为由，主张债务人不具备破产原因的，人民法院应不予支持。

第二，根据《最高人民法院关于适用

〈中华人民共和国企业破产法〉若干问题的规定（一）》第2条规定，“债务人不能清偿到期债务”需要同时满足三个条件：（1）债权债务关系依法成立；（2）债务履行期限已经届满；（3）债务人未完全清偿债务。

第三，根据《最高人民法院关于适用〈中华人民共和国企业破产法〉若干问题的规定（一）》第3条，债务人的资产负债表，或者审计报告、资产评估报告等显示其全部资产不足以偿付全部负债的，可以认定为“资产不足以清偿全部债务”。

第四，根据《最高人民法院关于适用〈中华人民共和国企业破产法〉若干问题的规定（一）》第4条，债务人账面资产虽大于负债，但存在下列情形之一的，应当认定其“明显缺乏清偿能力”：（1）因资金严重不足或者财产不能变现等原因，无法清偿债务；（2）法定代表人下落不明且无其他人员负责管理财产，无法清偿债务；（3）经人民法院强制执行，无法清偿债务；（4）长期亏损且经营扭亏困难，无法清偿债务；（5）导致债务人丧失清偿能力的其他情形。

论述题

答案：破产制度具有如下特征：

第一，破产是一种在特定情况下适用的司法程序，债务人出现“不能偿债”或者“资不抵债”是发生破产的原因。这里的“不能偿债”，是指债务已到期，债务人缺乏清偿全部债务的能力。“资不抵债”，是指债务人的全部债务超过全部资产的状态。无论是不能偿债还是资不抵债均说明债务人在财务上发生困难，无法以其清偿能力对全部债权人的债权为清偿。

第二，破产是为了使债务得到公平偿还。在债务人破产的情况下，往往存在多个债权人，而债务人的财产又不足以清偿全部债权人的债权。如果采取普通方法偿还债务，难免先到者先受清偿，后到者不能获得全部清偿或者完全不能获得清偿。所以，只能采取破产程序将债务人的财产按照一定的程序和比例公平合理地分配给各债权人。如果不能清偿债权人的全部债务，则由各债权人按比例共同分担未清偿部分的损失。故实行破产制度的目的不在于使债权人的债权得到全部清偿，而是使全体债权人的债权获得公平清偿。

第三，破产是一种特殊的偿债制度。破产是概括的执行程序，即为全体债权人的利益而对债务人的全部财产进行的执行程序，相对于其他个别执行程序，其具有排他性优先适用效力。破产发生的前提是债务人不能偿还债务，为了防止债务人财产的进一步损耗，破产程序开始后，债务人将丧失继续从事营业活动的经济基础与经营资格，彻底清算其现存的全部法律关系。这种法律后果是一般的债务履行所不具备的，因此，破产是一种特别的偿债程序。

第四，破产具有多方面的制度功能。对于债权人而言，破产有助于实现债权公平受偿；对于债务人而言，破产既是一种鼓励竞争、淘汰落后的机制，又是一种起死回生的机制（通过和解、重整等措施）；对于社会而言，破产有利于优化资源组合，促进经济发展，维护社会稳定。

第五，破产既有实体问题，又有程序问题。实体规则是指如何确认和落实当事人的实体权利，包括破产债权、取回权、别除权、抵销权和撤销权等；程序规则是指就破产案件所实施的程序，包括破产申请、债权人会议、破产宣告、破产清算以及破产和解和重整等。

第二十章　破产申请与破产案件的受理

单项选择题

1. **答案**：D。《企业破产法》第 70 条第 1 款规定："债务人或者债权人可以依照本法规定，直接向人民法院申请对债务人进行重整。"第 71 条规定："人民法院经审查认为重整申请符合本法规定的，应当裁定债务人重整，并予以公告。"据此，甲申请重整，不需要提供乙公司的投资承诺，故 A 项错误。同时，法院可以独立裁断是否启动重整程序，不需要债权人同意，故 B 项错误。

《企业破产法》第 73 条第 1 款规定："在重整期间，经债务人申请，人民法院批准，债务人可以在管理人的监督下自行管理财产和营业事务。"据此，重整期间，管理人继续履行管理职责，故 C 项错误。

《企业破产法》第 86 条第 2 款规定："自重整计划通过之日起十日内，债务人或者管理人应当向人民法院提出批准重整计划的申请。人民法院经审查认为符合本法规定的，应当自收到申请之日起三十日内裁定批准，终止重整程序，并予以公告。"据此，在法院批准重整计划后，重整程序即终止，D 项正确。

2. **答案**：B。《企业破产法》第 7 条规定："债务人有本法第二条规定的情形，可以向人民法院提出重整、和解或者破产清算申请。债务人不能清偿到期债务，债权人可以向人民法院提出对债务人进行重整或者破产清算的申请。企业法人已解散但未清算或者未清算完毕，资产不足以清偿债务的，依法负有清算责任的人应当向人民法院申请破产清算。"根据上述规定可知，只有债务人有权申请和解，债权人在任何情况下都无权申请和解。因此，A 项错误。

《企业破产法》第 70 条第 2 款规定："债权人申请对债务人进行破产清算的，在人民法院受理破产申请后、宣告债务人破产前，债务人或者出资额占债务人注册资本十分之一以上的出资人，可以向人民法院申请重整。"因此，B 项正确。

《企业破产法》第 70 条第 1 款规定："债务人或者债权人可以依照本法规定，直接向人民法院申请对债务人进行重整。"据此可知，债权人和债务人都有权直接申请重整，如果债权人先申请了重整，债务人是不能再申请破产清算的。因此，C 项错误。

如为债权人申请债务人破产清算的案件，债务人的出资人可以申请重整，不能申请和解，只有债务人才能申请和解。因此，D 项错误。

3. **答案**：D。《企业破产法》第 113 条规定："破产财产在优先清偿破产费用和共益债务后，依照下列顺序清偿：（一）破产人所欠职工的工资和医疗、伤残补助、抚恤费用，所欠的应当划入职工个人账户的基本养老保险、基本医疗保险费用，以及法律、行政法规规定应当支付给职工的补偿金；（二）破产人欠缴的除前项规定以外的社会保险费用和破产人所欠税款；（三）普通破产债权。破产财产不足以清偿同一顺序的清偿要求的，按照比例分配。破产企业的董事、监事和高级管理人员的工资按照该企业职工的平均工资计算。"因此，破产人欠缴的税款不纳入普通的破产债权。

多项选择题

1. **答案**：BC。企业重整期间发生的债务为共益债务，从债务人的财产中随时清偿，而不是列为破产债权，故 A 项错误，B 项正确。齐某与舜泰公司约定，如齐某 1 年内还清借款就不计利息，说明超过 1 年还清则要计算逾期利息。《民法典》第 676 条规定："借款人未按照约定的期限返还借款的，应当按照约定或者国家有关规定支付逾期利息。”《最高人民法院关于审理民间借贷案件适用法律若干问题的规定》第25条特别规定了逾期利率的标准。据此，舜泰公司逾期还款之后，应当支付逾期利息。本案的特殊之处在于，舜泰公司逾期还款之时恰恰是其被宣告破产之时，逾期利息刚要开始计算，舜泰公司就被宣告破产了，相关的逾期利息事实上并未产生，所以齐某不能要求舜泰公司支付逾期利息，故C项正确，D项错误。

2. 答案：ABCD。本题考查的是债权人和债务人申请破产的形式条件和实质条件。《企业破产法》第7条第1款、第2款规定：“债务人有本法第二条规定的情形，可以向人民法院提出重整、和解或者破产清算申请。债务人不能清偿到期债务，债权人可以向人民法院提出对债务人进行重整或者破产清算的申请。”可见，A、B、C项均正确。虽然在破产程序开始后，未到期债权视为已到期，债权人有权参加破产程序，但只有到期债权的请求权人可以申请破产。债务到期前，债权人发现债务人财务状况恶化，可能无法清偿债务不能申请破产。根据《企业破产法》的规定，不论是债权人还是债务人申请破产，都应当采用书面形式。因此，D项正确。

3. 答案：BCD。本题考查的是债权人提出破产申请应当提供的材料。《企业破产法》第8条第3款规定：“债务人提出申请的，还应当向人民法院提交财产状况说明、债务清册、债权清册、有关财务会计报告、职工安置预案以及职工工资的支付和社会保险费用的缴纳情况。”据此，本题正确答案为B、C、D。

4. 答案：AC。《企业破产法》第8条第1款规定：“向人民法院提出破产申请，应当提交破产申请书和有关证据。”这中间包括证明债务人资产状况的证据。根据《企业破产法》第2条和第7条的规定，债务人不能清偿到期债务，并且资产不足以清偿全部债务或者明显缺乏清偿能力的，债务人可以提出破产申请。债务人不能清偿到期债务时，债权人可以向人民法院提出对债务人进行重整或者破产清算的申请。综上，甲公司作为债权人，提交证据仅满足证明债务人乙公司不能清偿到期债务即可，不需要证明乙公司资产不足以清偿全部债务，作为债权人它也无法证明乙公司资产不足以清偿全部债务。所以A项正确，B项错误。《企业破产法》第10条第1款规定：“债权人提出破产申请的，人民法院应当自收到申请之日起五日内通知债务人。债务人对申请有异议的，应当自收到人民法院的通知之日起七日内向人民法院提出……”C项正确。《最高人民法院关于适用〈中华人民共和国企业破产法〉若干问题的规定（一）》第1条第2款规定：“相关当事人以对债务人的债务负有连带责任的人未丧失清偿能力为由，主张债务人不具有破产原因的，人民法院应不予支持。”因此，D项错误。

5. 答案：CD。本题考查的是破产债权的范围。《企业破产法》第107条第2款规定：“债务人被宣告破产后，债务人称为破产人，债务人财产称为破产财产，人民法院受理破产申请时对债务人享有的债权称为破产债权。”根据第110条的规定，对破产人的特定财产享有担保权的权利人放弃优先受偿权利的，其债权作为普通债权。据此，本题D项属于破产债权。因为无财产担保的债权属于破产债权，其利息作为从债也应属于破产债权，故本题C项属于破产债权。根据《企业破产法》第113条的规定可知，本题A、B项不属于破产债权。综上，本题正确答案为C、D。

6. 答案：AC。《企业破产法》第46条第1款规定：“未到期的债权，在破产申请受理时视为到期。”A项中，甲公司的设备余款给付请求权在法院受理破产申请时尚未到期，但是视为到期，故可以申报破产债权，A项正确。

《企业破产法》第18条规定：“人民法院受理破产申请后，管理人对破产申请受理前成立而债务人和对方当事人均未履行完毕的合同有权决定解除或者继续履行，并通知对方当事人。管理人自破产申请受理之日起二个月内未通知对方当事人，或者自收到对方当事人催告之日起三十日内未答复的，视为解除合同。管理人决定继续履行合同的，对方当事人应当履行；但是，对方当事人有权要求管理人提供担保。管理人不提供担保的，视为解除合同。”据此可知，法院在受理湘江服装公司的破产申请后，破产管理人对破产申请受理前与乙公司成立但目前还未履行完毕的服装加工合同，有权决定解除或继续履行。乙公司无权单方请求湘江服装公司继续履行，因而该请求也不属于破产债权，因此B项错误。

《企业破产法》第59条第3款规定："对债务人的特定财产享有担保权的债权人，未放弃优先受偿权利的，对于本法第六十一条第一款第七项、第十项规定的事项不享有表决权。”据此可知，对债务人的特定财产享有担保权的债权，依然属于破产债权，可以向破产管理人进行申报，所以C项正确。

对债务人的罚款等财产性行政处罚，不得申报。在企业破产清算的情况下，债务人财产最终将归属于债权人，此时若执行对债务人的财产性行政处罚事实上处罚的是债权人，这样既不能达到行政处罚的目的，又损害了债权人的合法权益。但是在破产程序终结后，如果债务人因重整或和解继续存续，处罚机关可以根据情况，决定是否执行原来的处罚决定，所以D项错误。

名词解释

答案：资不抵债，又称债务超过，是指债务人的资产不足以清偿全部债务，即消极财产（债务）的估价总额超过了积极财产（资产）的估价总额的客观状况。

简答题

1. **答案**：（1）债务人提出破产申请。债务人不能清偿到期债务，并且资产不足以清偿全部债务或者明显缺乏清偿能力的，可以向人民法院提出重整、和解或者破产清算申请。（2）债权人提出破产申请。债务人不能清偿到期债务的，债权人可以向人民法院提出对债务人进行重整或者破产清算的申请。（3）依法负有清算责任的人提出破产申请。企业法人已解散但未清算或者未清算完毕，资产不足以清偿债务的，依法负有清算责任的人应当向人民法院申请破产清算。企业法人解散时，按照法律规定应当成立清算组，依法进行清算。（4）国务院金融监督管理机构提出破产申请。

2. **答案**：部分采取一般破产主义的国家为保证破产程序的顺利进行，往往立法规定破产宣告对相关自然人产生相应的效力。我国立法并未采用自然人破产主义，因而破产宣告只对特定的自然人即准债务人产生一定的效力：（1）破产宣告后，债务人成为破产人，原先为生产经营而存在的企业转变为主要为公平清偿债务而存在的破产人。（2）破产宣告后，债务人的财产成为破产财产。（3）破产企业的法定代表人在向清算组办理移交手续之前，负责保管本企业的财产、账册、文书、资料和印章等，并于法院指定管理人后向其办理移交手续；在破产程序终结前，破产企业的法定代表人应根据法院或管理人的要求进行工作，不得擅离职守；破产宣告后，对企业破产负有个人责任的企业法定代表人自企业核准注销之日起3年之内不能担任公司的董事、监事和高级管理人员。（4）破产宣告后，企业职工与原企业订立的劳动合同即告解除。

论述题

1. **答案**：（1）对以破产企业为债务人的经济纠纷案件的效力：破产程序旨在通过对债务人财产的总括执行来达到公平清偿债务的目的。破产案件受理后，如果再允许个别民事执行程序继续进行，必然会因申请执行人得到执行优先权而降低其他债权人的分配比例和数额，从而使多数债权人利益受到损害，违反破产程序为保证全体债权人公平受偿的设立目的。人民法院受理破产案件后，能够直接引起对债务人财产个别执行程序的中止，并不必然导致终结。因为破产程序进行的结果有可能避免破产宣告，也即当债权人和债务人达成和解并按和解协议履行债务清偿义务的（此处只能以债权人申请破产为前提），破产程序即告终结，原来中止的执行程序可以恢复执行；而当债务人被宣告破产的，原中止的执行程序只能因破产程序的进行而终结。人民法院应当于受理案件后，告知审理这些案件的其他人民法院并通知前述诉讼中的债权人，以便这些法院及时中止诉讼，使债权人在法定期间内申报债权。

（2）对以破产企业为债权人的经济纠纷案件的效力：以破产企业为债权人的经济纠纷案件于人民法院受理破产案件后，首先，受诉人民法院能够于案件受理后3个月以内审结的，可不移送，由原受诉法院审理。其次，受诉人民法院不能在3个月以内结案的，应当将案件移送受理破产案件的人民法院。

（3）对债务人个别任意清偿行为的效力：人民法院受理破产案件后，债务人对部分债权人的清偿无效。但是个别清偿使债务人财产受益的除外。法律不允许普通债权在破产程序之外受清偿，否则必然造成债权人受偿不公及破产财产价值的减少。但由于破产案件受理并不产生破产宣告的效力，债务人并不丧失对其财产的管理处分权，债务人的经营活动也并未停止，其作为独立民事主体的权利能力也并未被剥夺而是稍加限制，故生产经营必需的清偿行为应认定为有效。

2. 答案：破产原因，又称破产界限，指认定债务人丧失债务清偿能力，当事人得以提出破产申请，法院据以启动破产程序、宣告债务人破产的法律事实。破产原因是启动破产程序的前提，是判断破产申请能否成立、人民法院决定是否受理以及能否作出破产宣告、重整、和解等裁定的法律依据。《企业破产法》第2条第1款规定：“企业法人不能清偿到期债务，并且资产不足以清偿全部债务或者明显缺乏清偿能力的，依照本法规定清理债务。”可见，就破产清算程序而言，《企业破产法》规定的破产原因有两个。

（1）不能清偿到期债务，并且资产不足以清偿全部债务。

不能清偿到期债务，又称为支付不能，指债务的清偿期限已经届至，债权人要求清偿，但债务人由于缺乏清偿能力而持续地不能偿还的客观状态。如果债务人因一时的资金周转困难而暂时未能清偿到期债务，尚不构成支付不能，必须有其他事实证明债务人在可预见的相当时期内将持续不能清偿。

资产不足以清偿全部债务，指债务人的资产总和小于其债务总和，即“资不抵债”或者“债务超过”，一般要根据资产负债表来确定。企业法人有债务超过时，已然对一般债权人的利益构成不能受足额清偿的潜在危险，增加了市场流通秩序中的不安全因素，随时都有可能因停止支付而严重危及债权人和社会经济秩序。支付不能与资不抵债是多数国家规定的破产原因，具备其中之一即可申请破产。但《企业破产法》要求二者同时存在时才能申请破产。

（2）不能清偿到期债务，并且明显缺乏清偿能力。

这一破产原因的规定以不能清偿到期债务作为主要的判断依据，因为这是破产构成的一般原因；同时，辅之以明显缺乏清偿能力。企业法人不能清偿到期债务，如果属于暂时资金周转不灵，不宜宣告其破产；但如果实际上已经丧失清偿能力，即使其资产负债表上的资产可能还略大于负债，也可以启动破产程序清理债务，不一定要等待其继续亏损到资不抵债时再宣告破产，这对债权人和债务人都更为有利。《企业破产法》规定了三种程序：重整、和解和破产清算程序，破产原因既适用于申请破产清算程序，也适用于申请重整程序。根据《企业破产法》第2条第2款，申请破产重整程序时，考察债务人是否具有重整原因的标准相对较为宽泛，除前述两种情形外，“有明显丧失清偿能力可能的”也是重整原因之一。对重整原因作较为宽泛的规定，有利于较早启动重整程序，使企业摆脱困境、恢复生机。

案例分析题

答案：（1）①大地机械有限责任公司系中外合资企业，由地区、地级市以上管理机关核准登记，故应由企业所在地中级人民法院受理。

②人民法院受理破产申请后，已经开始而尚未终结的有关债务人的民事诉讼应中止，故省建筑公司诉大地机械有限责任公司的案件应中止诉讼。

③G 银行的 2000 万元贷款，应向人民法院申报债权，并书面说明债权的数额和有无财产担保，并提交证据。

④J 银行可以参加破产程序，申报债权。因为破产案件中债务人作为保证人的，债权人享有是否将其债权作为破产债权的选择权。

⑤财产状况说明、债权债务清册、有关财务会计报告、职工安置预案以及职工工资的支付和社会保险费用的缴纳情况。

（2）人民法院应该在受理破产申请之日起 25 日内通知已知债务人并发布公告，并在受理破产申请的同时指定管理人。不应由审判员独任审理，应组成合议庭审理；G 银行的异议是依据法律作出的，有担保权的债权应该得到优先受偿，法院应予以支持。

第二十一章　破产管理人

单项选择题

1. **答案**：D。本题考查的是提出破产分配方案的主体。《企业破产法》第 115 条第 1 款规定："管理人应当及时拟订破产财产分配方案，提交债权人会议讨论。"据此，本题正确答案为 D。

2. **答案**：C。本题考查的是提请人民法院终结破产程序的主体。《企业破产法》第 120 条第 2 款规定："管理人在最后分配完结后，应当及时向人民法院提交破产财产分配报告，并提请人民法院裁定终结破产程序。"据此，本题正确答案为 C。

3. **答案**：B。本题考查的是破产案件中有权决定未履行合同的处理的主体。《企业破产法》第 18 条规定："人民法院受理破产申请后，管理人对破产申请受理前成立而债务人和对方当事人均未履行完毕的合同有权决定解除或者继续履行，并通知对方当事人。管理人自破产申请受理之日起二个月内未通知对方当事人，或者自收到对方当事人催告之日起三十日内未答复的，视为解除合同。管理人决定继续履行合同的，对方当事人应当履行；但是，对方当事人有权要求管理人提供担保。管理人不提供担保的，视为解除合同。"据此，本题正确答案为 B。

4. **答案**：A。本题考查的是可以行使破产抵销权的主体。《企业破产法》第 40 条规定："债权人在破产申请受理前对债务人负有债务的，可以向管理人主张抵销。但是，有下列情形之一的，不得抵销：（一）债务人的债务人在破产申请受理后取得他人对债务人的债权的；（二）债权人已知债务人有不能清偿到期债务或者破产申请的事实，对债务人负担债务的；但是，债权人因为法律规定或者有破产申请一年前所发生的原因而负担债务的除外；（三）债务人的债务人已知债务人有不能清偿到期债务或者破产申请的事实，对债务人取得债权的；但是，债务人的债务人因为法律规定或者有破产申请一年前所发生的原因而取得债权的除外。"据此，本题正确答案为 A。

5. **答案**：D。本题考查的是破产管理人的权力和任免。《企业破产法》第 25 条第 1 款规定："管理人履行下列职责……（六）管理和处分债务人的财产……"B 项正确。《企业破产法》第 28 条第 2 款规定："管理人的报酬由人民法院确定……"C 项正确。管理人为履行职务，有权租赁办公室进行日常办公，不违反企业破产法的规定，A 项也正确。《企业破产法》第 22 条第 2 款规定："债权人会议认为管理人不能依法、公正执行职务或者有其他不能胜任职务情形的，可以申请人民法院予以更换。"据此，最终决定权在法院，债权人会议无权直接罢免管理人，D 项错误。本题为选非题，故选 D。

6. **答案**：D。《企业破产法》第 25 条第 1 款规定："管理人履行下列职责：（一）接管债务人的财产、印章和账簿、文书等资料；（二）调查债务人财产状况，制作财产状况报告；（三）决定债务人的内部管理事务；（四）决定债务人的日常开支和其他必要开支；（五）在第一次债权人会议召开之前，决定继续或者停止债务人的营业；（六）管理和处分债务人的财产；（七）代表债务人参加诉讼、仲裁或者其他法律程序；（八）提议召开债权人会议；（九）人民法院认为管理人应当履行的其他职责。"据此，破产管理人有权管理和处分债务人的财产。需要注意的是，《企业破产法》第 69 条第 1 款规定："管理人实施下列行为，应当及时报告债权人委员会：（一）涉及土地、房屋等不动产权益的转让；（二）探矿权、采矿权、知识产权等财产权的转让；（三）全部库存或者营业的转让；

（四）借款；（五）设定财产担保；（六）债权和有价证券的转让；（七）履行债务人和对方当事人均未履行完毕的合同；（八）放弃权利；（九）担保物的取回；（十）对债权人利益有重大影响的其他财产处分行为。”据此，在破产管理人决定处分债务人的财产时，应当及时报告债权人委员会，故D项正确。破产管理人属于破产程序中的法定机构，并非债务人的法定代表人，更多时候反而是代表债权人，破产管理人作出处分债务人财产的决定并非代表债务人，故A项表述错误。B项，法院并不决定破产人的资产转让事宜，故B项错误。

《企业破产法》第61条第1款规定：“债权人会议行使下列职权：（一）核查债权；（二）申请人民法院更换管理人，审查管理人的费用和报酬；（三）监督管理人；（四）选任和更换债权人委员会成员；（五）决定继续或者停止债务人的营业；（六）通过重整计划；（七）通过和解协议；（八）通过债务人财产的管理方案；（九）通过破产财产的变价方案；（十）通过破产财产的分配方案；（十一）人民法院认为应当由债权人会议行使的其他职权。”据此，债权人会议的职责中并不包含处分债务人财产的内容，处分债务人财产事宜由破产管理人决定，故C项错误。

7. **答案**：C。本题考查管理人的撤销权和债权人的债权。《企业破产法》第32条规定：“人民法院受理破产申请前六个月内，债务人有本法第二条第一款规定的情形，仍对个别债权人进行清偿的，管理人有权请求人民法院予以撤销。但是，个别清偿使债务人财产受益的除外。”《最高人民法院关于适用〈中华人民共和国企业破产法〉若干问题的规定（二）》第16条规定：“债务人对债权人进行的以下个别清偿，管理人依据企业破产法第三十二条的规定请求撤销的，人民法院不予支持：……（二）债务人支付劳动报酬、人身损害赔偿金的……”甲公司支付给刘某的医药费、误工费等都属于人身损害赔偿金，不能撤销。据此，A、B项错误。

《企业破产法》第82条第1款规定：“下列各类债权的债权人参加讨论重整计划草案的债权人会议，依照下列债权分类，分组对重整计划草案进行表决：……（二）债务人所欠职工的工资和医疗、伤残补助、抚恤费用，所欠的应当划入职工个人账户的基本养老保险、基本医疗保险费用，以及法律、行政法规规定应当支付给职工的补偿金……”这一规定表明，刘某作为职工，是有表决权的，C项正确。《企业破产法》第48条第2款规定：“债务人所欠职工的工资和医疗、伤残补助、抚恤费用，所欠的应当划入职工个人账户的基本养老保险、基本医疗保险费用，以及法律、行政法规规定应当支付给职工的补偿金，不必申报，由管理人调查后列出清单并予以公示。职工对清单记载有异议的，可以要求管理人更正；管理人不予更正的，职工可以向人民法院提起诉讼。”因此，刘某所享有的工资债权是无须申报的，D项错误。需要注意的是，无须申报的职工债权不包括因工伤而产生的伤残赔偿金等。因此，就伤残赔偿金等债权，刘某应该进行申报。

多项选择题

1. **答案**：ABC。本题考查的是管理人有权请求人民法院予以撤销的行为范围。《企业破产法》第31条规定：“人民法院受理破产申请前一年内，涉及债务人财产的下列行为，管理人有权请求人民法院予以撤销：（一）无偿转让财产的；（二）以明显不合理的价格进行交易的；（三）对没有财产担保的债务提供财产担保的；（四）对未到期的债务提前清偿的；（五）放弃债权的。”据此，本题正确答案为A、B、C。
2. **答案**：ABC。《企业破产法》第22条第2款规定：“债权人会议认为管理人不能依法、公正执行职务或者有其他不能胜任职务情形的，可以申请人民法院予以更换。”

《企业破产法》第23条规定：“管理人依照本法规定执行职务，向人民法院报告工作，并接受债权人会议和债权人委员会的监督。管理人应当列席债权人会议，向债权人会议报告职务执行情况，并回答询问。”

根据《企业破产法》第 23 条的规定，管理人有依法履行职务并在列席债权人会议时，向债权人会议报告职务执行情况并回答询问的义务。A 项中，管理人不如实报告债务人财产接管情况，并拒绝回答部分债权人询问的行为违反了法律规定的法定义务，属于《企业破产法》第 22 条第 2 款规定的不能依法、公正执行职务的情况。债权人可以以此为由申请更换管理人。因此，A 项正确。

《企业破产法》第 69 条第 1 款第 1 项规定，管理人实施涉及土地、房屋等不动产权益的转让应当及时报告债权人委员会。B 项中，管理人将债务人的一处房产转让给第三人，未报告债权人委员会的行为违反了法律规定的法定义务，属于《企业破产法》第 22 条第 2 款规定的不能依法、公正执行职务的情况。债权人可以以此为由申请更换管理人。因此，B 项正确。

《企业破产法》第 33 条第 1 项规定，债务人为逃避债务而隐匿、转移财产的行为无效。第 34 条规定，因本法第 31 条、第 32 条或者第 33 条规定的行为而取得的债务人的财产，管理人有权追回。据此可知，管理人有义务对债务人在破产申请前为逃避债务而转移财产的行为进行调查，如果属实应当将转移财产追回。本题 C 项中，管理人怠于行使上述法定职权，属于《企业破产法》第 22 条第 2 款规定的不能依法、公正执行职务的情况。债权人可以以此为由申请更换管理人。因此，C 项正确。

《企业破产法》第 24 条第 1 款规定，管理人可以由有关部门、机构的人员组成的清算组或者依法设立的律师事务所、会计师事务所、破产清算事务所等社会中介机构担任。据此可知，律师事务所可以担任破产企业的管理人，如果管理人是律师事务所来担任的，那么管理人将对外追收债款的诉讼业务交给其所在律师事务所办理，并单独计收代理费的行为是合法的，不属于债权人申请更换管理人的理由。因此，D 项错误。

3. 答案：ABCD。《企业破产法》第 24 条第 1 款、第 2 款规定，管理人可以由有关部门、机构的人员组成的清算组或者依法设立的律师事务所、会计师事务所、破产清算事务所等社会中介机构担任。人民法院根据债务人的实际情况，可以在征询有关社会中介机构的意见后，指定该机构具备相关专业知识并取得执业资格的人员担任管理人。由此，管理人可以由有关部门、机构的人员组成的清算组或者依法设立的律师事务所、会计师事务所、破产清算事务所等社会中介机构担任，也可以由社会中介机构中具备相关专业知识并取得执业资格的个人担任。故 A 项的说法错误。第 22 条第 1 款规定，管理人由人民法院指定。因此 B 项说法错误。第 23 条第 1 款规定，管理人依照本法规定执行职务，向人民法院报告工作，并接受债权人会议和债权人委员会的监督。由此，破产管理人是依照法律规定自行执行事务，而不是在人民法院的指导下开展工作，故 C 项的说法错误。第 22 条第 3 款规定，指定管理人和确定管理人报酬的办法，由最高人民法院规定。故 D 项的说法错误。本题的正确答案是 A、B、C、D。

4. 答案：BD。A 项，配合清算的“债务人的有关人员”是指企业的法定代表人；经人民法院决定，可以包括企业的财务管理人员和其他经营管理人员。本案中，甲应承担配合清算的义务，而小股东乙未在公司任职，不属于上述人员范围，无需承担配合清算的义务及责任。A 项错误。B、D 项，A 公司被受理破产后，未经法院许可，法定代表人甲擅自离开住所回外地老家，人民法院可以予以训诫、拘留，可以依法并处罚款。B、D 项正确。C 项，因甲不配合，债务人拒不提交相关资料的，人民法院可以对直接责任人员依法处以罚款，但不能直接终结破产程序，C 项错误。综上，本题答案为 B、D。

名词解释

答案：破产管理人，是指破产程序启动以后依法成立的，在法院的指挥和监督之下全面接管债务人企业并负责债务人财产的保管、清理、估价、处理和分配等事务的专门机构。

简答题

1. **答案**：管理人是法院指定成立的一个特殊机构，对法院负责，并受债权人会议和债权人委员会的监督，具有独立的地位。《企业破产法》第25条第1款明确规定了管理人在破产程序进行期间有以下职责：（1）接管债务人的财产、印章和账簿、文书等资料。（2）调查债务人财产状况，制作财产状况报告。即管理人对债务人的财产进行权属界定、范围界定、分类界定和登记注册的活动。（3）决定债务人的内部管理事务。（4）决定债务人的日常开支和其他必要开支。（5）在第一次债权人会议召开之前，决定继续或者停止债务人的营业。（6）管理和处分债务人的财产。（7）代表债务人参加诉讼、仲裁或者其他法律程序。在破产程序中，债务人丧失了对其财产进行管理和处分的权利，也丧失了诉讼实施权，故由管理人代表债务人参加诉讼或仲裁。（8）提议召开债权人会议。（9）人民法院认为管理人应当履行的其他职责。

2. **答案**：从我国《企业破产法》第22条第1款和第23条的规定来看，管理人由人民法院指定，向人民法院报告工作，并接受债权人会议和债权人委员会的监督。因此，对管理人的监督主要分为人民法院对管理人的监督与债权人会议和债权人委员会对管理人的监督两个方面。

（1）人民法院对管理人的监督。

①法院可以更换管理人。《企业破产法》第22条第2款规定："债权人会议认为管理人不能依法、公正执行职务或者有其他不能胜任职务情形的，可以申请人民法院予以更换。"法院可以根据债权人会议的申请，撤销不能胜任管理职务的管理人，另行指定管理人。

②重大事项的执行应经人民法院批准。《企业破产法》第26条规定："在第一次债权人会议召开之前，管理人决定继续或者停止债务人的营业或者有本法第六十九条规定行为之一的，应当经人民法院许可。"

③人员聘用受法院监督。《企业破产法》第28条第1款规定："管理人经人民法院许可，可以聘用必要的工作人员。"

④辞职应获得法院批准。《企业破产法》第29条规定："管理人没有正当理由不得辞去职务。管理人辞去职务应当经人民法院许可。"

（2）债权人会议和债权人委员会对管理人的监督。

①对管理人任职资格的监督。《企业破产法》第22条第2款规定："债权人会议认为管理人不能依法、公正执行职务或者有其他不能胜任职务情形的，可以申请人民法院予以更换。"债权人会议有权请求人民法院更换不能胜任职务的管理人。

②债权人会议对管理人具有询问权。《企业破产法》第23条第2款规定："管理人应当列席债权人会议，向债权人会议报告职务执行情况，并回答询问。"据此，债权人会议有质询管理人的权利，管理人则负有出席债权人会议报告职务执行情况并如实回答债权人会议的询问的义务。

③有权申请监督管理人审查其报酬。第61条明确列出了债权人有权申请人民法院更换管理人，审查管理人的报酬和监督管理人。

④债权人委员会的监督。第68条明确列出债权人委员会可以监督债务人财产的管理和处分；监督破产财产分配；债权人委员会执行职务时，有权要求管理人、债务人的有关人员对其职权范围内的事务作出说明或者提供有关文件。

⑤重大事项的监督。管理人实施下列行为，应当及时报告债权人委员会：涉及土地、房屋等不动产权益的转让；探矿权、采矿权、知识产权等财产权的转让；全部库存或者营业的转让；借款；设定财产担保；债权和有价证券的转让；履行债务人和对方当事人均未履行完毕的合同；放弃权利；担保物的取回；对债权人利益有重大影响的其他财产处分行为。

论述题

答案：管理人在破产程序中有重要的职权，其能力和品德事关破产程序能否顺利进行，因此对管理人任职资格的规定十分重要。管理人任职资格可分为积极资格和消极资格。积极资格是指具备什么条件可以担任破产管理人，消极资格则是指在何种情况下不能担任管理人。

（1）管理人任职的积极资格

《企业破产法》第 24 条第 1 款和第 2 款规定："管理人可以由有关部门、机构的人员组成的清算组或者依法设立的律师事务所、会计师事务所、破产清算事务所等社会中介机构担任。人民法院根据债务人的实际情况，可以在征询有关社会中介机构的意见后，指定该机构具备相关专业知识并取得执业资格的人员担任管理人。"据此，管理人可以由以下主体担任：

①有关部门、机构的人员组成的清算组，《最高人民法院关于审理企业破产案件指定管理人的规定》（以下简称《企业破产指定管理人规定》）第 18 条明确了清算组担任管理人的案件范围：1）破产申请受理前，根据有关规定已经成立清算组，人民法院认为符合《企业破产指定管理人规定》第 19 条的规定。在破产申请受理前，债务人企业可能已经进入普通清算程序，依据相关法律规定成立了清算组。破产程序启动后，如果人民法院经过审查认为清算组的组成符合破产法律规定时，可以指定原清算组为管理人，否则须另行指定管理人。《企业破产指定管理人规定》第 19 条规定："清算组为管理人的，人民法院可以从政府有关部门、编入管理人名册的社会中介机构、金融资产管理公司中指定清算组成员，人民银行及金融监督管理机构可以按照有关法律和行政法规的规定派人参加清算组。"2）审理《企业破产法》第 133 条规定的案件。《企业破产法》第 133 条规定："在本法施行前国务院规定的期限和范围内的国有企业实施破产的特殊事宜，按照国务院有关规定办理。"此条规定指的即是国有企业政策性破产案件。3）有关法律规定企业破产时成立清算组的。在《企业破产法》出台前，由于没有管理人制度，法律一般规定某些金融企业在破产时应成立清算组进行清算。如《商业银行法》第 71 条第 1 款规定："……商业银行被宣告破产的，由人民法院组织国务院银行业监督管理机构等有关部门和有关人员成立清算组，进行清算。"4）人民法院认为可以指定清算组为管理人的其他情形。

②律师事务所和会计师事务所，依据《企业破产法》规定，律师事务所和会计师事务所是担任破产管理人的主要主体。

③破产清算事务所，在《企业破产法》出台之前，破产清算事务所这一机构就已长期存在，且其中一些事务所办理过多起破产案件。目前一些破产清算事务所在长期的破产实践中积累了一定经验，比一些未办理过破产案件的律师事务所和会计师事务所更具优势。因此，《企业破产法》规定破产清算事务所可以担任管理人。

④对立法规定的"其他中介机构"的理解，《企业破产法》在规定可以由律师事务所、会计师事务所以及破产清算事务所担任管理人时，使用了"等社会中介机构"的用词。

社会中介机构中具备相关专业知识并取得执业资格的人员，《企业破产法》规定，人民法院根据债务人的实际情况，可以在征询有关社会中介机构的意见后，指定该机构具备相关专业知识并取得执业资格的人员担任管理人。

（2）管理人任职的消极资格

《企业破产法》第 24 条第 3 款规定："有下列情形之一的，不得担任管理人：（一）因故意犯罪受过刑事处罚；（二）曾被吊销相关专业执业证书；（三）与本案有利害关系；（四）人民法院认为不宜担任管理人的其他情形。"

①因故意犯罪受过刑事处罚：管理人不仅需要具有专业能力，还需要具有很好的道德操守。如果一个人曾经有过故意犯罪记录，

其品德便值得怀疑，不得担任管理人。但是，如仅有过失犯罪记录，或虽有过故意犯罪，但被免予刑事处罚，依法不构成管理人任职的消极条件。

②曾被吊销相关专业执业证书：社会中介机构的专业人员，如果曾被吊销过相关职业证书，则不得担任管理人。

③与本案有利害关系者不得担任管理人。此处所谓“利害关系”应包括一定范围的亲属关系和债权债务关系、雇佣关系、合伙关系等。

《企业破产指定管理人规定》第23条规定：“社会中介机构、清算组成员有下列情形之一，可能影响其忠实履行管理人职责的，人民法院可以认定为企业破产法第二十四条第三款第三项规定的利害关系：（一）与债务人、债权人有未了结的债权债务关系；（二）在人民法院受理破产申请前三年内，曾为债务人提供相对固定的中介服务；（三）现在是或者在人民法院受理破产申请前三年内曾经是债务人、债权人的控股股东或者实际控制人；（四）现在担任或者在人民法院受理破产申请前三年内曾经担任债务人、债权人的财务顾问、法律顾问；（五）人民法院认为可能影响其忠实履行管理人职责的其他情形。”

《企业破产指定管理人规定》第24条规定：“清算组成员的派出人员、社会中介机构的派出人员、个人管理人有下列情形之一，可能影响其忠实履行管理人职责的，可以认定为企业破产法第二十四条第三款第三项规定的利害关系：（一）具有本规定第二十三条规定情形；（二）现在担任或者在人民法院受理破产申请前三年内曾经担任债务人、债权人的董事、监事、高级管理人员；（三）与债权人或者债务人的控股股东、董事、监事、高级管理人员存在夫妻、直系血亲、三代以内旁系血亲或者近姻亲关系；（四）人民法院认为可能影响其公正履行管理人职责的其他情形。”

④人民法院认为不宜担任管理人的其他情形：这是一项兜底条款，赋予法院在任命管理人时较大的自由裁量权，因为前述三种消极资格规定可能未囊括不适宜担任管理人的所有情形。《企业破产指定管理人规定》第9条对此作进一步细化，规定社会中介机构及个人具有下列情形之一的，不得担任管理人：1）因执业、经营中故意或者重大过失行为，受到行政机关、监管机构或者行业自律组织行政处罚或者纪律处分之日起未逾3年；2）因涉嫌违法行为正被相关部门调查；3）因不适当履行职务或者拒绝接受人民法院指定等原因，被人民法院从管理人名册除名之日起未逾3年；4）缺乏担任管理人所应具备的专业能力；5）缺乏承担民事责任的能力；6）人民法院认为可能影响履行管理人职责的其他情形。

第二十二章　破产财产、破产费用与共益债务制度

单项选择题

1. **答案**：C。已经作为担保物的财产不属于破产财产。《企业破产法》第30条规定："破产申请受理时属于债务人的全部财产，以及破产申请受理后至破产程序终结前债务人取得的财产，为债务人财产。"故本题选C。
2. **答案**：B。《最高人民法院关于适用〈中华人民共和国企业破产法〉若干问题的规定（三）》第1条第1款的规定："人民法院裁定受理破产申请的，此前债务人尚未支付的公司强制清算费用、未终结的执行程序中产生的评估费、公告费、保管费等执行费用，可以参照企业破产法关于破产费用的规定，由债务人财产随时清偿。"故本题选B。
3. **答案**：B。选项A，债权人甲公司因参加破产程序花费5万元，不属于破产债权，因为破产程序的费用应由破产财产中支付，不属于债权人的债权。选项B，破产宣告时长虹储运公司欠乙公司2万元贷款，离偿付日期还有1个月，这笔债务属于破产债权，因为破产宣告后，破产企业的所有债务都应纳入破产债权进行清算。选项C，长虹储运公司向银行贷款10万元，该项贷款以长虹储运公司价值20万元的房产作抵押担保，根据《企业破产法》的规定，抵押权优先于普通债权受偿，因此，这部分债权不计入破产债权，而是优先受偿的抵押债权。选项D，长虹储运公司拖欠某市地方税务局税款5万元，根据《企业破产法》的规定，国家税收债权属于优先债权，应在普通债权之前受偿，因此，这部分债权也不计入破产债权。综上所述，只有选项B属于破产债权。
4. **答案**：C。本题考查的是破产财产的范围。《企业破产法》第30条规定："破产申请受理时属于债务人的全部财产，以及破产申请受理后至破产程序终结前债务人取得的财产，为债务人财产。"据此，本题C项不属于破产财产的范围，为本题正确答案。
5. **答案**：D。本题考查的是破产法律中债务人财产的范围。《企业破产法》第30条规定："破产申请受理时属于债务人的全部财产，以及破产申请受理后至破产程序终结前债务人取得的财产，为债务人财产。"据此，债务人享有的未到期债权和设定抵押的财产均属于债务人财产，A、C不选。《企业破产法》第31条规定："人民法院受理破产申请前一年内，涉及债务人财产的下列行为，管理人有权请求人民法院予以撤销：……（二）以明显不合理的价格进行交易的……"上述处分行为经撤销后，标的财产同样属于债务人财产，B项不选。《企业破产法》第39条规定："人民法院受理破产申请时，出卖人已将买卖标的物向作为买受人的债务人发运，债务人尚未收到且未付清全部价款的，出卖人可以取回在运途中的标的物。但是，管理人可以支付全部价款，请求出卖人交付标的物。"因此，上述标的物不属于债务人财产，D项正确。
6. **答案**：A。《最高人民法院关于适用〈中华人民共和国企业破产法〉若干问题的规定（一）》第8条规定："破产案件的诉讼费用，应根据企业破产法第四十三条的规定，从债务人财产中拨付。相关当事人以申请人未预先交纳诉讼费用为由，对破产申请提出异议的，人民法院不予支持。"据此，破产申请人申请企业破产清算不以预先交纳诉讼费用为前提，故A项错误，当选。

   《企业破产法》第43条第1款规定："破产费用和共益债务由债务人财产随时清偿。"该法第41条规定："人民法院受理破产申请后发生的下列费用，为破产费用：（一）破产案件的诉讼费用；（二）管理、变价和分配债务人财产的费用；（三）管理人

执行职务的费用、报酬和聘用工作人员的费用。”据此，破产清算的诉讼费用属于企业破产费用，应当以债务人财产随时清偿，故B项正确，不能选。

《企业破产法》第43条第2款规定：“债务人财产不足以清偿所有破产费用和共益债务的，先行清偿破产费用。”诉讼费用属于破产费用，而共益费用属于共益债务，所以诉讼费用应先于共益费用受清偿，C项正确，不能选。

《企业破产法》第43条第4款规定：“债务人财产不足以清偿破产费用的，管理人应当提请人民法院终结破产程序。人民法院应当自收到请求之日起十五日内裁定终结破产程序，并予以公告。”据此，D项正确，不能选。

7. **答案**：C。《最高人民法院关于适用〈中华人民共和国企业破产法〉若干问题的规定（三）》第3条规定：“破产申请受理后，债务人欠缴款项产生的滞纳金，包括债务人未履行生效法律文书应当加倍支付的迟延利息和劳动保险金的滞纳金，债权人作为破产债权申报的，人民法院不予确认。”据此，C项正确。

多项选择题

1. **答案**：BD。本题考查的是特定期限内破产企业的行为无效的情况。《企业破产法》第33条规定：“涉及债务人财产的下列行为无效：（一）为逃避债务而隐匿、转移财产的；（二）虚构债务或者承认不真实的债务的。”据此，本题正确答案为B、D。

2. **答案**：BC。本题考查的是涉及债务人财产的行为的效力。《企业破产法》第33条规定：“涉及债务人财产的下列行为无效：（一）为逃避债务而隐匿、转移财产的；（二）虚构债务或者承认不真实的债务的。”第31条规定：“人民法院受理破产申请前一年内，涉及债务人财产的下列行为，管理人有权请求人民法院予以撤销：（一）无偿转让财产的；（二）以明显不合理的价格进行交易的；（三）对没有财产担保的债务提供财产担保的；（四）对未到期的债务提前清偿的；（五）放弃债权的。”据此，本题正确答案为B、C。

3. **答案**：ACD。《企业破产法》第113条第1款规定：“破产财产在优先清偿破产费用和共益债务后，依照下列顺序清偿：（一）破产人所欠职工的工资和医疗、伤残补助、抚恤费用，所欠的应当划入职工个人账户的基本养老保险、基本医疗保险费用，以及法律、行政法规规定应当支付给职工的补偿金；（二）破产人欠缴的除前项规定以外的社会保险费用和破产人所欠税款；（三）普通破产债权。”第41条规定：“人民法院受理破产申请后发生的下列费用，为破产费用：（一）破产案件的诉讼费用；（二）管理、变价和分配债务人财产的费用；（三）管理人执行职务的费用、报酬和聘用工作人员的费用。”本题中，农民工的工资并不属于破产费用，其受偿顺序在破产费用之后，A项说法错误。第30条规定：“破产申请受理时属于债务人的全部财产，以及破产申请受理后至破产程序终结前债务人取得的财产，为债务人财产。”第107条第2款规定：“债务人被宣告破产后，债务人称为破产人，债务人财产称为破产财产……”第38条规定：“人民法院受理破产申请后，债务人占有的不属于债务人的财产，该财产的权利人可以通过管理人取回。但是，本法另有规定的除外。”因此B项说法正确，C项说法错误，按照破产财产的定义，抵押物也属于破产财产。员工对公司投资后是作为公司股东身份存在的，其不是债权人，因此不能作为债权人受偿，D项说法错误。本题的正确答案是A、C、D。

4. **答案**：BC。《企业破产法》第16条规定：“人民法院受理破产申请后，债务人对个别债权人的债务清偿无效。”因此，A的说法错误，不当选。第51条规定：“债务人的保证人或者其他连带债务人已经代替债务人清偿债务的，以其对债务人的求偿权申报债权。债务人的保证人或者其他连带债务人尚未代替债务人清偿债务的，以其对债务人的将来求偿权申报债权。但是，债权人已经向管理人申报全部债权的除外。”由此，B 和 C 是正确的，当选。第 110 条规定：“享有本法第一百零九条规定权利的债权人行使优先受偿权利未能完全受偿的，其未受偿的债权作为普通债权；放弃优先受偿权利的，其债权作为普通债权。”由此，D 是错误的，不当选。本题正确答案是 B、C。

名词解释

1. **答案**：债务人财产是指破产申请受理时属于债务人的全部财产，以及破产申请受理后至破产程序终结前债务人取得的财产。
2. **答案**：破产费用是指为债权人的共同利益而支付的旨在保证破产程序顺利进行所必需的，并在破产程序中优先拨付的费用。包括三部分：一是破产案件的诉讼费用；二是管理、变价和分配债务人财产的费用；三是管理人执行职务的费用、报酬和聘用工作人员的费用。

简答题

答案：破产无效行为，是指在债务人进入破产程序以后，所实施的为逃避债务而隐匿、转移财产的或虚构债务或者承认不真实的债务的行为。可撤销行为，是在破产宣告后，对债务人在破产宣告前一定时期内的有害债权的行为，管理人有权请求人民法院予以撤销的行为，包括以下五种：（1）无偿转让财产的。（2）以明显不合理的价格进行交易的。（3）对原来没有财产担保的债务提供财产担保的。（4）对未到期债务提前清偿的。（5）放弃债权的。

破产无效行为和可撤销行为的区别在于破产无效行为在性质上均属于欺诈行为，不论何时发生，均自始当然无效，而且是法定的无效行为。而对于可撤销行为，在企业正常经营情况下，属于合法有效行为。而当企业进入破产程序后，法律将撤销权赋予管理人，以防止债务人对债权人权益的损害。管理人行使撤销权必须通过法院进行，当法院撤销债务人行为后，该行为自始无效。如管理人未对可撤销行为行使撤销权，则该行为为有效行为。

第二十三章　债权人会议

单项选择题

1. **答案**：C。本题考查的是企业与债权人会议达成协议的后果。根据《企业破产法》第98条的规定，债权人会议通过和解协议的，由人民法院裁定认可，终止和解程序，并予以公告。管理人应当向债务人移交财产和营业事务，并向人民法院提交执行职务的报告。据此，本题正确答案为C。

2. **答案**：C。《企业破产法》第45条规定，人民法院受理破产申请后，应当确定债权人申报债权的期限。债权申报期限自人民法院发布受理破产申请公告之日起计算，最短不得少于三十日，最长不得超过三个月。

   第62条规定："第一次债权人会议由人民法院召集，自债权申报期限届满之日起十五日内召开。以后的债权人会议，在人民法院认为必要时，或者管理人、债权人委员会、占债权总额四分之一以上的债权人向债权人会议主席提议时召开。"故A项表述正确。题中债权人会议召开时间不合法，B项表述正确。债务人可以申请宣告破产，故D项表述正确。

3. **答案**：B。本题考查的是有关债权人会议的规定。《企业破产法》第59条规定："依法申报债权的债权人为债权人会议的成员，有权参加债权人会议，享有表决权……"据此，本题A、D项不正确。第97条规定："债权人会议通过和解协议的决议，由出席会议的有表决权的债权人过半数同意，并且其所代表的债权额占无财产担保债权总额的三分之二以上。"据此，本题B项正确，C项不正确。

4. **答案**：B。本题考查的是破产案件中逾期未申报债权的后果。《企业破产法》第56条规定："在人民法院确定的债权申报期限内，债权人未申报债权的，可以在破产财产最后分配前补充申报；但是，此前已进行的分配，不再对其补充分配。为审查和确认补充申报债权的费用，由补充申报人承担。债权人未依照本法规定申报债权的，不得依照本法规定的程序行使权利。"据此，本题正确答案为B。

5. **答案**：D。《企业破产法》第61条第1款规定："债权人会议行使下列职权：(一）核查债权；(二）申请人民法院更换管理人，审查管理人的费用和报酬；(三）监督管理人；(四）选任和更换债权人委员会成员；(五）决定继续或者停止债务人的营业；(六）通过重整计划；(七）通过和解协议；(八）通过债务人财产的管理方案；(九）通过破产财产的变价方案；(十）通过破产财产的分配方案；(十一）人民法院认为应当由债权人会议行使的其他职权。"关于一般事项的表决程序，《企业破产法》第64条第1款规定："债权人会议的决议，由出席会议的有表决权的债权人过半数通过，并且其所代表的债权额占无财产担保债权总额的二分之一以上。但是，本法另有规定的除外。"本题中，债权人会议决定经过有表决权的债权人过半数通过，并且其所代表的债权额占无财产担保债权总额的60%，超过1/2，所以A、B、C三项符合法律规定。

   关于和解协议的表决程序，《企业破产法》第97条规定："债权人会议通过和解协议的决议，由出席会议的有表决权的债权人过半数同意，并且其所代表的债权额占无财产担保债权总额的三分之二以上。"据此，D项不符合法律规定。

6. **答案**：B。根据《最高人民法院关于适用〈中华人民共和国企业破产法〉若干问题的规定（三）》第14条第1款的规定："债权人委员会决定所议事项应获得全体成员过半数通过，并作成议事记录。债权人委员会成员对所议事项的决议有不同意见的，应当在记录中载明。”故选 B。

多项选择题

1. **答案**：CD。本题考查的是有关债权人会议的规定。《企业破产法》第 59 条第 1 款、第 2 款规定：“依法申报债权的债权人为债权人会议的成员，有权参加债权人会议，享有表决权。债权尚未确定的债权人，除人民法院能够为其行使表决权而临时确定债权额的外，不得行使表决权。”第 60 条规定：“债权人会议设主席一人，由人民法院从有表决权的债权人中指定。债权人会议主席主持债权人会议。”据此，本题 C、D 项正确。
2. **答案**：AD。本题考查的是和解协议的通过程序。《企业破产法》第 97 条规定：“债权人会议通过和解协议的决议，由出席会议的有表决权的债权人过半数同意，并且其所代表的债权额占无财产担保债权总额的三分之二以上。”据此，本题正确答案为 A、D。
3. **答案**：ABC。本题考查的是有关债权人会议决议的规定。《企业破产法》第 64 条第 1 款规定：“债权人会议的决议，由出席会议的有表决权的债权人过半数通过，并且其所代表的债权额占无财产担保债权总额的二分之一以上。但是，本法另有规定的除外。”据此，本题 A、B 项正确。《企业破产法》第 59 条第 4 款规定：“债权人可以委托代理人出席债权人会议，行使表决权……”故本题 C 项正确。《企业破产法》第 64 条第 2 款规定：“债权人认为债权人会议的决议违反法律规定，损害其利益的，可以自债权人会议作出决议之日起十五日内，请求人民法院裁定撤销该决议，责令债权人会议依法重新作出决议。”故 D 项是不正确的。
4. **答案**：ABC。本题考查的是债权人会议作出决议的程序。《企业破产法》第 64 条第 1 款规定：“债权人会议的决议，由出席会议的有表决权的债权人过半数通过，并且其所代表的债权额占无财产担保债权总额的二分之一以上。但是，本法另有规定的除外。”《企业破产法》第 97 条规定：“债权人会议通过和解协议的决议，由出席会议的有表决权的债权人过半数同意，并且其所代表的债权额占无财产担保债权总额的三分之二以上。”因此 D 项错误。
5. **答案**：ABCD。本题考查的是破产债权的范围。《企业破产法》第 53 条规定：“管理人或者债务人依照本法规定解除合同的，对方当事人以因合同解除所产生的损害赔偿请求权申报债权。”第 110 条规定：“享有本法第一百零九条规定权利的债权人行使优先受偿权利未能完全受偿的，其未受偿的债权作为普通债权；放弃优先受偿权利的，其债权作为普通债权。”第 46 条第 1 款规定：“未到期的债权，在破产申请受理时视为到期。”
6. **答案**：ABC。本题考查的是债权申报的性质和有关规定。《企业破产法》第 56 条规定：“在人民法院确定的债权申报期限内，债权人未申报债权的，可以在破产财产最后分配前补充申报；但是，此前已进行的分配，不再对其补充分配。为审查和确认补充申报债权的费用，由补充申报人承担……”据此，本题 A、B 项正确。《企业破产法》第 49 条规定：“债权人申报债权时，应当书面说明债权的数额和有无财产担保，并提交有关证据……”C 项正确。由于法律没有关于延长债权申报的规定，故本题 D 项不正确。
7. **答案**：ABCD。本题考核债权人会议的召开情形。根据《企业破产法》第 62 条规定：“第一次债权人会议由人民法院召集，自债权申报期限届满之日起十五日内召开。以后的债权人会议，在人民法院认为必要时，或者管理人、债权人委员会、占债权总额四分之一以上的债权人向债权人会议主席提议时召开。”
8. **答案**：AC。《企业破产法》第 46 条规定：“未到期的债权，在破产申请受理时视为到期。附利息的债权自破产申请受理时起停止计息。”据此，甲对 A 公司的未到期债权可以申报，A 项正确。

《企业破产法》第 47 条规定：“附条件、附期限的债权和诉讼、仲裁未决的债权，债权人可以申报。”据此，B 项错误，C 项正确。

《企业破产法》第48条第2款规定："债务人所欠职工的工资和医疗、伤残补助、抚恤费用，所欠的应当划入职工个人账户的基本养老保险、基本医疗保险费用，以及法律、行政法规规定应当支付给职工的补偿金，不必申报，由管理人调查后列出清单并予以公示。职工对清单记载有异议的，可以要求管理人更正；管理人不予更正的，职工可以向人民法院提起诉讼。"据此，职工丁对A公司的伤残补助请求权不必申报，故D项错误。

名词解释

1. **答案**：债权人会议是指在破产程序进行中为便于全体债权人参与破产程序以实现其破产程序参与权，维护全体债权人的共同利益，由全体登记在册的债权人组成的表达债权人意志和统一债权人行动的议事机构。

2. **答案**：破产债权是指人民法院受理破产申请时对债务人享有的债权。破产债权须依法申报并获得确认的，通过破产清算程序方能获得分配的债权。

破产债权应当符合以下构成要件：

（1）破产债权限于财产上的请求权；

（2）破产债权限于对人请求权；

（3）破产债权限于能强制执行的债权；

（4）破产债权原则上限于因破产申请受理前的原因而成立的债权。

简答题

1. **答案**：根据《企业破产法》的规定，所有债权人均为债权人会议成员，包括无财产担保的债权人、有财产担保的债权人和代替债务人清偿债务后的保证人等。但是由于《企业破产法》同时规定有债权申报制度，未如期申报债权的债权人依法被剥夺参加破产程序的权利，所以实际参加债权人会议并能够成为债权人会议成员的债权人应当符合以下条件：

（1）其债权必须在破产案件受理前成立；

（2）已于法定期间内申报和登记；

（3）经审查，人民法院已确认其债权人资格。

债权人会议成员依法享有请求召开债权人会议、参加会议和在会议上发言、询问、表决等权利。但是有财产担保的债权人依法在未放弃其对担保财产的优先受偿权时，不享有表决权。债权人于债权人会议所享有的一切权利，均可委托代理人代为行使。

2. **答案**：债权人会议，是指由债权人组成的代表全体债权人参加破产程序的意思表示机关。它包括两层含义：一是债权人会议代表的是债权人的团体利益，而不是个别或部分债权人的利益；二是其是全体债权人的意思表示机关，即债权人参加破产程序的基本形式和表达意愿的场所，行使权利的机关。其虽不是民法上的权利主体或非法人团体，也不具备诉讼法上的诉讼能力，但在破产程序中，它具有独立的意思表示能力。因此，从本质上讲，债权人会议是一个组织体，而非临时集会活动。

债权人会议的职权是债权人依法具有的职权，是债权人从事各种活动的法律依据。根据我国《企业破产法》第61条的规定，债权人会议的职权主要包括：（1）审查债权人提交的有关债权的证明材料，确认债权有无财产担保及其数额。每个债权人申报的债权数额，直接关系到每个债权人可以从破产财产中实际获得清偿的额度，而且由于有财产担保的债权可以从担保财产中获得清偿，因此不作为破产债权，除非债权人放弃优先受偿权，否则不得从破产财产中获偿，因此，对于债权的存在与否，数额大小、有无担保的调查和确认有助于破产财产的公平清偿。（2）决定是否通过和解协议草案。和解协议草案由债务人提出，旨在对已有的债权债务重新安排，如减少债务数额、延长还债期限等，从而使债务人能够暂时躲过破产的命运，获得一线生机，而债务人能否振兴则取决于和解后的整顿是否能获得成功，因此和解的达成势必直接影响到债权人的利益，需要由债权人会议表决通过。（3）讨论通过破产财产的处理和分配方案。破产财产的处理方案是由清算组对破产财产进行清理、估价、变卖及其他处分行为的具体计划。

第二十四章　破产重整

单项选择题

1. **答案**：B。本题考查重整法律制度中的未申报债权清偿规则。《企业破产法》第 92 条第 2 款规定："债权人未依照本法规定申报债权的，在重整计划执行期间不得行使权利；在重整计划执行完毕后，可以按照重整计划规定的同类债权的清偿条件行使权利。"A、C 项错误，B 项正确。

   《企业破产法》第 92 条第 1 款规定："经人民法院裁定批准的重整计划，对债务人和全体债权人均有约束力。"D 项错误。

2. **答案**：C。《企业破产法》第 70 条规定："债务人或者债权人可以依照本法规定，直接向人民法院申请对债务人进行重整。债权人申请对债务人进行破产清算的，在人民法院受理破产申请后、宣告债务人破产前，债务人或者出资额占债务人注册资本十分之一以上的出资人，可以向人民法院申请重整。"据此，债务人或者债权人可以不经过申请破产程序而直接申请破产重整，故 A 项错误。

   《企业破产法》第 72 条规定："自人民法院裁定债务人重整之日起至重整程序终止，为重整期间。"第 88 条规定："重整计划草案未获得通过且未依照本法第八十七条的规定获得批准，或者已通过的重整计划未获得批准的，人民法院应当裁定终止重整程序，并宣告债务人破产。"据此，重整计划可能根本无法获得债权人会议通过或者法院批准，此时重整程序终止。《企业破产法》第 93 条第 1 款规定："债务人不能执行或者不执行重整计划的，人民法院经管理人或者利害关系人请求，应当裁定终止重整计划的执行，并宣告债务人破产。"据此，重整计划可能被执行，也可能不被执行，如果重整计划不被执行，重整程序也要终止。所以，破产重整期间的终点为重整程序终止之时而非重整计划执行完毕之时，故 B 项错误。

   《企业破产法》第 89 条规定："重整计划由债务人负责执行。人民法院裁定批准重整计划后，已接管财产和营业事务的管理人应当向债务人移交财产和营业事务。"第 90 条规定："自人民法院裁定批准重整计划之日起，在重整计划规定的监督期内，由管理人监督重整计划的执行。在监督期内，债务人应当向管理人报告重整计划执行情况和债务人财务状况。"据此，重整计划由债务人在管理人的监督下负责执行，故 C 项正确。

   D 项没有正当理由。《民法典》第 733 条规定："租赁期限届满，承租人应当返还租赁物。返还的租赁物应当符合按照约定或者根据租赁物的性质使用后的状态。"无论是在破产重整期间还是破产清算期间，只要租赁合同到期，出租人都有权利要求承租人返还租赁物。就此，《企业破产法》第 38 条规定："人民法院受理破产申请后，债务人占有的不属于债务人的财产，该财产的权利人可以通过管理人取回。但是，本法另有规定的除外。"就出租人的取回权而言，破产重整与破产清算程序并无区别，法律并未特别限制出租人的取回权，故 D 项错误。

多项选择题

1. **答案**：AB。《企业破产法》第 80 条规定："债务人自行管理财产和营业事务的，由债务人制作重整计划草案。管理人负责管理财产和营业事务的，由管理人制作重整计划草案。"因此，A 项正确。《企业破产法》第 82 条规定："下列各类债权的债权人参加讨论重整计划草案的债权人会议，依照下列债权分类，分组对重整计划草案进行表决……"因此，B 项正确。《企业破产法》第 84 条第 2 款规定："出席会议的同一表决组的债权人过半数同意重整计划草案，并且其所代表的债权额占该组债权总额的三分之二以上的，即为该组通过重整计划草案。”C 项为过半数同意通过，错误。《企业破产法》第 86 条第 1 款规定：“各表决组均通过重整计划草案时，重整计划即为通过。”D 项的 2/3 通过错误，应为全部通过。

2. **答案**：BD。本题考查的是人民法院应当宣告终结破产程序的情形。《企业破产法》第 108 条规定：“破产宣告前，有下列情形之一的，人民法院应当裁定终结破产程序，并予以公告：（一）第三人为债务人提供足额担保或者为债务人清偿全部到期债务的；（二）债务人已清偿全部到期债务的。”A、C 项属于宣告债务人破产的情形。

3. **答案**：ABC。本题考核重整的相关规定。《企业破产法》第 77 条第 1 款规定：“在重整期间，债务人的出资人不得请求投资收益分配。”因此，选项 D 的说法是错误的。

名词解释

1. **答案**：破产和解是指为避免破产宣告或破产分配，由债务人提出和解申请及和解协议草案，债权人会议讨论通过并经法院许可的，解决债权与债务人之间的债权问题的制度。

2. **答案**：破产重整是指经利害关系人的申请，在审判机关的主持和利害关系人的参与下，对不能支付到期债务陷入财务困难的企业，进行生产经营的整顿和债权债务清理的一种旨在使其摆脱困难、挽救其生存的积极的特殊法律程序。

论述题

答案：重整制度的主要目的是债务清理和企业拯救，而在这两个目的之间，后者是主要的方面。也就是说，重整制度的首要任务是实现企业拯救。值得注意的是，切不可把企业拯救的意义仅仅理解为债权偿付的优化。实际上，重整制度所涉及的企业，其中除债权人和企业本身以外，还包括企业的职工及其出资人。与重整制度的目的相关，重整制度的功能体现为：

（1）重整制度维持了企业的营业，从而避免了企业营运价值的落空，弥补清算制度造成的社会资源浪费。所谓营运价值，就是企业作为营运价值实体的财产价值，或者说，企业在持续营业状态下的价值。在许多情况下，企业的营运价值高于它的清算价值，即高于它的净资产通过清算变价所能获得的价值回收。重整是避免社会资源浪费的路径选择。

（2）重整制度运用多种手段对困境企业进行整理，帮助企业复兴，提高资源配置效率。重整法律制度可以通过内部经营机制的调整、治理结构的优化提高企业运营效率，最终促使社会资源的优化配置，这种调整直接涉及资源配置方式的改变，具有主动性和直接性。

（3）保留了企业职工的就业机构，使企业不因裁员而引起动荡。

第二十五章　破产清算

单项选择题

1. **答案**：D。本题考查的是行使破产宣告权的机关。根据《企业破产法》第107条的规定，有权宣告企业破产的机关是人民法院，故本题正确答案为D。
2. **答案**：D。本题考查的是破产案件中对有财产担保的债权的清偿。《企业破产法》第110条规定："享有本法第一百零九条规定权利的债权人行使优先受偿权利未能完全受偿的，其未受偿的债权作为普通债权；放弃优先受偿权利的，其债权作为普通债权。"据此，本题正确答案为D。
3. **答案**：A。本题考查的是破产债权人主张抵销权的对象。《企业破产法》第40条规定："债权人在破产申请受理前对债务人负有债务的，可以向管理人主张抵销……"
4. **答案**：B。关于取回权，《企业破产法》第38条规定："人民法院受理破产申请后，债务人占有的不属于债务人的财产，该财产的权利人可以通过管理人取回。但是，本法另有规定的除外。"《最高人民法院关于适用〈中华人民共和国企业破产法〉若干问题的规定（二）》第26条进一步规定："权利人依据企业破产法第三十八条的规定行使取回权，应当在破产财产变价方案或者和解协议、重整计划草案提交债权人会议表决前向管理人提出。权利人在上述期限后主张取回相关财产的，应当承担延迟行使取回权增加的相关费用。"据此，A项正确。根据上述规定，如果乙公司未在规定期限内行使取回权，其取回权并不会灭失，但由此增加的费用需要由乙公司承担，故B项错误，当选。

　　《最高人民法院关于适用〈中华人民共和国企业破产法〉若干问题的规定（二）》第27条第1款规定："权利人依据企业破产法第三十八条的规定向管理人主张取回相关财产，管理人不予认可，权利人以债务人为被告向人民法院提起诉讼请求行使取回权的，人民法院应予受理。"据此，C项正确。

　　《最高人民法院关于适用〈中华人民共和国企业破产法〉若干问题的规定（二）》第28条规定："权利人行使取回权时未依法向管理人支付相关的加工费、保管费、托运费、委托费、代销费等费用，管理人拒绝其取回相关财产的，人民法院应予支持。"据此，D项正确。

多项选择题

1. **答案**：ABCD。本题考查的是人民法院裁定宣告企业破产的情形。《企业破产法》第78条规定："在重整期间，有下列情形之一的，经管理人或者利害关系人请求，人民法院应当裁定终止重整程序，并宣告债务人破产：（一）债务人的经营状况和财产状况继续恶化，缺乏挽救的可能性；（二）债务人有欺诈、恶意减少债务人财产或者其他显著不利于债权人的行为；（三）由于债务人的行为致使管理人无法执行职务。"第93条第1款规定："债务人不能执行或者不执行重整计划的，人民法院经管理人或者利害关系人请求，应当裁定终止重整计划的执行，并宣告债务人破产。"根据上述规定，本题A、B、C、D项均属于应当裁定宣告破产的情形。
2. **答案**：BCD。本题考查的是应当从破产财产中优先拨付的费用。《企业破产法》第41条规定："人民法院受理破产申请后发生的下列费用，为破产费用：（一）破产案件的诉讼费用；（二）管理、变价和分配债务人财产的费用；（三）管理人执行职务的费用、报酬和聘用工作人员的费用。"A属于共益债务。据此，本题正确答案为B、C、D。
3. **答案**：ABC。A项正确。《企业破产法》第70条第2款规定："债权人申请对债务人进行破产清算的，在人民法院受理破产申请后、宣告债务人破产前，债务人或者出资额占债务人注册资本十分之一以上的出资人，可以向人民法院申请重整。”第 95 条第 1 款规定：“债务人可以依照本法规定，直接向人民法院申请和解；也可以在人民法院受理破产申请后、宣告债务人破产前，向人民法院申请和解。”据此可知，人民法院受理破产申请后、宣告破产前可以进入重整或和解程序，但是一旦被宣告破产，则不能再进入重整或和解程序。

B 项正确。根据《企业破产法》第 95 条第 1 款的规定，破产案件受理后，债务人可以提出和解申请。

C 项正确。《企业破产法》第 2 条规定：“企业法人不能清偿到期债务，并且资产不足以清偿全部债务或者明显缺乏清偿能力的，依照本法规定清理债务。企业法人有前款规定情形，或者有明显丧失清偿能力可能的，可以依照本法规定进行重整。”据此可知，企业法人有明显丧失清偿能力可能的，即使未出现现实的资不抵债情形，也可申请重整程序。

D 项错误。《企业破产法》第 7 条第 1 款规定：“债务人有本法第二条规定的情形，可以向人民法院提出重整、和解或者破产清算申请。”据此可知，重整并非破产案件的必经程序。

4. 答案：AB。本题考查的是人民法院应当裁定终结破产程序的情形。《企业破产法》第 43 条第 4 款规定：“债务人财产不足以清偿破产费用的，管理人应当提请人民法院终结破产程序……”第 120 条第 2 款规定：“管理人在最后分配完结后，应当及时向人民法院提交破产财产分配报告，并提请人民法院裁定终结破产程序。”据此，本题 A、B 项正确。C、D 项于法无据，不正确。

5. 答案：CD。本题考查的是破产财产的清偿顺序。《企业破产法》第 113 条第 1 款规定：“破产财产在优先清偿破产费用和共益债务后，依照下列顺序清偿：（一）破产人所欠职工的工资和医疗、伤残补助、抚恤费用，所欠的应当划入职工个人账户的基本养老保险、基本医疗保险费用，以及法律、行政法规规定应当支付给职工的补偿金；（二）破产人欠缴的除前项规定以外的社会保险费用和破产人所欠税款；（三）普通破产债权。”据此，本题正确答案为 C、D。

6. 答案：ABD。本题考查的是行使别除权的条件。别除权是指债权人不依破产程序，而由破产财产中的特定财产单独优先受偿的权利。行使别除权，须具备下列条件：（1）债权和担保权合法成立和生效；（2）债权和担保权符合《企业破产法》的规定；（3）债权已经依法申报并得到确认。据此，本题正确答案为 A、B、D。

7. 答案：CD。本题属于企业因营业期限届满而解散，应该适用《公司法》中关于清算的规定，这跟《企业破产法》的清算不同。《公司法》第 234 条规定：“清算组在清算期间行使下列职权：（一）清理公司财产，分别编制资产负债表和财产清单；（二）通知、公告债权人；（三）处理与清算有关的公司未了结的业务；（四）清缴所欠税款以及清算过程中产生的税款；（五）清理债权、债务；（六）分配公司清偿债务后的剩余财产；（七）代表公司参与民事诉讼活动。”由此，C、D 项正确；《公司法》第 236 条规定：“……清算期间，公司存续，但不得开展与清算无关的经营活动。公司财产在未依照前款规定清偿前，不得分配给股东。”所以 A 项的做法是不合法的。第 235 条规定：“清算组应当自成立之日起十日内通知债权人，并于六十日内在报纸上……公告。债权人应当自接到通知书之日起三十日内，未接到通知书的自公告之日起四十五日内，向清算组申报其债权。债权人申报债权，应当说明债权的有关事项，并提供证明材料。清算组应当对债权进行登记。在申报债权期间，清算组不得对债权人进行清偿。”所以 B 项是错误的，不能选。因此，本题正确答案是 C、D。

8. 答案：BCD。本题考查附生效条件的债权的处理。根据规定，对于附生效条件或者解除条件的债权，管理人应当将其分配额提存。

管理人依照前款规定提存的分配额，在最后分配公告日，生效条件未成就或者解除条件成就的，应当分配给其他债权人；在最后分配公告日，生效条件成就或者解除条件未成就的，应当交付给债权人。

9. 答案：BCD。A项涉及买卖合同中标的物所有权的转移。《民法典》第603条规定："出卖人应当按照约定的地点交付标的物。当事人没有约定交付地点或者约定不明确，依据本法第五百一十条的规定仍不能确定的，适用下列规定：（一）标的物需要运输的，出卖人应当将标的物交付给第一承运人以运交给买受人；（二）标的物不需要运输，出卖人和买受人订立合同时知道标的物在某一地点的，出卖人应当在该地点交付标的物；不知道标的物在某一地点的，应当在出卖人订立合同时的营业地交付标的物。"据此，在送货上门的情形下，标的物送达收货人时，完成交付，所有权发生转移；而在代办托运的情形下，货交第一承运人，即完成交付，所有权发生转移。本题中并未说明甲、乙之间的买卖采取何种交付方式，所以无法准确判断标的物所有权是否已经发生转移。A项简单声明"乙公司已经取得该批货物的所有权"而未考虑送货上门或者有明确约定的交货地点的情形，失之偏颇。在题目中没有特别说明代办托运的情形，更应该将交付方式理解为现实交付，因为乙公司尚未收到货物，交付没有完成，所有权不发生转移，故A项错误。

《企业破产法》第39条规定："人民法院受理破产申请时，出卖人已将买卖标的物向作为买受人的债务人发运，债务人尚未收到且未付清全部价款的，出卖人可以取回在运途中的标的物。但是，管理人可以支付全部价款，请求出卖人交付标的物。"据此，甲公司有权取回属于自己的货物，B项正确。当然，乙公司破产管理人也可以支付全部价款，从而请求甲公司交付货物，C项正确。

关于D项，货物运到后，所有权发生转移，甲公司丧失对货物的所有权而对乙公司享有债权。《企业破产法》第44条规定："人民法院受理破产申请时对债务人享有债权的债权人，依照本法规定的程序行使权利。"甲公司可以申报自己的债权，从而使该债权成为破产债权，故D项正确。

10. 答案：AB。《企业破产法》第31条规定："人民法院受理破产申请前一年内，涉及债务人财产的下列行为，管理人有权请求人民法院予以撤销：（一）无偿转让财产的；（二）以明显不合理的价格进行交易的；（三）对没有财产担保的债务提供财产担保的；（四）对未到期的债务提前清偿的；（五）放弃债权的。"A项属于以明显不合理的价格进行交易的行为，该行为发生在法院受理破产申请的一年之内，所以能被撤销，故A项正确。B项属于无偿转让财产的行为，并且发生在法院受理破产申请前的一年内，可以被撤销，故B项正确。

《企业破产法》第32条规定："人民法院受理破产申请前六个月内，债务人有本法第二条第一款规定的情形，仍对个别债权人进行清偿的，管理人有权请求人民法院予以撤销。但是，个别清偿使债务人财产受益的除外。"第2条第1款规定："企业法人不能清偿到期债务，并且资产不足以清偿全部债务或者明显缺乏清偿能力的，依照本法规定清理债务。"C项属于人民法院受理破产申请前六个月内的个别债务清偿行为，但C项中并没有说明清偿时"企业法人不能清偿到期债务，并且资产不足以清偿全部债务或者明显缺乏清偿能力"，所以不能认定C项行为属于可撤销的行为，故不能选。

《企业破产法》第40条规定："债权人在破产申请受理前对债务人负有债务的，可以向管理人主张抵销。但是，有下列情形之一的，不得抵销：（一）债务人的债务人在破产申请受理后取得他人对债务人的债权的；（二）债权人已知债务人有不能清偿到期债务或者破产申请的事实，对债务人负担债务的；但是，债权人因为法律规定或者有破产申请一年前所发生的原因而负担债务的除外；（三）债务人的债务人已知债务人有不能清偿到期债务或者破产申请的事实，对债务人取得债权的；但是，债务人的债务人因为法律规定或者有破产申请一年前所发生的原因而取得债权的除外。”据此规定，债权人享有抵销权，这种抵销权可以在人民法院受理破产申请之后行使，更可以在人民法院受理破产申请之前行使。D项中，某公司在法院受理破产申请前的六个月内以协议方式与债务人丙相互抵销了20万元，并不会损害其他债权人的利益。因为可以抵销的债权既可以被某公司抵销，也可以被债务人丙抵销，该抵销行为不能被撤销。故D项不能选。

11. 答案：CD。《企业破产法》第32条规定，人民法院受理破产申请前6个月内，债务人有本法第2条第1款规定的情形，仍对个别债权人进行清偿的，管理人有权请求人民法院予以撤销。但是，个别清偿使债务人财产受益的除外。《最高人民法院关于适用〈中华人民共和国企业破产法〉若干问题的规定（二）》第14条进一步规定：“债务人对以自有财产设定担保物权的债权进行的个别清偿，管理人依据企业破产法第三十二条的规定请求撤销的，人民法院不予支持。但是，债务清偿时担保财产的价值低于债权额的除外。”据此，A项错误。

《最高人民法院关于适用〈中华人民共和国企业破产法〉若干问题的规定（二）》第15条规定：“债务人经诉讼、仲裁、执行程序对债权人进行的个别清偿，管理人依据企业破产法第三十二条的规定请求撤销的，人民法院不予支持。但是，债务人与债权人恶意串通损害其他债权人利益的除外。”据此，B项错误。

《最高人民法院关于适用〈中华人民共和国企业破产法〉若干问题的规定（二）》第16条规定：“债务人对债权人进行的以下个别清偿，管理人依据企业破产法第三十二条的规定请求撤销的，人民法院不予支持：（一）债务人为维系基本生产需要而支付水费、电费等的；（二）债务人支付劳动报酬、人身损害赔偿金的；（三）使债务人财产受益的其他个别清偿。”据此，C、D两项正确。

12. 答案：BC。《企业破产法》第109条规定：“对破产人的特定财产享有担保权的权利人，对该特定财产享有优先受偿的权利。”据此，债务人破产之后，债权人享有的担保物权不受影响，企业破产法上称为别除权。需要注意的是，别除权的行使受到破产程序的限制，至少要进行债权申报和债权确认之后，方能行使别除权。就此，《企业破产法》第48条第1款规定：“债权人应当在人民法院确定的债权申报期限内向管理人申报债权。”第49条规定：“债权人申报债权时，应当书面说明债权的数额和有无财产担保，并提交有关证据。申报的债权是连带债权的，应当说明。”本题中，翰扬公司就其享有抵押权的债权可以行使抵押权，但必须经过破产债权申报和确认之后方能行使，而非在破产受理后直接行使，故而A项错误。

《企业破产法》第18条第1款规定：“人民法院受理破产申请后，管理人对破产申请受理前成立而债务人和对方当事人均未履行完毕的合同有权决定解除或者继续履行，并通知对方当事人。管理人自破产申请受理之日起二个月内未通知对方当事人，或者自收到对方当事人催告之日起三十日内未答复的，视为解除合同。”据此，B项正确。

《企业破产法》第38条规定：“人民法院受理破产申请后，债务人占有的不属于债务人的财产，该财产的权利人可以通过管理人取回。但是，本法另有规定的除外。”在此，取回权的客体是特定的动产或者不动产，但货币本身具有占有即所有的特征，对货币不能行使取回权，而应当将该不当得利返还请求权作为破产债权进行申报，故C项正确。

《企业破产法》第40条规定：“债权人在破产申请受理前对债务人负有债务的，可以向管理人主张抵销。但是，有下列情形之一的，不得抵销：（一）债务人的债务人在破产申请受理后取得他人对债务人的债权的……”据此，债务人的债务人在破产受理之后取得的债权不能与其对债务人的债务进行抵销，故D项错误。

名词解释

答案：破产撤销权，通常是指破产管理人对破产债务人在破产程序开始以前的法定期间内（或称临界期或嫌疑期）与他人进行的，损害债权人利益的行为，有否认其效力，申请法院予以撤销该行为，并将因该行为产生的财产利益回归破产财团的权利。

简答题

1. **答案**：破产抵销权是指对于破产人负有债务的破产债权人在破产人被宣告破产时，不论给付种类是否相同，或是否附有期限或解除条件，均不得依破产程序，将其对破产人的债权和债务予以抵销的权利。《企业破产法》第40条规定："债权人在破产申请受理前对债务人负有债务的，可以向管理人主张抵销……"根据这一规定，债权人在破产宣告前对破产人负有债务的，无论是否已到清偿期限，无论债务标的、给付种类是否相同，均可在破产清算前相互抵销，这就是破产抵销权。破产抵销权的特征：第一，具有主体的特定性。破产抵销权是破产债权人的专有权利，权利主体只能是破产权人一方。第二，这种抵销权不受债务种类和履行期限的限制。第三，债务有时间限制。权利人主张抵销的债务，只能是破产宣告前他对破产人所负担的债务。为了维护破产债权人的共同利益，保证债权人公平地行使权利，法律对破产债权人行使破产抵销权的范围给予一定限制。

   但是，行使破产抵销权也有例外。《企业破产法》第40条规定："……有下列情形之一的，不得抵销：（一）债务人的债务人在破产申请受理后取得他人对债务人的债权的；（二）债权人已知债务人有不能清偿到期债务或者破产申请的事实，对债务人负担债务的；但是，债权人因为法律规定或者有破产申请一年前所发生的原因而负担债务的除外；（三）债务人的债务人已知债务人有不能清偿到期债务或者破产申请的事实，对债务人取得债权的；但是，债务人的债务人因为法律规定或者有破产申请一年前所发生的原因而取得债权的除外。"

2. **答案**：别除权是指债权人因债权设有担保物，而就破产人特定担保财产在破产程序中享有的优先受偿权利。

   别除权具有如下特征：

   （1）别除权是担保物权在企业破产法上的转化形式；

   （2）别除权是针对破产人的特定财产行使的权利；

   （3）别除权的设定应当在破产宣告之前；

   （4）别除权的行使受破产程序的约束。

   破产宣告前成立的有财产担保的债权，债权人享有就该担保物优先受偿的权利。别除权是仅就破产财团的特定财产而行使的权利，是不依破产程序而依民法一般法的程序行使的权利。其基础权利包括抵押权、存在于债务人的特定财产之上的法定特别优先权、存在于破产财团中特定动产之上的质权、留置权等。

   别除权是由破产人特定财产上已存在的担保物权之排他性优先效力沿袭而来，从性质上来说，企业破产法上的别除权，实际上是民法上的担保物权在破产程序上的折射，并非企业破产法所创设。别除权的名称，乃是针对这种权利在破产程序中行使的特点而命名的。

3. **答案**：（1）债权人自治，是指全体债权人通过债权人会议，对破产程序进行中涉及债权人利益的各重大事项做出决定，并监督破产财产管理和分配的一系列权利，以及保障这些权利实现的有关程序制度。实行债权人自治，是企业破产法的一项重要原则。

   （2）债权人自治原则是确定债权人会议地位的基本依据。根据这一原则，有关债权人权利行使和权利处分的一切事项，均应由债权人会议独立地做出决议。债权人在债权人会议上应享有充分的自由表达和自主表决的权利。债权人会议做出的关于债权确认、与债务人和解、破产财产变价和分配等重大事项的决议，是程序进行的重要根据。债权人会议还应享有监督破产财产管理和处分的权利。

4. 答案：（1）清理公司财产，分别编制资产负债表和财产清单。因公司解散而清算，清算组在清理公司财产、编制资产负债表和财产清单后，发现公司财产不足清偿债务的，应当立即向人民法院申请宣告破产。

（2）通知已知的债权人，发布公告周知无法通知的债权人。

（3）处理与清算有关的公司未了结的业务。

（4）清缴公司拖欠未缴的税款。

（5）处理公司清偿债务后的剩余财产。

（6）代表公司参与民事诉讼活动。

（7）清算组成员因故意或者重大过失给公司或者债权人造成损失的，应当承担赔偿责任。

5. 答案：（1）第一顺位。根据《企业破产法》第 113 条第 1 款第 1 项的规定，破产财产在优先清偿破产费用和共益债务后，优先清偿破产人所欠职工的工资和医疗、伤残补助、抚恤费用，所欠的应当划入职工个人账户的基本养老保险、基本医疗保险费用，以及法律、行政法规规定应当支付给职工的补偿金。

（2）别除权是指在企业破产时，对部分有财产担保债权可以不经过破产程序而优先以担保物价值受偿的权利。

由于作为担保标的物的财产不属于破产财产，债权人就此物行使权利无须通过破产程序。别除权具有三个特征：第一，是担保物权的权利人对破产财产所享有的一种权利。

第二，这种权利的行使以担保标的物为限。

第三，这种权利的行使不依据破产程序，权利人可在破产程序之外，可以通过民事执行程序行使权利，随时对权利标的物行使权利，不受破产程序的约束。

6. 答案：《企业破产法》涉及清偿顺序的规定主要表现为以下几个方面：

其一，破产财产的界定。《企业破产法》第 30 条和第 107 条没有把担保物排除在破产财产之外，而是将“债务人财产”与“破产财产”等同起来。这意味着在宣告破产后，即使已经作为担保物的财产也须纳入破产程序中，按照破产财产来管理，并且在破产清偿方面，除非法律有明确规定，已作担保物的财产不能有特别的例外，而应与其他财产统一分配清偿。

其二，有担保权的对特定财产享有优先受偿权规则。在保护享有担保物权的债权人问题上，《企业破产法》第 109 条作了专门的规定：“对破产人的特定财产享有担保权的权利人，对该特定财产享有优先受偿的权利。”该规定主要有两层内容：一是债权人对特定财产有担保权时，赋予其对该财产享有优先受偿权；二是如果优先受偿权未能在特定财产上得到完全受偿的，仍可作为普通债权受偿，放弃优先受偿权的，其债权则作为普通债权。

其三，具体的破产财产清偿顺序规则。《企业破产法》有关破产清偿顺序的规定主要体现在第 113 条第 1 款：“破产财产在优先清偿破产费用和共益债务后，依照下列顺序清偿：（一）破产人所欠职工的工资和医疗、伤残补助、抚恤费用，所欠的应当划入职工个人账户的基本养老保险、基本医疗保险费用，以及法律、行政法规规定应当支付给职工的补偿金；（二）破产人欠缴的除前项规定以外的社会保险费用和破产人所欠税款；（三）普通破产债权。”

其四，规定了《企业破产法》施行前后有关职工债权的清偿规则——职工债权优于担保债权受偿。为解决施行前后有关职工债权的清偿问题，《企业破产法》专门设置了第 132 条规定，其明确规定：“本法施行后，破产人在本法公布之日前所欠职工的工资和医疗、伤残补助、抚恤费用，所欠的应当划入职工个人账户的基本养老保险、基本医疗保险费用，以及法律、行政法规规定应当支付给职工的补偿金，依照本法第一百一十三条的规定清偿后不足以清偿的部分，以本法第一百零九条规定的特定财产优先于对该特定财产享有担保权的权利人受偿。”

论述题

1. **答案**：（1）破产抵销权的概念和设定依据。破产抵销权是指破产债权人在破产申请受理前对该债务人负有债务的，可不依破产分配程序，以自己享有的债权与自己所负的债务的相应数额相抵销的权利。

破产抵销权作为一种例外的个别清偿有其特定的设立依据：债权人和债务人互享的债权在破产申请受理时均未受偿，但在破产申请受理后，破产债权人享有的债权因其性质转化为破产债权而可能仅获比例清偿甚或得不到清偿，如果不允许两者抵销，清偿和分配的结果必然对一方过重而对另一方过轻，形成对破产债权人过苛的结局；债权人在债务人受破产宣告前，因有抵销的事实原因存在，可能有恃无恐而怠于对破产人所欠债务实施追索，这样做对债务人并无不利，相反却给债务人带来较多的期限利益。如果破产宣告时不承认债权人抵销权的存在，一则有违抵销权本来的特质属性，二则可能刺激债权人于本来可用抵销方式担保其债权实现的场合要么尽早追索债务而较少运用抵销，要么要求债务人对交易提供担保，增加双方交易的成本；破产程序的价值目标在于保证公正分配的前提下突出程序的经济、效益和速度，允许抵销无疑能起到程序迅速之效。

（2）破产抵销权的适用范围。符合民法上抵销条件的债权，其抵销自不待言；即使不完全符合，仍可按下述办法实施抵销：给付种类不同的债权，经过换价和评估后，可以抵销；附期限而未到期的债权，在减去和扣除相应的利息后，可以抵销；附停止条件的债权，不允许直接抵销，但破产债权人可请求破产管理人将与该项债权数额相当的分配额提存，在分配程序终结时，视停止条件成就与否再作处理。条件成就的，以提存额用作抵销，反之，视为破产债权不存在而不得抵销；附解除条件的破产债权，原则上可以抵销，但债权人必须对破产程序终结前解除条件成就时抵销财产的返还提供担保；或者由破产债权人将其对破产债务人应清偿的财产提存，破产程序终结时解除条件未成就的，再行抵销。此外，破产债权人可以以其对破产财团享有的财团债权与其对破产企业欠下的债务相抵销，此时，破产管理人也得主张抵销而使破产财团对该破产债权人欠下的财团债务归于消灭。破产债权人在破产申请受理后对破产企业欠下的债务不得主张抵销，也不得以其享有的劣后债权与其对破产企业所欠债务相抵销，银行更不得扣划破产企业在其账户上的存款用于抵销破产企业对其所欠的借款和利息。

（3）破产抵销权的行使方法。破产抵销权的行使，因各国对债的抵销采取态度的不同而有所区别。法国法采当然抵销主义，破产抵销权也当然在债权对立的事实形成之时产生抵销效力；德国、日本立法采单独行为说，抵销权人行使抵销权时须向对方作出意思表示。我国立法并无明文规定，鉴于抵销权的行使涉及抵销权的种类、期限、债权数额等问题，有必要经过破产清算组的评估、折算，甚至数额不同时，还会产生破产债权或者破产财产的求偿问题；加之，破产抵销权原则上系专属于破产债权人的权利，如债权人不为意思表示，其是否抵销的意思便无法为破产清算组所了解。所以，不应允许不经破产清算组而擅自进行抵销。我国破产抵销权的行使当以申报债权为必要。再者，破产债权人的抵销权应于破产宣告之后破产程序终结之前行使。

2. **答案**：破产抵销权是民法抵销权制度在破产程序中的特别运用，两者在维护当事人权益等方面有很大差别。民法抵销权适用的主要目的，是节省当事人双方的时间和费用，避免交叉诉讼。而破产抵销权，是为了使债权人的破产债权在抵销范围内得以从破产财产中得到全额、优先的清偿，避免和其他债权人一样接受破产财产的按比例清偿，使其在破产程序中拥有不同于其他债权人的优先地位。

破产抵销权和民法抵销权在具体行使时还是有很大差别的。第一，民法抵销权作为债的消灭方式，互负债权债务的交叉债权人基于消灭双方互负债务的目的均可主动提出抵销主张。但破产抵销权，因其立法目的在于担保债权人的债权优先实现，所以，该权利只能由破产债权的债权人行使，而管理人不得在破产债权人未提出抵销主张的情况下主动提出抵销。第二，抵销双方债的标的种类相同和抵销双方的债务均已届至清偿期这两个条件是民法抵销权行使的必备条件。但在破产抵销权行使时，并不受民法抵销权上述两个条件的限制，即使是种类不同的债务或者尚未到期的债务也可行使破产抵销权。理由：一是破产程序是一种概括执行程序，破产财产分配以货币分配为主，在破产程序中所有的债权债务关系都通过债权申报转化为可以用金钱代表的债权债务，因此，破产抵销权的行使，并不要求双方互负债务的标的种类相同，不同种类的债务也可以进行抵销；二是根据《企业破产法》的规定，债权人对债务人享有的未到期债权，在破产申请受理时视为到期，即债务人对债权人负有的债务虽然尚未届至合同约定的履行期限，但由于债务人进入破产程序，其对债权人的清偿义务加速到期；三是债权人对债务人负有的债务虽然没有届至履行期限，如果债权人不主张抵销的，则债权人仍可按照原约定期限履行债务，但如果作为主动债权的债权人自行选择以其尚未届至履行期限的债务与对方已经届至履行期限的债务抵销的，则可视为其放弃其期限利益，因此该抵销应为有效。

案例分析题

答案：可以。理由如下：

《企业破产法》第 51 条规定：“债务人的保证人或者其他连带债务人已经代替债务人清偿债务的，以其对债务人的求偿权申报债权。债务人的保证人或者其他连带债务人尚未代替债务人清偿债务的，以其对债务人的将来求偿权申报债权。但是，债权人已经向管理人申报全部债权的除外。”

本案中福田公司作为债权人，没有看到公告而未申报债权，作为大兴公司保证人的某 G 银行有权以其对债务人的将来求偿权债权申报并参加分配。这样规定是为了保护保证人的合法权益，使保证人不至于在以后清偿担保债务后而无法向被保证人追偿。

第二十六章　票据法概述

单项选择题

1. **答案**：C。本题考查的是票据权利的性质。《票据法》第4条第4款规定："本法所称票据权利，是指持票人向票据债务人请求支付票据金额的权利，包括付款请求权和追索权。"据此，票据权利是金钱债权，债务人履行时，不得以货物、劳务或者其他无形财产权利来代替支付金钱的义务。
2. **答案**：A。本题考查的是票据属于文义证券的性质。本题题干表述的正是文义证券的含义，故本题正确答案为A。
3. **答案**：A。本题考查的是票据的无因性。票据是一种无因证券，其无因性是指票据上的金钱支付的法律关系和持票人取得票据的原因无关，即使原因关系无效，对票据人的票据权利也不发生影响。也就是说，只要持票人占有票据，一般不问占有原因和资金关系就能接受其行使权利的要求。故本题正确答案为A。
4. **答案**：C。本题考查的是票据行为的独立性。票据行为除了具有票据所具有的要式性、无因性和文义性三个特征之外，还有独立性这个特征，是指在同一票据上有多种票据行为存在时，各种票据行为依据各自在票据上所记载的文义内容，独立发生效力，一种行为的无效，不影响其他行为的效力。故本题正确答案为C。
5. **答案**：D。票据具有设权性，票据属于设权证券。票据权利的产生，必须先做成证券。没有票据，就没有票据权利，故A项正确。

   票据具有流通性，票据通常能够转让，本票、汇票、支票都是如此。就此而言，可以说"任何类型的票据"都能够进行转让，故B项正确。但需要注意的是，并非所有的票据都能够转让，《票据法》第27条第2款规定："出票人在汇票上记载'不得转让'字样的，汇票不得转让。"从这个角度来看，B项表述过于绝对，有欠妥当。

   票据是无因证券。票据法律关系是一种单纯的金钱支付关系，不受基础关系是否存在及其效力的影响。即便票据行为的原因行为不成立、无效或者被撤销，票据效力也不受影响，故C项正确。

   票据是要式证券，各种票据行为如出票、背书、承兑、保证都必须严格按照《票据法》规定的程序与方式进行，否则会导致票据行为无效，甚至导致票据无效，如《票据法》第9条第2款规定："票据金额、日期、收款人名称不得更改，更改的票据无效。"《票据法》第22条规定："汇票必须记载下列事项：（一）表明'汇票'的字样；（二）无条件支付的委托；（三）确定的金额；（四）付款人名称；（五）收款人名称；（六）出票日期；（七）出票人签章。汇票上未记载前款规定事项之一的，汇票无效。"据此，D项错误，当选。
6. **答案**：A。本题考查的是票据的基础关系。资金关系，是存在于汇票出票人与付款人之间、支票出票人与银行之间的基础关系。汇票和支票的出票人之所以委托付款人付款，付款人之所以愿意付款（或承兑），是因为他们之间有一定的约定代为给付的关系，如付款人处存有出票人的资金，双方订有委托付款合同，都可以形成债务人与委托付款人之间的资金关系。故本题正确答案为A。
7. **答案**：A。《票据法》第4条第1款至第3款规定："票据出票人制作票据，应当按照法定条件在票据上签章，并按照所记载的事项承担票据责任。持票人行使票据权利，应当按照法定程序在票据上签章，并出示票据。其他票据债务人在票据上签章的，按照票据所记载的事项承担票据责任。"票据是设权证券和要式证券，票据的制作必须严格符合国家法律的规定。票据权利人行使票据权利，应当出示合法有效的票据，票据在灭失之后，可以通过挂失止付、公示催告或提起民事诉讼来实现救济。本题中，票据原件烧毁，票据复印件并不具有票据效力，丁公司无法依该复印件行使票据权利，故 BCD 项均认为票据复印件具有票据效力，都是错误的看法，不选。故本题正确答案为 A。

8. 答案：C。本题考查的是特定票据行为的效力。《最高人民法院关于审理票据纠纷案件若干问题的规定》第 48 条规定："依照票据法第二十七条和第三十条的规定，背书人未记载被背书人名称即将票据交付他人的，持票人在票据被背书人栏内记载自己的名称与背书人记载具有同等法律效力。"据此，本题正确答案为 C。

9. 答案：D。本题考查的是无权代理人在票据上签章的责任。《票据法》第 5 条规定："票据当事人可以委托其代理人在票据上签章，并应当在票据上表明其代理关系。没有代理权而以代理人名义在票据上签章的，应当由签章人承担票据责任；代理人超越代理权限的，应当就其超越权限的部分承担票据责任。"据此，本题正确答案为 D。

10. 答案：A。《票据法》第 5 条规定："票据当事人可以委托其代理人在票据上签章，并应当在票据上表明其代理关系。没有代理权而以代理人名义在票据上签章的，应当由签章人承担票据责任；代理人超越代理权限的，应当就其超越权限的部分承担票据责任。"结合本题，甲无权签章，却以乙的名义签章，所以签章人实际上为甲，甲应该承担责任，乙可以以无权代理为由拒绝承担票据责任。因此，A 项正确，D 项错误。《票据法》第 32 条规定："以背书转让的汇票，后手应当对其直接前手背书的真实性负责。后手是指在票据签章人之后签章的其他票据债务人。"因此，丁应就其前手背书的真实性向戊负责，C 项错误。《票据法》第 14 条第 2 款规定："票据上有伪造、变造的签章的，不影响票据上其他真实签章的效力。"因此丙银行在审查付款时，主要审查背书的连续性等问题，不可以以无权代理为由拒付，所以 B 项错误。

11. 答案：D。本题考查的是有关票据取得的规定。根据《票据法》第 12 条的规定，持票人因过失（非重大过失）而取得的不符合票据法规定的票据的，可以享有票据权利；持票人恶意（以欺诈、胁迫或偷盗等手段取得的票据或明知有上述情形）取得的票据，不享有票据权利。故本题 A 项不正确，D 项正确。根据《票据法》第 13 条的规定，持票人明知出票人或其前手与自己的直接前手之间存在票据法上的抗辩事由而取得票据的，仍享有票据权利，只是票据债务人可以该抗辩事由对抗持票人。故本题 B 项不正确。《票据法》第 11 条规定："因税收、继承、赠与可以依法无偿取得票据的，不受给付对价的限制……"据此，本题 C 项不正确。

12. 答案：A。本题考查的是依法无偿取得的票据权利的效力。《票据法》第 11 条第 1 款规定："因税收、继承、赠与可以依法无偿取得票据的，不受给付对价的限制。但是，所享有的票据权利不得优于其前手的权利。"据此，本题正确答案为 A。

13. 答案：C。本题考查的是票据金额以中文大写与数码记载不一致时票据的效力。《票据法》第 8 条规定："票据金额以中文大写和数码同时记载，二者必须一致，二者不一致的，票据无效。"据此，本题正确答案为 C。

14. 答案：C。本题考查的是票据欺诈行为。《票据法》第 102 条规定："有下列票据欺诈行为之一的，依法追究刑事责任：（一）伪造、变造票据的；（二）故意使用伪造、变造的票据的；（三）签发空头支票或者故意签发与其预留的本名签名式样或者印鉴不符的支票，骗取财物的；（四）签发无可靠资金来源的汇票、本票，骗取资金的……"据此，标题 A、B、D 项都属于票据欺诈行为。只有以骗取财物为目的签发空头支票行为才构成票据欺诈，故 C 项不属于票据欺诈行为，为本题正确答案。

15. 答案：B。本题考查的是依法不享有票据权利的情况。《票据法》第 84 条规定："支票必须记载下列事项：……（五）出票日期……支票上未记载前款规定事项之一的，支票无效。"据此，本题 B 项属于支票无效的情况，持票人不享有票据权利。根据《票据法》的规定，票据可以背书转让；支票另行记载付款日期的，只是该记载无效，票据并不无效；支票的持票人超过提示付款期限的，付款人可以不予付款，但出票人仍对持票人承担票据责任，故本题 A、C、D 项的持票人都享有票据权利。综上，本题正确答案为 B。

16. 答案：D。本题考查的是出票人在票据上记载"不得转让"的效力。《票据法》第 27 条第 2 款规定："出票人在汇票上记载'不得转让'字样的，汇票不得转让。"根据《票据法》第 80 条、第 93 条的规定，支票和本票在法律没有特别规定的情况下，适用有关汇票的规定，故支票和本票在这种情况下也不得转让。故本题正确答案为 D。

17. 答案：A。本题考查的是有关追索权的规定。追索权，是指持票人在汇票到期未获付款，到期前未获承兑或其他法定原因发生时，向其前手请求偿还票据金额以及相关损失的票据权利，是法律上为补充付款请求权而设定的第二次请求权。但并非对任何签章于票据的人都可行使，只能向其前手行使，并且对票据出票人与签章人都存在免责的情形。《票据法》第 37 条规定："背书人以背书转让汇票后，即承担保证其后手所持汇票承兑和付款的责任……"据此，持票人只能向其前手追索，故本题 A 项说法不正确，C 项说法正确。第 68 条第 2 款规定："持票人可以不按照汇票债务人的先后顺序，对其中任何一人、数人或者全体行使追索权。"据此，本题 D 项说法正确。由于出票人实际上是所有背书人和持票人的前手，故当持票人为出票人的时候，不应享有追索权，故本题 B 项说法正确。综上，本题正确答案为 A。

18. 答案：B。A 项错误。《票据法》第 61 条第 1 款规定："汇票到期被拒绝付款的，持票人可以对背书人、出票人以及汇票的其他债务人行使追索权。"据此可知，乙公司在遭到丙银行拒绝付款时，可以行使追索权，请求出票人、保证人等承担票据责任，而不是只能要求丁承担保证责任。

B 项正确。票据上的法律关系具有无因性，即一种单纯的金钱支付关系，权利人享有票据权利只以持有符合票据法规的有效票据为必要。至于票据赖以发生的原因则在所不问。即使原因关系无效或有瑕疵，均不影响票据的效力。因此，本题中丙银行不能以出票人甲公司严重丧失商业信誉为由拒绝付款，该拒绝付款的理由不符合法律规定。

C 项错误。丁承担的是连带保证责任，乙公司可以直接要求丁承担责任。

D 项错误。根据《票据法》第 46 条第 1 项的规定，保证人必须在汇票或者粘单上记载表明"保证"的字样。本题中，丁的行为不是在票据上签章的票据行为，不属于票据保证，根本就不是票据法律关系的（非基本）当事人，丁只承担民法上的保证责任。

19. 答案：A。本题考查的是票据权利转移的条件。《票据法》第 27 条："持票人可以将汇票权利转让给他人或者将一定的汇票权利授予他人行使……持票人行使第一款规定的权利时，应当背书并交付汇票……"据此，票据权利的转移以交付为要件，故本题正确答案为 A。

20. 答案：C。本题考查的是有关票据责任的规定。《票据法》第 105 条规定："票据的付款人对见票即付或者到期的票据，故意压票，拖延支付的，由金融行政管理部门处以罚款，对直接责任人员给予处分。票据的付款人故意压票，拖延支付，给持票人造成损失的，依法承担赔偿责任。"据此，应承担赔偿责任的是付款人，而不是主要责任人员，故本题 A 项不正确。第 104 条第 1 款规定："金融机构工作人员在票据业务中玩忽职守，对违反本法规定的票据予以承兑、付款或者保证的，给予处分；造成重大损失，构成犯罪的，依法追究刑事责任。"该条并未规定赔偿责任，故本题B项不正确。只有造成重大损失，才应追究刑事责任，故本题D项不正确。第102条规定："有下列票据欺诈行为之一的，依法追究刑事责任：……（二）故意使用伪造、变造的票据的……（七）付款人同出票人、持票人恶意串通，实施前六项所列行为之一的。"据此，本题C项正确。

21. **答案**：A。本题考查的是票据适用的原则。《票据法》第10条第1款规定："票据的签发、取得和转让，应当遵循诚实信用的原则，具有真实的交易关系和债权债务关系。"据此，本题正确答案为A。

22. **答案**：B。《票据法》第61条规定："汇票到期被拒绝付款的，持票人可以对背书人、出票人以及汇票的其他债务人行使追索权。汇票到期日前，有下列情形之一的，持票人也可以行使追索权：（一）汇票被拒绝承兑的；（二）承兑人或者付款人死亡、逃匿的；（三）承兑人或者付款人被依法宣告破产的或者因违法被责令终止业务活动的。"B项的错误在于"暂停业务活动"而非"终止"。

23. **答案**：C。本题考查的是有关票据上签章的规定。《票据法》第6条规定："无民事行为能力人或者限制民事行为能力人在票据上签章的，其签章无效，但是不影响其他签章的效力。"第7条规定："票据上的签章，为签名、盖章或者签名加盖章。法人和其他使用票据的单位在票据上的签章，为该法人或者该单位的盖章加其法定代表人或者其授权的代理人的签章。在票据上的签名，应当为该当事人的本名。"据此，本题正确答案为C。

24. **答案**：A。本题考查的是行使票据权利的期限。《票据法》第17条第1款规定："票据权利在下列期限内不行使而消灭：（一）持票人对票据的出票人和承兑人的权利，自票据到期日起二年。见票即付的汇票、本票，自出票日起二年；（二）持票人对支票出票人的权利，自出票日起六个月；（三）持票人对前手的追索权，自被拒绝承兑或者被拒绝付款之日起六个月；（四）持票人对前手的再追索权，自清偿日或者被提起诉讼之日起三个月。"据此，本题正确答案为A。

25. **答案**：C。本题考查的是恶意获得票据的效力。《票据法》第12条规定："以欺诈、偷盗或者胁迫等手段取得票据的，或者明知有前列情形，出于恶意取得票据的，不得享有票据权利。持票人因重大过失取得不符合本法规定的票据的，也不得享有票据权利。"本题中张某以1万元购买10万元的汇票，可以推定其有恶意，不得享有票据权利，故C项说法不正确，D项说法正确。又根据《票据法》第15条第1款、《民事诉讼法》第229条的规定，失票人可以及时通知票据的付款人挂失止付，也可以在票据丧失后，依法向人民法院申请公示催告，或者向人民法院提起诉讼。故本题A、B项说法正确。综上，本题正确答案为C。

26. **答案**：D。本题考查的是票据权利行使地点。依《票据法》第16条规定，持票人对票据债务人行使票据权利，或者保全票据权利，应当在票据当事人的营业场所和营业时间内进行，票据当事人无营业场所的，应当在其住所进行。

27. **答案**：C。本题考查的是伪造、变造的票据上的签章效力。《票据法》第14条规定："票据上的记载事项应当真实，不得伪造、变造。伪造、变造票据上的签章和其他记载事项的，应当承担法律责任。票据上有伪造、变造的签章的，不影响票据上其他真实签章的效力。票据上其他记载事项被变造的，在变造之前签章的人，对原记载事项负责；在变造之后签章的人，对变造之后的记载事项负责；不能辨别是在票据被变造之前或者之后签章的，视同在变造之前签章。"据此，本题正确答案为C。

28. **答案**：A。《票据法》第13条第2款规定："票据债务人可以对不履行约定义务的与自己有直接债权债务关系的持票人，进行抗辩。"如果丙公司与付款银行有直接的债权债务关系的话，银行可以以此提出抗辩，拒绝付款。因此，A项正确。

《票据法》第13条第1款规定："票据债务人不得以自己与出票人或者与持票人的前手之间的抗辩事由，对抗持票人。但是，持票人明知存在抗辩事由而取得票据的除外。"据此可知，甲公司不能以自己与持票人丙公司的前手乙公司的抗辩事由对抗持票人丙公司。因此，B项错误。

《票据法》第44条规定："付款人承兑汇票后，应当承担到期付款的责任。"本题中丁公司已经对汇票进行了承兑，那么它就成了第一付款人，要承担到期付款的票据责任。但是并非任何情况下都不能对抗持票人，根据《票据法》第13条第2款的规定可知，如果丁公司与持票人之间有直接的债权、债务关系时，如果持票人没有履行相应的债务，那么丁公司可以此为由对抗持票人的付款请求。因此，C项错误。

《票据法》第19条第1款规定："汇票是出票人签发的，委托付款人在见票时或者在指定日期无条件支付确定的金额给收款人或者持票人的票据。"另外《票据法》第22条第1款第2项规定，无条件支付的委托是汇票的必要记载事项。据此可知，汇票出票时不能记载附条件的付款，如果在付款上附有条件的话，就会导致该汇票无效。因此，D项错误。

29. 答案：C。本题考查的是伪造票据签章的效力。《票据法》第14条规定："票据上的记载事项应当真实，不得伪造、变造……票据上有伪造、变造的签章的，不影响票据上其他真实签章的效力。票据上其他记载事项被变造的，在变造之前签章的人，对原记载事项负责；在变造之后签章的人，对变造之后的记载事项负责；不能辨别是在票据被变造之前或者之后签章的，视同在变造之前签章。"据此，乙公司应当对签章伪造之后的记载事项负责，即应对丙公司承担票据责任。故本题正确答案为C。

30. 答案：C。票据关系是指票据当事人基于票据行为而发生的债权债务关系。票据行为一般包括出票、背书、承兑和保证。票据法上的非票据关系也称票据基础关系，是指由票据法直接规定的、不是基于票据行为而发生的法律关系，包括原因关系、票据预约关系和资金关系。原因关系是指票据当事人之间授受票据的理由。票据预约关系是指票据当事人在签发票据之前，就票据的种类、金额、到期日、付款地等事项达成协议而产生的法律关系。资金关系是指汇票出票人和付款人、支票出票人与付款银行或其他资金义务人所发生的法律关系。

甲公司和乙公司之间的棉花买卖合同关系以及乙公司与丙公司之间的债权债务关系是出票和票据背书转让行为的原因，属于原因关系。原因关系只存在于授受票据的直接当事人之间，票据一经转让，其原因关系对票据效力的影响力即被切断。甲公司是汇票的出票人，G银行是汇票的付款人，所以二者之间的关系属于资金关系。一般来说，资金关系的存在或有效与否，均不影响票据的效力。丙公司是汇票的持票人，G银行对汇票进行了承兑，是付款人，承担第一位的付款义务，二者之间的关系属于票据关系。因此，只有C项是合适的选项。

31. 答案：C。本题考查的是票据抗辩权的行使。票据独立性原则，是指票据法律关系独立于各当事人据以实施票据行为、发生票据关系的民事法律关系（基础关系）而存在；票据无因性原则，是指票据法律关系的效力状况原则上不受基础关系效力状况的影响。所谓票据抗辩之对人抗辩，是指因票据之外的特定票据当事人的原因而发生的票据债务人抗辩事由；所谓票据抗辩之对物抗辩，是指因票据或票据行为本身的瑕疵而发生的票据债务人抗辩事由。《票据法》第13条第2款规定："票据债务人可以对不履行约定义务的与自己有直接债权债务关系的持票人，进行抗辩。"因此，银行基于自己与持票人朱某之间的债权债务关系拒绝向朱某付款并进行债务冲抵，属于合法行使对人抗辩的行为，故C项正确。

32. 答案：D。《票据法》第15条规定："票据丧失，失票人可以及时通知票据的付款人挂失止付，但是，未记载付款人或者无法确定付款人及其代理付款人的票据除外。收到挂失止付通知的付款人，应当暂停支付。失票人应当在通知挂失止付后三日内，也可以在票据丧失后，依法向人民法院申请公示催告，或者向人民法院提起诉讼。”据此，票据丧失时，失票人有三种救济途径：通知票据付款人挂失止付、申请法院公示催告、向法院提起诉讼，故A、B、C三项正确。关于D项，失票人的三种救济方式并存，任由失票人选择，失票人通常会在申请公示催告或者起诉前挂失止付，但挂失止付是失票人的权利而不是失票人的义务，故D项错误。

33. 答案：B。《票据法》第48条规定：“保证不得附有条件；附有条件的，不影响对汇票的保证责任。”据此，A项错误。

《票据法》第46条规定：“保证人必须在汇票或者粘单上记载下列事项：（一）表明‘保证’的字样；（二）保证人名称和住所；（三）被保证人的名称；（四）保证日期；（五）保证人签章。”《票据法》第47条第2款规定：“保证人在汇票或者粘单上未记载前条第（四）项的，出票日期为保证日期。”据此，保证人未记载保证日期的，以出票日期为保证日期，B项正确。

《票据法》第50条规定：“被保证的汇票，保证人应当与被保证人对持票人承担连带责任。汇票到期后得不到付款的，持票人有权向保证人请求付款，保证人应当足额付款。”据此，票据保证人与被保证人承担连带责任，持票人戊在银行拒绝承兑后，可以向前手丙追索，也可以直接要求丁承担保证责任，故C项错误。

《票据法》第52条规定：“保证人清偿汇票债务后，可以行使持票人对被保证人及其前手的追索权。”据此，丁可以向被保证人丙及其前手甲、乙进行追索，故D项错误。

34. 答案：A。本题考查票据权利补救。《票据法》第15条第3款规定：“失票人应当在通知挂失止付后三日内，也可以在票据丧失后，依法向人民法院申请公示催告，或者向人民法院提起诉讼。”针对复印件，丙银行、甲公司、乙公司均有权拒付，法理依据为对物抗辩，A项正确，B、C、D项错误。

多项选择题

1. 答案：BCD。《票据法》第44条规定：“付款人承兑汇票后，应当承担到期付款的责任。”据此，票据承兑之后才发生付款效力，故A项正确。

《票据法》第13条第1款规定：“票据债务人不得以自己与出票人或者与持票人的前手之间的抗辩事由，对抗持票人。但是，持票人明知存在抗辩事由而取得票据的除外。”该条限制的是票据债务人以自己与出票人或者与持票人的前手之间的抗辩事由对抗持票人，但是法律允许票据债务人以自己与持票人之间的抗辩事由对抗持票人。所以，甲银行可以以楚天公司尚欠其贷款未还为由拒绝付款，故B项错误。

根据票据的无因性原理，票据原因的无效或者瑕疵不影响持票人行使票据权利，票据债务人也不得以此抗辩。所以，潇湘公司不能以货物质量瑕疵为由请求甲银行停止付款，甲银行也不能以此为由对楚天公司进行抗辩。故C、D两项错误。

2. 答案：AB。《票据法》第61条第1款规定：“汇票到期被拒绝付款的，持票人可以对背书人、出票人以及汇票的其他债务人行使追索权。”本案中，乙公司是出票人，丁是背书人，戊在被拒绝付款后，可以向乙公司与丁行使追索权。因此，A、B项正确。

《票据法》第34条规定：“背书人在汇票上记载‘不得转让’字样，其后手再背书转让的，原背书人对后手的被背书人不承担保证责任。”本题中，甲公司是在背书时记载了“不得转让”字样的背书人，根据法律的规定，甲公司对其后手丁的被背书人戊不承担保证责任。因此，戊公司不能向甲公司行使追索权。因此，C项错误。

另外，丙银行是付款人，在戊提示付款时丙银行已经拒绝了戊的付款请求，不是票据债务人，不属于被追索人员的范围。因此，

D 项错误。

3. **答案**：BCD。本题考查的是票据无效的情况。《票据法》第 6 条规定："无民事行为能力人或者限制民事行为能力人在票据上签章的，其签章无效，但是不影响其他签章的效力。"据此，本题 A 项不正确。第 9 条规定："票据上的记载事项必须符合本法的规定。票据金额、日期、收款人名称不得更改，更改的票据无效……"据此，本题 B、C、D 项正确。

4. **答案**：ABC。本题考查的是人民法院应予支持的票据抗辩。《最高人民法院关于审理票据纠纷案件若干问题的规定》第 14 条规定："票据债务人依照票据法第十二条、第十三条的规定，对持票人提出下列抗辩的，人民法院应予支持：（一）与票据债务人有直接债权债务关系并且不履行约定义务的……（四）因重大过失取得票据的；（五）其他依法不得享有票据权利的。"以背书方式取得但背书不连续，属于其他依法不得享有票据权利的情形。据此，本题正确答案为 A、B、C。

5. **答案**：ABCD。本题考查的是应当追究刑事责任的票据欺诈行为。《票据法》第 102 条规定："有下列票据欺诈行为之一的，依法追究刑事责任：（一）伪造、变造票据的；（二）故意使用伪造、变造的票据的……（四）签发无可靠资金来源的汇票、本票，骗取资金的……"据此，本题正确答案为 A、B、C、D。

6. **答案**：ACD。本题考查的是票据上不得更改的事项。《票据法》第 9 条第 2 款规定："票据金额、日期、收款人名称不得更改，更改的票据无效。"据此，本题正确答案为 A、C、D。

7. **答案**：BD。本题考查的是有关票据附条件的规定。《票据法》第 33 条第 1 款规定："背书不得附有条件。背书时附有条件的，所附条件不具有汇票上的效力。"据此，背书附条件的，仅所附条件无效，背书并不无效，故本题 B 项表述错误。第 48 条规定："保证不得附有条件；附有条件的，不影响对汇票的保证责任。"据此，保证附条件的并不无效，而是不影响保证责任，故本题 D 项表述错误。由于票据是无条件的支付命令，附条件的票据无效，故本题 A 项表述正确。《票据法》第 43 条规定："付款人承兑汇票，不得附有条件；承兑附有条件的，视为拒绝承兑。"故本题 C 项表述正确。综上，本题正确答案为 B、D。

8. **答案**：ABD。本题考查的是有关票据权利取得的规定。根据《票据法》第 11 条的规定，因继承和赠与可以取得票据权利。根据《票据法》第 52 条的规定，在票据保证中，保证人履行担保义务后，取得票据权利。根据《民法典》第 440 条的规定，票据可以出质，质权的产生并不必然导致质权人取得票据权利；只有在出质人最终未履行债务，质权人实现其质权时，才取得票据权利。综上，本题 A、B、D 项正确，C 项不正确。①

9. **答案**：ABC。本题考查的是有关票据权利的规定。根据《票据法》第 11 条第 1 款规定："因税收、继承、赠与可以依法无偿取得票据的，不受给付对价的限制。但是，所享有的票据权利不得优于其前手的权利。"据此，本题 A 项正确。《票据法》第 4 条第 4 款规定："本法所称票据权利，是指持票人向票据债务人请求支付票据金额的权利，包括付款请求权和追索权。"故本题 B 项正确。《票据法》第 17 条规定："票据权利在下列期限内不行使而消灭：（一）持票人对票据的出票人和承兑人的权利，自票据到期日起二年。见票即付的汇票、本票，自出票日起二年；（二）持票人对支票出票人的权利，自出票日起六个月……"据此，本题 C 项正确，D 项不正确。

10. **答案**：ABC。本题考查的是票据的签章。《票据法》第 7 条规定："票据上的签章，为签名、盖章或者签名加盖章。法人和其他使用票据的单位在票据上的签章，为该法人

① 质权的产生与质权的实现并不是同一概念，只有在质权实现时，才有可能产生票据权利转移的后果。

或者该单位的盖章加其法定代表人或者其授权的代理人的签章。在票据上的签名，应当为该当事人的本名。”据此，本题正确答案为A、B、C。

11. 答案：BCD。本题考查的是不受对价要求限制的票据。《票据法》第11条规定：“因税收、继承、赠与可以依法无偿取得票据的，不受给付对价的限制。但是，所享有的票据权利不得优于其前手的权利。前手是指在票据签章人或者持票人之前签章的其他票据债务人。”据此，本题正确答案为B、C、D。

12. 答案：ABC。本题考查的是有关票据丢失的规定。《票据法》第15条规定：“票据丧失，失票人可以及时通知票据的付款人挂失止付，但是，未记载付款人或者无法确定付款人及其代理付款人的票据除外。收到挂失止付通知的付款人，应当暂停支付。失票人应当在通知挂失止付后三日内，也可以在票据丧失后，依法向人民法院申请公示催告，或者向人民法院提起诉讼。”据此，本题A、B、C项正确。根据《民事诉讼法》的规定，票据在公示催告期间的转让无效，故本题D项不正确。

13. 答案：ABC。本题考查的是有关票据权利的规定。《票据法》第4条第2款规定：“持票人行使票据权利，应当按照法定程序在票据上签章，并出示票据。”故本题A项正确。第4条第4款规定：“本法所称票据权利，是指持票人向票据债务人请求支付票据金额的权利，包括付款请求权和追索权。”故本题B项正确。第17条规定：“票据权利在下列期限内不行使而消灭：（一）持票人对票据的出票人和承兑人的权利，自票据到期日起二年。见票即付的汇票、本票，自出票日起二年……”故本题C项正确。因为票据权利的取得包括票据权利的原始取得和票据权利的继受取得。故本题D项不正确。

14. 答案：ABCD。《票据法》第17条规定：“票据权利在下列期限内不行使而消灭：（一）持票人对票据的出票人和承兑人的权利，自票据到期日起二年。见票即付的汇票、本票，自出票日起二年；（二）持票人对支票出票人的权利，自出票日起六个月；（三）持票人对前手的追索权，自被拒绝承兑或者被拒绝付款之日起六个月；（四）持票人对前手的再追索权，自清偿日或者被提起诉讼之日起三个月。票据的出票日、到期日由票据当事人依法确定。”

15. 答案：CD。本题考查的是有关票据伪造、变造的规定。《票据法》第14条规定：“票据上的记载事项应当真实，不得伪造、变造。伪造、变造票据上的签章和其他记载事项的，应当承担法律责任。票据上有伪造、变造的签章的，不影响票据上其他真实签章的效力。票据上其他记载事项被变造的，在变造之前签章的人，对原记载事项负责；在变造之后签章的人，对变造之后的记载事项负责；不能辨别是在票据被变造之前或者之后签章的，视同在变造之前签章。”据此，本题正确答案为C、D。

16. 答案：BCD。本题考查的是应当追究刑事责任的票据欺诈行为。《票据法》第102条规定：“有下列票据欺诈行为之一的，依法追究刑事责任：……（二）故意使用伪造、变造的票据的；（三）签发空头支票或者故意签发与其预留的本名签名式样或者印鉴不符的支票，骗取财物的……（五）汇票、本票的出票人在出票时作虚假记载，骗取财物的；（六）冒用他人的票据，或者故意使用过期或者作废的票据，骗取财物的；（七）付款人同出票人、持票人恶意串通，实施前六项所列行为之一的。”据此，本题正确答案为B、C、D。

17. 答案：AB。本题考查的是可以取得票据权利和不得取得票据权利的情况。《票据法》第11条第1款规定：“因税收、继承、赠与可以依法无偿取得票据的，不受给付对价的限制。但是，所享有的票据权利不得优于其前手的权利。”据此，本题A项正确。第12条第1款规定：“以欺诈、偷盗或者胁迫等手段取得票据的……不得享有票据权利。”据此，本题C项不正确。由于合同关系是最普遍的取得票据权利的情况，故本题B项正确。任何人不得通过非法行为取得合法权利，故本题D项不正确。

18. 答案： AC。本题考查的是票据的无因性。《票据法》第13条规定："票据债务人不得以自己与出票人或者与持票人的前手之间的抗辩事由，对抗持票人。但是，持票人明知存在抗辩事由而取得票据的除外。票据债务人可以对不履行约定义务的与自己有直接债权债务关系的持票人，进行抗辩……"据此，由于丙不是票据原因关系即合同关系的当事人，故无论合同解除前还是合同解除后，丙都享有票据权利，故本题正确答案为A、C。

19. 答案： BC。A项错误。《票据法》第90条规定："支票限于见票即付，不得另行记载付款日期。另行记载付款日期的，该记载无效。"第91条规定："支票的持票人应当自出票日起十日内提示付款；异地使用的支票，其提示付款的期限由中国人民银行另行规定。超过提示付款期限的，付款人可以不予付款；付款人不予付款的，出票人仍应当对持票人承担票据责任。"本题中，甲在乙签发支票一星期后，提示银行付款，但在2025年1月中旬，甲才到银行要求支付支票金额，违反了见票即付的规定，故银行有权拒绝支付票据金额。

B项正确。《票据法》第13条第2款规定："票据债务人可以对不履行约定义务的与自己有直接债权债务关系的持票人，进行抗辩。"本题中，甲、乙之间有直接的权利义务关系，甲是与乙有直接债权债务关系的持票人，因甲没有履行办理房屋的过户登记义务，乙可以拒绝支付票据金额。

C项正确。《票据法》第18条规定："持票人因超过票据权利时效或者因票据记载事项欠缺而丧失票据权利的，仍享有民事权利，可以请求出票人或者承兑人返还其与未支付的票据金额相当的利益。"本题中，甲因过期要求银行付款而遭到拒绝的，仍享有民事权利，可以根据房屋买卖合同要求乙支付房款。

D项错误。根据《票据法》第15条的规定可知，支票遗失后，甲可通过办理挂失止付等方式依法维护自己的权利，并不丧失票据权利。

20. 答案： CD。本题考查的是票据权利因时效而消灭的情形。《票据法》第17条规定："票据权利在下列期限内不行使而消灭：（一）持票人对票据的出票人和承兑人的权利，自票据到期日起二年。见票即付的汇票、本票，自出票日起二年；（二）持票人对支票出票人的权利，自出票日起六个月……"根据以上规定可以知道，C、D为正确选项。

名词解释

1. 答案： 广义的票据相当于有价证券，泛指一切体现商事权利或具有财产价值的书面凭证，权利的发生、移转和行使均以持有该凭证为必要。狭义的票据，则专指票据法所规定的汇票、支票和本票。

2. 答案： 票据权利是指持票人向票据债务人请求支付票据金额的权利，包括付款请求权和追索权。票据权利具有以下特征：（1）票据权利是一种金钱债权；（2）票据权利是一种证券化权利；（3）票据权利是一种无因性权利；（4）票据权利是一种两次性权利。

3. 答案： 公示催告既是一种法律制度，又是一种法律程序。作为一种法律制度，公示催告是指失票人在丧失票据后申请法院宣告票据无效，从而使票据权利与票据本身相分离。作为一种法律程序，公示催告是指法院应失票人的申请，以公示的方法，催告票据利害关系人在一定时间内向法院申报权利，如在该时间内不予申报，即发生失权的法律后果。

4. 答案： 票据时效也称票据权利的消灭时效，是指票据权利人在一定时间内不行使其权利，票据权利就归于消灭，票据债务人就可以票据权利已超过时效为由拒绝履行票据义务。

5. 答案： 票据能力包括票据权利能力和票据行为能力。前者是指可以享受票据权利、承担票据义务的资格或能力；后者是指通过独立的票据行为取得票据法上的权利、承担票据法上的义务的资格或能力。

6. 答案： 广义的票据行为，是指一切能引起票据关系产生、变更或消灭的法律或准法律行为。狭义的票据行为，则仅指以发生票据上的债务为目的的法律行为。一般认为，狭义的票据行为包括出票、背书、承兑、参加承兑、保证、保付六种行为。

7. **答案**：票据权利的原始取得是指持票人最初取得票据权利，而不是从其他前手权利人处受让票据权利。一般认为，票据权利的原始取得包括两种情形：一是持票人直接从出票人那里通过其出票行为取得票据权利，简称出票取得；二是持票人依法从无票据权利处分权人手中善意取得票据权利，简称善意取得。

8. **答案**：票据权利的继受取得是指持票人从有权处分票据权利的前手那里，依背书交付或单纯交付方式，受让票据权利。票据权利的继受取得又有票据法上的继受取得和非票据法上的继受取得之分。票据法上的继受取得，是指以背书交付或单纯交付的方式取得票据权利。非票据法上的继受取得，也称民法上的继受取得。如因继承、赠与或公司合并等方式取得票据。非票据法上的票据权利取得，只能由民法或其他相关法律来调整，票据法上的特别规定并不适用。

9. **答案**：票据抗辩是指票据债务人根据票据法规定对票据债权人拒绝履行义务的行为。票据抗辩所依据的事由，称为抗辩原因，票据债务人享有的拒绝债权人行使权利的权利，称为抗辩权。票据债务人行使抗辩权，旨在阻止票据权利人行使票据权利。

10. **答案**：票据行为的无因性又称为票据行为的抽象性，是指票据行为只要具备法律规定的形式即自行产生法律效力，而不问其基于存在的原因关系或基础关系存在与否或是否有效，票据关系与基础关系在法律上是分离的。出票、背书、承兑、保证等票据行为虽然往往是以买卖、借贷或者其他交易关系为基础产生的，但从商法角度看，这些行为的效力是依据其自身的要件而产生效力，而并不受到基础关系的影响。正是因为票据行为的无因性，票据才被称作“无因证券”。

11. **答案**：票据关系与票据原因关系是票据法上的两种不同的关系。票据关系是指因票据行为而产生的法律上的债权债务关系，即票据权利与票据义务的法律关系，它产生于票据当事人所为的票据行为。票据原因关系又称为票据原因，即当事人（发票人与受款人）之间接受票据的原因。发票人之所以发出票据，将之交付与受款人，受款人之所以接受票据，在经济和法律上必有一定的原因。原因关系表现为一定金额的支付关系，或设定质权或担保债权。

票据关系与票据原因关系存在联系即牵连关系，具体表现在票据原因关系可用来对抗票据关系，以此来主张抗辩。

票据关系与票据原因关系的区别主要有：前者基于票据法的规定而产生，属于票据法上的规定事项；票据关系在同一出票行为中只有一种，而原因关系则可以多种；票据关系不因票据转手而受影响。

12. **答案**：持票人因超过票据权利时效或者因票据记载事项欠缺而丧失票据权利的，仍享有民事权利，可以请求出票人或者承兑人返还其与未支付的票据金额相当的利益。

13. **答案**：空白票据又称空白授权票据，是指出票人在签发票据时有意识地对票据的法定必要记载事项不记载完全，而是授权持票人在出票后作补充记载，依照票据的记载事项发生法律效力的票据。空白票据包括预留收款人的空白票据、预留出票日的空白票据、预留票据到期日的空白票据、预留票据金额的空白票据等。

简答题

1. **答案**：票据关系与原因关系可以从两个方面来认识：一是票据关系与原因关系发生无因性效果；二是票据关系与原因关系又具有一定的牵连性。

票据关系与原因关系是一种分离的关系，一种各自独立的关系。具体表现为，票据关系一经成立，即与原因关系相脱离，无论原因关系是否有效，对于票据关系的效力均不发生任何影响，譬如，某人签发一张票据，票据关系依法成立，但是后来法院判决作为签发该票据的原因关系的购买合同无效。在这种情况下，该购买合同的无效并不能影响到票据的效力，票据依然有效，如果该票据本身是有效的话（如该票据已经依法作成并合法交付）。

但是，票据关系与原因关系又具有一定的牵连性。这种牵连性主要表现在如下一些情形：其一，票据债务人可以对不履行约定义务的与自己有直接债权债务关系的持票人进行抗辩。例如，甲签发一张本票给乙，乙没有转让该票据，而是到期时要求甲付款。甲拒绝付款，因为当初出具本票给乙是因为向乙支付货款，但是，迄今为止，乙尚未依约交付货物。此时，甲的这种抗辩成立。

其二，因税收、继承、赠与可以依法无偿取得票据的，不受给付对价的限制。但是，所享有的票据权利不得优于其前手的权利。

其三，为清偿既存债务（原因关系）而交付票据时，原则上票据债务（新债务）若不履行，既存债务（旧债）仍不消灭，这属于一种间接给付。但当事人另有约定的，也可以因交付票据而使既存债务消灭，这是一种代物清偿。

2. 答案：票据行为的独立性，又称票据行为独立原则，是指同一票据上如有数个票据行为时，各票据行为均依其票据上所载文义，分别独立发生效力，其中一个行为无效，不影响其他行为的效力。按照一般法律原则，前提行为无效，后续行为也为无效。票据为流通证券，当同一票据上有多个票据行为时，前提行为是否存在无效或可撤销事由，一般持票人仅能从票据的外观即票据的形式上判断其效力，难以知悉其实际的效力。如果要求持票人取得票据，须一一调查票据上的其他票据行为有没有实际的瑕疵，才能取得票据的话，票据行为的效力就无法确定，票据的信用也就无法维持。这一原则在我国票据法中的体现为：

（1）票据上如有无民事行为能力人或限制民事行为能力人签章的，其签章无效，但不影响其他签章的效力。

（2）没有代理权而以代理权人名义在票据上签章的，应当由签章人承担票据责任，代理人超越代理权的，由其承担超越权限的责任。

（3）票据上有变造、伪造的签章的，不影响票据上其他真实签章的效力。

（4）被保证的债务如果不是因票据记载事项欠缺而是因其他原因无效时，保证人仍然要承担保证责任。

票据行为的独立性是相对的，其仅在票据行为实质上无效而形式上有效时才适用，正是因为票据行为具有要式性，无因性和文义性，才使票据成为要式、无因和文义证券。

3. 答案：依据我国《票据法》的规定，票据分为三种：汇票、本票、支票。

（1）汇票。《票据法》第19条第1款规定："汇票是出票人签发的，委托付款人在见票时或者在指定日期无条件支付确定的金额给收款人或者持票人的票据。"

（2）本票。《票据法》第73条第1款规定："本票是出票人签发的，承诺自己在见票时无条件支付确定的金额给收款人或者持票人的票据。"

（3）支票。《票据法》第81条规定："支票是出票人签发的，委托办理支票存款业务的银行或者其他金融机构在见票时无条件支付确定的金额给收款人或者持票人的票据。"

票据除了划分为汇票、本票、支票三类之外，还可以按照其发生的基础，分为商业票据和融通票据。商业票据是指为了结购入商品的价金而使用的票据，它是在现实的商品交易的基础上，伴随着商品的流通而发生的票据，也称为真正票据、实票。融通票据是指不以现实的商品交易为基础，专为融通资金而使用的票据，通常表现为融资者以被融资者为收款人而发出汇票，或者作为被融资者发出的汇票上所载付款人，为其汇票进行承兑。这种票据又称为好意票据、空票、借票。目前，我国只允许签发商业票据，而不允许签发融通票据。

4. 答案：从我国《票据法》第4条第4款的规定来看，持票人的票据权利包括付款请求权和追索权（但实际上，还包括票据转让权等）。持票人对票据主债务人的请求权为支付请求权，是指持票人对票据主债务人（汇票的承兑人、本票的出票人）或其他付款人（如支票付款人）请求依票据记载的货币种类和数额支付金钱的请求权。持票人在票据得不到承兑或者付款时，请求其前手清偿票据金额、利息及有关费用的权利为追索权，也被称为偿还请求权或清偿请求权。

票据是一种金钱债权证券，但持票人所享有的票据权利，与普通金钱债权相比，在权利内容上有明显的特点，它是一种具有二次性或二重性的请求权，而普通金钱债权一般仅为一次性请求权。票据权利的二次性或二重性表现在：付款请求权为第一次请求权，追索权为第二次请求权；付款请求权为票据权利正常实现的方法，在票据发行、流通和实现过程中，如果不发生问题，即可产生实现票据权利、消灭票据关系的效力。追索权是在持票人行使付款请求权不能获得实现或不能行使付款请求权（如不获承兑，找不到付款人等）时才可以行使的权利，所以称其为第二次请求权。

票据权利在内容上之所以具有双重请求权，其意义在于保护持票人的权利，增加票据的信用性和安全性，促进票据在社会中的应用，保障票据的流通，以充分发挥票据作为金额工具和商事交易工具的经济功能，其法律关系的依据在于票据关系中票据债务和票据担保债务常常共同发生和并存的特性，如出票人在出票时承担的担保责任，背书人在背书后承担的担保责任等。

5. 答案：在民法原理中，关于民事法律行为的意思表示，一般以强调探求当事人的真实意思为原则，但票据行为的文义性限制了以票据以外的其他事实或证据来探求当事人意思的解释方法。所谓票据行为的文义性，是指票据行为的意思表示以票据上记载的文字意义而确定，即使该文字记载与事实不符，仍以票据文义来认定意思表示，一般不允许当事人以票据以外的证明方法对票据文义予以更正或补充。

由此，与一般民事法律行为的意思表示的解释原则不同，票据行为的解释原则主要有三项：其一，外观解释原则。凡票据行为，如已完备法定形式，即使与实际不符，也不影响票据行为的效力。其二，客观解释原则。票据行为应依票据上记载的文字意义进行客观判断，不得以其他事实或证据来任意变更或补充票据文义。其三，有效解释原则。解释票据行为，应在票据文义的基础上尽可能进行有效解释。

6. 答案：善意取得是取得票据的一种方式。从无处分权或没有合法所有权的人手中，持票人以相当对价而取得票据，并于取得时无恶意或重大过失的，为善意取得票据。

善意取得票据，应具备四个要件：(1) 须从无处分权或没有合法所有权的人手中取得票据，此为善意取得的适用条件，从合法处分权人手中取得票据，没有适用善意取得规定的必要。(2) 须依票据法规定的转让规则取得票据，所谓转让规则，是指票据法规定的背书转让规则，非依票据法转让规则而取得票据，也不能适用善意取得的规定，如继承、破产、普通债权转让的。(3) 须基于善意而取得，所谓善意，是指无恶意或重大过失。(4) 须以相当价值取得票据。符合上述四项条件的善意取得票据，虽然是从无处分权人手中取得票据，但仍能合法、完整、有效地取得票据权利，并能拒绝原票据权利人关于归还票据的请求权。善意取得，主要适用于票据丧失后的情形。

7. 答案：一般法律行为采取方式自由原则，口头、书面均无不可，但票据行为则属于要式法律行为，具体表现在：(1) 签章：无论出票、背书、承兑或保证均须行为人签章。关于签章的方法和要求，《票据法》第 7 条规定，票据上的签章，为签名、盖章或者签名加盖章。法人或其他使用票据的单位在票据上的签章为该法人或者该单位的盖章加其法定代表人或者其授权的代理人的签章。在票据上的签名应当为当事人的本名。(2) 书面：各种票据行为，或者在票据正面为之，或者在票据背面为之，或者在票据粘单上为之，均离不开书面。（3）记载：票据上的记载事项必须符合《票据法》的规定。票据的作成必须依照法定方式进行才发生票据效力，如票据的必要记载事项有所欠缺，除《票据法》另有规定外，其票据无效。（4）格式：票据行为必须遵守一定的格式。《票据法》第108条规定："汇票、本票、支票的格式应当统一。票据凭证的格式和印制管理办法，由中国人民银行规定。"

8. **答案**：票据抗辩是票据债务人可以对票据权利人的权利主张提出对抗，从而拒绝履行票据债务的情形。如本票的收款人向发票人请求付款时，发票人主张付款日未到而拒绝其请求的行为就是一种票据抗辩。所谓票据抗辩的限制是《票据法》规定的票据债务人对特定持票人不得抗辩的限制。

票据债务人不得以自己与出票人之间的抗辩事由对抗持票人。《票据法》第13条第1款规定："票据债务人不得以自己与出票人或者与持票人的前手之间的抗辩事由，对抗持票人。但是，持票人明知存在抗辩事由而取得票据的除外。"票据抗辩限制的基本原理，就是将抗辩事由限定在票据债务人与其直接相对人之间，善意受让票据的持票人，不受票据债务人与其相对人之间抗辩事由的影响。所以，从票据抗辩的内容上来看，票据抗辩权的限制只发生在票据流通中与人的抗辩有联系的场合。

另外，从《票据法》规定的票据债务人不得以自己与持票人的前手之间存在的抗辩事由对抗善意持票人而言，仍以票据债务人为承兑人来说，无论是承兑在先转让在后，还是转让在先承兑在后，承兑人均不得以前手的抗辩事由对抗善意持票人。

由于票据在流通中的多样性和复杂性，所以票据法对票据抗辩权的限制也作了例外的规定。主要包括：间接恶意抗辩；无对价抗辩；知情抗辩三种情况。《票据法》第13条第1款，一方面规定债务人不得以自己与出票人或持票人的前手之间的抗辩事由对抗持票人，另一方面又规定持票人明知有抗辩事由而接受票据的除外。所谓"除外"应理解为，票据债务人仍可以自己与发票人或持票人的前手间存在的抗辩事由对抗持票人。

9. **答案**：（1）此条中"民事权利"为利益返还请求权。利益返还请求权，是指票据权利因票据时效超过或者票据因保全手续欠缺而消灭时，持票人对出票人或者承兑人在其所受利益的限度内，请求返还其利益的权利。由此可见，利益返还请求权不同于票据法上的票据权利，而是一种依照民法方法解决问题的非票据权利。

（2）利益返还请求权主要是针对票据权利丧失的特殊情形，是指票据权利因票据时效或者保全手续的欠缺而丧失，持票人对于出票人或承兑人于其所受利益限度内请求返还其利益的权利。这是法律为平衡票据关系当事人的利益，对持票人的补救。其权利内容、性质、要件等，与票据上权利、民法上不当得利、损害赔偿请求权等均有一定差异，因此，以票据法上的特别请求权来定性更为确切妥当。

利益返还请求权的意义在于，票据法为纠正因时效或记载事项欠缺而使持票人丧失票据权利可能产生的不公平，对因一定原因而丧失票据权利的持票人利益有所救济，如果持票人的票据权利还存在，不发生利益返还请求权。

10. **答案**：票据丧失是指票据因灭失、遗失、被盗等原因票据权利人脱离其对票据的占有。票据丧失有绝对丧失与相对丧失之分，前者又称票据的灭失，是指票据从物质形态上的丧失，如被火烧毁、被洗化或被撕成碎片等。后者又称票据的遗失，是指票据在物质形态上没有发生变化，只是脱离了原持票人的占有，如持票人不慎丢失或被人盗窃或抢夺。

票据丧失后，可以采取挂失止付、公示催告、普通诉讼三种形式进行补救。

（1）挂失止付。挂失止付是指失票人将丧失票据的情况通知付款人，并由接收通知的付款人暂停支付的一种方式。允许挂失止付的票据是有限制的，已承兑的商业汇票、支票、填明"现金"字样和代理付款人的银行汇票以及填明“现金”字样的银行本票丧失，可以由失票人通知付款人或者代理付款人挂失止付。付款人或代理付款人收到挂失止付通知书后，查明挂失票据却未付款，应立即暂停支付，否则，应承担民事责任。付款人或者代理付款人自收到挂失止付通知书之日起 12 日内未收到人民法院的止付通知书的，从第 13 日起，持票人提示付款并依法向持票人付款的，不再承担责任；付款人或者代理付款人在收到挂失止付通知书之前向持票人付款的，也不再承担责任。挂失止付并不是票据丧失后采取的必经措施，而仅仅是一种暂时的预防措施，关键是要申请公示催告。

（2）公示催告。公示催告是失票人在失票后向法院申请宣告票据无效，是票据权利与票据相分离的一种制度。公示催告的申请人应是票据的最后持有人，申请人必须向票据支付地的基层人民法院提出申请。申请时，应递交申请书，写明票面金额、出票人、持票人、背书人等票据主要内容和申请的主要理由、事实。人民法院收到公示催告的申请后，应当立即审查，并决定是否受理。人民法院决定受理申请，应当同时通知支付人停止支付，至公示催告程序终结。受理法院应在 3 日内发出公告，公告期间不少于 60 日，催促利害关系人申报权利。利害关系人申报权利应向法院出示票据，所出示的票据与申请人的票据不一致的，法院即裁定驳回利害关系人的申报。所出示的票据如果是申请人寻找的票据，法院应当裁定终结公示催告程序，由法院按普通程序以票据纠纷案件审理。在申报权利期间没有人申报的，或者申报被驳回的，申请人应自申报权利期间届满的次日起，1 个月内向法院申请除权判决。逾期不申请判决的，终结公示催告程序。除权判决作出后，法院予以公告，并通知支付人，自判决公告之日起，申请人有权向支付人请示支付，即申请人有权依据判定向付款人请示付款。

公示催告期间转让票据的行为是无效行为，受让人的权利不予保护。例如，甲公司的一张支票遗失，乙捡到后去丙商场购物，如果丙商场是在甲公司申请公示催告前受让该支票，则丙商场享有票据权利，甲公司应支付票款，如果丙商场是在甲公司申请公示催告期间受让，则丙商场不享有票据权利，只能向诈骗人追索货款。由此可见，公示催告是失票人必须采取的，而且是迅速采取的补救措施。

（3）普通诉讼。《票据法》第 15 条第 3 款规定：“失票人应当在通知挂失止付后三日内，也可以在票据丧失后，依法向人民法院申请公示催告，或者向人民法院提起诉讼。”提起诉讼须有明确的被告，采取这种措施应确指票据在谁手里，否则法院无法受理。

论述题

1. 答案：追索权涉及两方当事人，追索权人和被追索人。

（1）追索权人

汇票上可行使追索权的人有两种，一是持票人，持票人为最初追索权人，当所持汇票不获承兑或不获付款，或有其他法定原因无从请求付款，或承兑时，持票人即可行使追索权。但持票人为发票人时，对其前手无追索权；持票人为背书人时，对其后手无追索权。《票据法》第 69 条规定：“持票人为出票人的，对其前手无追索权。持票人为背书人的，对其后手无追索权。”

二是因清偿而取得票据的人。票据债务人（被追索人）清偿了其后手（包括原追索权人）的追索金额后，便取得了持票人的地位，可以向其前手行使追索权，即再追索权。再追索权人包括：背书人、保证人和参加付款人。《票据法》第 68 条第 3 款就有被追索人清偿债务后，与持票人享有同一权利的规定。

（2）被追索人

即偿还义务人，包括：①发票人。发票人负有担保承兑和付款的责任，在汇票不获承兑或不获付款时，应负偿还票据金额的义务。但发票人发票时，在汇票上作了免除担保承兑记载的，持票人不得在到期日之前对其行使追索权。②背书人。背书人也同样负有担保承兑和付款之责，自然具有偿还义务。同样，如果背书人背书时，作了免除担保承兑记载的，持票人不得对其行使期前追索权，如作了免除担保付款记载的，则其就不能为被追索人。③保证人。保证人与被保证人负同一责任，因而在追索过程中，也是被追索人。

2. 答案：外观主义是指商法以交易当事人的行为外观为标准而认定其行为的法律效果。按照外观主义，交易当事人的真实意思与意思表示不一致时，以意思表示为准，意思表示一经成立即发生法律效力。假若允许当事人以外观表示与真意不符而撤销商事行为，则显然不利于交易关系。其在票据法上的体现主要如下：

（1）票据出票人制作票据，应当依法定条件在票据上签章，并按照所记载的事项承担票据责任。

（2）票据上其他记载事项被变造的，在变造之前签章的人，对原记载事项负责；在变造之后签章的人，对变造之后的记载事项负责；不能辨别是在票据被变造之前或者之后签章的，视同在变造之前签章。

案例分析题

1. 答案：（1）应当到法院申请公示催告。

（2）法院应当向付款人发出止付通知；在3日内发布公告。

（3）依法申报后，法院应通知失票人（即公示催告申请人）在指定期间查看票据，如果该票据与失票人丧失的一致，法院裁定终结公示催告程序；如果不一致，法院裁定驳回申报人的申报。

（4）失票人自申报权利期间届满的次日起1个月内向法院申请作除权判决，公示催告程序因此而终结；逾期不申请作除权判决的，因期限届满而终结公示催告程序。

2. 答案：（1）A公司开具的汇票上记载的“不得转让”字样属于票据法上的任意记载事项，又称可记载事项，该事项记载与否，概由票据当事人决定。但一经记载，即发生票据法上的效力。

（2）A公司不能以该理由抗辩甲银行的请求，A公司与B公司之间的合同纠纷是票据原因（基础）关系，其是否有效对票据关系不产生影响，不应妨碍后手持票人甲银行票据权利的实现。

3. 答案：（1）甲的出票行为是无效的，因其是禁治产人，属于无民事行为能力人，根据票据法的规定，无民事行为能力人或者限制民事行为能力人的签章无效，但是不影响其他签章的效力，因此乙的背书行为有效。

（2）①一般债权让与，通常以合同为之，是合同行为。债权让与人和受让人须就债权让与适用民法上关于意思表示的规定，达成合意，方能生效。但对于票据转让来说，一般认为是单方法律行为，无论是依背书交付方式，还是依单纯交付方式转让，只需让与方一方的意思表示即可生效。

②在票据转让中，票据债务人的意思转让不发生任何影响，无论是何种方式转让票据都无须征得票据债务人同意或通知票据债务人。而对于一般债权让与来说，债务人的意思对债权让与的效力有着一定的影响。

③票据法虽没有明文规定票据善意取得制度，然而却依民法上动产的善意取得制度的原理，承认票据的善意取得。对一般债权让与来说，民法规定，无债权处分权限的人所为的让与行为无效，第三人也不能因善意而取得债权。因此，可以说，民法上不承认债权的善意取得。

④一般来说，除发票人记明禁止转让的票据外，一切票据皆可转让。而对于民法上的债权来说，并非一切债权皆可转让。让与的债权须具有可转让性。

⑤依商法的强制主义原则，票据转让为要式行为。而债权让与则比较自由，依契约自由原则，债权让与可以为部分让与、附条件让与。

⑥在票据转让中，对受让人无限制，票据再转让到以前的债务人手中也可以。一般债权让与中，若发生债权债务归于一人的情

况，则债的关系因混同而消灭。不过，一般债的混同也有例外情形，若债权为他人权利的标的时，纵然发生混同，债的关系也不消灭。

⑦票据法规定，票据转让后，让与人即成为票据债务人之一，仍负有担保承兑（汇票）与担保付款（汇票、本票、支票）之责，即仍留在票据关系之中而承担义务。至于一般债权让与，原债权人除负有将债权文书（包括债务人出具的借据、合同文书、往来电报、书信等）交给新债权人的义务外，在债权让与合同生效后，即脱离债权债务关系。新债权人继受原债权人的地位，让与人（原债权人）再无任何责任。除合同另有约定外，原债权人对债务人的支付能力不负担保责任。

（3）票据权利不受原因行为的制约，而普通债权的转让要受原因行为的制约。因为票据上的法律关系是一种单纯的金钱支付关系，权利人享有票据权利只以持有符合《票据法》规定的有效票据为必要。至于票据赖以发生的原因则在所不问。

第二十七章　汇票

单项选择题

1. 答案：C。《最高人民法院关于审理票据纠纷案件若干问题的规定》第 29 条规定："人民法院决定受理公示催告申请，应当同时通知付款人及代理付款人停止支付，并自立案之日起三日内发出公告。"第 30 条规定："付款人或者代理付款人收到人民法院发出的止付通知，应当立即停止支付，直至公示催告程序终结。非经发出止付通知的人民法院许可擅自解付的，不得免除票据责任。"可见，申请公示催告期间，法院作出除权判决之前，银行是等待法院判决结果，并不是不再承担付款责任。所以 A 项错误。

　　《票据法》第 15 条规定："票据丧失，失票人可以及时通知票据的付款人挂失止付，但是，未记载付款人或者无法确定付款人及其代理付款人的票据除外。收到挂失止付通知的付款人，应当暂停支付。失票人应当在通知挂失止付后三日内，也可以在票据丧失后，依法向人民法院申请公示催告，或者向人民法院提起诉讼。"据此，当事人申请公示催告的原因是票据遗失，本题中五悦公司在将票据背书转让给他人之后申请公示催告，属于伪报票据丧失的违法行为，不受法律保护，故 B 项错误，C 项正确。

　　《最高人民法院关于适用〈中华人民共和国民事诉讼法〉的解释》第 450 条第 1 款规定："在申报权利的期间无人申报权利，或者申报被驳回的，申请人应当自公示催告期间届满之日起一个月内申请作出判决。逾期不申请判决的，终结公示催告程序。"第 457 条规定："依照民事诉讼法第二百三十条的规定，利害关系人向人民法院起诉的，人民法院可按票据纠纷适用普通程序审理。"因此法院基于五悦公司申请才会启动除权判决阶段，在此期间亿凡公司如果进行申报，法院将公示催告程序转为诉讼程序，并不能直接作出除权判决。所以 D 项错误。

2. 答案：B。本题考查的是以质押票据再行质押背书转让的效力。《最高人民法院关于审理票据纠纷案件若干问题的规定》第 46 条规定："因票据质权人以质押票据再行背书质押或者背书转让引起纠纷而提起诉讼的，人民法院应当认定背书行为无效。"据此，本题正确答案为 B。

3. 答案：C。本题考查的是票据违反了出票人"不得转让"要求的效力。《票据法》第 6 条规定："无民事行为能力人或者限制民事行为能力人在票据上签章的，其签章无效，但是不影响其他签章的效力。"第 34 条规定："背书人在汇票上记载'不得转让'字样，其后手再背书转让的，原背书人对后手的被背书人不承担保证责任。"据此，本题中的出票人甲已在票据上注明"不得转让"，丙为限制民事行为能力人，均不承担保证责任，但不影响票据上其他签章的效力，戊可以向乙、丁主张权利。故本题正确答案为 C。

4. 答案：A。《票据法》第 36 条规定："汇票被拒绝承兑、被拒绝付款或者超过付款提示期限的，不得背书转让；背书转让的，背书人应当承担汇票责任。"所以本题中，丙公司有权要求甲公司给付汇票上的金额，承担汇票责任，答案 A 是正确的。

5. 答案：D。本题考查的是汇票未记载事项的认定。《票据法》第 23 条第 1 款至第 3 款规定："汇票上记载付款日期、付款地、出票地等事项的，应当清楚、明确。汇票上未记载付款日期的，为见票即付。汇票上未记载付款地的，付款人的营业场所、住所或者经常居住地为付款地。"故 A、B 项不正确。《票据法》第 22 条规定了汇票必须记载的事项，汇票上未记载规定事项之一的，如收款人名称、出票日期的，该汇票无效。故 C 项不正确，D 项正确。

6. **答案**：C。本题考查的是有关票据保证的规定。根据《票据法》第 45 条第 2 款、第 46 条、第 47 条、第 48 条的规定，保证人由汇票债务人以外的他人担当。保证人必须在汇票或者粘单上记载下列事项：（1）表明“保证”的字样；（2）保证人名称和住所；（3）被保证人的名称；（4）保证日期；（5）保证人签章。保证人在汇票或者粘单上未记载上述第（3）项的，已承兑的汇票，承兑人为被保证人；未承兑的汇票，出票人为被保证人。保证人在汇票或者粘单上未记载上述第（4）项的，出票日期为保证日期。保证不得附有条件；附有条件的，不影响对汇票的保证责任。据此，本题只有 C 项说法正确。

7. **答案**：B。本题考查的是有关票据保证的规定。《票据法》第 51 条规定：“保证人为二人以上的，保证人之间承担连带责任。”据此，本题正确答案为 B。

8. **答案**：D。本题考查的是有关汇票付款行为的规定。《票据法》第 60 条规定：“付款人依法足额付款后，全体汇票债务人的责任解除。”故本题 A 项表述正确。《票据法》第 57 条规定：“付款人及其代理付款人付款时，应当审查汇票背书的连续，并审查提示付款人的合法身份证明或者有效证件。付款人及其代理付款人以恶意或者有重大过失付款的，应当自行承担责任。”故本题 B 项表述正确。《票据法》第 54 条规定：“持票人依照前条规定提示付款的，付款人必须在当日足额付款。”故本题 C 项表述正确。《票据法》第 59 条规定：“汇票金额为外币的，按照付款日的市场汇价，以人民币支付。汇票当事人对汇票支付的货币种类另有约定的，从其约定。”故本题 D 项表述不正确，为本题正确答案。

9. **答案**：B。本题考查的是持票人行使追索权的条件。《票据法》第 61 条规定：“汇票到期被拒绝付款的，持票人可以对背书人、出票人以及汇票的其他债务人行使追索权。汇票到期日前，有下列情形之一的，持票人也可以行使追索权：（一）汇票被拒绝承兑的；（二）承兑人或者付款人死亡、逃匿的；（三）承兑人或者付款人被依法宣告破产的或者因违法被责令终止业务活动的。”据此，本题 A、C、D 项都是持票人可以行使追索权的情形，而 B 项不是，故为本题正确答案。

10. **答案**：D。本题考查的是有关票据追索权的规定。《票据法》第 70 条第 1 款规定：“持票人行使追索权，可以请求被追索人支付下列金额和费用：（一）被拒绝付款的汇票金额；（二）汇票金额自到期日或者提示付款日起至清偿日止，按照中国人民银行规定的利率计算的利息；（三）取得有关拒绝证明和发出通知书的费用。”据此，本题 D 项不属于行使追索权请求的范围，故为本题正确答案。

11. **答案**：D。本题考查的是持票人未按期通知的后果。《票据法》第 66 条规定：“持票人应当自收到被拒绝承兑或者被拒绝付款的有关证明之日起三日内，将被拒绝事由书面通知其前手……未按照前款规定期限通知的，持票人仍可以行使追索权。因延期通知给其前手或者出票人造成损失的，由没有按照规定期限通知的汇票当事人，承担对该损失的赔偿责任，但是所赔偿的金额以汇票金额为限……”据此，本题正确答案为 D。

12. **答案**：B。本题考查的是票据权利的善意取得。《票据法》第 12 条规定：“以欺诈、偷盗或者胁迫等手段取得票据的，或者明知有前列情形，出于恶意取得票据的，不得享有票据权利。持票人因重大过失取得不符合本法规定的票据的，也不得享有票据权利。”据此，除非恶意或者有重大过失取得不符合法律规定的票据，否则享有票据权利，本题中未提到 C 公司属于这种情况，故 C 公司应享有票据权利，可以按照票据法的规定，向其前手 A 公司要求付款。故本题正确答案为 B。

13. **答案**：A。本题考查的是汇票的提示付款期限。《票据法》第 53 条规定：“持票人应当按照下列期限提示付款：……（二）定日付款、出票后定期付款或者见票后定期付款的汇票，自到期日起十日内向承兑人提示付款……”据此，本题正确答案为 A。

14. 答案：A。本题考查的是附有条件的汇票承兑的效力。《票据法》第 43 条规定：“付款人承兑汇票，不得附有条件；承兑附有条件的，视为拒绝承兑。”据此，本题正确答案为 A。

15. 答案：B。本题考查的是有关汇票票据行为的规定。《票据法》第 33 条规定：“背书不得附有条件。背书时附有条件的，所附条件不具有汇票上的效力。将汇票金额的一部分转让的背书或者将汇票金额分别转让给二人以上的背书无效。”据此，本题 B 项正确；因为附有条件的背书仅所附条件无效，而非票据无效，故本题 A 项不正确。第 48 条规定：“保证不得附有条件；附有条件的，不影响对汇票的保证责任。”据此，保证附有条件的，仍应承担保证责任，故本题 C 项不正确。第 50 条规定：“被保证的汇票，保证人应当与被保证人对持票人承担连带责任……”据此，本题 D 项不正确。

16. 答案：A。本题考查的是见票后定期付款汇票的提示承兑期限。《票据法》第 40 条第 1 款规定：“见票后定期付款的汇票，持票人应当自出票日起一个月内向付款人提示承兑。”据此，本题正确答案为 A。

17. 答案：A。本题考查的是汇票持票人未按照规定期限提示承兑的后果。《票据法》第 40 条规定：“见票后定期付款的汇票，持票人应当自出票日起一个月内向付款人提示承兑。汇票未按照规定期限提示承兑的，持票人丧失对其前手的追索权……”据此，本题正确答案为 A。

18. 答案：C。本题考查的是有关汇票付款日期的规定。《票据法》第 25 条规定：“付款日期可以按照下列形式之一记载：（一）见票即付；（二）定日付款；（三）出票后定期付款；（四）见票后定期付款。前款规定的付款日期为汇票到期日。”据此，本题只有 C 项不属于法定的付款日期种类，为本题正确答案。

19. 答案：B。本题考查的是汇票的绝对记载事项。《票据法》第 22 条规定：“汇票必须记载下列事项：（一）表明‘汇票’的字样；（二）无条件支付的委托；（三）确定的金额；（四）付款人名称；（五）收款人名称；（六）出票日期；（七）出票人签章。汇票上未记载前款规定事项之一的，汇票无效。”据此，付款日期不是汇票的绝对记载事项，故本题正确答案为 B。

20. 答案：D。本题考查的是汇票金额的记载方式。《票据法》第 22 条规定：“汇票必须记载下列事项：……（三）确定的金额……汇票上未记载前款规定事项之一的，汇票无效。”据此，汇票上记载的金额必须是确定的，故本题正确答案为 D。

21. 答案：A。本题考查的是保证日期。《票据法》第 47 条规定：“……保证人在汇票或者粘单上未记载前条第（四）项的，出票日期为保证日期。”

22. 答案：C。本题考查的是汇票金额为外币时的支付办法。《票据法》第 59 条第 1 款规定：“汇票金额为外币的，按照付款日的市场汇价，以人民币支付。”据此，本题正确答案为 C。

23. 答案：C。本题考查的是票据贴现的性质和效力。贴现是一种票据转让方式，是指持票人在需要资金时，将其持有的未到期的商业汇票，经过背书转让给银行，银行从票面金额中扣除贴现利息后，将余款支付给申请贴现人的行为。如果汇票付款期满，银行不能得到汇票付款，则可以向汇票付款人和所有的债务人追索。据此，本题 A、B 项说法正确。根据票据法的规定，如果出票人在票据上记载“不得转让”，其后手以此票据进行贴现，通过贴现取得票据的持票人不享有票据权利，故本题 C 项说法不正确。如果背书人在票据上记载“不得转让”，其后手以此票据进行贴现，原背书人对后手的被背书人不承担票据责任，但通过贴现取得票据的持票人仍享有票据权利，故 D 项说法正确。综上，本题正确答案为 C。

24. 答案：B。本题考查的是见票后定期付款的汇票的承兑提示期限。《票据法》第 40 条第 1 款规定：“见票后定期付款的汇票，持票人应当自出票日起一个月内向付款人提示承兑。”据此，本题正确答案为B。

25. 答案：B。本题考查的是行使追索权程序中拒绝事由的通知形式。《票据法》第66条第1款规定：“持票人应当自收到被拒绝承兑或者被拒绝付款的有关证明之日起三日内，将被拒绝事由书面通知其前手；其前手应当自收到通知之日起三日内书面通知其再前手。持票人也可以同时向各汇票债务人发出书面通知。”据此，本题正确答案为B。

26. 答案：D。本题考查的是付款人在到期日前付款的效力和责任。《票据法》第57条规定：“……付款人及其代理付款人以恶意或者有重大过失付款的，应当自行承担责任。”第58条规定：“对定日付款、出票后定期付款或者见票后定期付款的汇票，付款人在到期日前付款的，由付款人自行承担所产生的责任。”据此，本题正确答案为D。

27. 答案：B。本题考查的是汇票上未记载付款地的处理。《票据法》第23条规定：“汇票上记载付款日期、付款地、出票地等事项的，应当清楚、明确……汇票上未记载付款地的，付款人的营业场所、住所或者经常居住地为付款地……”据此，本题正确答案为B。

28. 答案：D。本题考查的是导致汇票无效的情况。《票据法》第23条规定：“……汇票上未记载付款日期的，为见票即付。汇票上未记载付款地的，付款人的营业场所、住所或者经常居住地为付款地。汇票上未记载出票地的，出票人的营业场所、住所或者经常居住地为出票地。”由此可见，未记载出票地、付款日期、付款地并不导致汇票无效。第8条规定：“票据金额以中文大写和数码同时记载，二者必须一致，二者不一致的，票据无效。”据此，票据金额中文与数字记载不一致会导致票据无效。综上，本题正确答案为D。

29. 答案：B。《票据法》第14条规定：“票据上的记载事项应当真实，不得伪造、变造。伪造、变造票据上的签章和其他记载事项的，应当承担法律责任。票据上有伪造、变造的签章的，不影响票据上其他真实签章的效力。票据上其他记载事项被变造的，在变造之前签章的人，对原记载事项负责；在变造之后签章的人，对变造之后的记载事项负责；不能辨别是在票据被变造之前或者之后签章的，视同在变造之前签章。”

30. 答案：C。本题考核汇票的记载事项：（1）收款人名称为汇票的绝对应记载事项，未记载的，该票据无效；（2）汇票上未记载付款日期的，视为见票即付；（3）出票日期为汇票的绝对应记载事项，未记载的，该票据无效；（4）汇票上未记载付款地的，以付款人的营业场所、住所或经常居住地为付款地。

31. 答案：B。本题考核票据的基础关系与票据关系。甲、乙解除合同，不影响持票人丙的票据权利。票据基础关系的存在与否、有效与否，与票据权利原则上互不影响。此题，甲给付丙票据款后，还可以请求乙返还3万元的价款。

32. 答案：A。本题考查的是持票人对定期汇票的出票人和承兑人的票据权利时效。《票据法》第17条规定：“票据权利在下列期限内不行使而消灭：（一）持票人对票据的出票人和承兑人的权利，自票据到期日起二年。见票即付的汇票、本票，自出票日起二年……”据此，本题正确答案为A。

33. 答案：D。本题考查的是一般背书的相对必要记载事项。《票据法》第29条规定：“背书由背书人签章并记载背书日期。背书未记载日期的，视为在汇票到期日前背书。”据此，背书日期不是背书的绝对必要记载事项，故本题正确答案为D。

34. 答案：C。《票据法》第37条规定：“背书人以背书转让汇票后，即承担保证其后手所持汇票承兑和付款的责任。背书人在汇票得不到承兑或者付款时，应当向持票人清偿本法第七十条、第七十一条规定的金额和费用。”据此，乙公司将票据背书转让给丁公司后，即需要向其后手丁公司承担票据责任，并不退出票据关系，故A项错误。

《票据法》第26条规定：“出票人签发

汇票后，即承担保证该汇票承兑和付款的责任。出票人在汇票得不到承兑或者付款时，应当向持票人清偿本法第七十条、第七十一条规定的金额和费用。”据此，出票人甲公司同样是票据债务人，故B项错误。另外需要注意的是，B项认为乙公司是丁公司的票据债务人，完全正确；但是认为丙银行是丁公司的票据债务人，则需要分析。《票据法》第44条规定：“付款人承兑汇票后，应当承担到期付款的责任。”据此，只有在付款人丙银行对持票人承兑之后，才对持票人承担票据责任，所以丙银行是否对丁公司承担票据责任是不确定的。

《票据法》第33条第1款规定：“背书不得附有条件。背书时附有条件的，所附条件不具有汇票上的效力。”据此，C项正确。

《票据法》第27条第2款规定：“出票人在汇票上记载‘不得转让’字样的，汇票不得转让。”据此，如甲公司在出票时于汇票上记载有“不得转让”字样，则乙公司的背书转让行为无效，故D项错误。在此需要注意的是，《票据法》第34条规定：“背书人在汇票上记载‘不得转让’字样，其后手再背书转让的，原背书人对后手的被背书人不承担保证责任。”由此可见，出票人在汇票上记载“不得转让”与背书人记载“不得转让”的法律效果完全不同，不容混淆。

多项选择题

1. **答案**：ABC。本题考查的是汇票持票人未在规定期限内提供有关合法证明的后果。《票据法》第65条规定：“持票人不能出示拒绝证明、退票理由书或者未按照规定期限提供其他合法证明的，丧失对其前手的追索权。但是，承兑人或者付款人仍应当对持票人承担责任。”据此，本题正确答案为A、B、C。
2. **答案**：ABCD。本题考查的是持票人行使追索权请求的内容。《票据法》第70条规定：“持票人行使追索权，可以请求被追索人支付下列金额和费用：（一）被拒绝付款的汇票金额；（二）汇票金额自到期日或者提示付款日起至清偿日止，按照中国人民银行规定的利率计算的利息；（三）取得有关拒绝证明和发出通知书的费用……”据此，本题正确答案为A、B、C、D。
3. **答案**：ABCD。本题考查的是有关票据保证的规定。《票据法》第46条规定：“保证人必须在汇票或者粘单上记载下列事项：（一）表明‘保证’的字样……”据此，B项正确。第50条规定：“被保证的汇票，保证人应当与被保证人对持票人承担连带责任……”据此，C项正确。第51条规定：“保证人为二人以上的，保证人之间承担连带责任。”据此，D项正确。第80条第1款规定：“本票的背书、保证、付款行为和追索权的行使，除本章规定外，适用本法第二章有关汇票的规定。”第93条第1款规定：“支票的背书、付款行为和追索权的行使，除本章规定外，适用本法第二章有关汇票的规定。”由此可见，汇票和本票都有保证，支票没有保证，故A项正确。
4. **答案**：BC。本题考查的是票据追索权以及在票据上加注“不得转让”字样的效力。《票据法》第34条规定：“背书人在汇票上记载‘不得转让’字样，其后手再背书转让的，原背书人对后手的被背书人不承担保证责任。”第61条第1款规定：“汇票到期被拒绝付款的，持票人可以对背书人、出票人以及汇票的其他债务人行使追索权。”据此，由于承兑人丙在票据上加注“不得转让”，乙将带有“不得转让”字样的票据转让给丁，丁再转让，则不得对其前手的背书人进行追索，但出票人除外。故本题正确答案为B、C。
5. **答案**：ABCD。本题考查的是票据追索权行使的对象。《票据法》第68条第1款、第2款规定：“汇票的出票人、背书人、承兑人和保证人对持票人承担连带责任。持票人可以不按照汇票债务人的先后顺序，对其中任何一人、数人或者全体行使追索权。”根据《票据法》第81条和第94条的规定，本票和支票的追索，适用汇票的有关规定。据此，本题正确答案为A、B、C、D。
6. **答案**：ACD。本题考查的是汇票追索权行使的对象。《票据法》第61条第1款规定："汇票到期被拒绝付款的，持票人可以对背书人、出票人以及汇票的其他债务人行使追索权。"故本题正确答案为A、C、D。

7. 答案：AB。本题考查的是有关汇票提示付款的规定。《票据法》第53条规定："持票人应当按照下列期限提示付款：（一）见票即付的汇票，自出票日起一个月内向付款人提示付款；（二）定日付款、出票后定期付款或者见票后定期付款的汇票，自到期日起十日内向承兑人提示付款。持票人未按照前款规定期限提示付款的，在作出说明后，承兑人或者付款人仍应当继续对持票人承担付款责任……"据此，本题A、B项正确，C、D项不正确。

8. 答案：CD。本题考查的是汇票的被保证人。《票据法》第47条规定："保证人在汇票或者粘单上未记载前条第（三）项的，已承兑的汇票，承兑人为被保证人；未承兑的汇票，出票人为被保证人。保证人在汇票或者粘单上未记载前条第（四）项的，出票日期为保证日期。"据此，本题正确答案为C、D。

9. 答案：BCD。《票据法》第35条第2款规定："汇票可以设定质押；质押时应当以背书记载'质押'字样。被背书人依法实现其质权时，可以行使汇票权利。"质押时应当背书"质押"字样，并非交付债权人即生效，因此，A项错误。《票据法》第61条规定："汇票到期被拒绝付款的，持票人可以对背书人、出票人以及汇票的其他债务人行使追索权。汇票到期日前，有下列情形之一的，持票人也可以行使追索权：……（三）承兑人或者付款人被依法宣告破产的或者因违法被责令终止业务活动的。"B项属于该规定的情形，因此，B项正确。《票据法》第22条规定："汇票必须记载下列事项：（一）表明'汇票'的字样；（二）无条件支付的委托；（三）确定的金额；（四）付款人名称；（五）收款人名称；（六）出票日期；（七）出票人签章。汇票上未记载前款规定事项之一的，汇票无效。"因此，D项正确。汇票分为银行汇票和商业汇票，法律不禁止自然人作为出票人，自然人具备一定条件的也可以开具汇票，所以C项正确。

10. 答案：ABD。本题考查的是有关汇票保证的规定。《票据法》第45条规定："汇票的债务可以由保证人承担保证责任。保证人由汇票债务人以外的他人担当。"第47条规定："保证人在汇票或者粘单上未记载前条第（三）项的，已承兑的汇票，承兑人为被保证人；未承兑的汇票，出票人为被保证人。保证人在汇票或者粘单上未记载前条第（四）项的，出票日期为保证日期。"第48条规定："保证不得附有条件；附有条件的，不影响对汇票的保证责任。"据此，本题A、B项正确，C项不正确。D项是票据保证的应有之义，故正确。

11. 答案：BC。《票据法》第15条第1款规定："票据丧失，失票人可以及时通知票据的付款人挂失止付，但是，未记载付款人或者无法确定付款人及其代理付款人的票据除外。"据此，票据丢失之后，失票人可以通过挂失止付并申请公示催告来救济自己的票据权利，故A项错误。本题中，丙银行已经对汇票进行了承兑，确定地负有票据义务，故乙可以起诉要求丙银行付款，B项正确。

《票据法》第15条第2款规定："收到挂失止付通知的付款人，应当暂停支付。"本题中，乙在丢失票据后立即办理了挂失止付，如果丙银行向丁支付票款，则应当向乙承担责任，故C项正确。

《票据法》第15条第3款规定："失票人应当在通知挂失止付后三日内，也可以在票据丧失后，依法向人民法院申请公示催告，或者向人民法院提起诉讼。"据此，乙应当在挂失止付后3日内申请公示催告，故D项错误。

12. 答案：BD。本题考查的是有关汇票提示承兑的规定。《票据法》第39条第1款规定："定日付款或者出票后定期付款的汇票，持票人应当在汇票到期日前向付款人提示承兑。"第40条第1款、第3款规定："见票后定期付款的汇票，持票人应当自出票日起一个月内向付款人提示承兑。""见票即付的汇票无需提示承兑。”据此，本题B、D项正确，A、C项不正确。

13. **答案**：ABC。本题考查的是有关背书的规定。《票据法》第27条第2款规定：“出票人在汇票上记载‘不得转让’字样的，汇票不得转让。”据此，本题A项不合法。第33条第2款规定：“将汇票金额的一部分转让的背书或者将汇票金额分别转让给二人以上的背书无效。”故本题B项不合法。第36条规定：“汇票被拒绝承兑、被拒绝付款或者超过付款提示期限的，不得背书转让……”故本题C项不合法。第35条第2款规定：“汇票可以设定质押；质押时应当以背书记载‘质押’字样……”据此，本题D项合法。综上，本题正确答案为A、B、C。

14. **答案**：AC。《票据法》第10条规定：“票据的签发、取得和转让，应当遵循诚实信用的原则，具有真实的交易关系和债权债务关系。票据的取得，必须给付对价，即应当给付票据双方当事人认可的相对应的代价。”第21条规定：“汇票的出票人必须与付款人具有真实的委托付款关系，并且具有支付汇票金额的可靠资金来源。不得签发无对价的汇票用以骗取银行或者其他票据当事人的资金。”《最高人民法院关于审理票据纠纷案件若干问题的规定》第13条规定：“票据债务人以票据法第十条、第二十一条的规定为由，对业经背书转让票据的持票人进行抗辩的，人民法院不予支持。”因此，尽管甲、乙之间没有真实的交易，但是该汇票已经背书转让，根据上述司法解释第13条的规定，该汇票仍然有效。因此，A项说法正确。《票据法》第6条规定：“无民事行为能力人或者限制民事行为能力人在票据上签章的，其签章无效，但是不影响其他签章的效力。”由此，B的说法错误。《票据法》第14条规定：“票据上的记载事项应当真实，不得伪造、变造。伪造、变造票据上的签章和其他记载事项的，应当承担法律责任。票据上有伪造、变造的签章的，不影响票据上其他真实签章的效力。票据上其他记载事项被变造的，在变造之前签章的人，对原记载事项负责；在变造之后签章的人，对变造之后的记载事项负责；不能辨别是在票据被变造之前或者之后签章的，视同在变造之前签章。”根据上述规定可知，票据变造的并不影响票据的效力，因此，C项正确；甲、乙是在票据变造之前签章的票据债务人，因此，甲、乙应该对变造之前的记载事项承担票据责任，而非不承担票据责任，D项说法错误。因此，本题的正确答案是A、C。

15. **答案**：BCD。本题考查的是有关票据背书的规定。根据《票据法》第11条的规定，票据也可通过税收、继承、赠与等而无偿取得。故本题A项不正确。《票据法》第30条规定：“汇票以背书转让或者以背书将一定的汇票权利授予他人行使时，必须记载被背书人名称。”故本题B项正确。《票据法》第27条第2款规定：“出票人在汇票上记载‘不得转让’字样的，汇票不得转让。”故本题C项正确。《票据法》第28条规定：“票据凭证不能满足背书人记载事项的需要，可以加附粘单，粘附于票据凭证上。粘单上的第一记载人，应当在汇票和粘单的粘接处签章。”故本题D项正确。综上，本题正确答案为B、C、D。

16. **答案**：ABCD。本题考查的是汇票的付款日期种类。《票据法》第53条规定：“持票人应当按照下列期限提示付款：（一）见票即付的汇票，自出票日起一个月内向付款人提示付款；（二）定日付款、出票后定期付款或者见票后定期付款的汇票，自到期日起十日内向承兑人提示付款……”据此，汇票的付款日期有：见票即付、定日付款、出票后定期付款、见票后定期付款，故本题正确答案为A、B、C、D。

17. **答案**：ABCD。本题考查的是票据背书转让有效的条件。《票据法》第27条第4款规定：“背书是指在票据背面或者粘单上记载有关事项并签章的票据行为。”第31条第1款规定：“以背书转让的汇票，背书应当连续……”第33条规定：“背书不得附有条件。背书时附有条件的，所附条件不具有汇票上的效力。将汇票金额的一部分转让的背书或者将汇票金额分别转让给二人以上的背书无效。”据此，本题正确答案为A、B、C、D。

18. 答案：AD。本题考查的是限制民事行为能力人背书的效力。《票据法》第6条规定：“无民事行为能力人或者限制民事行为能力人在票据上签章的，其签章无效，但是不影响其他签章的效力。”《票据法》第68条第1款、第2款规定：“汇票的出票人、背书人、承兑人和保证人对持票人承担连带责任。持票人可以不按照汇票债务人的先后顺序，对其中任何一人、数人或者全体行使追索权。”本题中，由于甲是限制民事行为能力人，其背书无效，故丁不能向其行使追索权；银行是付款人，是请求付款的对象，不是行使追索权的对象。乙、丙是票据的合法背书人，故丁可以向乙、丙行使追索权。综上，本题正确答案为A、D。

19. 答案：BD。本题考查的是应当对持票人承担到期付款的责任的主体。《票据法》第89条规定：“出票人必须按照签发的支票金额承担保证向该持票人付款的责任。出票人在付款人处的存款足以支付支票金额时，付款人应当在当日足额付款。”据此，支票出票人只是负有保证付款人付款的责任，其本身并不承担到期付款责任，故本题A项不正确。第77条规定：“本票的出票人在持票人提示见票时，必须承担付款的责任。”据此，本题B项正确。第26条规定：“出票人签发汇票后，即承担保证该汇票承兑和付款的责任。出票人在汇票得不到承兑或者付款时，应当向持票人清偿本法第七十条、第七十一条规定的金额和费用。”据此，汇票出票人只有在出票人到期得不到承兑或付款时，才承担付款责任，故本题C项不正确。第44条规定：“付款人承兑汇票后，应当承担到期付款的责任。”据此，本题D项正确。

20. 答案：BD。本题考查的是有关汇票追索权的规定。根据《票据法》第66条规定：“持票人应当自收到被拒绝承兑或者被拒绝付款的有关证明之日起三日内，将被拒绝事由书面通知其前手……未按照前款规定期限通知的，持票人仍可以行使追索权……在规定期限内将通知按照法定地址或者约定的地址邮寄的，视为已经发出通知。”第68条第1款、第2款规定：“汇票的出票人、背书人、承兑人和保证人对持票人承担连带责任。持票人可以不按照汇票债务人的先后顺序，对其中任何一人、数人或者全体行使追索权。”据此，本题正确答案为B、D。

21. 答案：ABCD。本题考查的是汇票上的偿还义务人。《票据法》第61条第1款规定：“汇票到期被拒绝付款的，持票人可以对背书人、出票人以及汇票的其他债务人行使追索权。”《票据法》第68条第1款、第2款规定：“汇票的出票人、背书人、承兑人和保证人对持票人承担连带责任。持票人可以不按照汇票债务人的先后顺序，对其中任何一人、数人或者全体行使追索权。”据此，汇票上的被追索人即偿还义务人，包括背书人、出票人、保证人、参加承兑人等。故本题正确答案为A、B、C、D。

22. 答案：ABC。本题考查的是承兑与民法上债务承担的区别。承兑是指汇票付款人承诺在到期日支付汇票金额的一种票据行为。根据票据法的规定和民法学原理，承兑与民法上债务承担的区别主要在于本题A、B、C项所列的三个方面。

23. 答案：AC。本题考查的是追索权行使的程序中拒绝事由的通知期限。《票据法》第66条第1款规定：“持票人应当自收到被拒绝承兑或者被拒绝付款的有关证明之日起三日内，将被拒绝事由书面通知其前手；其前手应当自收到通知之日起三日内书面通知其再前手。持票人也可以同时向各汇票债务人发出书面通知。”据此，本题正确答案为A、C。

24. 答案：AC。本题考查的是提示付款的作用。《票据法》第62条第1款规定：“持票人行使追索权时，应当提供被拒绝承兑或者被拒绝付款的有关证明。”据此，提示付款是行使追索权的前提条件，故本题A项正确。第53条规定：“持票人应当按照下列期限提示付款：（一）见票即付的汇票，自出票日起一个月内向付款人提示付款；（二）定日付款、出票后定期付款或者见票后定期付款的汇票，自到期日起十日内向承兑人提示付款。持票人未按照前款规定期限提示付款的，在作出说明后，承兑人或者付款人仍应当继续对持票人承担付款责任……”据此，本题B、D项不正确，C项正确。

25. 答案：AC。本题考查的是票据保证当事人之间的责任关系。《票据法》第50条规定：“被保证的汇票，保证人应当与被保证人对持票人承担连带责任。汇票到期后得不到付款的，持票人有权向保证人请求付款，保证人应当足额付款。”第51条规定：“保证人为二人以上的，保证人之间承担连带责任。”据此，本题正确答案为A、C。

26. 答案：BCD。本题考查的是可以成为汇票被保证人的人员范围。《票据法》第45条规定：“汇票的债务可以由保证人承担保证责任。保证人由汇票债务人以外的他人担当。”据此，汇票的被保证人是汇票的债务人。背书人、出票人、承兑人都是汇票的债务人，故本题B、C、D项正确。虽然付款人也是汇票的债务人，但拒绝承兑的付款人不能成为被保证人，因为其否认自己的付款义务，如保证人代其履行付款义务，将不能对其追偿，故本题A项不正确。

27. 答案：BC。本题考查的是背书无效的情况。根据《票据法》第34条的规定，将记载有“禁止背书”的票据又背书转让的，仅原背书人对后手的被背书人不承担保证责任，背书本身并不无效，故本题A项不正确。《票据法》第33条规定：“背书不得附有条件。背书时附有条件的，所附条件不具有汇票上的效力。将汇票金额的一部分转让的背书或者将汇票金额分别转让给二人以上的背书无效。”据此，本题B、C项正确。因为附条件的背书仅所附条件无效，背书本身并不无效，故本题D项不正确。

28. 答案：CD。依追索权发生的不同情况，分为期前追索权、期后追索权和再追索权。期前追索权：是指在汇票上所载的到期日到来之前，因发生到期付款的可能性显著减少的情况，而得进行追索的权利。期后追索权：是指在票据到期时，持票人因不获付款而得进行追索的权利。再追索权：是指被追索人在履行了自己的追索义务，向追索人偿还追索金额后，得向其前手追索义务人进行追索的权利。

29. 答案：ABCD。本题考查的是票据责任的承担。根据《票据法》第4条的规定，所有在票据上签章的人均对持票人负有票据责任，票据签章人所负的责任属于连带责任。本题中甲作为出票人，乙、丁作为背书人，丙作为保证人都在票据上签了章，因此均应承担票据责任，是该票据的债务人。故本题正确答案为A、B、C、D。

名词解释

1. 答案：汇票是指出票人签发的，委托付款人在见票时或者在指定日期无条件支付确定的金额给收款人或者持票人的票据。

2. 答案：出票是指出票人签发票据并将其交付收款人的票据行为。出票是最基本的、最主要的票据行为。出票由作成票据和交付票据两项行为构成。作成票据，是指出票人依照票据法的规定，在票据上记载法定内容并签名或盖章的行为。交付票据，则是指出票人依据自己的本意将作成的票据实际交给他人占有的行为。

3. 答案：背书是指持票人以转让汇票权利或授予他人一定的汇票权利为目的，在汇票背面或粘单上记载有关事项并签章的票据行为。

4. 答案：承兑是指汇票付款人在汇票上明确表示在汇票到期日支付汇票金额的一种附属票据行为。

5. 答案：提示承兑是指持票人向付款人出示汇票，并请示付款人表示承兑与否的行为。提示承兑本身不是票据行为，而是承兑行为的前提和必要手续。提示承兑的行为人称为提示人，付款人称为被提示人。

6. 答案：代位追索权是指被追索人对持票人已为清偿后，与持票人享有同一权利，可以对其前手债务人行使追索权，此时的追索权即为再追索权。根据《票据法》第68条第3款的规定，被追索人清偿债务后，与持票人享有同一权利。

简答题

1. **答案**：本条是《票据法》上关于追索权的规定。追索权是指在票据得不到承兑或者付款时，持票人请求其前手清偿票据金额、利息及有关费用的票据权利。追索权针对的主要是票据关系人因发行、转让票据所连带负责的票据担保责任，一般是在支付请求权不能实现的时候，持票人才可以行使的，所以，追索权是支付请求权的一种补充或保障性权利，为第二次请求权，也称为偿还请求权。追索权的意义在于：它是票据债权的一种保障，有了追索权，票据债权具有了完整的安全性，才使票据被社会广泛接受和利用，并维护着票据制度的稳定和有效运行。

    票据法理论认为，出票人、承兑人、背书人以及其他票据债务人（如保证人等）对持票人应负连带责任。因此，追索权具有选择性、变更性和代位性。追索权的选择性是指持票人行使追索权时，可以不依承担票据债务人的先后顺序，任意选择票据债务人之一，或其中数人，或全体票据债务人进行追索；追索权的变更性是指持票人如已向票据债务人中的一人或数人行使了追索权，若仍有被追索对象的，不影响他再向票据债务人中的另外一人或数人进行追索；追索权的代位性是指被追索人如果清偿了追索人要求的金额，便取得与追索人同一权利。

    根据上述法条的规定，追索权行使须具备一定的条件，包括实质条件和形式条件。其中，追索权行使的实质要件，即追索权行使的法定原因，依追索权行使的时间不同而不同：票据到期不获付款是持票人行使到期追索权的法定原因；票据到期日前，如果有法律规定的下列情形，持票人也可以行使期前追索权：汇票被拒绝承兑、承兑人或者付款人死亡、逃匿，承兑人或者付款人被依法宣告破产或者因违法被责令终止业务活动。追索权行使的形式要件是指行使追索权的法定程序，可分为票据提示、作成拒绝证明、拒绝事由的通知。

2. **答案**：保证人为汇票保证后，必须承担相应的票据责任，具体表现如下：

    （1）保证人负有与被保证人完全相同的票据责任。《票据法》第50条规定："……保证人应当与被保证人对持票人承担连带责任。汇票到期后得不到付款的，持票人有权向保证人请求付款，保证人应当足额付款。"保证人与被保证人的票据责任不仅在金额上完全相同，其性质也完全一样。保证人与被保证人的票据责任也没有先后次序之分。

    （2）保证人独立承担保证责任。作为票据行为，汇票保证具有独立性和无因性。保证人承担的保证责任独立于被保证的票据债务，被保证的票据债务即使无效，也不影响保证责任的成立。不过，被保证的票据债务因在形式上欠缺票据行为的要件而无效时，保证人可不负保证责任，但这并不排除保证人承担相应的民事责任。

    （3）共同保证人对被保证的票据债务负连带责任。《票据法》第51条规定："保证人为二人以上的，保证人之间承担连带责任。"这是一种法定的连带责任，即使共同保证人之间并无共同保证的意思，也不影响他们承担连带责任。

论述题

答案：出票行为作为基本票据行为，一经完成即对汇票当事人产生票据法上的效力。具体表现在以下几个方面：

（1）对出票人的效力。《票据法》第26条规定："出票人签发汇票后，即承担保证该汇票承兑和付款的责任。出票人在汇票得不到承兑或者付款时，应当向持票人清偿本法第七十条、第七十一条规定的金额和费用。"可见，出票人必须对其签发的汇票获得承兑和获得付款承担担保责任。出票人的这种担保承兑和担保付款责任，是票据法强行规定的绝对性义务。这种责任的存在与出票人是否具有担保的意思无关，出票人也不得通过在汇票上作有关记载来免除自己的担保责任。即使出票人在汇票上作了免除担保责任的记载，此项记载也视作未记载。

(2) 对收款人的效力。出票人作成汇票并将汇票实际交付收款人后，收款人便取得了汇票上的权利，包括付款请求权和追索权。不过，在付款人对汇票进行承兑之前，收款人的付款请求权尚处于不确定状态，仅仅是一种期待权。只有在付款人承兑以后，该期待权才成为现实权。此外，收款人行使追索权也必须符合一定的条件。

(3) 对付款人的效力。出票人的出票行为是单方法律行为，出票行为一旦完成即产生法律效力，而无须由出票人与付款人之间达成合意。出票，包括在汇票上记载付款人的名称，因此出票也对付款人产生一定的法律效力。一般说来，付款人因出票而取得一种地位或权限，即可以对汇票进行承兑。这就是说，付款人可以对汇票进行承兑，也可以不进行承兑。付款人是否要对汇票进行承兑，取决于其与出票人之间的约定，这一点在汇票上是看不出来的。付款人不对汇票作承兑的，他就不负任何付款义务。只有在付款人对汇票进行承兑后，才成为汇票的第一债务人，对收款人或持票人负绝对的付款义务。

案例分析题

1. 答案：(1) 根据《票据法》的规定，票据签章真实，票据形式外观符合票据法的要求，出票行为完成，则票据为有效。本案中的汇票符合这些要求，为有效的票据。

(2) 二审法院的判决理由不正确。原因如下：第一，票据当事人之间没有以真实的交易关系为基础并不能影响票据的效力，这是由票据的无因性所决定的。第二，票据当事人是形式上记载的当事人而不一定是实质或者真实的当事人。只要形式上有当事人的记载，该记载符合票据事项和格式要求即可。

2. 答案：(1) J银行应承担到期付款的义务。根据《票据法》第44条的规定，付款人承兑汇票后应当承担到期付款的责任。也就是说，承兑是使付款人承诺承担票据付款责任的行为，付款人一经承兑即成为主债务人，无论出票人、承兑申请人等有无支付能力，承兑人都必须首先承担付款义务。本案中，J银行进行了承兑，这就在汇票票面上明确表示了其作为承兑银行，愿意承担第一位的付款责任。招商银行某办事处为慎重起见对承兑的真实性进行了查询，得到的答复是“承兑真实、有效”。这又在票据之外向贴现银行明确表示承认了承兑银行愿意承担第一位的付款责任。

(2) 据以签发票据的合同关系无效不影响票据关系的效力。根据票据法原理，票据是无因证券和设权证券。作为无因证券，票据不问原因的有无及有效与否；作为设权证券，票据的原因关系与票据关系相脱离，票据一经产生，票据权利义务关系便产生，票据的存在不是为了证明产生票据的原因关系存在。尽管《票据法》第10条第1款规定，“票据的签发、取得和转让，应当遵循诚实信用的原则，具有真实的交易关系和债权债务关系”，但并未规定违反本规定的票据无效。据此，本案中因欺诈而导致的合同无效，不影响银行承兑汇票的有效。既然票据关系是有效的，本案中J银行的承兑责任便是不可推卸的，以合同无效主张免除付款责任的理由不能成立。

3. 答案：(1) 音响公司享有该汇票的票据权利。《票据法》第12条规定：“以欺诈、偷盗或者胁迫等手段取得票据的，或者明知有前列情形，出于恶意取得票据的，不得享有票据权利。持票人因重大过失取得不符合本法规定的票据的，也不得享有票据权利。”由此可见，票据法保护正当持票人和善意持票人。本案中的音响公司是从丁手中受让的票据，其在接受票据时，票据本身没有缺陷，票据背书也是连续的；尽管丁的票据是捡来的，背书有伪造的成分在内，但音响公司对这一切毫无知晓，也不可能知晓，因此，应当认定音响公司为善意持票人，故其享有票据权利。

(2) 可以。《票据法》第68条规定：“汇票的出票人、背书人、承兑人和保证人对持票人承担连带责任。持票人可以不按照汇票债务人的先后顺序，对其中任何一人、数人或者全体行使追索权。持票人对汇票债务人中的一人或者数人已经进行追索的，对其他汇票债务人仍可以行使追索权……”由此可见，票据的追索和一般的民事追索不同，是不受顺位和人数的限制的，故本案中的音响公司可以对其所有前手发出追索通知。

（3）可以。一般情况下，承兑人应承担到期无条件付款的责任，但《票据法》第15条第2款规定：“收到挂失止付通知的付款人，应当暂停支付。”第57条第2款规定：“付款人及其代理付款人以恶意或者有重大过失付款的，应当自行承担责任。”据此，本案中的甲要对持票人作拒绝付款的处理，否则要对已经办理挂失的某娱乐场所负赔偿责任。

4. 答案：（1）有效的转让背书必须记载：被背书人的名称、背书人签章。

（2）一张银行汇票如果从出票日起1个月之内没有请求付款，持票人仅丧失追索权，并不因此丧失付款请求权。所以不能说，超过了1个月，就不能得到票款。

（3）背书连续是指从票据上的第一个背书人即票据上所载收款人开始，到最后一个被背书人即现在的持票人为止的全部背书，其前一背书中的被背书人，一定是后一背书中的背书人，由此而使前后背书相接，不发生间断。依据票据法的规定，要求票据的背书必须连续，才能由此表明持票人为合法持票人，并依该票据行使票据权利；如果背书不连续，票据债务人则可以主张对物抗辩，拒绝履行票据义务。

第二十八章　本票

单项选择题

1. **答案**：C。本题考查的是本票的付款期限。《票据法》第 78 条规定："本票自出票日起，付款期限最长不得超过二个月。"据此，本题正确答案为 C。
2. **答案**：D。本题考查的是本票持票人未按规定期限提示见票的后果。《票据法》第 79 条规定："本票的持票人未按照规定期限提示见票的，丧失对出票人以外的前手的追索权。"据此，本题正确答案为 D。
3. **答案**：B。本题考查的是本票出票人的义务。《票据法》第 77 条规定："本票的出票人在持票人提示见票时，必须承担付款的责任。"据此，本题正确答案为 B。
4. **答案**：A。本题考查的是本票与汇票在绝对记载事项上的区别。《票据法》第 22 条规定："汇票必须记载下列事项：（一）表明'汇票'的字样；（二）无条件支付的委托；（三）确定的金额；（四）付款人名称；（五）收款人名称；（六）出票日期；（七）出票人签章。汇票上未记载前款规定事项之一的，汇票无效。"第 75 条规定："本票必须记载下列事项：（一）表明'本票'的字样；（二）无条件支付的承诺；（三）确定的金额；（四）收款人名称；（五）出票日期；（六）出票人签章。本票上未记载前款规定事项之一的，本票无效。"据此，汇票上须记载付款人名称，而本票上不须记载，故本题正确答案为 A。
5. **答案**：D。本题考查的是有关本票的规定。《票据法》第 75 条规定："本票必须记载下列事项：（一）表明'本票'的字样；（二）无条件支付的承诺……本票上未记载前款规定事项之一的，本票无效。"据此，本题 B 项说法正确，D 项说法不正确。第 76 条规定："本票上记载付款地、出票地等事项的，应当清楚、明确。本票上未记载付款地的，出票人的营业场所为付款地。本票上未记载出票地的，出票人的营业场所为出票地。"据此，本题 A、C 项说法正确。综上，本题正确答案为 D。
6. **答案**：C。根据《票据法》第 9 条第 2 款的规定，票据金额、日期、收款人名称不得更改，更改的票据无效。因此收款人名称更改会导致本票无效，而不是仍有效，据此 A 项错误。根据《票据法》第 8 条的规定票据金额需中文大写和数码同时记载且一致，否则票据无效。两者不一致时票据整体无效，而非以中文大写为准，据此 B 项错误。根据《票据法》第 75 条的规定，本票必须记载出票日期，未记载则票据无效，据此 C 项正确。根据《票据法》第 76 条规定，本票未记载付款地时，付款地为出票人的营业场所，未包含住所或经常居住地，据此 D 项错误。
7. **答案**：C。本题考查的是本票上未记载出票地的处理。《票据法》第 76 条第 3 款规定："本票上未记载出票地的，出票人的营业场所为出票地。"据此，本题正确答案为 C。
8. **答案**：B。参见《票据法》第 73 条、第 75 条、第 81 条、第 83 条、第 84 条。本票是出票人签发的，承诺自己在见票时无条件支付确定的金额给收款人或者持票人的票据，我国本票只限于银行本票，因此 A 项错误。本票和支票都是见票即付，无须承兑，因此 B 项正确。支票是出票人签发的，委托办理支票存款业务的银行或者其他金融机构在见票时无条件支付确定的金额给收款人或者持票人的票据。由此可见，支票的当事人还有可能是其他金融机构，因此 C 项错误。

   支票可以支取现金，也可以转账，用于转账时，应当在支票正面注明。支票中专门用于支取现金的，可以另行制作现金支票，现金支票只能用于支取现金。支票中专门用于转账的，可以另行制作转账支票，转账支票只能用于转账，不得支取现金，因此 D 项错误。

多项选择题

1. **答案**：AB。本题考查的是本票上的绝对记载事项。《票据法》第 75 条规定：“本票必须记载下列事项：（一）表明‘本票’的字样；（二）无条件支付的承诺；（三）确定的金额；（四）收款人名称；（五）出票日期；（六）出票人签章。本票上未记载前款规定事项之一的，本票无效。”据此，本题正确答案为 A、B。
2. **答案**：AB。本题考查的是有关本票的规定。《票据法》第 75 条规定：“本票必须记载下列事项：……（二）无条件支付的承诺……（四）收款人名称……本票上未记载前款规定事项之一的，本票无效。”据此，本题 A 项正确。因为“无条件支付的承诺”为本票必须记载的事项，故本题 D 项不正确。《票据法》第 9 条第 2 款规定：“票据金额、日期、收款人名称不得更改，更改的票据无效。”据此，本题 B 项正确。《票据法》第 74 条规定：“本票的出票人必须具有支付本票金额的可靠资金来源，并保证支付。”据此，并非“只能是银行或其他资信状况良好的机构”，故本题 C 项不正确。
3. **答案**：ABD。A 项正确。票据上有伪造、变造的签章的，不影响票据上其他真实签章的效力；被伪造人乙因缺乏真实意思表示，当然不应承担票据责任。

   B 项正确。理由同上，票据上有伪造、变造的签章的，不影响票据上其他真实签章的效力；丙以背书方式转让于丁，丁又以背书方式转让于戊，戊向丁行使追索权，丁清偿后自然可向丙行使再追索权。

   C 项错误。票据上其他记载事项被变造的，在变造之前签章的人，对原记载事项负责；在变造之后签章的人，对变造之后的记载事项负责。丙是在票据被变造后签章，应当对此后记载的事项负责，而不能以票据系伪造为由，拒不承担票据责任。

   D 项正确。票据上的记载事项应当真实，不得伪造、变造。伪造、变造票据上的签章和其他记载事项的，应当承担法律责任。须注意的是，这里指的是民事赔偿责任，而不是票据责任。甲假冒乙的姓名签发本票，应当承担民事赔偿责任。

简答题

1. **答案**：本票是出票人签发的，承诺自己在见票时无条件支付确定的金额给收款人或者持票人的票据。本票具有下列法律特征：

   （1）本票是票据的一种

   本票同汇票、支票一样，具有一切票据所共有的性质，即本票也是完全有价证券、设权证券、无因证券、文义证券、金钱债权证券、流通证券、要式证券。

   （2）本票是由出票人自己对收款人支付并承担绝对付款责任的票据

   这是本票区别于汇票、支票的根本所在。在汇票和支票中，原则上存在三方基本当事人，即出票人、付款人和收款人，出票人自己一般不负付款责任，而是委托付款人支付票据金额。而在本票中只存在两方基本当事人，即出票人和收款人，出票人自己承担绝对的付款责任。由此，汇票和支票又称委付证券，本票则称自付证券。

   （3）本票是出票人在到期日无条件支付票款的票据

   本票的到期日不以见票即付为限，可以由出票人指定一定的付款日期，因此本票与汇票一样，也是一种信用证券。这一点与见票即付的支票不同。
2. **答案**：本票出票的效力，是指出票人签发本票后承担的责任以及收款人因此享有的权利。对出票人来说，出票人必须承担对本票持票人的付款责任。出票人的这种付款责任是第一次的责任，出票人是第一债务人或主债务人。这种付款责任是一种无条件的责任，本票届至到期日，出票人必须对持票人付款，对此不得附加任何条件。这种付款责任又是一种绝对的责任，出票人的付款义务不因持票人对其权利的行使或保全手续的欠缺而免除。根据《票据法》第 79 条的规定，本票的持票人未按照规定的期限提示见票的，虽然丧失对其前手的追索权，但仍然可以向出票人行使追索权。出票人的付款责任还是一种最终的责任，即出票人一经付款，全部本票关系就归于消灭。

对于收款人来说，出票人签发本票后，收款人及以后的持票人就取得本票上的权利，包括付款请求权和追索权。由于本票无承兑制度，本票一经出票，主债务人就是确定的，因此收款人取得的付款请求权是一种现实的权利。这一点与汇票不同。汇票在经付款人承兑前，不存在主债务人，收款人享有的付款请求权仅仅是一种期待权，只有经付款人承兑后，该期待权才转化成现实权。至于本票收款人因出票行为取得的追索权，则与汇票相同，即只有在付款请求权不能实现时，并在法定期限内作成拒绝证明后才能行使。

第二十九章　支票

单项选择题

1. **答案**：C。支票是出票人签发，委托办理支票存款业务的银行或者其他金融机构在见票时无条件支付确定的金额给收款人或持票人的票据。汇票是出票人签发的，委托付款人在见票时，或者在指定日期无条件支付确定的金额给收款人或者持票人的票据。本票，是指发票人自己于到期日无条件支付一定金额给受款人的票据。据此，本题正确答案为C。

2. **答案**：B。本题考查的是有关支票的规定。《票据法》第90条规定："支票限于见票即付，不得另行记载付款日期……"据此，本题A项表述正确。《票据法》第93条第1款规定："支票的背书、付款行为和追索权的行使，除本章规定外，适用本法第二章有关汇票的规定。"据此，支票也可以背书转让，故本题B项表述不正确。《票据法》规定了汇票和本票的保证，却没有规定支票的保证，故支票没有保证制度，故本题C项表述正确。《票据法》第88条规定："支票的出票人不得签发与其预留本名的签名式样或者印鉴不符的支票。"据此，本题D项表述正确。综上，本题正确答案为B。

3. **答案**：B。本题考查的是有关支票记载事项的规定。《票据法》第86条第1款规定："支票上未记载收款人名称的，经出票人授权，可以补记。"据此，本题正确答案为B。

4. **答案**：C。本题考查的是支票必须记载的事项。《票据法》第84条规定："支票必须记载下列事项：（一）表明'支票'的字样；（二）无条件支付的委托；（三）确定的金额；（四）付款人名称；（五）出票日期；（六）出票人签章。支票上未记载前款规定事项之一的，支票无效。"据此，本题只有C项不是支票必须记载的事项，故为本题正确答案。

5. **答案**：C。本题考查的是三种票据适用的票据行为。《票据法》第45条第1款规定："汇票的债务可以由保证人承担保证责任。"第80条规定："本票的背书、保证、付款行为和追索权的行使，除本章规定外，适用本法第二章有关汇票的规定。本票的出票行为，除本章规定外，适用本法第二十四条关于汇票的规定。"第93条规定："支票的背书、付款行为和追索权的行使，除本章规定外，适用本法第二章有关汇票的规定。支票的出票行为，除本章规定外，适用本法第二十四条、第二十六条关于汇票的规定。"据此，保证是汇票和本票共有而支票没有的票据行为，故本题正确答案为C。

6. **答案**：A。本题考查的是有关支票的规定。《票据法》第90条规定："支票限于见票即付，不得另行记载付款日期。另行记载付款日期的，该记载无效。"据此，支票无须提示承兑，故本题A项说法不正确。第92条规定："付款人依法支付支票金额的，对出票人不再承担受委托付款的责任，对持票人不再承担付款的责任。但是，付款人以恶意或者有重大过失付款的除外。"据此，本题B项说法正确。第86条第4款规定："出票人可以在支票上记载自己为收款人。"故本题C项说法正确。第83条规定："……转账支票只能用于转账，不得支取现金。"故本题D项说法正确。综上，本题正确答案为A。

7. **答案**：C。本题考查的是支票的特点。《票据法》第81条规定："支票是出票人签发的，委托办理支票存款业务的银行或者其他金融机构在见票时无条件支付确定的金额给收款人或者持票人的票据。"据此，支票是见票即付的票据，故支票无须承兑，即使支票上记载了承兑，该记载也无效。故本题正确答案为C。

8. **答案**：C。本题考查的是有关各种支票支付方式的规定。《票据法》第 83 条规定：“支票可以支取现金，也可以转账，用于转账时，应当在支票正面注明。支票中专门用于支取现金的，可以另行制作现金支票，现金支票只能用于支取现金。支票中专门用于转账的，可以另行制作转账支票，转账支票只能用于转账，不得支取现金。”据此，本题正确答案为 C。

9. 答案：A。A 项，出票日期是支票的绝对记载事项，未记载出票日期的支票无效，A 项正确。B 项，收款人名称是相对记载事项，支票上未记载收款人名称的，经出票人授权，可以补记但不影响支票效力，B 项错误。C 项，（1）签发支票的原因属于不产生票据法效力的内容，“此支票由 A 用来购买农用车”属于签发支票的原因，该记载内容本身无效，但不影响支票的效力；（2）支票的特征是见票即付，“见票一月可兑付”是支票上另行记载的付款日期，该项内容属于不产生票据法效力的内容，即只是该记载内容本身无效，但不影响票据的效力，C 项错误。D 项，确定的金额虽然是支票的绝对必要记载事项，但是可以由出票人授权补记，未补记前的支票，不得使用。所以支票并不会因为没有记载金额而无效，D 项错误。综上，本题答案为 A。

多项选择题

1. 答案：CD。《票据法》第 84 条规定：“支票必须记载下列事项：（一）表明‘支票’的字样；（二）无条件支付的委托；（三）确定的金额；（四）付款人名称；（五）出票日期；（六）出票人签章。支票上未记载前款规定事项之一的，支票无效。”同时，《票据法》第 85 条规定：“支票上的金额可以由出票人授权补记，未补记前的支票，不得使用。”据此，欠缺票据金额并不会导致支票无效，只要在使用支票前补记金额即可。本题中，出票人因为疏忽，未记载票据金额的中文大写，使用之前补记中文大写即可，不影响支票的效力，故 A、B 两项错误，C、D 两项正确。

2. 答案：AC。本题考查的是有关支票记载事项的规定。《票据法》第 85 条规定：“支票上的金额可以由出票人授权补记，未补记前的支票，不得使用。”第 90 条规定：“支票限于见票即付，不得另行记载付款日期。另行记载付款日期的，该记载无效。”据此，本题 A、C 项正确。第 86 条第 1 款规定：“支票上未记载收款人名称的，经出票人授权，可以补记。”这里没有规定收款人名称未补记之前，票据不得使用，故本题 B 项不正确。第 86 条第 2 款规定：“支票上未记载付款地的，付款人的营业场所为付款地。”故本题 D 项不正确。

3. 答案：AB。本题考查的是有关支票上记载事项的规定。《票据法》第 88 条规定：“支票的出票人不得签发与其预留本名的签名式样或者印鉴不符的支票。”据此，本题 A 项正确。《票据法》第 87 条规定：“……出票人签发的支票金额超过其付款时在付款人处实有的存款金额的，为空头支票……”据此，本题 B 项正确。《票据法》第 86 条规定：“支票上未记载收款人名称的，经出票人授权，可以补记。支票上未记载付款地的，付款人的营业场所为付款地……”据此，付款地、收款人名称不是支票的绝对记载事项，故本题 C、D 项不正确。

4. 答案：BCD。所谓人格尊严是指民事主体作为“人”所应有的最基本社会地位、社会评价，并得到起码尊重的权利。本题中，实习生的行为跟侵犯熊某的人格尊严没有关系，所以 A 是错误的。《票据法》第 90 条规定，支票限于见票即付，本题中，实习生问熊某：“你真的是熊某吗？为什么要借 1 万元？”这违反了票据无因性原则和现金支票见票即付的原则，B、D 的说法是正确的。同时实习生拒绝付款，侵犯了持票人熊某的票据权利，所以 C 的说法也是正确的。本题正确答案是 B、C、D。

5. 答案：ABD。本题考查的是支票持票人未在规定的提示付款期间内提示付款的后果。《票据法》第 91 条规定：“支票的持票人应当自出票日起十日内提示付款；异地使用的支票，其提示付款的期限由中国人民银行另行规定。超过提示付款期限的，付款人可以不予付款；付款人不予付款的，出票人仍应当对持票人承担票据责任。”据此，本题A、B项正确。由于这种情况下付款人可以拒绝付款，而背书人是在付款人应当付款而不付款的情况下承担责任，所以这种情况下背书人也不应承担责任，故本题C项不正确，D项正确。

6. **答案**：BC。《票据法》第49条规定：“保证人对合法取得汇票的持票人所享有的汇票权利，承担保证责任。但是，被保证人的债务因汇票记载事项欠缺而无效的除外。”因此只有在张某的出票行为是由于汇票记载事项欠缺而无效时，陈某的保证行为才无效，所以A项错误，B项正确。《票据法》第61条规定：“汇票到期被拒绝付款的，持票人可以对背书人、出票人以及汇票的其他债务人行使追索权。汇票到期日前，有下列情形之一的，持票人也可以行使追索权：（一）汇票被拒绝承兑的；（二）承兑人或者付款人死亡、逃匿的；（三）承兑人或者付款人被依法宣告破产的或者因违法被责令终止业务活动的。”故C项正确。《票据法》第48条规定：“保证不得附有条件；附有条件的，不影响对汇票的保证责任。”所以D项错误。本题的正确答案为B、C。

7. **答案**：BC。《票据法》第83条第1款规定：“支票可以支取现金，也可以转账，用于转账时，应当在支票正面注明。”据此，一般支票既可以支取现金，也可以转让。《票据法》第83条第2款规定：“支票中专门用于支取现金的，可以另行制作现金支票，现金支票只能用于支取现金。”据此，专门用于支取现金的现金支票不得用于转账，故A项错误。《票据法》第87条第1款规定：“支票的出票人所签发的支票金额不得超过其付款时在付款人处实有的存款金额。”据此，B项正确。要求票据基础关系的真实性是我国《票据法》的基本理念，禁止签发“空头支票”。《票据法》第90条规定：“支票限于见票即付，不得另行记载付款日期。另行记载付款日期的，该记载无效。”据此，C项正确。《票据法》第84条规定：“支票必须记载下列事项：（一）表明‘支票’的字样；（二）无条件支付的委托；（三）确定的金额；（四）付款人名称；（五）出票日期；（六）出票人签章。支票上未记载前款规定事项之一的，支票无效。”据此，收款人名称并非支票的必要记载事项，支票上未记载收款人名称的并不会导致支票无效。《票据法》第86条第1款规定：“支票上未记载收款人名称的，经出票人授权，可以补记。”据此，D项错误。

名词解释

1. **答案**：支票是出票人签发的，委托办理支票存款业务的银行或者其他金融机构在见票时无条件支付确定的金额给收款人或者持票人的票据。支票具有下列法律特征：（1）支票是票据的一种；（2）支票的付款人仅限于银行或其他金融机构；（3）支票是见票即付的票据；（4）支票的无因性受到一定的限制。

2. **答案**：支票的出票人在与付款人之间不存在资金关系的情况下签发的支票，或者出票人超过资金关系中的约定范围签发的支票，就是所谓的空头支票。

简答题

答案：支票包括以下种类：

（1）以支票上记载权利的方式为标准，可将支票分为记名式、指示式和无记名式支票。《票据法》第84条并未将收款人名称作为绝对必要记载事项；而且该法第86条第1款规定，支票上未记载收款人名称的，经出票人授权，可以补记。这说明《票据法》是承认无记名支票的。

（2）以支票的付款方式为标准，可将支票分为现金支票和转账支票。根据《票据法》第83条规定，支票可以支取现金，也可以转账，用于转账时应当在支票正面注明。支票中专门用于支取现金的，可以另行制作现金支票，现金支票只能用于支取现金。支票中专门用于转账的，可以另行制作转账支票，转账支票只能用于转账，不得支取现金。

（3）以支票当事人是否兼任为标准，可将支票分为一般支票和变式支票。变式支票又有对己支票（出票人以自己为付款人）、指己支票（出票人以自己为收款人）和受付支票（出票人以付款人为收款人）三种。我国《票据法》也承认变式支票。例如，《票据法》第86条第4款规定："出票人可以在支票上记载自己为收款人。"

案例分析题

1. 答案：不可以。根据《票据法》第84条的规定，支票必须记载下列事项：（1）表明"支票"的字样；（2）无条件支付的委托；（3）确定的金额；（4）付款人名称；（5）出票日期；（6）出票人签章。支票上未记载前款规定事项之一的，支票无效。第85条又规定，支票上的金额可以由出票人授权补记，未补记前的支票，不得使用。本案中双喜电器公司丢失的支票尽管印章齐全，但欠缺收款单位、金额和日期。收款单位和金额在完成出票行为之前均可依授权补记，而日期是必须记载于票据且不得授权补记的。仅此一点，就可以断定双喜电器公司丢失的支票还处于无效状态。既然丢失的支票无效，该单位申办挂失，开户银行受理挂失就没有法律依据。因为《票据法》第15条规定的"票据丧失，失票人可以及时通知票据的付款人挂失止付"是针对已签发的有效票据而言的。因此，本案中的银行对空白支票的遗失受理挂失是错误的。

2. 答案：（1）乙公司所持的支票是空头支票。根据《票据法》第87条的规定，出票人签发的支票金额超过其付款时在付款人处实有的存款金额的，为空头支票。出票人所签发的支票是否为空头支票，应以持票人依该支票向付款银行提示付款之时为准，而不能以出票人签发支票时为准。

（2）空头支票的付款人不是票据债务人。付款人不是票据上的当然债务人，支票中的付款人在支票存款足以支付时才有法定的付款义务；如果是空头支票，则付款人不承担付款义务。

（3）甲公司作为出票人必须按照签发的支票金额承担保证向该持票人付款的责任。此外，持票人有权要求出票人赔偿支票金额2%的赔偿金。

3. 答案：（1）不能。普通支票左上角画两条平行线后即成为划线支票，划线支票只能用于转账，不得支取现金。

（2）不能。甲、乙公司签订的货物买卖合同是票据的原因关系，根据票据关系与票据原因关系相分离的基本原理，原因关系的解除不影响票据的效力。

（3）可以。《票据法》规定同城支票的持票人应当自出票日起10日内提示付款，超过提示付款期限的，付款人可以不予付款。

（4）不能。《票据法》规定因超过提示付款期限而付款人不予付款的情况下，出票人仍应当对持票人承担票据责任。

第三十章　保险法概述

单项选择题

1. **答案**：B。本题考查的是不适用《保险法》的保险项目。《保险法》第 184 条第 1 款规定："国家支持发展为农业生产服务的保险事业。农业保险由法律、行政法规另行规定。"据此，本题正确答案为 B。
2. **答案**：D。本题考查的是商业保险的范围。失业保险是我国社会保险中的一种，属社会保障制度范畴，不属商业性质。社会保险，是指国家通过立法设立社会保险基金，使劳动者在暂时或永久丧失劳动能力以及失业时获得物质帮助和补偿的一种社会保障制度。故本题正确答案为 D。
3. **答案**：C。本题考查死亡险追认规则及推定规则。根据《保险法》第42 条规定，受益人与被保险人在同一事件中死亡，且不能确定死亡先后顺序的，推定受益人死亡在先，保险金作为被保险人的遗产，由保险人依照《民法典》继承编的规定履行给付保险金的义务。A、B 项错误，C 项正确。根据《最高人民法院关于适用〈中华人民共和国保险法〉若干问题的解释（三）》第 1 条第 1 款的规定，当事人订立以死亡为给付保险金条件的合同，被保险人同意并认可保险金额可以在合同订立后追认，D 项错误。

多项选择题

1. **答案**：BCD。《保险法》第 12 条第 6 款规定："保险利益是指投保人或者被保险人对保险标的具有的法律上承认的利益。"A 项正确。

　　《保险法》第 12 条第 1 款规定："人身保险的投保人在保险合同订立时，对被保险人应当具有保险利益。"据此可知，人身保险的投保人应该在保险合同订立时对保险标的应当具有保险利益，而非在保险事故发生时对保险标的具有保险利益。因此，B 项错误。

　　《保险法》第 12 条第 2 款规定："财产保险的被保险人在保险事故发生时，对保险标的应当具有保险利益。"据此可知，对于财产保险来说，在保险事故发生时被保险人对保险标的具有保险利益即可，不需要在保险合同订立之时就具有。因此，C 项错误。

　　责任保险的投保人对保险标的应在何时具有保险利益，《保险法》没有给出明确的规定。但是责任保险属于财产保险的一种，应该适用财产保险的相关规定，即适用在保险事故发生时具有保险利益的规定即可。因此，D 项错误。
2. **答案**：ABCD。《保险法》第 31 条规定："投保人对下列人员具有保险利益：（一）本人；（二）配偶、子女、父母；（三）前项以外与投保人有抚养、赡养或者扶养关系的家庭其他成员、近亲属；（四）与投保人有劳动关系的劳动者。除前款规定外，被保险人同意投保人为其订立合同的，视为投保人对被保险人具有保险利益。订立合同时，投保人对被保险人不具有保险利益的，合同无效。"因此，A、B 项正确。C 项中，丁公司对投保的钟乳石有经营管理权，符合保险利益原则，因此，C 项也正确。《保险法》第 56 条规定："重复保险的投保人应当将重复保险的有关情况通知各保险人。重复保险的各保险人赔偿保险金的总和不得超过保险价值。除合同另有约定外，各保险人按照其保险金额与保险金额总和的比例承担赔偿保险金的责任。重复保险的投保人可以就保险金额总和超过保险价值的部分，请求各保险人按比例返还保险费。重复保险是指投保人对同一保险标的、同一保险利益、同一保险事故分别与两个以上保险人订立保险合同，且保险金额总和超过保险价值的保险。"可见《保险法》

允许重复投保，不认为其违反保险利益原则，D 项也正确。故四项全选。

3. 答案：AB。《保险法》第 27 条第 3 款规定："保险事故发生后，投保人、被保险人或者受益人以伪造、变造的有关证明、资料或者其他证据，编造虚假的事故原因或者夸大损失程度的，保险人对其虚报的部分不承担赔偿或者给付保险金的责任。"据此，在投保人等夸大损失的情形，保险人对于夸大的部分不支付保险金，对于实际损失则需要按照约定支付保险金，故 A 项正确，C 项错误。

《保险法》第 27 条第 4 款规定："投保人、被保险人或者受益人有前三款规定行为之一，致使保险人支付保险金或者支出费用的，应当退回或者赔偿。"据此，B 项正确。

D 项，投保人等夸大保险损失并非解除保险合同的理由，故 D 项错误。

名词解释

1. 答案：保险是指投保人根据合同约定，向保险人支付保险费，保险人对于合同约定的可能发生的事故因其发生所造成的财产损失承担赔偿保险金责任，或者当被保险人死亡、伤残、疾病或者达到合同约定的年龄、期限时承担给付保险金责任的商业保险行为。

2. 答案：保险标的，是指作为保险对象的财产及其有关利益或者人的寿命和身体。保险标的必须明确记载于合同，据以判断投保人对其有无保险利益，并确定保险人的保险责任范围。保险标的是保险利益的载体。

3. 答案：保险价值是指投保人与保险人订立保险合同时，作为确定保险金额基础的保险标的的价值，也即投保人对保险标的所享有的保险利益在经济上用货币估计的价值额。

简答题

1. 答案：作为商行为的保险，具有以下特征：

（1）保险的自愿性

通过订立保险合同达到意思表示一致的保险行为，建立在当事人意思自治基础之上，它以当事人自愿为行为有效的必备要件。除了法律、行政法规规定必须保险的以外，保险公司和其他单位不得强制他人订立保险合同。

（2）保险的有偿性

作为商行为之对价，保险人提供保险，以投保人支付或承诺支付保险费为前提。商事保险是商事保险公司经营的以营利为目的的活动。因此，保险是有偿的。

（3）保险行为的双向性

所谓双向，是指双方在法律上互为权利义务关系。保险是保险人与投保人双方约定的法律行为，当事人彼此互为法律上的权利、义务主体。

（4）保险的损益性

保险是一种典型的损益性商行为。投保人以较少的支出换取较大的经济上的保障；如果没有发生保险事故，投保人支付的保险费将不能收回。对于保险人而言，其情形则相反。因此，几乎在每一项具体的保险业务中，保险行为的双方当事人都存在获利与亏损的问题。

（5）保险金支付的附条件和附期限性

保险金的支付具有或然性，即它是不确定和偶然的。它只是在保险事故发生之后，即合同约定的条件成立或期限到来时，才支付保险金。

（6）保险功能的互助性

保险从效果上看，它是一种互助合作行为。众多的投保人交付的保险费所建立起来的保险基金，是单个的因发生保险事故而遭受损失的受益人获得经济补偿的资金来源和基础。

2. 答案：诚实信用原则作为民商法的"帝王条款"，是所有民商事活动都应遵循的基本原则，保险活动自然也不例外。一般认为，由于保险对当事人诚信程度的要求远远高于其他一般的民商事领域，故诚信原则在其中地位更加突出，被称为"最大诚信原则"。

保险法上的最大诚信原则，是指保险合同的双方当事人在合同的订立和履行过程中，必须以最大的诚意履行自己的义务，互不欺骗和隐瞒，恪守合同的约定，以免影响合同的成立以及效力的存续。《保险法》第 5 条规定："保险活动当事人行使权利、履行义务应当遵循诚实信用原则。"最大诚信原则在保险法上的确立，主要取决于保险合同的射幸性、内容的格式化、个别给付的不对等性、当事人信息的不充分和不对称，以及保险合同作为特殊买卖合同在风险等方面的诸多不确定性等特征。

最大诚信原则在保险法上主要体现为三项规则：投保人的告知义务、保险人的说明义务、保险人的弃权与禁止反言规则。

3. 答案：保险利益又叫作可保利益，是指被保险人对保险标的具有法律认可的利益，即当保险事故发生时，被保险人将遭受经济损失。保险之所以重视保险利益，其意义主要有三个方面：

（1）可以防止将保险作为赌博的工具

保险与赌博最本质的区别在于前者具有保险利益。如果允许投保人对保险标的不具有保险利益，那就意味着随意以别人的财产或身体投保，一旦发生保险事故，投保人可以不蒙受任何损失而获得保险金。这样，保险就失去补偿损失的意义而成为赌博，不仅不利于保险业的发展，而且会损害社会的公共秩序和良好风俗。

（2）可以防止道德危险的发生

道德危险是一种人为的危险，如果投保人对保险标的不具有保险利益而能获得赔款，就可能有意识地制造危险。保险利益则消除了产生道德危险的根源。

（3）可以限制保险补偿的程度

保险利益是确定保险金额的基础，它使保险人的赔偿有了一个客观的标准，并使投保人或被保险人不能因投保而得到额外的利益。当然，人身保险有所不同。由于人的价值是无法用金钱来估量的，因而保险利益与保险金额并无关系。只要投保人或受益人对被保险人具有保险利益，那么，当保险事故发生或约定的时间届满时，被保险人或受益人即可依照保险金额获得赔偿。

论述题

答案：（1）保险利益原则的含义

保险利益原则，是指只有具有保险利益的保险行为才具有法律效力。所谓保险利益，又称可保利益，是指投保人或者被保险人对保险标的具有的法律上承认的利益。保险利益既可为投保人对其保险标的所具有的某种经济上的利益，也可为投保人依法或依合同所承担的责任、义务而产生的利害关系。若保险事故发生，投保人或被保险人的经济利益受到损害，则表明投保人对保险标的有保险利益；否则即无保险利益。

保险利益原则起源于18世纪英国海上保险实务。保险利益原则的确定是为了防止某些人利用保险活动牟取非法利益，并防止道德危险的发生，从而确保保险活动有效发挥分散风险、分担损失的作用。为此，我国《保险法》第12条第1款、第2款规定："人身保险的投保人在保险合同订立时，对被保险人应当具有保险利益。财产保险的被保险人在保险事故发生时，对保险标的应当具有保险利益。"

（2）人身保险的保险利益

《保险法》第31条第1款、第2款规定："投保人对下列人员具有保险利益：（一）本人；（二）配偶、子女、父母；（三）前项以外与投保人有抚养、赡养或者扶养关系的家庭其他成员、近亲属；（四）与投保人有劳动关系的劳动者。除前款规定外，被保险人同意投保人为其订立合同的，视为投保人对被保险人具有保险利益。"

（3）财产保险的保险利益

《保险法》未对财产保险的保险利益作明确规定，但依该法第12条第6款之规定，财产保险的保险利益是指投保人或被保险人对保险标的所具有的一种法律上认可的经济利益其要素如下：①财产保险的保险利益是法律上认可的利益；②财产保险的保险利益必须为经济上的利益，即必须是可以用金钱估算的利益；③财产保险的保险利益必须是能够确定的利益。

案例分析题

答案：（1）王某要求给付保险金的请求不合理。因为在人身保险合同中，由被保险人指定的受益人享有保险金请求权，根据《保险法》第18条第3款的规定，受益人是指人身保险合同中由被保险人或者投保人指定的享有保险金请求权的人。本案中，受益人不是王某，故王某无权请求给付保险金。

（2）乙要求给付保险金的请求合理。因为乙虽然不是保险金受益人，但其是甲的抚养人和法定代理人，故乙虽然无保险金请求权，却能够代替甲向保险公司请求给付保险金。

（3）保险公司的拒付理由不成立。因为人身保险利益在时间上的效力与财产保险不同，只要求在订立合同时具有保险利益即可，事故发生时有无保险利益则在所不问。本案王某投保时已征得被保险人同意，视为对贺某具有保险利益；因而事故发生时，王某因离婚而对贺某无保险利益并不影响该合同效力。

（4）这笔保险金应付给甲。因为甲是未成年人，而乙既是其监护人，又是其抚养人，故由乙代替甲接受保险公司的给付。

第三十一章　保险合同

单项选择题

1. **答案**：A。本题考查的是对投保人指定受益人具有同意权的主体。《保险法》第39条规定："人身保险的受益人由被保险人或者投保人指定。投保人指定受益人时须经被保险人同意。投保人为与其有劳动关系的劳动者投保人身保险，不得指定被保险人及其近亲属以外的人为受益人。被保险人为无民事行为能力人或者限制民事行为能力人的，可以由其监护人指定受益人。"据此，本题正确答案为A。
2. **答案**：C。本题考查的是负有支付保险费义务的主体。《保险法》第10条第2款规定："投保人是指与保险人订立保险合同，并按照合同约定负有支付保险费义务的人。"据此，本题正确答案为C。
3. **答案**：A。本题考查的是保险人不得行使代位求偿权的对象。《保险法》第62条规定："除被保险人的家庭成员或者其组成人员故意造成本法第六十条第一款规定的保险事故外，保险人不得对被保险人的家庭成员或者其组成人员行使代位请求赔偿的权利。"据此，本题正确答案为A。
4. **答案**：A。《保险法》第29条规定："再保险接受人不得向原保险的投保人要求支付保险费。原保险的被保险人或者受益人不得向再保险接受人提出赔偿或者给付保险金的请求。再保险分出人不得以再保险接受人未履行再保险责任为由，拒绝履行或者迟延履行其原保险责任。"《保险法》第56条第4款规定："重复保险是指投保人对同一保险标的、同一保险利益、同一保险事故分别与两个以上保险人订立保险合同，且保险金额总和超过保险价值的保险。"据此，本题正确答案为A。
5. **答案**：C。本题考查的是投保人因过失而未向保险人履行如实告知义务的后果。《保险法》第16条第5款规定："投保人因重大过失未履行如实告知义务，对保险事故的发生有严重影响的，保险人对于合同解除前发生的保险事故，不承担赔偿或者给付保险金的责任，但应当退还保险费。"据此，本题正确答案为C。
6. **答案**：D。本题考查的是有关第三者责任造成保险事故的规定。《保险法》第60条规定："因第三者对保险标的的损害而造成保险事故的，保险人自向被保险人赔偿保险金之日起，在赔偿金额范围内代位行使被保险人对第三者请求赔偿的权利。前款规定的保险事故发生后，被保险人已经从第三者取得损害赔偿的，保险人赔偿保险金时，可以相应扣减被保险人从第三者已取得的赔偿金额。保险人依照本条第一款规定行使代位请求赔偿的权利，不影响被保险人就未取得赔偿的部分向第三者请求赔偿的权利。"据此，被保险人可以直接向保险公司索赔、直接向引起保险事故的第三者索赔，以及在保险公司支付赔偿金后，就未取得赔偿的部分向引起保险事故的第三者索赔，故本题A、B、C项符合规定。第61条第1款规定："保险事故发生后，保险人未赔偿保险金之前，被保险人放弃对第三者请求赔偿的权利的，保险人不承担赔偿保险金的责任。"据此，本题D项不符合规定，为本题正确答案。
7. **答案**：D。本题考查的是投保人故意不履行如实告知义务的后果。《保险法》第16条第4款规定："投保人故意不履行如实告知义务的，保险人对于合同解除前发生的保险事故，不承担赔偿或者给付保险金的责任，并不退还保险费。"据此，本题正确答案为D。
8. **答案**：A。本题考查的是因第三者的责任造成保险事故的处理。《保险法》第60条第1款、第2款规定："因第三者对保险标的的损害而造成保险事故的，保险人自向被保险人赔偿保险金之日起，在赔偿金额范围内代位行使被保险人对第三者请求赔偿的权利。前款规定的保险事故发生后，被保险人已经从第三者取得损害赔偿的，保险人赔偿保险金时，可以相应扣减被保险人从第三者已取得的赔偿金额。”第61条第1款规定：“保险事故发生后，保险人未赔偿保险金之前，被保险人放弃对第三者请求赔偿的权利的，保险人不承担赔偿保险金的责任。”据此，本题B、C、D项表述正确。A项表述不正确，为本题正确答案。

9. **答案**：B。本题考查的是保险人的告知义务。《保险法》第17条规定：“订立保险合同，采用保险人提供的格式条款的，保险人向投保人提供的投保单应当附格式条款，保险人应当向投保人说明合同的内容。对保险合同中免除保险人责任的条款，保险人在订立合同时应当在投保单、保险单或者其他保险凭证上作出足以引起投保人注意的提示，并对该条款的内容以书面或者口头形式向投保人作出明确说明；未作提示或者明确说明的，该条款不产生效力。”

10. **答案**：D。本题考查的是重复保险时各保险人的责任。《保险法》第56条第1款、第2款规定：“重复保险的投保人应当将重复保险的有关情况通知各保险人。重复保险的各保险人赔偿保险金的总和不得超过保险价值。除合同另有约定外，各保险人按照其保险金额与保险金额总和的比例承担赔偿保险金的责任。”据此，本题正确答案为D。

11. **答案**：A。本题考查的是投保人怠于维护保险标的的后果。《保险法》第52条规定：“在合同有效期内，保险标的的危险程度显著增加的，被保险人应当按照合同约定及时通知保险人，保险人可以按照合同约定增加保险费或者解除合同。保险人解除合同的，应当将已收取的保险费，按照合同约定扣除自保险责任开始之日起至合同解除之日止应收的部分后，退还投保人。被保险人未履行前款规定的通知义务的，因保险标的的危险程度显著增加而发生的保险事故，保险人不承担赔偿保险金的责任。”据此，本题正确答案为A。

12. **答案**：D。本题考查的是保险责任开始前，投保人要求解除合同的处理。《保险法》第54条规定：“保险责任开始前，投保人要求解除合同的，应当按照合同约定向保险人支付手续费，保险人应当退还保险费。保险责任开始后，投保人要求解除合同的，保险人应当将已收取的保险费，按照合同约定扣除自保险责任开始之日起至合同解除之日止应收的部分后，退还投保人。”据此，本题正确答案为D。

13. **答案**：C。《最高人民法院关于适用〈中华人民共和国保险法〉若干问题的解释（二）》第3条第1款规定，投保人或者投保人的代理人订立保险合同时没有亲自签字或者盖章，而由保险人或者保险人的代理人代为签字或者盖章的，对投保人不生效；但投保人已经交纳保险费的，视为其对代签字或者盖章行为的追认。本题中，甲公司代理人谢某代替投保人何某签字，一开始对投保人不生效；但投保人何某交纳了保险费，说明其认可保险合同，故保险合同成立并且生效。《保险法》第14条规定：“保险合同成立后，投保人按照约定交付保险费，保险人按照约定的时间开始承担保险责任。”据此，保险事故发生后，应当由甲公司承担责任，C项正确。本题中，保险合同有效成立，谢某及甲公司都无缔约过失，不存在缔约过失责任问题，故A、B、D项均错误。

14. **答案**：B。本题考查的是保险人为维护保险标的的安全有权采取的措施。《保险法》第51条规定：“被保险人应当遵守国家有关消防、安全、生产操作、劳动保护等方面的规定，维护保险标的的安全。保险人可以按照合同约定对保险标的的安全状况进行检查，及时向投保人、被保险人提出消除不安全因素和隐患的书面建议。投保人、被保险人未按照约定履行其对保险标的的安全应尽责任的，保险人有权要求增加保险费或者解除合同。保险人为维护保险标的的安全，经被保险人同意，可以采取安全预防措施。”据此，保险人可以采取本题 A、C、D 项措施。因为采取安全预防措施，必须经过被保险人同意，故保险人不得自行采取本题 B 项措施。综上，本题正确答案为 B。

15. 答案：C。本题考查的是被保险人防止或减少损失的义务。《保险法》第 57 条第 1 款规定："保险事故发生时，被保险人应当尽力采取必要的措施，防止或者减少损失。"据此，本题中的甲企业没有尽到防止或减少损失的义务，因此对火灾扩大造成的 5 万元损失应由其自己承担。故本题正确答案为 C。

16. 答案：C。本题考查的是保险人行使代位求偿权的范围。《保险法》第 60 条第 1 款规定："因第三者对保险标的的损害而造成保险事故的，保险人自向被保险人赔偿保险金之日起，在赔偿金额范围内代位行使被保险人对第三者请求赔偿的权利。"据此，本题正确答案为 C。

17. 答案：B。本题考查的是人身保险合同中止的情况。《保险法》第 36 条规定："合同约定分期支付保险费，投保人支付首期保险费后，除合同另有约定外，投保人自保险人催告之日起超过三十日未支付当期保险费，或者超过约定的期限六十日未支付当期保险费的，合同效力中止，或者由保险人按照合同约定的条件减少保险金额。被保险人在前款规定期限内发生保险事故的，保险人应当按照合同约定给付保险金，但可以扣减欠交的保险费。"据此，本题正确答案为 B。

18. 答案：B。本题考查的是人身保险中特定情形的成立。《保险法》第 44 条规定："以被保险人死亡为给付保险金条件的合同，自合同成立或者合同效力恢复之日起二年内，被保险人自杀的，保险人不承担给付保险金的责任，但被保险人自杀时为无民事行为能力人的除外。保险人依照前款规定不承担给付保险金责任的，应当按照合同约定退还保险单的现金价值。"据此，本题正确答案为 B。

19. 答案：C。本题考查的是被保险人为减少损失而支付的合理费用的承担者。《保险法》第 57 条第 2 款规定："保险事故发生后，被保险人为防止或者减少保险标的的损失所支付的必要的、合理的费用，由保险人承担；保险人所承担的费用数额在保险标的的损失赔偿金额以外另行计算，最高不超过保险金额的数额。"据此，本题正确答案为 C。

20. 答案：A。本题考查的是保险人履行赔偿或者给付保险金义务的期限。《保险法》第 23 条第 1 款规定："保险人收到被保险人或者受益人的赔偿或者给付保险金的请求后，应当及时作出核定；情形复杂的，应当在三十日内作出核定，但合同另有约定的除外。保险人应当将核定结果通知被保险人或者受益人；对属于保险责任的，在与被保险人或者受益人达成赔偿或者给付保险金的协议后十日内，履行赔偿或者给付保险金义务。保险合同对赔偿或者给付保险金的期限有约定的，保险人应当按照约定履行赔偿或者给付保险金义务。"据此，本题正确答案为 A。

21. 答案：A。《保险法》第 59 条规定："保险事故发生后，保险人已支付了全部保险金额，并且保险金额等于保险价值的，受损保险标的的全部权利归于保险人；保险金额低于保险价值的，保险人按照保险金额与保险价值的比例取得受损保险标的的部分权利。"本题中，因为保险人支付了全部保险金额，而且保险金额相等于保险价值，所以车辆的全部权利归于保险人，答案 A 是正确的。

22. 答案：A。《保险法》第 13 条第 1 款规定："投保人提出保险要求，经保险人同意承保，保险合同成立。保险人应当及时向投保人签发保险单或者其他保险凭证。"该法第 14 条规定："保险合同成立后，投保人按照约定交付保险费，保险人按照约定的时间开始承担保险责任。"本题中，张某与李某已经就保险事宜达成一致，并签署了盖有保险公司印章的合同且李某缴付了保费，保险合同已经成立，保险公司应当承担保险责任，李某发生保险事故后有权向保险公司索赔，故选项 B 说法错误。李某已经缴付了保费，是由于保险代理人张某的原因未交回公司，保险公司无权要求李某再补缴保费，故选项 C 说法错误。保险公司向李某支付保险金是应承担的责任，并不能以保险公司追回保费为条件，故D项说法错误。保险公司支付保险金后，可以向张某索赔。故本题的正确答案为A。

23. 答案：A。本题考查的是投保人的如实申报义务。《保险法》第32条规定："投保人申报的被保险人年龄不真实，并且其真实年龄不符合合同约定的年龄限制的，保险人可以解除合同，并按照合同约定退还保险单的现金价值。保险人行使合同解除权，适用本法第十六条第三款、第六款的规定。投保人申报的被保险人年龄不真实，致使投保人支付的保险费少于应付保险费的，保险人有权更正并要求投保人补交保险费，或者在给付保险金时按照实付保险费与应付保险费的比例支付。投保人申报的被保险人年龄不真实，致使投保人支付的保险费多于应付保险费的，保险人应当将多收的保险费退还投保人。"故A项为正确答案。

24. 答案：D。参见《保险法》第15条。

25. 答案：A。本题考查的是有关保险欺诈的规定。《保险法》第27条第1款规定："未发生保险事故，被保险人或者受益人谎称发生了保险事故，向保险人提出赔偿或者给付保险金请求的，保险人有权解除合同，并不退还保险费。"据此，本题正确答案为A。

26. 答案：B。本题考查的是保险合同的基本分类。根据保险价值在保险合同中是否先予确定，可将保险合同分为定值保险合同和不定值保险合同。定值保险合同，又称"定价保险合同"，是指当事人双方事先确定保险标的的价值并载明于保险单中的一种保险合同。不定值保险合同，是指当事人不事先约定保险标的的价值的保险合同。据此，本题正确答案为B。

27. 答案：C。本题考查的是重复保险的处理。《保险法》第56条第2款规定："重复保险的各保险人赔偿保险金的总和不得超过保险价值。除合同另有约定外，各保险人按照其保险金额与保险金额总和的比例承担赔偿保险金的责任。"据此，本题中两个保险合同均有效，但两家保险公司赔偿的总额不得超过保险价值。由于两个合同的保险金额均为10亿元，两家保险公司应平均分摊赔偿责任，即每家赔偿5亿元。故本题正确答案为C。

28. 答案：D。本题考查的是保险合同中的特约条款。保险合同的特约条款是指保险合同双方当事人在保险合同基本条款以外确定的其他保险条款。《保险法》第18条规定："保险合同应当包括下列事项：……（三）保险标的……（五）保险期间和保险责任开始时间……（九）违约责任和争议处理……"据此，本题A、B、C项都属于法律规定保险合同应当包括的事项，故D项属于保险合同的特约条款，为本题正确答案。

29. 答案：C。本题考查的是再保险合同的性质。再保险合同是相对于原保险合同的一种分类，又称分保险合同，是指保险人以其承保的保险责任的一部分或全部为保险标的，向其他保险人转保而订立的保险合同。再保险合同以原保险合同的保险责任为标的，故一般认为再保险合同在性质上为责任保险合同。故本题正确答案为C。

30. 答案：A。本题考查的是保险标的危险程度增加时被保险人的告知义务。《保险法》第52条规定，在合同有效期内，保险标的的危险程度显著增加的，被保险人应当按照合同约定及时通知保险人，保险人可以按照合同约定增加保险费或者解除合同。保险人解除合同的，应当将已收取的保险费，按照合同约定扣除自保险责任开始之日起至合同解除之日止应收的部分后，退还投保人。被保险人未履行前款规定的通知义务的，因保险标的的危险程度显著增加而发生的保险事故，保险人不承担赔偿保险金的责任。据此，本题正确答案为A。

31. 答案：B。《保险法》第16条第1款规定："订立保险合同，保险人就保险标的或者被保险人的有关情况提出询问的，投保人应当如实告知。"本题中，甲在填写投保单以及回答保险公司相关询问时，未如实说明自己两年前曾做过心脏搭桥手术，违反了投保人的告知义务。在投保人违反告知义务时，《保险法》给予保险人的救济措施是保险人可以解除保险合同或者不承担赔偿责任之类，并不涉及追究投保人的违约责任问题，故A项错误。

《保险法》第16条第2款规定：“投保人故意或者因重大过失未履行前款规定的如实告知义务，足以影响保险人决定是否同意承保或者提高保险费率的，保险人有权解除合同。”本题中，投保人甲故意或者因重大过失而未履行告知义务，保险公司可以解除保险合同，B项正确。

《保险法》第16条第4款规定：“投保人故意不履行如实告知义务的，保险人对于合同解除前发生的保险事故，不承担赔偿或者给付保险金的责任，并不退还保险费。”《保险法》第16条第5款规定：“投保人因重大过失未履行如实告知义务，对保险事故的发生有严重影响的，保险人对于合同解除前发生的保险事故，不承担赔偿或者给付保险金的责任，但应当退还保险费。”本题中，投保人甲或者是故意违反告知义务，或者构成因重大过失而未履行告知义务，保险公司对保险合同解除前发生的保险事故都不承担保险责任，就此而言，C项应该是正确的。但C项中“不解除保险合同”的说法不够妥当，容易引发误解。命题人可能据此认为C项错误。

D项，根据《保险法》第16条第5款的规定，只有在投保人因为重大过失而未履行告知义务时，保险公司才需要退还保险费。本题中，难以确定投保人甲属于因重大过失而未履行告知义务，更多的可能反而是故意违反告知义务，故D项错误。

多项选择题

1. **答案**：ABCD。本题考查的是有关保险人的代位求偿权的规定。《保险法》第60条第1款规定：“因第三者对保险标的的损害而造成保险事故的，保险人自向被保险人赔偿保险金之日起，在赔偿金额范围内代位行使被保险人对第三者请求赔偿的权利。”据此，本题A项正确。第61条第1款规定：“保险事故发生后，保险人未赔偿保险金之前，被保险人放弃对第三者请求赔偿的权利的，保险人不承担赔偿保险金的责任。”在这种情况下，保险人既然不承担赔偿责任，也就自然不享有代位求偿权，故本题C项正确。第61条第2款规定：“保险人向被保险人赔偿保险金后，被保险人未经保险人同意放弃对第三者请求赔偿的权利的，该行为无效。”据此，本题B项正确。第46条规定：“被保险人因第三者的行为而发生死亡、伤残或者疾病等保险事故的，保险人向被保险人或者受益人给付保险金后，不享有向第三者追偿的权利……”据此，本题D项正确。

2. **答案**：AB。本题考查的是保险人应当降低保险费并按日计算退还相应的保险费的情况。《保险法》第53条规定：“有下列情形之一的，除合同另有约定外，保险人应当降低保险费，并按日计算退还相应的保险费：（一）据以确定保险费率的有关情况发生变化，保险标的的危险程度明显减少的；（二）保险标的的保险价值明显减少的。”据此，本题正确答案为A、B。

3. **答案**：ACD。《保险法》第36条规定：“合同约定分期支付保险费，投保人支付首期保险费后，除合同另有约定外，投保人自保险人催告之日起超过三十日未支付当期保险费，或者超过约定的期限六十日未支付当期保险费的，合同效力中止，或者由保险人按照合同约定的条件减少保险金额。被保险人在前款规定期限内发生保险事故的，保险人应当按照合同约定给付保险金，但可以扣减欠交的保险费。”据此，A项正确。《保险法》第57条第1款“保险事故发生时，被保险人应当尽力采取必要的措施，防止或者减少损失”规定的是被保险人的积极义务，如果被保险人消极施救，也不能成为解除合同的要件，据此B项错误。《保险法》第52条规定：“在合同有效期内，保险标的的危险程度显著增加的，被保险人应当按照合同约定及时通知保险人，保险人可以按照合同约定增加保险费或者解除合同。保险人解除合同的，应当将已收取的保险费，按照合同约定扣除自保险责任开始之日起至合同解除之日止应收的部分后，退还投保人。被保险人未履行前款规定的通知义务的，因保险标的的危险程度显著增加而发生的保险事故，保险人不承担赔偿保险金的责任。”据此，C项正确。《保险法》第32条规定：“投保人申报的被保险人年龄不真实，并且其真实年龄不符合合同约定的年龄限制的，保险人可以解除合同，并按照合同约定退还保险单的现金价值。保险人行使合同解除权，适用本法第十六条第三款、第六款的规定。投保人申报的被保险人年龄不真实，致使投保人支付的保险费少于应付保险费的，保险人有权更正并要求投保人补交保险费，或者在给付保险金时按照实付保险费与应付保险费的比例支付。投保人申报的被保险人年龄不真实，致使投保人支付的保险费多于应付保险费的，保险人应当将多收的保险费退还投保人。”据此，D项正确。

4. **答案**：BC。本题考查的是有关再保险的规定和原理。《保险法》第28条第1款规定：“保险人将其承担的保险业务，以分保形式部分转移给其他保险人的，为再保险。”《保险法》第29条第1款规定：“再保险接受人不得向原保险的投保人要求支付保险费。”再保险需要签订合同，合同的当事人均是有保险资格的保险公司，一方称为分出公司，另一方称为分入公司。再保险合同的标的，是分出公司所承担的赔偿责任，分入公司不是直接对保险事故的损失赔偿，而是对分出公司所应承担的责任进行约定的补偿，因此，再保险人只能要求保险分出人支付约定的保险费，不得向原保险的投保人要求支付保险费。据此，本题正确答案为B、C。

5. **答案**：BD。本题考查的是保险标的的转让不需通知保险人的情况。《保险法》第49条第2款规定：“保险标的转让的，被保险人或者受让人应当及时通知保险人，但货物运输保险合同和另有约定的合同除外。”据此，本题正确答案为B、D。

6. **答案**：ABCD。本题考查的是代位求偿权的例外。根据《保险法》第61条、第62条的规定，代位请求赔偿的例外有以下四种情况：（1）保险事故发生后，保险人未赔偿保险金之前，被保险人放弃对第三者的请求赔偿的权利的，保险人不承担赔偿保险金的责任；（2）保险人向被保险人赔偿保险金后，被保险人未经保险人同意放弃对第三者请求赔偿的权利的，该行为无效；（3）由于被保险人的过错致使保险人不能行使代位请求赔偿的权利的，保险人可以相应扣减保险赔偿金，以使被保险人就自己的过错分担部分责任；（4）在家庭财产保险中，保险人不得对被保险人的家庭成员或者其组成人员行使代位请求赔偿的权利，除非这些成员有故意造成保险事故的行为。据此，本题正确答案为A、B、C、D。

7. **答案**：ABC。参见《保险法》第16条、第27条、第52条。

8. **答案**：ABD。本题考查的是保险中有关费用的承担。《保险法》第64条规定：“保险人、被保险人为查明和确定保险事故的性质、原因和保险标的的损失程度所支付的必要的、合理的费用，由保险人承担。”故本题A项正确。第57条第2款规定：“保险事故发生后，被保险人为防止或者减少保险标的的损失所支付的必要的、合理的费用，由保险人承担……”故本题B项正确。第66条规定：“责任保险的被保险人因给第三者造成损害的保险事故而被提起仲裁或者诉讼的，被保险人支付的仲裁或者诉讼费用以及其他必要的、合理的费用，除合同另有约定外，由保险人承担。”故本题D项正确。C项于法无据，故不正确。

9. **答案**：ACD。本题考查的是人身保险中保险人不承担责任的情况。《保险法》第44条规定：“以被保险人死亡为给付保险金条件的合同，自合同成立或者合同效力恢复之日起二年内，被保险人自杀的，保险人不承担给付保险金的责任，但被保险人自杀时为无民事行为能力人的除外。保险人依照前款规定不承担给付保险金责任的，应当按照合同约定退还保险单的现金价值。”据此，本题A

项正确，B项不正确。《保险法》第45条规定："因被保险人故意犯罪或者抗拒依法采取的刑事强制措施导致其伤残或者死亡的，保险人不承担给付保险金的责任。投保人已交足二年以上保险费的，保险人应当按照合同约定退还保险单的现金价值。"据此，本题C项正确。《保险法》第43条规定："投保人故意造成被保险人死亡、伤残或者疾病的，保险人不承担给付保险金的责任。投保人已交足二年以上保险费的，保险人应当按照合同约定向其他权利人退还保险单的现金价值。受益人故意造成被保险人死亡、伤残、疾病的，或者故意杀害被保险人未遂的，该受益人丧失受益权。"据此，本题D项正确。

10. 答案：ABC。本题考查的是保险人向被保险人的继承人给付保险金的情况。《保险法》第42条规定："被保险人死亡后，有下列情形之一的，保险金作为被保险人的遗产，由保险人依照《中华人民共和国继承法》① 的规定履行给付保险金的义务：（一）没有指定受益人，或者受益人指定不明无法确定的；（二）受益人先于被保险人死亡，没有其他受益人的；（三）受益人依法丧失受益权或者放弃受益权，没有其他受益人的。受益人与被保险人在同一事件中死亡，且不能确定死亡先后顺序的，推定受益人死亡在先。"第43条第2款规定："受益人故意造成被保险人死亡、伤残、疾病的，或者故意杀害被保险人未遂的，该受益人丧失受益权。"据此，本题A、B、C项正确。如受益人在被保险人死亡后死亡，保险金应作为受益人的遗产，故本题D项不正确。

11. 答案：BC。本题考查的是人身保险中投保人超过60日未支付当期保险费的后果。《保险法》第36条规定："合同约定分期支付保险费，投保人支付首期保险费后，除合同另有约定外，投保人自保险人催告之日起超过三十日未支付当期保险费，或者超过约定的期限六十日未支付当期保险费的，合同效力中止，或者由保险人按照合同约定的条件减少保险金额。被保险人在前款规定期限内发生保险事故的，保险人应当按照合同约定给付保险金，但可以扣减欠交的保险费。"据此，本题正确答案为B、C。

12. 答案：BD。本题考查的是有关保险的某些方面的规定。《保险法》第32条第1款规定："投保人申报的被保险人年龄不真实，并且其真实年龄不符合合同约定的年龄限制的，保险人可以解除合同，并按照合同约定退还保险单的现金价值。保险人行使合同解除权，适用本法第十六条第三款、第六款的规定。"据此，本题A项不完全正确。《保险法》第33条规定："投保人不得为无民事行为能力人投保以死亡为给付保险金条件的人身保险，保险人也不得承保。父母为其未成年子女投保的人身保险，不受前款规定限制。但是，因被保险人死亡给付的保险金总和不得超过国务院保险监督管理机构②规定的限额。"故本题B、D项正确，C项不正确。

13. 答案：ACD。本题考查的是保险合同的特征。保险合同是非要式合同。《保险法》第13条规定："投保人提出保险要求，经保险人同意承保，保险合同成立……"根据这一规定，只要投保人与保险人就合同条款达成一致，合同就成立，无须采用特定方式。在保险合同中，投保人负有依合同约定交纳保险费的义务，保险人负有按约定支付保险金的义务，故保险合同是双务、有偿合同。保险合同不需要实际交付标的物，故保险合同不是实践性合同，而是诺成性合同。综上，本题正确答案为A、C、D。

14. 答案：ACD。本题考查的是对保险事故负有通知义务的人。《保险法》第21条规定："投保人、被保险人或者受益人知道保险事

① 现应按照《民法典》继承编的规定履行相关给付义务。以下不再提示。

② 2018年中国银行保险监督管理委员会正式挂牌，中国银行业监督管理委员会和中国保险监督管理委员会不再保留。2023年，在中国银行保险监督管理委员会基础上组建国家金融监督管理总局，不再保留中国银行保险监督管理委员会。以下不再提示。

故发生后，应当及时通知保险人……” 据此，本题正确答案为A、C、D。

15. 答案：CD。本题考查的是有关保险合同各方面的规定。《保险法》第50条规定：“货物运输保险合同和运输工具航程保险合同，保险责任开始后，合同当事人不得解除合同。”故本题A项不正确。第55条第3款规定：“保险金额不得超过保险价值。超过保险价值的，超过部分无效，保险人应当退还相应的保险费。”据此，本题B项不正确。《保险法》第56条第2款规定，重复保险的各保险人赔偿保险金的总和不得超过保险价值。据此，C项正确。《保险法》第15条规定，除本法另有规定或者保险合同另有约定外，保险合同成立后，投保人可以解除合同，保险人不得解除合同。据此，保险合同可以约定保险人的合同解除权，故本题D项正确。

16. 答案：ABC。本题考查的是被保险人故意制造保险事故的后果。《保险法》第27条第2款规定：“投保人、被保险人故意制造保险事故的，保险人有权解除合同，不承担赔偿或者给付保险金的责任；除本法第四十三条规定外，不退还保险费。”第43条第1款规定：“投保人故意造成被保险人死亡、伤残或者疾病的，保险人不承担给付保险金的责任。投保人已交足二年以上保险费的，保险人应当按照合同约定向其他权利人退还保险单的现金价值。”本题未提及某甲制造保险事故是为故意造成被保险人死亡、伤残或疾病的，故不应适用该款的例外。综上，本题正确答案为A、B、C。

17. 答案：AD。本题考查的是投保人的告知义务。《保险法》第16条规定：“订立保险合同，保险人就保险标的或者被保险人的有关情况提出询问的，投保人应当如实告知。投保人故意或者因重大过失未履行前款规定的如实告知义务，足以影响保险人决定是否同意承保或者提高保险费率的，保险人有权解除合同。前款规定的合同解除权，自保险人知道有解除事由之日起，超过三十日不行使而消灭。自合同成立之日起超过二年的，保险人不得解除合同；发生保险事故的，保险人应当承担赔偿或者给付保险金的责任。投保人故意不履行如实告知义务的，保险人对于合同解除前发生的保险事故，不承担赔偿或者给付保险金的责任，并不退还保险费。投保人因重大过失未履行如实告知义务，对保险事故的发生有严重影响的，保险人对于合同解除前发生的保险事故，不承担赔偿或者给付保险金的责任，但应当退还保险费。保险人在合同订立时已经知道投保人未如实告知的情况的，保险人不得解除合同；发生保险事故的，保险人应当承担赔偿或者给付保险金的责任。保险事故是指保险合同约定的保险责任范围内的事故。”据此，本题正确答案为A、D。

18. 答案：ABCD。本题考查的是保险合同的内容。《保险法》第18条第1款规定：“保险合同应当包括下列事项：（一）保险人的名称和住所；（二）投保人、被保险人的姓名或者名称、住所，以及人身保险的受益人的姓名或者名称、住所……（七）保险费以及支付办法……（十）订立合同的年、月、日。”据此，本题正确答案为A、B、C、D。

19. 答案：ABCD。本题考查的是保险人有权解除合同的情形。《保险法》第27条第2款规定：“投保人、被保险人故意制造保险事故的，保险人有权解除合同……”第51条第3款规定：“投保人、被保险人未按照约定履行其对保险标的的安全应尽责任的，保险人有权要求增加保险费或者解除合同。”第52条第1款规定：“在合同有效期内，保险标的的危险程度显著增加的，被保险人应当按照合同约定及时通知保险人，保险人可以按照合同约定增加保险费或者解除合同……”第37条第1款规定：“……自合同效力中止之日起满二年双方未达成协议的，保险人有权解除合同。”据此，本题正确答案为A、B、C、D。

20. 答案：ABD。本题考查的是保险标的危险程度增加时保险人的权利。《保险法》第52条规定，在合同有效期内，保险标的的危险程度显著增加的，被保险人应当按照合同约定及时通知保险人，保险人可以按照合同约定增加保险费或者解除合同。保险人解除合同的，应当将已收取的保险费，按照合同约定扣除自保险责任开始之日起至合同解除之日止应收的部分后，退还投保人。被保险人未履行前款规定的通知义务的，因保险标的的危险程度显著增加而发生的保险事故，保险人不承担赔偿保险金的责任。据此，本题A、B、D项正确。

21. 答案：AB。本题考查的是被保险人未按约定履行其对保险标的安全应尽的责任时，保险人的权利。《保险法》第51条第3款规定："投保人、被保险人未按照约定履行其对保险标的的安全应尽责任的，保险人有权要求增加保险费或者解除合同。"据此，本题正确答案为A、B。

22. 答案：BC。本题考查的是保险责任开始前，投保人要求解除合同的处理。《保险法》第54条规定："保险责任开始前，投保人要求解除合同的，应当按照合同约定向保险人支付手续费，保险人应当退还保险费……"据此，本题正确答案为B、C。

23. 答案：ABD。本题考查的是保险标的发生部分损失时的处理。《保险法》第58条规定："保险标的发生部分损失的，自保险人赔偿之日起三十日内，投保人可以解除合同；除合同另有约定外，保险人也可以解除合同，但应当提前十五日通知投保人。合同解除的，保险人应当将保险标的未受损失部分的保险费，按照合同约定扣除自保险责任开始之日起至合同解除之日止应收的部分后，退还投保人。"据此，本题正确答案为A、B、D。

24. 答案：ABCD。本题考查的是保险人可以解除合同的情况。《保险法》第16条第2款、第3款规定："投保人故意或者因重大过失未履行前款规定的如实告知义务，足以影响保险人决定是否同意承保或者提高保险费率的，保险人有权解除合同。前款规定的合同解除权，自保险人知道有解除事由之日起，超过三十日不行使而消灭。自合同成立之日起超过二年的，保险人不得解除合同；发生保险事故的，保险人应当承担赔偿或者给付保险金的责任。"第27条规定："未发生保险事故，被保险人或者受益人谎称发生了保险事故，向保险人提出赔偿或者给付保险金请求的，保险人有权解除合同，并不退还保险费。投保人、被保险人故意制造保险事故的，保险人有权解除合同……"据此，本题正确答案为A、B、C、D。

25. 答案：AD。《最高人民法院关于适用〈中华人民共和国保险法〉若干问题的解释（二）》第6条第1款规定："投保人的告知义务限于保险人询问的范围和内容。当事人对询问范围及内容有争议的，保险人负举证责任。"据此，A项正确，B项错误。

《最高人民法院关于适用〈中华人民共和国保险法〉若干问题的解释（二）》第6条第2款规定："保险人以投保人违反了对投保单询问表中所列概括性条款的如实告知义务为由请求解除合同的，人民法院不予支持。但该概括性条款有具体内容的除外。"据此，C项错误。

《最高人民法院关于适用〈中华人民共和国保险法〉若干问题的解释（二）》第7条规定："保险人在保险合同成立后知道或者应当知道投保人未履行如实告知义务，仍然收取保险费，又依照保险法第十六条第二款的规定主张解除合同的，人民法院不予支持。"据此，D项正确。

26. 答案：BD。A、C项错误，B项正确。根据《保险法》第16条第3款的规定，投保人因违反如实告知义务致保险人享有的合同解除权，自保险人知道有解除事由之日起，超过三十日不行使而消灭。自合同成立之日起超过二年的，保险人不得解除合同；发生保险事故的，保险人应当承担赔偿或者给付保险金的责任。本题中，合同成立已超过2年，保险人不得解除合同，发生保险事故的，保险人应当承担赔偿或者给付保险金的责任。

D项正确。《保险法》第32条第2款规定："投保人申报的被保险人年龄不真实，致使投保人支付的保险费少于应付保险费的，保险人有权更正并要求投保人补交保险费，或者在给付保险金时按照实付保险费与应付保险费的比例支付。”

27. 答案：ACD。A 项正确。《保险法》第 39 条第 2 款规定：“投保人指定受益人时须经被保险人同意。投保人为与其有劳动关系的劳动者投保人身保险，不得指定被保险人及其近亲属以外的人为受益人。”据此可知，本题中甲指定丙为受益人时须经乙同意。

B 项错误。《保险法》第 46 条规定：“被保险人因第三者的行为而发生死亡、伤残或者疾病等保险事故的，保险人向被保险人或者受益人给付保险金后，不享有向第三者追偿的权利，但被保险人或者受益人仍有权向第三者请求赔偿。”

C 项正确。《保险法》第 41 条规定：“被保险人或者投保人可以变更受益人并书面通知保险人。保险人收到变更受益人的书面通知后，应当在保险单或者其他保险凭证上批注或者附贴批单。投保人变更受益人时须经被保险人同意。”据此可知，投保人变更受益人的，须经被保险人同意，被保险人变更受益人的，不需要经过投保人同意。

D 项正确。根据《保险法》第 42 条第 1 款的规定，受益人先于被保险人死亡，没有其他受益人的，保险金作为被保险人的遗产，由保险人依照《中华人民共和国继承法》的规定履行给付保险金的义务。据此可知，丙先于乙死亡，则出现保险事故时保险金作为乙的遗产由甲继承。

28. 答案：ABCD。本题考查的是保险合同变更时几种不同的批注的效力关系。根据保险实践，批注通常采用附贴、打印或手写的方式。几种不同的批注方式并存的时候，一般是签发时间在后的批注的效力优于签发时间在前的批注的效力；打印的批注的效力优于附贴批注的效力；而手写批注的效力又优于附贴、打印批注的效力。故本题正确答案为 A、B、C、D。

29. 答案：AC。本题考查的是某些情形对保险合同效力的影响。《保险法》第 17 条规定：“订立保险合同，采用保险人提供的格式条款的，保险人向投保人提供的投保单应当附格式条款，保险人应当向投保人说明合同的内容。对保险合同中免除保险人责任的条款，保险人在订立合同时应当在投保单、保险单或者其他保险凭证上作出足以引起投保人注意的提示，并对该条款的内容以书面或者口头形式向投保人作出明确说明；未作提示或者明确说明的，该条款不产生效力。”《保险法》第 55 条第 3 款规定：“保险金额不得超过保险价值。超过保险价值的，超过部分无效，保险人应当退还相应的保险费。”故本题 A、C 项正确。根据上述规定，保险人对保险合同中免除保险人责任的条款，保险人在订立合同时应当在投保单、保险单或者其他保险凭证上作出足以引起投保人注意的提示，并就内容作出说明，无论未作出提示或者是未作出说明的，该条款都不产生效力。故 B 项不正确，保险金低于保险价值，对保险合同的效力没有影响，故本题 D 项不正确。

30. 答案：ABCD。《保险法》第 31 条规定：“投保人对下列人员具有保险利益：（一）本人；（二）配偶、子女、父母；（三）前项以外与投保人有抚养、赡养或者扶养关系的家庭其他成员、近亲属……除前款规定外，被保险人同意投保人为其订立合同的，视为投保人对被保险人具有保险利益……”所以 A、B 项是正确的。C、D 项为投保人对财产性质保险标的具有保险利益，所以也是正确的。这里着重说一下 D 项中的重复保险问题。《保险法》第 56 条规定：“重复保险的投保人应当将重复保险的有关情况通知各保险人。重复保险的各保险人赔偿保险金的总和不得超过保险价值。除合同另有约定外，各保险人按照其保险金额与保险金额总和的比例承担赔偿保险金的责任。重复保险的投保人可以就保险金额总和超过保险价值的部分，请求各保险人按比例返还保险费。重复保险是指投保人对同一保险标的、同一保险利益、同一保险事故分别与两个以上保险人订立保险合同，且保险金额总和超过保险价值的保险。”选项 D 所述情形是重复保险的行为，重复保险的行为并不违反保险利益原则。

简答题

1. **答案**：投保人应具备三个要件：其一，投保人必须具有民事权利能力和民事行为能力，无民事行为能力的人和限制民事行为能力的人未征得他的法定代理人同意所订立的保险合同均为无效合同；其二，投保人对保险标的应当具有保险利益，保险利益是指投保人对保险标的具有的法律上承认的利益，如果投保人对保险标的不具有保险利益，保险合同无效；其三，投保人须承担支付保险费的义务。这种支付义务包括投保人为自己的利益订立合同和为他人利益订立合同所必须承担的支付保险费义务。

2. **答案**：保险欺诈及其法律后果：

（1）谎称发生保险事故

被保险人或者受益人在未发生保险事故的情况下，谎称发生了保险事故，向保险人提出赔偿或者给付保险金的请求的，保险人有权解除保险合同，并且不退还保险费，若保险人已支付保险金或者支出费用，投保人、保险人或者受益人应当退回或者赔偿。（参见《保险法》第27条）

（2）故意制造保险事故

投保人、被保险人或者受益人故意制造保险事故的，保险人有权解除保险合同，不承担赔偿或者给付保险金的责任，也不退回保险费，若保险人已支付保险金或者支出费用，投保人、保险人或者受益人应当退回或者赔偿。情节严重构成犯罪的，依法追究其刑事责任。投保人已经交足2年以上保险费的，保险人应当按照合同的约定向其他享有权利的受益人退还保险单的现金价值。（参见《保险法》第27条）受益人故意造成被保险人死亡、伤残、疾病的，或者故意杀害被保险人未遂的，该受益人丧失收益权。（参见《保险法》第43条）

（3）虚报损失

保险事故发生后，投保人、被保险人或者受益人以伪造、变造的有关证明、资料或者其他证据，编造虚假的事故原因或者夸大损失程度的，保险人对其虚报的部分不承担赔偿或者给付保险金的责任，情节严重构成犯罪的，依法追究其刑事责任。（参见《保险法》第27条第3款）

3. **答案**：（1）保险合同成立

关于保险合同的成立，《保险法》第13条第1款规定：“投保人提出保险要求，经保险人同意承保，保险合同成立。保险人应当及时向投保人签发保险单或者其他保险凭证。”保险法对保险合同的形式并无特殊要求。保险实务中，保险合同的书面凭证主要包括投保单、暂保单、保险单和保险凭证等。具体有以下三个步骤：

第一，投保人提出保险要求，即作出订立保险合同之要约。

第二，保险人同意承保，即作出订立保险合同之承诺。

第三，保险人与投保人就合同条款达成协议。

多数保险合同订立以投保单、保险单或者其他保险凭证为必要形式。

（2）保险合同的生效

具体言之，保险合同的生效条件有三：

第一，主体合格，即双方当事人在订立保险合同时具有相应的民事行为能力。就投保人而言，必须是具有完全民事行为能力的自然人、依法成立的法人或者其他经济组织；就保险人而言，必须是依法设立的保险公司，且须在其营业执照核准的营业范围内订立保险合同。

第二，意思表示真实，即双方当事人在订立保险合同时的意思表示必须符合自己的真实内在意思。如投保人故意谎报被保险人的年龄、健康状况，隐瞒保险标的真实情况而与保险人签订的保险合同，保险人由于受欺诈，虽然与投保人就保险合同达成了协议，但没有反映出当事人的真实内在意思，也即表意与真意不一致，由此产生的保险合同应属无效合同。

第三，合同内容合法，即保险合同的内容不得违反法律或社会公共利益。就保险合同而言，则要求双方当事人签订保险合同应严格遵守《保险法》及有关法律法规，否则保险合同无效。

4. 答案：保险合同的主体，是指在保险合同中享有权利和承担义务的人。保险合同可以分为两种类型：一是保险合同的当事人，即订立保险合同的投保人和保险人；二是保险合同的关系人，即与保险合同有间接关系的被保险人和受益人。

（1）保险当事人，是缔结保险合同的法律主体，包括投保人和保险人。投保人是指与保险人订立保险合同，并按照保险合同负有支付保险费义务的人。保险人是指与投保人订立保险合同，并承担赔偿或者给付保险金责任的保险公司。

（2）保险关系人，主要是指保险合同当事人以外的与保险合同有关的人，包括被保险人和人身保险合同中的受益人。被保险人是指其财产或者人身受保险合同保障，享有保险金请求权的人，投保人可以为被保险人。受益人又称保险金受领人，投保人、被保险人可以为受益人。受益人并非每个保险合同关系中必有的对象，在人身死亡保险合同中投保人通常会指定受益人作为保险金受领人，受益人不受有无民事行为能力及保险利益的限制。

论述题

1. 答案：保险合同的客体，就是保险利益。"保险利益"一词也称为"可保利益""被保险利益""可保权益"等。我国立法称为"保险利益"。保险利益是投保人或被保险人对于保险标的，因具有各种利害关系而得以享有的经济利益。不论财产保险还是人身保险，保险事故发生后，投保人或被保险人皆未受损，则表明无保险利益存在。

（1）保险利益是保险合同的标的

成立保险合同的时候，首先要明确保险人要对在哪些对象上发生的保险事故承担责任。这些对象就为保险标的，这也就是保险事故发生所在的本体。在有形财产保险合同中称为保险标的物，在其他保险合同中称为保险标的。在保险合同中，明确载明保险标的，对投保人来说，就是明确他们所要求转嫁风险的范围。对保险人来说，则是指明他对哪些财产、责任或人的生命承担保险责任。

保险标的是保险合同所载明的内容。但是保险合同订立的目的并非保障保险标的本身的安危，因为将保险标的投保后并不能保证保险标的不发生危险，不遭受损失，而是在于在保险标的遭损后得到经济上的补偿。保险合同实际上保障的是投保人或被保险人对保险标的所具有的利益，即保险利益。保险责任只是对特定的标的因特定的危险事故而使特定的人在经济上遭到特定的损失时进行赔偿。可见，投保人和被保险人在保险合同中要求保险人给予保障的只是其对保险标的的利益。所以保险合同的客体不是保险标的本身而是基于保险标的之上的利益，即保险利益。

（2）保险利益是保险合同生效的根据

投保人或被保险人对保险标的具有保险利益是保险合同生效的依据。签订合同时，投保人要有保险利益才有资格投保。索赔时，被保险人要具有保险利益才能有向保险人的索赔权。否则，即使保险标的遭到保险事故的毁损，被保险人也无权索赔，因为其"无利益"也就"无损失"。

对同一标的如有多个保险利益，可就不同的保险利益，签订不同的保险合同。反之，如果在数个保险标的上具有同一保险利益，投保人或被保险人可以就不同的标的订立一个保险合同。甚至保险标的是不特定的，随时流动交替的，但保险利益是同一的，也可以订立一个总括保险合同。

（3）保险利益并非保险合同的利益

保险利益是指投保人或被保险人对特定财产或特定对象所存在的利害得失关系。这一种关系一般在保险合同订立之前已经存在，或者已有形成的条件（如即将交付的货物），以这一利害得失关系即保险利益为保险合同的标的订立合同，旨在保障这一利益的安全。所以在保险合同一成立即要求存在保险利益。保险合同的利益则是指因保险合同生效后取得的利益。如被保险人因保险事故发生有依约定索取赔偿的利益，这一利益又可称为保险权益。保险合同所产生的保险权益，可以由权利人自由转让。

2. 答案：保险合同的解除，是指有合同解除权的一方向他方作意思表示，使已生效的合同在有效期尚未届满前不再具有约束力的行为。解除保险合同是法律赋予投保人所享有的正当权利。对此，《保险法》第 15 条规定："除本法另有规定或者保险合同另有约定外，保险合同成立后，投保人可以解除合同，保险人不得解除合同。"依此，保险合同的解除包括法定解除与意定解除。

（1）法定解除

①投保人的保险合同解除权

一般情况下，保险合同成立后，投保人可以解除合同，但保险法同时对某些保险合同中投保人的合同解除权作了限制性规定。例如，《保险法》第 50 条规定："货物运输保险合同和运输工具航程保险合同，保险责任开始后，合同当事人不得解除合同。"

保险责任开始前，投保人要求解除合同的，应当按照合同约定向保险人支付手续费，保险人应当退还保险费。保险责任开始后，投保人要求解除合同的，保险人应当将已收取的保险费，按照合同约定扣除自保险责任开始之日起至合同解除之日止应收的部分后，退还投保人。在人身保险中，投保人解除合同的，保险人应当自收到解除合同通知之日起 30 日内，按照合同约定退还保险单的现金价值。（参见《保险法》第 47 条、第 54 条）

②保险人的保险合同解除权

对保险人而言，除法律另有规定或者保险合同另有约定，保险合同成立后，保险人不得解除保险合同。只有当投保人或受益人违反法律的规定，或经保险人与投保人协商一致，保险人才可以解除合同。依此，保险人解除保险合同可分为法定条件解除和约定条件解除两种。

根据《保险法》的规定，法定条件主要有以下八项：

1）保险人就保险标的或者被保险人的有关情况提出询问，投保人故意或者因重大过失未履行前款规定的如实告知义务，足以影响保险人决定是否同意承保或者提高保险费率的，保险人有权解除合同，但保险人在合同订立时已经知道投保人未如实告知的情况的除外（参见《保险法》第 16 条第 2 款和第 6 款）；

2）未发生保险事故，被保险人或者受益人谎称发生了保险事故，向保险人提出赔偿或者给付保险金请求的，保险人有权解除合同；

3）投保人、被保险人故意制造保险事故的，保险人有权解除合同（参见《保险法》第 27 条）；

4）投保人申报的被保险人年龄不真实并且其真实年龄不符合合同约定的年龄限制的，保险人可以解除合同（参见《保险法》第 32 条第 1 款）；

5）人身保险合同效力依法中止的，自合同效力中止之日起满 2 年双方未达成协议的，保险人有权解除合同（参见《保险法》第 37 条）；

6）因保险标的转让导致危险程度显著增加的，保险人自收到保险人或者受让人所作通知之日起 30 日内，可以按照合同约定增加保险费或者解除合同（参见《保险法》第 49 条第 3 款）；

7）投保人、被保险人未按照约定履行其对保险标的的安全应尽责任的，保险人有权要求增加保险费或者解除合同（参见《保险法》第 51 条第 3 款）；

8）在合同有效期内，保险标的的危险程度显著增加的，被保险人应当按照合同约定及时通知保险人，保险人可以按照合同约定增加保险费或者解除合同（参见《保险法》第 52 条第 1 款）。

（2）意定解除

意定解除，是指保险合同成立后，由投保人与保险人协商解除保险合同。由投保人提出的保险合同之解除多为意定解除。

案例分析题

1. 答案：（1）保险索赔是指被保险人在保险标

的遭遇保险事故造成财产损失或人身伤亡时，根据保险合同，请求保险人给予经济补偿或给付保险金的行为，是被保险人获得实际的保险保障和实现其保险权益的具体体现。索赔由被保险人或其代理人在规定时限内行使，人寿保险的索赔时效为5年，财产保险的索赔时效为2年，起算日由保险事故发生之日起或自保险关系人知情之日起。索赔的程序如下：

①提出事故发生地点、时间和原因以及有关保险单证的号码、标的、期限等事项一并告知保险人，以便保险公司迅速调查、核实、确认。

②采取有效措施，救助整理受损标的，以防止损失扩大，有利于保险方检查。

③被保险人有义务保护好现场，为保险方和其他方面检查提供方便，以便及时查明和确认事故原因、损害程度、损失数额等。

④提供索赔单，包括：保险单、保险凭证的正本，已支付保险费的凭证；原始单据；身份证、工作证、户口簿或其他有关人身保险的被保险人姓名、年龄、职业等情况的证明；保险事故证明及损害结果证明，检验调查报告、出险证明，损害鉴定，被保险人死亡证明或丧失劳动能力程度鉴定，责任案件的结论性意见等；索赔清单，如受损财产清单、各种费用清单、其他要求保险人给付的详细清单。

⑤领取保险赔款或保险金。

⑥开具权益转让书并协助保险方向造成保险事故依法承担赔偿责任的第三方追偿。

保险理赔是指应保险关系人的索赔请求，保险人以保险合同为依据，审核保险责任并处理保险赔偿的行为，是保险人履行其经济补偿义务的具体体现。理赔应符合“主动、迅速、准确、合理”的原则，其程序如下：

①立案检验，查勘现场，了解原因和损失情况，作出检验报告。

②要求保险关系人提供有关单证，并核实其是否真实、一致、齐全。

③核定、调查、核对责任。包括：保险合同是否合法、有效；造成保险标的的损害原因，进而确认保险事故是否构成；被保险人是否及时适当履行了义务，未履行的就扩大的损失免赔；是否存在造成保险事故依法承担赔偿责任的第三者；被保险人是否已向第三者提出赔偿要求以及因此支付了多少诉讼费用等，以决定是否承担责任及承担多大责任。

④计算并支付赔偿。《保险法》第25条规定，保险人自收到赔偿或者给付保险金的请求和有关证明、资料之日起60日内，对其赔偿或者给付保险金的数额不能确定的，应当根据已有证明和资料可以确定的数额先予支付，保险人最终确定赔偿或者给付保险金的数额后，应当支付相应的差额。

⑤代位求偿。财产保险的保险人，赔偿被保险人的损失后，涉及责任第三者的，取得代位求偿权。保险人有权要求被保险人开具权益转让书并协助其向第三者进行追偿。保险人接受保险人委托请求的，还得以行使因此取得的对委托标的物的权利，同时履行因此产生的义务。

（2）《民事诉讼法》规定，当事人对自己提出的主张，有责任提供证据。民事诉讼的举证责任基本上在主张方，即“谁主张，谁举证”。本案中，姜某主张其6000元麦子损失应由保险方赔偿，应提供保险合同单证、火灾情况证明等支持其主张，请求保险方履行其义务。保险公司主张姜某的实际产量与预测不符，则应举出其实际产量的证明，或其他被保险人有违反义务行为的证明，以减免其赔偿责任。本案中火灾已过，无法查明实际的麦子产量，保险公司的主张无法得到证明，其拒绝按合同约定的保险金赔偿的主张不能成立。

2. 答案：应判令保险公司应当给付保险金。《保险法》第13条第1款、第2款规定：“投保人提出保险要求，经保险人同意承保，保险合同成立。保险人应当及时向投保人签发保险单或者其他保险凭证。保险单或者其他保险凭证应当载明当事人双方约定的合同内容。当事人也可以约定采用其他书面形式载明合同内容。”第14条规定：“保险合同成立后，投保人按照约定交付保险费，保险人按照约定的时间开始承担保险责任。”本案中，保险公司与被保险人已就保险合同的条款达成一致，保险合同已成立；且投保人已按约定交纳保险费，合同规定的保险责任期间业已开始，故保险公司应当就孙某夫妇的死亡向受益人给付保险金。保险公司的内部规定不能对抗被保险人及受益人。

3. **答案**：本案中保险公司不应当支付保险金，其具体理由如下：

张某和保险公司在协商过程中，保险公司告知张某在人寿保险的格式合同上，载有“合同以被保险人身体检查合格为生效要件”的条款，张某在合同文本上签了字。可知，本案保险合同是附条件的民事法律行为。所谓附条件的民事法律行为是指为民事法律行为设定一定的条件，把条件的成就或不成就作为民事法律行为的效力发生或消灭的前提。民事法律行为中的“条件”，除了法律有特别规定的以外，属于当事人自由决定的条款。为了维护经济秩序和社会利益，法律对当事人设定条件和期限加以适当的限制和干预是必要的，其对条件的限制主要表现如下：（1）条件必须是将来发生的事实；（2）条件是不确定的事实；（3）条件是由当事人议定的而不是法定的；（4）条件必须是合法的。本案中，保险公司与张某签订的合同中所附的“合同以被保险人身体检查合格为生效要件”的条件完全符合上述四个要求，因而是合法有效的，属于附生效条件的法律行为，产生附条件法律行为的法律效力。

也许有人会有疑问，本案并不符合上述第三个要求（即条件必须是由当事人双方约定的），因为本案中张某与保险公司签订的合同属于格式合同；二者并没有进行充分的协商。但不容否认的是，本案中保险公司在协商过程中已告知张某格式合同上所附的条件，张某在知悉这一点的情况下，在合同上签了字。根据《民法典》第496条第2款的规定，采用格式条款订立合同的，提供格式条款的一方应当遵循公平原则确定当事人之间的权利和义务，并采取合理的方式提示对方注意免除或者减轻其责任等与对方有重大利害关系的条款，按照对方的要求，对该条款予以说明。本案中的保险公司做到了这一点。

综上所述，本案张某与保险公司签订的合同为附条件的法律行为，张某的儿子在去体检的路上因车祸身亡时，合同所附的条件尚未成就，因而订立的合同也未生效，所以保险公司不承担赔偿责任。

4. **答案**：在本案中，龚某不知自己已患有胃癌，仅从其没有声明自己患胃癌的角度看，并不算违反告知义务。但是，龚某对自己几个月前住过院，动过手术的事实（这一事实对保险人来说无疑是很重要的）是不可能不知道的，他却没有加以说明，问题的关键恰恰在这里。

因为根据保险法的一般理论，告知义务要求告知内容是对事实的陈述，而非准确地阐明观点，它并不苛刻地要求投保人的告知完全准确无误，只要在投保人认知范围内其尽最大可能地履行了这项义务即可，也就是说，在被保险人确不清楚自己到底患何种病的情况下，倘若他对病情作了感知性陈述，尽管这种陈述不一定与事实相符（如患有胃癌，家属等善意地告诉他得的是胃病，他申报患过胃病），他在义务履行上是绝无瑕疵的，但是如果他隐瞒或虚假陈述了就医或治疗等方面的事实，则犯有未适当告知重要事实的过错，应当承担违反告知义务的不利后果。

保险人是有正当理由拒绝赔偿的，保险人因此获得抗辩权，拒绝给付保险金。

第三十二章　人身保险

单项选择题

1. **答案**：B。本题考查的是对保险人索要人身保险的保险费的特别规定。《保险法》第38条规定："保险人对人寿保险的保险费，不得用诉讼方式要求投保人支付。"据此，本题正确答案为B。
2. **答案**：C。本题考查的是人身保险中保险人可以解除合同的情形。《保险法》第36条规定："合同约定分期支付保险费，投保人支付首期保险费后，除合同另有约定外，投保人自保险人催告之日起超过三十日未支付当期保险费，或者超过约定的期限六十日未支付当期保险费的，合同效力中止，或者由保险人按照合同约定的条件减少保险金额。被保险人在前款规定期限内发生保险事故的，保险人应当按照合同约定给付保险金，但可以扣减欠交的保险费。"第37条第1款规定："合同效力依照本法第三十六条规定中止的，经保险人与投保人协商并达成协议，在投保人补交保险费后，合同效力恢复。但是，自合同效力中止之日起满二年双方未达成协议的，保险人有权解除合同。"据此，本题正确答案为C。
3. **答案**：D。本题考查的是有关以死亡为给付保险金条件的人身保险的规定。《保险法》第33条规定："投保人不得为无民事行为能力人投保以死亡为给付保险金条件的人身保险，保险人也不得承保。父母为其未成年子女投保的人身保险，不受前款规定限制。但是，因被保险人死亡给付的保险金总和不得超过国务院保险监督管理机构规定的限额。"第34条规定："以死亡为给付保险金条件的合同，未经被保险人同意并认可保险金额的，合同无效。按照以死亡为给付保险金条件的合同所签发的保险单，未经被保险人书面同意，不得转让或者质押。父母为其未成年子女投保的人身保险，不受本条第一款规定限制。"据此，本题A、B、C项表述正确。D项表述不正确，为本题正确答案。
4. **答案**：C。《保险法》第31条第1款规定："投保人对下列人员具有保险利益：（一）本人；（二）配偶、子女、父母；（三）前项以外与投保人有抚养、赡养或者扶养关系的家庭其他成员、近亲属；（四）与投保人有劳动关系的劳动者。"
5. **答案**：D。本题考查的是人寿保险请求给付保险金的期限。《保险法》第26条第2款规定："人寿保险的被保险人或者受益人向保险人请求给付保险金的诉讼时效期间为五年，自其知道或者应当知道保险事故发生之日起计算。"据此，本题正确答案为D。
6. **答案**：D。本题考查的是人寿保险以外的保险的请求赔偿期限。《保险法》第26条第1款规定："人寿保险以外的其他保险的被保险人或者受益人，向保险人请求赔偿或者给付保险金的诉讼时效期间为二年，自其知道或者应当知道保险事故发生之日起计算。"据此，本题正确答案为D。
7. **答案**：C。本题考查的是为无民事行为能力人投保以死亡为给付保险金条件的人身保险的规定。《保险法》第33条规定："投保人不得为无民事行为能力人投保以死亡为给付保险金条件的人身保险，保险人也不得承保。父母为其未成年子女投保的人身保险，不受前款规定限制……"据此，本题C项正确，A、B项不正确。第34条规定："以死亡为给付保险金条件的合同，未经被保险人同意并认可保险金额的，合同无效……父母为其未成年子女投保的人身保险，不受本条第一款规定限制。"据此，本题D项不正确。
8. **答案**：A。《保险法》第46条规定："被保险人因第三者的行为而发生死亡、伤残或者疾病等保险事故的，保险人向被保险人或者受益人给付保险金后，不享有向第三者追偿的权利，但被保险人或者受益人仍有权向第三者请求赔偿。”因此，A项正确。

另外，根据《保险法》第46条规定可知，在人身保险中，因第三人的行为造成被保险人死亡、伤残或疾病的，被保险人或受益人有权同时向保险人和第三者进行追偿，法律没有规定追偿的先后顺序，而且，在人身保险中，保险人先支付了保险金的，也不享有代位求偿权。因此，B、C项说法错误。

《保险法》第26条规定：“人寿保险以外的其他保险的被保险人或者受益人，向保险人请求赔偿或者给付保险金的诉讼时效期间为二年，自其知道或者应当知道保险事故发生之日起计算。人寿保险的被保险人或者受益人向保险人请求给付保险金的诉讼时效期间为五年，自其知道或者应当知道保险事故发生之日起计算。”

上述规定中明确给出了各种保险请求保险人支付保险金的诉讼时效，由此可以说明本案中丁某可以用诉讼方式请求保险公司支付保险金。因此，D项错误。

9. **答案**：D。《保险法》第39条规定：“人身保险的受益人由被保险人或者投保人指定。投保人指定受益人时须经被保险人同意……被保险人为无民事行为能力人或者限制民事行为能力人的，可以由其监护人指定受益人。”

第40条规定：“被保险人或者投保人可以指定一人或者数人为受益人。受益人为数人的，被保险人或者投保人可以确定受益顺序和受益份额；未确定受益份额的，受益人按照相等份额享有受益权。”

第41条规定：“被保险人或者投保人可以变更受益人并书面通知保险人。保险人收到变更受益人的书面通知后，应当在保险单或者其他保险凭证上批注或者附贴批单。投保人变更受益人时须经被保险人同意。”

可见，被保险人或投保人变更受益人只需书面通知保险人，而不一定都要征得保险人的同意。

10. **答案**：A。在人身保险中，被保险人可以是投保人本人，如果投保人与被保险人不是同一人，则投保人与被保险人存在行政隶属关系或雇佣关系，或者投保人与被保险人存在债权和债务关系，或者投保人与被保险人存在法律认可的继承、赡养、抚养或监护关系，或者投保人与被保险人存在赠与关系，或者投保人是被保险人的配偶、父母、子女或法律所认可的其他人。人身保险的投保人不按期缴纳保险费，保险公司不可以向人民法院提起诉讼，有权拒绝赔偿。

11. **答案**：B。本题考查的是人身保险合同中受益人的资格。受益人资格一般没有任何限制，自然人、法人均可为受益人；自然人中的无民事行为能力人也可为受益人；即使是胎儿，也可作为受益人，当然，须以出生时活着为限。对受益人的唯一限制是：已经死亡的人不得被指定为受益人。据此，本题正确答案为B。

12. **答案**：A。本题考查的是保险合同成立的时间以及保险单的作用。《保险法》第13条规定：“投保人提出保险要求，经保险人同意承保，保险合同成立。保险人应当及时向投保人签发保险单或者其他保险凭证。保险单或者其他保险凭证应当载明当事人双方约定的合同内容……”据此，保险合同的成立以当事人达成合意的时间为准；保险单只是保险合同的凭证，不是保险合同成立的要件。故本题保险合同已经成立，不因未签发保险单而无效。故本题正确答案为A。

13. **答案**：C。本题考查的是意外伤害保险合同的特点。意外伤害保险合同是保险人于被保险人遭受意外伤害及其所致残废或死亡时，按照约定承担给付保险金的合同。意外伤害保险合同的特征是：（1）伤害必须是人体的伤害；（2）伤害必须是意外事故所致。所谓“外来”，是指伤害纯系由被保险人自身外部的因素作用所致，如果伤害是由自身疾病引起，则不属于意外事故，而是健康原因。据此，本题A、B、D项属于意外事故，C项属于健康原因，故本题正确答案为C。

14. **答案**：C。本题考查的是有关人身保险合同的规定。根据《保险法》的规定，投保人对被保险人必须具有保险利益。本题中张某虽不属于《保险法》第31条第1款列举的投保人具有保险利益的人员范围，但该保险已取得被保险人同意，根据《保险法》第31条第2款的规定，视为投保人对其具有保险利益；本题也符合《保险法》第39条关于“投保人指定受益人时须经被保险人同意”的条件，故保险合同有效成立，保险公司应给付保险金。因人身保险合同是定额给付的保险合同，保险公司应给付的金额为约定的保险金额。综上，本题正确答案为C。

15. 答案：B。本题考查的是人寿保险中特定情形的处理。《保险法》第43条第1款规定：“投保人故意造成被保险人死亡、伤残或者疾病的，保险人不承担给付保险金的责任。投保人已交足二年以上保险费的，保险人应当按照合同约定向其他权利人退还保险单的现金价值。”据此，本题正确答案为B。

16. 答案：B。本题考查《保险法》中关于为无民事行为能力人投保的限制。《保险法》第33条规定：“投保人不得为无民事行为能力人投保以死亡为给付保险金条件的人身保险，保险人也不得承保。父母为其未成年子女投保的人身保险，不受前款规定限制。但是，因被保险人死亡给付的保险金总和不得超过国务院保险监督管理机构规定的限额。”《保险法》第34条规定：“以死亡为给付保险金条件的合同，未经被保险人同意并认可保险金额的，合同无效。按照以死亡为给付保险金条件的合同所签发的保险单，未经被保险人书面同意，不得转让或者质押。父母为其未成年子女投保的人身保险，不受本条第一款规定限制。”故本题的答案应选B。

17. 答案：A。《保险法》第42条第2款规定：“受益人与被保险人在同一事件中死亡，且不能确定死亡先后顺序的，推定受益人死亡在先。”如此规定的理由在于，人身保险中指定受益人的目的在于维护受益人的生存利益，受益人既然死亡，法律没有必要对受益人的继承人进行特别保护。据此，可以推定受益人乙先于被保险人甲死亡。《保险法》第42条第1款规定：“被保险人死亡后，有下列情形之一的，保险金作为被保险人的遗产，由保险人依照《中华人民共和国继承法》的规定履行给付保险金的义务：（一）没有指定受益人，或者受益人指定不明无法确定的；（二）受益人先于被保险人死亡，没有其他受益人的；（三）受益人依法丧失受益权或者放弃受益权，没有其他受益人的。”据此，保险金应当作为被保险人甲的遗产，A项正确，B、C两项错误。

保险人的代位求偿权只在财产保险中存在，人身保险中不存在代位求偿权。就此，《保险法》第46条规定：“被保险人因第三者的行为而发生死亡、伤残或者疾病等保险事故的，保险人向被保险人或者受益人给付保险金后，不享有向第三者追偿的权利，但被保险人或者受益人仍有权向第三者请求赔偿。”据此，D项错误。

18. 答案：B。《保险法》第44条第1款规定：“以被保险人死亡为给付保险金条件的合同，自合同成立或者合同效力恢复之日起二年内，被保险人自杀的，保险人不承担给付保险金的责任，但被保险人自杀时为无民事行为能力人的除外。”据此，如果王某在合同成立2年后自杀，保险公司应当支付保险金，故A项错误。

《保险法》第34条第1款规定：“以死亡为给付保险金条件的合同，未经被保险人同意并认可保险金额的，合同无效。”据此，《保险法》强调的是被保险人同意并认可保险金额，被保险人既可以自己签字，也可以授权他人签字，故B项正确。

《保险法》第34条第2款规定：“按照以死亡为给付保险金条件的合同所签发的保险单，未经被保险人书面同意，不得转让或者质押。”据此，C项错误。

《保险法》第34条第3款规定：“父母为其未成年子女投保的人身保险，不受本条第一款规定限制。”据此，死亡保险必须经过被保险人同意的例外只有父母为未成年人子女购买保险这一项例外，投保人为配偶购买死亡保险仍然要经过被保险人的同意，故D项错误。

多项选择题

1. **答案**：BD。《保险法》第39条第1款规定："人身保险的受益人由被保险人或者投保人指定。"李某作为完全民事行为能力人，有权指定其妻子为保险受益人，保险合同合法有效，故A项错误。

《最高人民法院关于适用〈中华人民共和国保险法〉若干问题的解释（三）》第24条规定："投保人为被保险人订立以死亡为给付保险金条件的保险合同，被保险人被宣告死亡后，当事人要求保险人按照保险合同约定给付保险金的，人民法院应予支持。被保险人被宣告死亡之日在保险责任期间之外，但有证据证明下落不明之日在保险责任期间之内，当事人要求保险人按照保险合同约定给付保险金的，人民法院应予支持。"在此，宣告死亡是人民法院依照法律规定所作的死亡认定判决，判决的生效时间并不是下落不明人的确切死亡时间。如果有证据证明李某在保险期间下落不明，则保险公司应当承担赔偿责任，故B、D两项正确，C项错误。

2. **答案**：ABD。《保险法》第13条规定："投保人提出保险要求，经保险人同意承保，保险合同成立……"虽然投保单是保险公司业务员代为签字和填写，但甲公司成功缴纳了保险费，应视为保险公司已同意承保，所以保险合同成立。A项正确。根据《保险法》第43条至第45条的规定，保险公司仅于以下情形下免责：（1）投保人或者受益人故意造成被保险人死亡、伤残或者疾病的。（2）被保险人自杀的，但被保险人自杀时为无民事行为能力人的除外。（3）被保险人故意犯罪或者抗拒依法采取的刑事强制措施导致其伤残或者死亡的。张某打碎车窗玻璃的行为不构成故意犯罪，张某的死亡也并非投保人或者受益人的行为造成，因此保险公司不得因此免责，B、D两项正确。张某的行为不属于合法的自助行为，且与保险理赔并无关系，所以不是针对保险公司索赔的理由，C项错误，不选。

3. **答案**：BD。参见《保险法》第56条、第62条、第65条、第67条。

4. **答案**：AB。本题考查的是有关人身保险的规定。《保险法》第44条规定："以被保险人死亡为给付保险金条件的合同，自合同成立或者合同效力恢复之日起二年内，被保险人自杀的，保险人不承担给付保险金的责任，但被保险人自杀时为无民事行为能力人的除外。保险人依照前款规定不承担给付保险金责任的，应当按照合同约定退还保险单的现金价值。"据此，本题A项正确。第45条规定："因被保险人故意犯罪或者抗拒依法采取的刑事强制措施导致其伤残或者死亡的，保险人不承担给付保险金的责任……"据此，本题B项正确。《保险法》第36条第1款规定："合同约定分期支付保险费，投保人支付首期保险费后，除合同另有约定外，投保人自保险人催告之日起超过三十日未支付当期保险费，或者超过约定的期限六十日未支付当期保险费的，合同效力中止，或者由保险人按照合同约定的条件减少保险金额。"据此，本题C项不正确。《保险法》第26条第2款规定："人寿保险的被保险人或者受益人向保险人请求给付保险金的诉讼时效期间为五年，自其知道或者应当知道保险事故发生之日起计算。"据此，本题D项不正确。

5. **答案**：BC。本题考查的是经营人寿保险业务的公司不得解散的例外。《保险法》第89条规定："保险公司因分立、合并需要解散，或者股东会、股东大会决议解散，或者公司章程规定的解散事由出现，经国务院保险监督管理机构批准后解散。经营有人寿保险业务的保险公司，除因分立、合并或者被依法撤销外，不得解散。保险公司解散，应当依法成立清算组进行清算。"据此，本题正确答案为B、C。

6. **答案**：BD。本题考查的是人身保险赔偿责任的例外。《保险法》第45条规定："因被保险人故意犯罪或者抗拒依法采取的刑事强制措施导致其伤残或者死亡的，保险人不承担给付保险金的责任。投保人已交足二年以上保险费的，保险人应当按照合同约定退还保险单的现金价值。”据此，本题正确答案为B、D。

7. **答案**：BC。本题考查的是人身保险的特征。人身保险是以人的寿命和身体作为保险标的的一种保险。人身保险是一种定额给付性质的保险，当条件满足时，保险人必须给付约定的金额。我国的人身保险是由专门的人寿保险公司经营的业务，其主要险种包括人寿保险、意外伤害保险、医疗保险、健康保险。据此，本题B、C项正确。根据《保险法》第34条的规定，只有以死亡为给付保险金条件的合同，才必须经被保险人同意，故本题A项不正确。人身保险存在强制保险，故本题D项不正确。

8. **答案**：BC。本题考查的是对人身保险中特定情形的处理。《保险法》第43条第1款规定：“投保人故意造成被保险人死亡、伤残或者疾病的，保险人不承担给付保险金的责任。投保人已交足二年以上保险费的，保险人应当按照合同约定向其他权利人退还保险单的现金价值。”据此，本题正确答案为B、C。

9. **答案**：AB。本题考查的是人身保险的受益人的产生途径。《保险法》第39条第1款规定：“人身保险的受益人由被保险人或者投保人指定。”据此，本题正确答案为A、B。

10. **答案**：BCD。《保险法》第36条第1款规定：“合同约定分期支付保险费，投保人支付首期保险费后，除合同另有约定外，投保人自保险人催告之日起超过三十日未支付当期保险费，或者超过约定的期限六十日未支付当期保险费的，合同效力中止，或者由保险人按照合同约定的条件减少保险金额。”据此，未及时交纳保险费的后果是合同效力中止，或约定减少保险金额，而不是解除合同，故A项错误。

    《保险法》第32条第1款规定：“投保人申报的被保险人年龄不真实，并且其真实年龄不符合合同约定的年龄限制的，保险人可以解除合同，并按照合同约定退还保险单的现金价值。保险人行使合同解除权，适用本法第十六条第三款、第六款的规定。”《保险法》第16条第3款规定：“前款规定的合同解除权，自保险人知道有解除事由之日起，超过三十日不行使而消灭。自合同成立之日起超过二年的，保险人不得解除合同；发生保险事故的，保险人应当承担赔偿或者给付保险金的责任。”选项B中保险合同已经成立一年六个月，并未超过两年，因此可以解除合同，B项正确。

    《保险法》第16条第1款和第2款规定：“订立保险合同，保险人就保险标的或者被保险人的有关情况提出询问的，投保人应当如实告知。投保人故意或者因重大过失未履行前款规定的如实告知义务，足以影响保险人决定是否同意承保或者提高保险费率的，保险人有权解除合同。”据此，C项正确。

    《保险法》第51条第3款规定：“投保人、被保险人未按照约定履行其对保险标的的安全应尽责任的，保险人有权要求增加保险费或者解除合同。”据此，D项正确。

11. **答案**：AD。本题考查的是人身保险中保险人不承担给付保险金责任的情形。《保险法》第43条规定：“投保人故意造成被保险人死亡、伤残或者疾病的，保险人不承担给付保险金的责任……”第45条规定：“因被保险人故意犯罪或者抗拒依法采取的刑事强制措施导致其伤残或者死亡的，保险人不承担给付保险金的责任……”据此，本题A、D项正确。根据《保险法》的规定，人身保险的保险人不享有对造成保险责任事故的第三人的代位求偿权，故不论受益人是否放弃追偿权，保险人都应当承担保险责任，故本题B项不正确。C项属于保险事故，应给付保险金，故也不正确。

12. **答案**：BC。参见《保险法》第61条、第62条、第63条、第64条。

不定项选择题

1. **答案**：BC。参见《保险法》第32条。
2. **答案**：BC。参见《保险法》第36条、第59条。保险合同的效力从8月11日开始中止。因保险事故发生在保险合同效力中止期间，故保险人不承担支付保险金的责任。

论述题

1. **答案**：人身保险合同中通常载有一些履行方法特殊的条款，具体包括：

（1）宽限期条款，是指对于人身保险的保险费交付期予以宽限的条款。《保险法》第36条第1款规定：“合同约定分期支付保险费，投保人支付首期保险费后，除合同另有约定外，投保人自保险人催告之日起超过三十日未支付当期保险费，或者超过约定的期限六十日未支付当期保险费的，合同效力中止，或者由保险人按照合同约定的条件减少保险金额。”

（2）年龄误报条款，又称年龄误保条款，是指被保险人的真实年龄于订约时被误报并记载于保单内，保险人允许投保人进行更正，或在保险事故发生后，允许保险人采取相应办法予以处理的一种合同约定。《保险法》第32条第1款规定：“投保人申报的被保险人年龄不真实，并且其真实年龄不符合合同约定的年龄限制的，保险人可以解除合同，并按照合同约定退还保险单的现金价值……”

（3）自杀条款，是指被保险人在保单生效或者复效后的2年内自杀的，保险人不负给付保险金责任的条款。如果自杀发生在2年以后，保险人则应承担给付保险金的责任。我国《保险法》第44条规定：“以被保险人死亡为给付保险金条件的合同，自合同成立或者合同效力恢复之日起二年内，被保险人自杀的，保险人不承担给付保险金的责任，但被保险人自杀时为无民事行为能力人的除外。保险人依照前款规定不承担给付保险金责任的，应当按照合同约定退还保险单的现金价值。”该条款是为了平衡保险人和被保险人之间的利益，即通过2年的时间限制，使保险人对保险合同生效后一定期限内的故意自杀行为不承担责任。如此设计，既可以避免被保险人蓄意以自杀方式获取保险金，又可以保护一定期限后实施故意自杀的被保险人的家属或受益人的利益。

2. **答案**：受益权，是指受益人享有的依照约定请求给付保险金的权利。

根据《最高人民法院关于适用〈中华人民共和国保险法〉若干问题的解释（三）》第9条、第10条的规定，投保人指定和变更受益人应当征得被保险人同意，未经被保险人同意的，指定和变更行为无效。当事人对保险合同约定的受益人存在争议，除投保人、被保险人在保险合同之外另有约定外，按照以下情形分别处理：（1）受益人约定为“法定”或者“法定继承人”的，以《民法典》规定的法定继承人为受益人。（2）受益人仅约定为身份关系，投保人与被保险人为同一主体的，根据保险事故发生时与被保险人的身份关系确定受益人；投保人与被保险人为不同主体的，根据保险合同成立时与被保险人的身份关系确定受益人。（3）受益人的约定包括姓名和身份关系，保险事故发生时身份关系发生变化的，认定为未指定受益人。

有下列情况之一的，受益人丧失受益权：（1）投保人故意侵害被保险人。投保人故意造成被保险人死亡、伤残或者疾病的，保险人不承担给付保险金的责任。投保人已交足2年以上保险费的，保险人应当按照合同约定向其他权利人退还保险单的现金价值。（2）受益人故意侵害被保险人。（3）被保险人故意犯罪致伤残或死亡。因被保险人故意犯罪或者抗拒依法采取的刑事强制措施导致其伤残或者死亡的，保险人不承担给付保险金的责任。投保人已交足2年以上保险费的，保险人应当按照合同约定退还保险单的现金价值。（4）被保险人自杀。被保险人在合同生效之日起2年内自杀的，除按照约定返还保险单现金价值外，保险人不须向任何人给付保险金。

在没有适格受益人的情况下，保险金作为被保险人的遗产，由保险人依照《民法典》继承编的规定履行给付保险金的义务。没有适格受益人的情况具体包括：（1）没有指定受益人，或者受益人指定不明无法确定的；（2）受益人先于被保险人死亡，没有其他受益人的；（3）受益人依法丧失受益权或者放弃受益权，没有其他受益人的。受益人与被保险人在同一事件中死亡，且不能确定死亡先后顺序的，推定受益人死亡在先。

案例分析题

1. **答案**：（1）本案中保险单质押行为无效。保险单是一种有价证券，可以作为权利质押的客体。但是，根据《保险法》第34条第2款的规定，"按照以死亡为给付保险金条件的合同所签发的保险单，未经被保险人书面同意，不得转让或者质押"。所以，乙没有经过甲的同意，将保险单质押，其行为无效。

（2）乙的理由不成立。在保险合同没有指定受益人或指定受益人先于被保险人死亡时，保险金才可以成为遗产分配给法定继承人。本案指定受益人为丙且仍生存。故在甲去世后，保险金不是要分配的遗产，只能以保险金的形式支付给受益人丙。

（3）法院应判决由丁将保险单还给丙，丙凭保险单到保险公司领取保险金。至于丁与乙的借贷关系，依法按借贷合同之规定，由乙向丁还款。

2. **答案**：（1）不合法。甲不是受益人。

（2）合法。因为虽然丁不是受益人，但其是受益人丙的抚养人和监护人，能代替丙向保险公司请求给付保险金。

（3）保险公司的拒付理由不成立。因为人身保险利益只要求在保险合同成立时具有保险利益，事故发生时是否具有保险利益在所不问。

（4）该笔保险金应支付给受益人丙，丁作为其监护人，由其代替丙接受保险公司的给付。

（5）投保人申报的被保险人的年龄不真实，并且其真实年龄不符合合同约定的年龄限制的，保险人可以解除保险合同，但自合同成立之日起超过2年的除外。该案中保险公司发现被保险人年龄不真实时，已经超过2年，故保险公司不能解除保险合同。

第三十三章　财产保险

单项选择题

1. **答案**：C。《保险法》第 52 条第 1 款规定："在合同有效期内，保险标的的危险程度显著增加的，被保险人应当按照合同约定及时通知保险人，保险人可以按照合同约定增加保险费或者解除合同。保险人解除合同的，应当将已收取的保险费，按照合同约定扣除自保险责任开始之日起至合同解除之日止应收的部分后，退还投保人。"据此，被保险人违反了保险标的危险程度增加的通知义务，保险公司有权解除合同，但不影响保险合同的效力，故 A 项错误。保险公司解除保险合同时，应当将超过保险合同期限部分的保险费退还给投保人，故 D 项错误。

　　《保险法》第 52 条第 2 款规定："被保险人未履行前款规定的通知义务的，因保险标的的危险程度显著增加而发生的保险事故，保险人不承担赔偿保险金的责任。"本题中，姜某因为夜晚载客，与他人发生碰撞而导致车损，该保险事故的发生应当属于"因保险标的的危险程度显著增加而发生的保险事故"，故保险公司不承担赔偿责任，故 B 项错误，C 项正确。

2. **答案**：C。《保险法》第 13 条第 1 款规定："投保人提出保险要求，经保险人同意承保，保险合同成立。保险人应当及时向投保人签发保险单或者其他保险凭证。"可见，经保险人同意承保合同即成立，保险单未送达不影响合同的成立，因此，A、D 项错误，C 项正确。从该条也可看出，保险单为保险合同凭证，所以，B 项也错误。

3. **答案**：B。本题考查的是保险公司的赔偿责任。《保险法》第 57 条规定："保险事故发生时，被保险人应当尽力采取必要的措施，防止或者减少损失。保险事故发生后，被保险人为防止或者减少保险标的的损失所支付的必要的、合理的费用，由保险人承担；保险人所承担的费用数额在保险标的损失赔偿金额以外另行计算，最高不超过保险金额的数额。"据此，本题正确答案为 B。

4. **答案**：A。首先，潘某向保险公司投保了一年期的家庭财产保险，且在保险期内发生了保险事故，虽然是第三人引起的，但是保险公司依然负有支付保险金的责任。因此，B、D 项错误。

　　《保险法》第 60 条第 1 款规定："因第三者对保险标的的损害而造成保险事故的，保险人自向被保险人赔偿保险金之日起，在赔偿金额范围内代位行使被保险人对第三者请求赔偿的权利。"《保险法》第 62 条规定："除被保险人的家庭成员或者其组成人员故意造成本法第六十条第一款规定的保险事故外，保险人不得对被保险人的家庭成员或者其组成人员行使代位请求赔偿的权利。"据此可知，本题中保姆属于潘某家庭的其他组成人员，且保姆对保险事故的发生仅存在过失，而非故意，因此，保险公司不得对保姆行使代位请求赔偿的权利。所以，A 项正确。

　　另外，潘某一家外出，嘱托保姆看家。潘某与保姆之间形成了保管合同关系，标的物是家中的财产。因保姆的过错导致潘某家财产被盗，保姆虽然不用承担保险法上的保险责任，但是应当承担民法中的违约责任。因此，C 项错误。

5. **答案**：B。《保险法》第 61 条第 1 款规定："保险事故发生后，保险人未赔偿保险金之前，被保险人放弃对第三者请求赔偿的权利的，保险人不承担赔偿保险金的责任。"本题中，被保险人张三并未明确放弃对第三人李四的索赔权，但根据张三和李四之间达成的书面协议，保险公司对 1000 元修理费部分已经无法行使代位求偿权，因此保险公司对于无法向李四追偿的 1000 元不承担保险责任，而仅仅承担4000元保险金的赔付责任。同时，《保险法》第60条第1款规定："因第三者对保险标的的损害而造成保险事故的，保险人自向被保险人赔偿保险金之日起，在赔偿金额范围内代位行使被保险人对第三者请求赔偿的权利。"据此，保险公司就其承担的4000元保险费有权向李四追偿。故，B项正确，A、C、D三项错误。

多项选择题

1. **答案**：ABCD。本题考查的是可以作为保险标的的财产范围。《保险法》第95条第1款规定："保险公司的业务范围：……（二）财产保险业务，包括财产损失保险、责任保险、信用保险、保证保险等保险业务……"第12条第2款、第6款规定："财产保险的被保险人在保险事故发生时，对保险标的应当具有保险利益。""保险利益是指投保人或者被保险人对保险标的具有的法律上承认的利益。"保险标的是指作为保险对象的财产及其有关利益或者人的寿命和身体。据此，本题A、B、C、D项均为财产或财产责任，且投保人都可能对其具有保险利益，故都可作为财产保险标的。
2. **答案**：ABD。本题考查的是有关财产保险合同的规定。《保险法》第55条规定："投保人和保险人约定保险标的的保险价值并在合同中载明的，保险标的发生损失时，以约定的保险价值为赔偿计算标准。投保人和保险人未约定保险标的的保险价值的，保险标的发生损失时，以保险事故发生时保险标的的实际价值为赔偿计算标准。保险金额不得超过保险价值。超过保险价值的，超过部分无效，保险人应当退还相应的保险费。保险金额低于保险价值的，除合同另有约定外，保险人按照保险金额与保险价值的比例承担赔偿保险金的责任。"据此，本题A、B、D项正确，C项不正确。
3. **答案**：BD。本题考查的是有关货物运输保险的特殊规定。《保险法》第50条规定："货物运输保险合同和运输工具航程保险合同，保险责任开始后，合同当事人不得解除合同。"据此，本题正确答案为B、D。
4. **答案**：ACD。参见《保险法》第60条、第61条。被保险人已经从第三者取得损害赔偿的，保险人赔偿保险金时，可以相应扣减被保险人从第三者已取得的赔偿金额。保险人对被保险人进行赔偿并取得了代位求偿权后，不影响被保险人就未取得赔偿的部分向第三者请求赔偿的权利。
5. **答案**：AD。本题考查的是监护人责任；财产保险合同的解除条件和代位求偿。

   《民法典》第1188条第1款规定："无民事行为能力人、限制民事行为能力人造成他人损害的，由监护人承担侵权责任。监护人尽到监护职责的，可以减轻其侵权责任。"可知A项正确，B项错误。《保险法》第51条第3款规定："投保人、被保险人未按照约定履行其对保险标的的安全应尽责任的，保险人有权要求增加保险费或者解除合同。"可见财产保险人解除合同的条件必须是投保人、被保险人不履行约定的义务，而非泛泛的"疏于管理保险财产"，C项错误。《保险法》第62条规定："除被保险人的家庭成员或者其组成人员故意造成本法第六十条第一款规定的保险事故外，保险人不得对被保险人的家庭成员或者其组成人员行使代位请求赔偿的权利。"D项正确。选A、D项。
6. **答案**：AB。首先需要明确的是被保险人是否需要承担相应的民事赔偿责任。《道路交通安全法》第76条第1款规定："机动车发生交通事故造成人身伤亡、财产损失的，由保险公司在机动车第三者责任强制保险责任限额范围内予以赔偿；不足的部分，按照下列规定承担赔偿责任：（一）机动车之间发生交通事故的，由有过错的一方承担赔偿责任；双方都有过错的，按照各自过错的比例分担责任。（二）机动车与非机动车驾驶人、行人之间发生交通事故，非机动车驾驶人、行人没有过错的，由机动车一方承担赔偿责任；有证据证明非机动车驾驶人、行人有过错的，根据过错程度适当减轻机动车一方的赔偿责任；机动车一方没有过错的，承担不超过百分之十的赔偿责任。"本题中，丙客运公司在运送过程中发生交通事故，致甲死亡，丙客运公司负事故全责，可以确认丙客运公司需要对甲承担侵权责任。《民法典》第523条规定："当事人约定由第三人向债权人履行债务，第三人不履行债务或者履行债务不符合约定的，债务人应当向债权人承担违约责任。"本题中，乙旅行社委托丙客运公司将甲运至沙漠，属于由第三人代为履行的情形，乙旅行社应当对甲的死亡承担无过错的违约责任。所以，无论是丙客运公司还是乙旅行社，都要对甲的死亡承担民事赔偿责任，即有义务赔偿甲的继承人丁所遭受的损害。

《保险法》第65条第2款规定，责任保险的被保险人给第三者造成损害，被保险人对第三者应负的赔偿责任确定的，根据被保险人的请求，保险人应当直接向该第三者赔偿保险金。本题中，被保险人乙旅行社购买了旅行社责任保险，旅客甲在旅行中意外死亡，乙旅行社有权要求红星保险公司直接对丁支付保险金，故A项正确。同样，被保险人丙客运公司购买了承运人责任保险，丙客运公司有权要求白云保险公司直接对丁支付保险金，故B项正确。

《保险法》第65条第2款还规定，被保险人怠于请求的，第三者有权就其应获赔偿部分直接向保险人请求赔偿保险金。可见，丁向保险公司请求支付保险金的前提是被保险人怠于向保险公司提出请求，题目中并未说明乙旅行社或者丙客运公司怠于请求，故C、D两项错误。

7. **答案**：BD。《保险法》第55条第4款规定："保险金额低于保险价值的，除合同另有约定外，保险人按照保险金额与保险价值的比例承担赔偿保险金的责任。"本题中，潘某就自己的古玩所投保险为不足额保险，甲保险公司只需按照保险金额与保险价值的比例赔偿潘某的部分损失，而不需要赔偿潘某的全部损失，故A项错误。

《保险法》第60条第2款规定："前款规定的保险事故发生后，被保险人已经从第三者取得损害赔偿的，保险人赔偿保险金时，可以相应扣减被保险人从第三者已取得的赔偿金额。"据此，如果刘某已经对潘某进行了全部赔偿，则保险公司可以拒绝向潘某支付保险金，故B项正确。

《保险法》第60条第1款规定："因第三者对保险标的的损害而造成保险事故的，保险人自向被保险人赔偿保险金之日起，在赔偿金额范围内代位行使被保险人对第三者请求赔偿的权利。"《最高人民法院关于适用〈中华人民共和国保险法〉若干问题的解释（二）》第16条第1款规定："保险人应以自己的名义行使保险代位求偿权。"据此，C项错误。

《保险法》第60条第3款规定："保险人依照本条第一款规定行使代位请求赔偿的权利，不影响被保险人就未取得赔偿的部分向第三者请求赔偿的权利。"据此，D项正确。

名词解释

1. **答案**：责任保险是指投保人或被保险人与保险人之间以被保险人依法所应负的民事赔偿责任为保险标的的保险形式，即保险人根据约定代为承担被保险人对第三人的赔偿责任。
2. **答案**：信用保险是指保险人对被保险人所从事的商品销售或商业贷款业务活动提供保险，当债务人不履行法定或约定的义务未对被保险人清偿时，由保险人负责赔偿。

简答题

1. **答案**：保险代位派生于损失填补原则，系指保险标的发生保险事故致推定全损或保险标的因第三人责任致损，保险人依约为保险给付后，依法获得对保险标的的所有权或取得对加害第三人的代位求偿权，包括权利代位与物上代位。保险代位权的作用在于：

（1）避免被保险人获得双重补偿。被保险人因受领保险给付后，其对第三人损害赔偿请求权即转移于保险人，以免被保险人获得保险给付后又向第三人请求损害赔偿而于补偿损失外获不当得利。（2）避免轻慢与放纵第三人责任。保险人给付后，被保险人因不得于补偿损失外获不当得利，其在给付范围内的损失亦不能再向第三人行使，但其损害赔偿请求权仍存在。此时若不将其转移给保险人，则会形成被保险人有权却不能行使，保险人欲行使而无权利的状况。客观上第三人应负损害赔偿责任却产生不必负责的情况。因此，通过代位权可避免加害人逃脱责任。(3) 通过减轻保险人的给付义务而降低保险团体的保费保险人给付后，通过代位权行使，从有清偿能力的加害第三人处可获得一定的给付金额。两相抵销，就个别合同而言，减少了保险人给付的实际支出，就保险团体而言，降低了保险人收取的保费总额，进而降低保险费率。

2. **答案**：财产损失保险合同以承担被保险人因其有形财产发生保险事故所致损毁灭失的不利益。其损失范围的确定对被保险人利益维护及保险人合同义务的履行至关重要。保险人应承担的损失范围一般包括：(1) 保险标的遭受的实际损失。财产损失保险合同在于填补被保险人因保险事故发生所遭致的有形财产的经济利益的减少或全部损失，以补偿有形财产实际发生的不利益，保险人承担的给付义务以保险金额范围内的实际损失为限，并不得超过保险价值。(2) 施救费用。为了减少保险标的因保险事故发生所致的实际损失，对作为保险标的的有形财产施救所支出的必要的、合理的费用，也应由保险人承担。该施救费用主要包括防止保险事故进一步扩大所支出的费用、抢救有形财产、整理或保管有形财产所支出的费用。(3) 查定保险事故及其所致损失的费用。查明和确定保险事故的性质、原因和保险标的的损失程度所支付的必要的、合理的费用。其中，施救费用、查定保险事故及其所致损失的费用应在保险标的所遭受的实际损失之外另行计算，最高不超过财产损失保险合同约定的保险金额。

3. **答案**：责任保险是指以保险客户的法律赔偿风险为承保对象的一类保险。按业务内容，可分为公众责任保险、产品责任保险、雇主责任保险、职业责任保险和第三者责任保险五类业务。

责任保险具有不同于一般财产保险的许多特性，主要表现在：其一，责任保险合同为第三人利益而存在。责任保险合同以被保险人对受害人承担的损害赔偿责任为标的，若无第三人存在，被保险人的给付义务无从发生，亦无责任保险的适用。其二，责任保险合同的标的为一定范围内的损害赔偿责任。责任保险合同是以被保险人对第三人依法应负的民事责任，而非以特定的财产或特定的身体或生命为保险标的的保险。其三，责任保险合同中保险金的限额给付。责任保险合同转移的是依附于财产或人身之上的责任危险，责任的有无、大小，除取决于是否造成他人财产或人身损害及损害的程度外，还取决于相应的法律制度。合同约定的保险金额实际上是保险人承担给付义务的最高限额，责任保险亦不存在超额保险问题，只有是否规定责任限额及规定责任限额高低的问题。其四，保险给付的替代性。责任保险合同不仅成为被保险人转移损害赔偿责任风险的一种方式，也使实施侵害行为的被保险人对受害第三人承担损害赔偿责任的能力获得提高，客观上使受害人获得赔偿的可能性更为确定。责任保险合同承保的保险事故发生，保险人承担了被保险人的赔偿责任，代替被保险人向受害人给付保险金，以补偿受害人的损失。

论述题

答案：损失填补原则的含义：损失填补原则，是指保险事故发生致被保险人遭受损失，保险人应在承担保险给付义务范围内对其所受实际损失进行填补。保险人履行给付义务旨在弥补被保险人因承保危险发生所失去的利益，被保险人不能因保险给付义务的履行获得额外利益。损失填补原则是贯穿于财产保险合同法立法、司法以及当事人从订立到履行财产保险合同整个过程的一项基本准则，通过弥补权利人在经济上的损失，使其恢复生产或安定生活。

《保险法》未明文表述损失填补原则，但通过具体规定得以体现，通过法律解释得以运用。基于损失填补原则，《保险法》对不足额保险、超额保险规定相应后果，防止行为人获得超过其损失的保险金。损失填补原则的作用：（1）被保险人因保险事故发生致损，才能得到补偿。（2）补偿与损失在量上应相当，即在保险合同约定范围内，保险人的补偿使被保险人损失的财产性利益恢复至承保危险发生前的状态，保险人不得压低给付金额，并禁止被保险人不当得利。

损失填补的范围：（1）保险事故发生时保险标的的实际损失。实际损失，通常以损失发生时受损财产所在地的市场价格为准。（2）合理费用。主要指施救费用与诉讼费用。《保险法》第 57 条第 2 款规定："保险事故发生后，被保险人为防止或者减少保险标的的损失所支付的必要的、合理的费用，由保险人承担；保险人所承担的费用数额在保险标的损失赔偿金额以外另行计算，最高不超过保险金额的数额。"该法第 66 条规定："责任保险的被保险人因给第三者造成损害的保险事故而被提起仲裁或者诉讼的，被保险人支付的仲裁或者诉讼费用以及其他必要的、合理的费用，除合同另有约定外，由保险人承担。"（3）其他费用。其他费用是指为确定保险人给付义务的范围内的损失所支出的关于受损标的的检验、估价等费用，其他费用与保险标的的自身损失是不同的。《保险法》第 57 条第 2 款后半段规定，该项费用支出的最高限额不得超过保险金额。损失填补的方法包括金钱给付、修理、更换和重置等。

案例分析题

答案：保险公司不负赔偿责任。根据《保险法》第 52 条的规定，保险标的如变更用途或增加危险程度，投保方应及时通知保险方，在需要增加保险费用时，必须及时补交保险费，否则由此引起保险事故造成损失由投保方自己承担，保险方不负保险责任。本案中，制革厂发货给甲公司让其代销，使企业的流动财产处于不稳定状态，其存放形式发生了变化，违反了保险合同约定的将货物存放于制革厂厂房、仓库的义务，从而增加了货物的危险程度，由于广州的气温较高，制革厂应当将这一事实通知保险公司，但制革厂并没有履行此义务，因此，当事故发生后，制革厂无权要求保险公司赔偿损失。

第三十四章　保险业

单项选择题

1. **答案**：C。本题考查的是对外资保险公司的审批程序。《外资保险公司管理条例》第10条规定："国务院保险监督管理机构应当对设立外资保险公司的申请进行初步审查，自收到完整的申请文件之日起6个月内作出受理或者不受理的决定。决定受理的，发给正式申请表；决定不受理的，应当书面通知申请人并说明理由。"据此，本题正确答案为C。
2. **答案**：A。《保险法》第16条规定："订立保险合同，保险人就保险标的或者被保险人的有关情况提出询问的，投保人应当如实告知。投保人故意或者因重大过失未履行前款规定的如实告知义务，足以影响保险人决定是否同意承保或者提高保险费率的，保险人有权解除合同。前款规定的合同解除权，自保险人知道有解除事由之日起，超过三十日不行使而消灭。自合同成立之日起超过二年的，保险人不得解除合同；发生保险事故的，保险人应当承担赔偿或者给付保险金的责任。投保人故意不履行如实告知义务的，保险人对于合同解除前发生的保险事故，不承担赔偿或者给付保险金的责任，并不退还保险费。投保人因重大过失未履行如实告知义务，对保险事故的发生有严重影响的，保险人对于合同解除前发生的保险事故，不承担赔偿或者给付保险金的责任，但应当退还保险费。保险人在合同订立时已经知道投保人未如实告知的情况的，保险人不得解除合同；发生保险事故的，保险人应当承担赔偿或者给付保险金的责任。保险事故是指保险合同约定的保险责任范围内的事故。"
3. **答案**：B。本题考查的是保险公司解散的程序。《保险法》第89条第1款规定："保险公司因分立、合并需要解散，或者股东会、股东大会决议解散，或者公司章程规定的解散事由出现，经国务院保险监督管理机构批准后解散。"据此，本题正确答案为B。
4. **答案**：A。本题考查的是对保险经纪人的过失承担责任的主体。《保险法》第128条规定："保险经纪人因过错给投保人、被保险人造成损失的，依法承担赔偿责任。"据此，本题正确答案为A。
5. **答案**：B。本题考查的是保险公司的整顿。《保险法》第142条规定："整顿过程中，被整顿保险公司的原有业务继续进行。但是，国务院保险监督管理机构可以责令被整顿公司停止部分原有业务、停止接受新业务，调整资金运用。"据此，本题正确答案为B。
6. **答案**：C。本题考查的是我国有资格经营商业保险业务的主体。《保险法》第6条规定："保险业务由依照本法设立的保险公司以及法律、行政法规规定的其他保险组织经营，其他单位和个人不得经营保险业务。"据此，本题正确答案为C。
7. **答案**：A。本题考查的是对保险公司在一次保险事故中承担的责任的限制。《保险法》第103条第1款规定："保险公司对每一危险单位，即对一次保险事故可能造成的最大损失范围所承担的责任，不得超过其实有资本金加公积金总和的百分之十；超过的部分应当办理再保险。"据此，本题正确答案为A。
8. **答案**：A。本题考查的是设立保险公司的注册资本最低限额。《保险法》第69条第1款规定："设立保险公司，其注册资本的最低限额为人民币二亿元。"据此，本题正确答案为A。
9. **答案**：A。参见《保险法》第135条。该条规定："关系社会公众利益的保险险种、依法实行强制保险的险种和新开发的人寿保险险种等的保险条款和保险费率，应当报国务院保险监督管理机构批准。国务院保险监督管理机构审批时，应当遵循保护社会公众利益和防止不正当竞争的原则。其他保险险种的保险条款和保险费率，应当报保险监督管理机构备案。保险条款和保险费率审批、备案的具体办法，由国务院保险监督管理机构依照前款规定制定。”

10. **答案**：A。本题考查的是有关保险公司提取保证金的规定。《保险法》第 97 条规定：“保险公司应当按照其注册资本总额的百分之二十提取保证金，存入国务院保险监督管理机构指定的银行，除公司清算时用于清偿债务外，不得动用。”据此，本题正确答案为 A。

11. **答案**：D。本题考查的是对经营财产保险业务的保险公司当年自留保险费的限制。《保险法》第 102 条规定：“经营财产保险业务的保险公司当年自留保险费，不得超过其实有资本金加公积金总和的四倍。”据此，本题正确答案为 D。

12. **答案**：A。本题考查的是有关保险的兼业代理人的规定。兼业代理人是指受保险人委托，在从事自身业务的同时，指定专人为保险人代办保险业务的单位。根据有关规定，作为兼业代理人须符合下列条件：具有所在单位法人授权书；有专人从事保险代理业务；有符合规定的营业场所。故本题正确答案为 A。

13. **答案**：B。本题考查的是对中国境内的法人或其他组织投保的规定。《保险法》第 7 条规定：“在中华人民共和国境内的法人和其他组织需要办理境内保险的，应当向中华人民共和国境内的保险公司投保。”因外商投资企业是中国境内的企业，应适用该条规定，故本题正确答案为 B。

14. **答案**：B。本题考查的是对保险代理人经营人寿保险代理业务的特殊规定。《保险法》第 125 条规定：“个人保险代理人在代为办理人寿保险业务时，不得同时接受两个以上保险人的委托。”据此，B 项说法错误。

15. **答案**：B。本题考查的是有关对保险公司监管的规定。《保险法》第 140 条规定：“保险监督管理机构依照本法第一百三十九条的规定作出限期改正的决定后，保险公司逾期未改正的，国务院保险监督管理机构可以决定选派保险专业人员和指定该保险公司的有关人员组成整顿组，对公司进行整顿。整顿决定应当载明被整顿公司的名称、整顿理由、整顿组成员和整顿期限，并予以公告。”据此，本题正确答案为 B。

16. **答案**：A。本题考查的是对保险公司的监管规定。《保险法》第 144 条规定：“保险公司有下列情形之一的，国务院保险监督管理机构可以对其实行接管：（一）公司的偿付能力严重不足的；（二）违反本法规定，损害社会公共利益，可能严重危及或者已经严重危及公司的偿付能力的。被接管的保险公司的债权债务关系不因接管而变化。”据此，本题正确答案为 A。

17. **答案**：C。本题考查的是保险经纪人的概念。《保险法》第 118 条规定：“保险经纪人是基于投保人的利益，为投保人与保险人订立保险合同提供中介服务，并依法收取佣金的机构。”据此，本题正确答案为 C。

多项选择题

1. **答案**：AB。本题考查的是对外资保险公司的管理规定。《外资保险公司管理条例》第 34 条规定：“外资保险公司违反本条例规定，有下列行为之一的，由国务院保险监督管理机构责令限期改正；逾期不改正的，处 1 万元以上 10 万元以下的罚款：（一）未按照规定提交、报送有关文件、资料和书面报告的；（二）未按照规定公告的。”据此，本题正确答案为 A、B。

2. **答案**：ABC。本题考查的是外国保险公司的分公司应当就其总公司的特定情形向监管机构提交报告的规定。《外资保险公司管理条例》第 22 条规定：“外国保险公司分公司的总公司有下列情形之一的，该分公司应当自各该情形发生之日起 10 日内，将有关情况向国务院保险监督管理机构提交书面报告：（一）变更名称、主要负责人或者注册地；（二）变更资本金；（三）变更持有资本总额或者股份总额 10% 以上的股东……”据此，本题A、B、C项正确，D项不正确。

3. 答案：ABC。本题考查的是外资保险公司的业务范围。《外资保险公司管理条例》第15条规定："外资保险公司按照国务院保险监督管理机构核定的业务范围，可以全部或者部分依法经营下列种类的保险业务：（一）财产保险业务，包括财产损失保险、责任保险、信用保险等保险业务；（二）人身保险业务，包括人寿保险、健康保险、意外伤害保险等保险业务……"据此，本题正确答案为A、B、C。

4. 答案：AD。本题考查的是申请设立外资保险公司的条件。《外资保险公司管理条例》第8条规定："申请设立外资保险公司的外国保险公司，应当具备下列条件：（一）提出设立申请前1年年末总资产不少于50亿美元；（二）所在国家或者地区有完善的保险监管制度，并且该外国保险公司已经受到所在国家或者地区有关主管当局的有效监管；（三）符合所在国家或者地区偿付能力标准；（四）所在国家或者地区有关主管当局同意其申请；（五）国务院保险监督管理机构规定的其他审慎性条件。"据此，本题A、D项正确，B、C项不正确。

5. 答案：ACD。本题考查的是外资保险公司在中国设立的机构的组织形式。根据《外资保险公司管理条例》第2条的规定，本条例所称外资保险公司，是指依照中华人民共和国有关法律、行政法规的规定，经批准在中国境内设立和营业的下列保险公司：(1）外国保险公司同中国的公司、企业在中国境内合资经营的保险公司；(2）外国保险公司在中国境内投资经营的外国资本保险公司；(3）外国保险公司在中国境内的分公司。据此，本题正确答案为A、C、D。

6. 答案：ACD。本题考查的是有关保险代理人和保险经纪人的规定。《保险法》第117条第1款规定："保险代理人是根据保险人的委托，向保险人收取佣金，并在保险人授权的范围内代为办理保险业务的机构或者个人。"据此，本题A项正确。第118条规定："保险经纪人是基于投保人的利益，为投保人与保险人订立保险合同提供中介服务，并依法收取佣金的机构。"据此，本题B项不正确。第125条规定："个人保险代理人在代为办理人寿保险业务时，不得同时接受两个以上保险人的委托。"据此，本题C项正确。第128条规定："保险经纪人因过错给投保人、被保险人造成损失的，依法承担赔偿责任。"据此，本题D项正确。

7. 答案：AC。本题考查的是有关保险公司的资金运用的规定。《保险法》第106条第2款规定："保险公司的资金运用限于下列形式：（一）银行存款；（二）买卖债券、股票、证券投资基金份额等有价证券；（三）投资不动产；（四）国务院规定的其他资金运用形式。"《企业破产法》第2条规定："企业法人不能清偿到期债务，并且资产不足以清偿全部债务或者明显缺乏清偿能力的，依照本法规定清理债务。企业法人有前款规定情形，或者有明显丧失清偿能力可能的，可以依照本法规定进行重整。"据此，本题正确答案为A、C。

8. 答案：ABCD。参见《保险法》第26条、第85条、第89条、第92条。人寿保险的被保险人或者受益人对保险人请求给付保险金的权利，自其知道保险事故发生之日起5年不行使而消灭。而其他保险的被保险人或者受益人对保险人请求给付保险金权利的诉讼时效，为自其知道保险事故发生之日起2年。经营财产保险业务的保险公司经保险监督管理机构核定，可以经营短期健康保险业务和意外伤害保险业务。但是根据《保险法》的规定，其不得经营人寿保险业务。

9. 答案：AD。本题考查的是有关保险公司的接管的规定。《保险法》第144条规定："保险公司有下列情形之一的，国务院保险监督管理机构可以对其实行接管：（一）公司的偿付能力严重不足的；（二）违反本法规定，损害社会公共利益，可能严重危及或者已经严重危及公司的偿付能力的。被接管的保险公司的债权债务关系不因接管而变化。"《保险法》第147条规定："接管期限届满，被接管的保险公司已恢复正常经营能力的，由国务院保险监督管理机构决定终止接管，并予以公告。”《保险法》第148条规定：“被整顿、被接管的保险公司有《中华人民共和国企业破产法》第二条规定情形的，国务院保险监督管理机构可以依法向人民法院申请对该保险公司进行重整或者破产清算。”《企业破产法》第2条规定：“企业法人不能清偿到期债务，并且资产不足以清偿全部债务或者明显缺乏清偿能力的，依照本法规定清理债务。企业法人有前款规定情形，或者有明显丧失清偿能力可能的，可以依照本法规定进行重整。”据此，本题A、D项正确。

名词解释

1. **答案**：保险代理人是指向保险人收取代理费用，根据保险人的委托在保险人授权的范围内代为办理招揽与接受业务、收取保险费、勘查业务、签发保单、审核赔款等保险业务的单位或个人。
2. **答案**：保险准备金是指保险人为保证其如约履行保险赔偿或给付义务，根据政府有关法律规定或业务特定需要，从保费收入或盈余中提取的与其所承担的保险责任相对应的一定数量的基金。为了保证保险公司的正常经营，保护被保险人的利益，各国一般都以保险立法的形式规定保险公司应提存保险准备金，以确保保险公司具备与其保险业务规模相应的偿付能力。
3. **答案**：保险经纪人在《保险法》中有明确定义。《保险法》第118条规定：“保险经纪人是基于投保人的利益，为投保人与保险人订立保险合同提供中介服务，并依法收取佣金的机构。”

简答题

1. **答案**：保险代理人分为机构代理人和个人代理人，机构代理人又可分为专业代理人和兼业代理人。因此，保险专业代理人即机构专业代理人，亦即保险专业代理公司。

   根据《公司法》及《保险代理人监管规定》的有关规定，保险专业代理公司经营保险代理业务，应当具备下列条件：（1）股东符合《保险代理人监管规定》的要求，且出资资金自有、真实、合法，不得用银行贷款及各种形式的非自有资金投资。（2）注册资本必须为实缴货币资本，经营限于注册登记地的保险代理公司的注册资本最低限额为2000万元，经营不限于注册登记地的，其注册资本最低限额为5000万元，且按照银保监会的有关规定托管。（3）有符合要求的营业执照记载的经营范围。（4）有符合规定的公司章程。（5）公司名称应符合要求，包含“保险代理”字样，并标识所属行业细分类别，不得与保险公司混淆。其字号不得与现有的保险专业中介机构相同，与其他保险专业中介机构具有同一实际控制人的保险专业代理公司除外。（6）高级管理人员符合任职资格条件。（7）有符合银保监会规定的治理结构和内控制度，商业模式科学合理可行。（8）有与业务规模相适应的固定住所。（9）有符合监管机构要求的业务、财务信息管理系统。（10）法律、行政法规和国家金融监督管理总局规定的其他条件。
2. **答案**：究竟采用何种方式对保险业实施监管，没有唯一确定的标准。不同国家根据其不同的经济背景和法律环境选择不同的方式。监管模式通常有以下三种：

   （一）公示监管模式

   公示监管模式，是指政府不直接监管保险业的经营，仅要求保险人按照政府规定的形式和内容，将其营业结果定期呈报给主管机关，并予以公布。该模式监管宽松，保险业的组织形式、保险合同内容的设计、保险资金的运用等均由保险人自行决定，政府不作过多干预。保险经营的好坏，由被保险人及公众自行判断。

   （二）准则监管模式

   准则监管模式，又称规范监管方式或形式监管方式，是指国家对保险业的经营制定一定准则，要求保险人共同遵守。政府规定的准则仅涉及重大事项，例如，保险公司的最低资本额、资产负债表的审查、法定公布事项的主要内容等。该模式强调保险经营行为形式上的合法性，相比公示监管模式而言具有较强的可操作性，曾被视为“适中的监管方式”。但该监管模式仅从形式出发，难以适应所有保险组织。保险技术性强，涉及的事务复杂多变，仅通过基本准则难以起到有效监管作用。

（三）实体监管模式

实体监管模式，亦称严格监管方式或许可监管方式，是指在完善的保险监督管理规则下，主管机构根据法律法规赋予的权力，对保险市场，尤其是保险人进行全面监督管理。该监管方式由瑞士创立，现已被包括我国在内的多数国家采用。该监管方式可分为三个阶段：第一阶段为保险组织设立时的监管，即保险许可证监管。保险主管机关依法核准保险组织营业登记并发给营业执照，包括新公司、合并公司、分公司的设立及其增设分支机构等所需建立的最低资本金、保证金等。第二阶段为保险组织经营期间的监管，是实体监管的重心。采用实体监管的国家，大多由保险法、保险业管理法、外国保险业许可管理法等对保险经营过程予以规范，并对保险业进行实体监督或检查。第三阶段为保险组织破产的监管，即在保险人经营失败时，对其破产清算进行监管。

综合测试题一

单项选择题

1. 答案：D。最高人民法院指导性案例属于非正式渊源。

2. 答案：B。《公司法》已删除有限责任公司股东向股东以外的人转让股权，应当经其他股东过半数同意的规定，因此李某和王某之间的股权转让合同有效。王某因其他股东行使优先购买权而不能取得股权，可以请求李某承担违约责任，所以 A 项错误。

《最高人民法院关于适用〈中华人民共和国公司法〉若干问题的规定（四）》第 21 条规定："有限责任公司的股东向股东以外的人转让股权，未就其股权转让事项征求其他股东意见，或者以欺诈、恶意串通等手段，损害其他股东优先购买权，其他股东主张按照同等条件购买该转让股权的，人民法院应当予以支持，但其他股东自知道或者应当知道行使优先购买权的同等条件之日起三十日内没有主张，或者自股权变更登记之日起超过一年的除外。前款规定的其他股东仅提出确认股权转让合同及股权变动效力等请求，未同时主张按照同等条件购买转让股权的，人民法院不予支持，但其他股东非因自身原因导致无法行使优先购买权，请求损害赔偿的除外。股东以外的股权受让人，因股东行使优先购买权而不能实现合同目的的，可以依法请求转让股东承担相应民事责任。"因此，C、D 项错误。

3. 答案：A。《公司法》第 47 条第 1 款规定："有限责任公司的注册资本为在公司登记机关登记的全体股东认缴的出资额。全体股东认缴的出资额由股东按照公司章程的规定自公司成立之日起五年内缴足。"因此，A 项正确，C 项错误。

《公司法》第 54 条规定："公司不能清偿到期债务的，公司或者已到期债权的债权人有权要求已认缴出资但未届出资期限的股东提前缴纳出资。"因此，B 项错误。

《公司法》第 228 条第 2 款规定："股份有限公司为增加注册资本发行新股时，股东认购新股，依照本法设立股份有限公司缴纳股款的有关规定执行。"股份公司采取实缴资本制，应当一次性缴纳全部出资。股份公司增资时，增资款也应当实缴到位。因此，D 项错误。

4. 答案：B。甲用股权出资后，在很短的时间内，出资给天浩公司的股权大幅度贬值，并非基于客观原因和市场变化导致，而是甲的违规操作造成的后果，应认定甲对天浩公司构成虚假出资，对贬值的差额，甲应承担补足出资的法律责任，A 项错误，B 项正确。

甲将有瑕疵的股权转让给乙，乙作为受让人被蒙在鼓里，对此并不知情，无须与甲承担连带责任，C 项错误。

股东转让已认缴出资但未届出资期限的股权的，由受让人承担缴纳该出资的义务；受让人未按期足额缴纳出资的，转让人对受让人未按期缴纳的出资承担补充责任。本案中，没有提及甲的股权出资未到期，且即使甲将未到期的股权转让，也应由受让人承担到期出资的责任，转让人承担补充责任，D 项的表述无论是适用前提还是责任主体都是错误的。

5. 答案：A。《合伙企业法》第 77 条规定："新入伙的有限合伙人对入伙前有限合伙企业的债务，以其认缴的出资额为限承担责任。"张某作为新入伙的有限合伙人，仅以 50 万元为限承担有限责任。故 A 项正确。

《合伙企业法》第 78 条规定："有限合伙人有本法第四十八条第一款第一项、第三项至第五项所列情形之一的，当然退伙。"《合伙企业法》第 48 条第 1 款规定："合伙人有下列情形之一的，当然退伙：（一）作为合伙人的自然人死亡或者被依法宣告死亡；（二）个人丧失偿债能力；（三）作为合伙人的法人或者其他组织依法被吊销营业执照、责令关闭、撤销，或者被宣告破产；（四）法律规定或者合伙协议约定合伙人必须具有相关资格而丧失该资格；（五）合伙人在合伙企业中的全部财产份额被人民法院强制执行。”据此可知，丧失偿债能力并非有限合伙人的退伙原因。因此，B 项错误。

《合伙企业法》第 79 条规定：“作为有限合伙人的自然人在有限合伙企业存续期间丧失民事行为能力的，其他合伙人不得因此要求其退伙。”因此，其他合伙人不能以张某成为植物人为由要求其退伙，C 项错误。

《合伙企业法》第 75 条规定：“有限合伙企业仅剩有限合伙人的，应当解散；有限合伙企业仅剩普通合伙人的，转为普通合伙企业。”张某丧失民事行为能力并未影响其有限合伙人资格，不会影响有限合伙企业存续。D 项错误。

6. **答案**：C。《票据法》第 4 条第 4 款规定：“本法所称票据权利，是指持票人向票据债务人请求支付票据金额的权利，包括付款请求权和追索权。”A 项错误。

《票据法》第 6 条规定：“无民事行为能力人或者限制民事行为能力人在票据上签章的，其签章无效，但是不影响其他签章的效力。”B 项错误。

《票据法》第 9 条第 2 款规定：“票据金额、日期、收款人名称不得更改，更改的票据无效。”C 项正确。

《票据法》第 11 条第 1 款规定：“因税收、继承、赠与可以依法无偿取得票据的，不受给付对价的限制。但是，所享有的票据权利不得优于其前手的权利。”D 项错误。

7. **答案**：C。《商业银行法》第 43 条规定：“商业银行在中华人民共和国境内不得从事信托投资和证券经营业务，不得向非自用不动产投资或者向非银行金融机构和企业投资，但国家另有规定的除外。”因此，A、B 项错误。

《商业银行法》第 40 条第 1 款规定：“商业银行不得向关系人发放信用贷款；向关系人发放担保贷款的条件不得优于其他借款人同类贷款的条件。”甲商业银行向乙公司发放的是抵押贷款而非信用贷款，因此，C 项正确。

《商业银行法》第 39 条第 1 款第 3 项规定，“对同一借款人的贷款余额与商业银行资本余额的比例不得超过百分之十”，甲商业银行向乙公司发放的贷款已超出该比例。因此，D 项错误。

8. **答案**：B。《保险法》第 44 条第 1 款规定：“以被保险人死亡为给付保险金条件的合同，自合同成立或者合同效力恢复之日起二年内，被保险人自杀的，保险人不承担给付保险金的责任，但被保险人自杀时为无民事行为能力人的除外。”因此，A 项错误。

《保险法》第 34 条规定：“以死亡为给付保险金条件的合同，未经被保险人同意并认可保险金额的，合同无效。按照以死亡为给付保险金条件的合同所签发的保险单，未经被保险人书面同意，不得转让或者质押。父母为其未成年子女投保的人身保险，不受本条第一款规定限制。”以死亡为给付保险金条件的合同，被保险人既可以自己签字，也可以授权他人签字，B 项正确。

杨某将保险单质押，须经王某书面同意，C 项错误。

死亡保险必须经过被保险人同意只有父母为未成年人子女购买保险这一项例外情形，投保人为配偶购买死亡保险仍然要经过被保险人的同意。D 项错误。

9. **答案**：D。利用因职务便利获取的内幕信息从事相关的证券活动属于内幕交易行为而非操纵证券、期货市场行为。故选 D。

10. **答案**：A。《企业破产法》第 59 条第 1 款和第 2 款规定：“依法申报债权的债权人为债权人会议的成员，有权参加债权人会议，享有表决权。债权尚未确定的债权人，除人民法院能够为其行使表决权而临时确定债权额的外，不得行使表决权。”乙公司债权尚未确定，其不得行使表决权。因此，A 项正确，B 项错误。

《企业破产法》第119条规定："破产财产分配时，对于诉讼或者仲裁未决的债权，管理人应当将其分配额提存。自破产程序终结之日起满二年仍不能受领分配的，人民法院应当将提存的分配额分配给其他债权人。"若乙公司的债权自破产程序终结之日起2年内得以确认，其将与普通债权人获得同等比例清偿；若在此期间内其不能受领所提存的分配额，则其不能获得清偿。因此，C、D项错误。

多项选择题

1. 答案：ACD。《公司法》第219条规定："公司与其持股百分之九十以上的公司合并，被合并的公司不需经股东会决议，但应当通知其他股东，其他股东有权请求公司按照合理的价格收购其股权或者股份。公司合并支付的价款不超过本公司净资产百分之十的，可以不经股东会决议；但是，公司章程另有规定的除外。公司依照前两款规定合并不经股东会决议的，应当经董事会决议。"因此，A项正确，B项错误。

《公司法》第221条规定："公司合并时，合并各方的债权、债务，应当由合并后存续的公司或者新设的公司承继。"因此，公司合并时，债权人有权要求公司提前清偿债务或提供担保，C项正确。

《公司法》第89条第1款规定："有下列情形之一的，对股东会该项决议投反对票的股东可以请求公司按照合理的价格收购其股权：（一）公司连续五年不向股东分配利润，而公司该五年连续盈利，并且符合本法规定的分配利润条件；（二）公司合并、分立、转让主要财产；（三）公司章程规定的营业期限届满或者章程规定的其他解散事由出现，股东会通过决议修改章程使公司存续。"因此，D项正确。

2. 答案：BCD。甲公司只是与东合公司签署了不动产抵押合同，但并未办理抵押登记，抵押权不成立。甲公司不享有抵押权，无权主张优先受偿，A项错误；另，即使甲公司享有抵押权，但在债务人重整期间，抵押权也应暂停行使，除非暂停期间，抵押物价值贬损，可能损害债权人利益时，可向法院申请恢复行使抵押权。

东合公司重整期间向乙银行借款，此"新借款"参照共益债务的属性，优先于普通债权清偿，且应以东合公司的财产随时清偿。B、C项正确。

甲公司的借款属于普通债权，应按东合公司的重整计划清偿，D项正确。

3. 答案：CD。《合伙企业法》第50条第1款规定："合伙人死亡或者被依法宣告死亡的，对该合伙人在合伙企业中的财产份额享有合法继承权的继承人，按照合伙协议的约定或者经全体合伙人一致同意，从继承开始之日起，取得该合伙企业的合伙人资格。"赵某作为普通合伙人，其死亡后继承人需要在法定条件下才能继承其资格，并非绝对有权继承。故A项错误。

《合伙企业法》第74条规定："有限合伙人的自有财产不足清偿其与合伙企业无关的债务的，该合伙人可以以其从有限合伙企业中分取的收益用于清偿；债权人也可以依法请求人民法院强制执行该合伙人在有限合伙企业中的财产份额用于清偿。人民法院强制执行有限合伙人的财产份额时，应当通知全体合伙人。在同等条件下，其他合伙人有优先购买权。"故B项错误。

《合伙企业法》第73条规定："有限合伙人可以按照合伙协议的约定向合伙人以外的人转让其在有限合伙企业中的财产份额，但应当提前三十日通知其他合伙人。"孙某作为有限合伙人，只需提前30日通知其他合伙人，无须其他合伙人同意，也不保护其他合伙人的优先购买权。故C项正确。

有限合伙人的份额可以在合伙人内部自由转让，故D项正确。

4. 答案：ABC。《票据法》第61条第1款规定："汇票到期被拒绝付款的，持票人可以对背书人、出票人以及汇票的其他债务人行使追索权。"甲公司是出票人，乙公司、丙公司均为背书人，丁公司作为持票人有权向甲公司、乙公司、丙公司行使追索权。因此，A、

B、C 项正确。

《票据法》第 11 条第 1 款规定："因税收、继承、赠与可以依法无偿取得票据的，不受给付对价的限制。但是，所享有的票据权利不得优于其前手的权利。"因此，D 项错误。

5. **答案**：ABC。《保险法》第 61 条规定："保险事故发生后，保险人未赔偿保险金之前，被保险人放弃对第三者请求赔偿的权利的，保险人不承担赔偿保险金的责任。保险人向被保险人赔偿保险金后，被保险人未经保险人同意放弃对第三者请求赔偿的权利的，该行为无效。被保险人故意或者因重大过失致使保险人不能行使代位请求赔偿的权利的，保险人可以扣减或者要求返还相应的保险金。"本题中，如果张某放弃对谢某的赔偿请求，保险公司可以对张某拒绝赔偿；张某如果向保险公司索赔后放弃对谢某的赔偿请求，该弃权无效。因此，A、B 项正确。

《保险法》第 62 条规定："除被保险人的家庭成员或者其组成人员故意造成本法第六十条第一款规定的保险事故外，保险人不得对被保险人的家庭成员或者其组成人员行使代位请求赔偿的权利。"C 项符合代位求偿的原理。D 项说法过于绝对，如果谢某故意损毁冰箱，则保险公司赔偿以后有权利向其追偿。

6. **答案**：ABD。《证券法》第 123 条第 2 款规定："证券公司除依照规定为其客户提供融资融券外，不得为其股东或者股东的关联人提供融资或者担保。"故 C 项错误。

7. **答案**：BCD。《证券法》第 78 条第 3 款规定："证券同时在境内境外公开发行、交易的，其信息披露义务人在境外披露的信息，应当在境内同时披露。"故 A 项错误。

《证券法》第 85 条规定："信息披露义务人未按照规定披露信息，或者公告的证券发行文件、定期报告、临时报告及其他信息披露资料存在虚假记载、误导性陈述或者重大遗漏，致使投资者在证券交易中遭受损失的，信息披露义务人应当承担赔偿责任；发行人的控股股东、实际控制人、董事、监事、高级管理人员和其他直接责任人员以及保荐人、承销的证券公司及其直接责任人员，应当与发行人承担连带赔偿责任，但是能够证明自己没有过错的除外。"故 B、C、D 项正确。

8. **答案**：BD。本案中的商业银行已经发生信用危机，严重影响存款人和其他客户合法权益，由国家金融监管总局决定对其进行接管，而非中国人民银行，A 项错误，D 项正确。

《商业银行法》第 76 条规定："商业银行有下列情形之一，由中国人民银行责令改正，有违法所得的，没收违法所得，违法所得五十万元以上的，并处违法所得一倍以上五倍以下罚款；没有违法所得或者违法所得不足五十万元的，处五十万元以上二百万元以下罚款……"本案中，中国人民银行对违法同业拆借的商业银行进行罚款的做法是正确的，B 项正确。

本案中的商业银行违反规定同业拆借，情节特别严重或者逾期不改正的，中国人民银行可以建议国家金融监督管理总局责令停业整顿或者吊销其经营许可证，并非由中国人民银行直接对商业银行停业整顿，C 项错误。

9. **答案**：BCD。阳光公司被受理破产后，如果蓝天公司已经替阳光公司清偿债务的，可以以其对阳光公司的求偿权申报债权。蓝天公司尚未替阳光公司清偿债务的，有权以其对阳光公司的将来求偿权申报债权。A 项说法排除了蓝天公司以将来求偿权申报债权的机会，错误。B 项补充了蓝天公司以将来求偿权申报债权的机会，正确。

G 银行对阳光公司享有债权，可向其申报破产债权；G 银行对蓝天公司享有保证债权，可向其申报破产债权。阳光公司和蓝天公司分别对 G 银行进行破产分配，彼此不干扰。C 项正确。

蓝天公司向阳光公司追偿的基础关系是阳光公司对 G 银行的主债务，该笔债务已经由 G 银行向阳光公司申报债权并参与破产分配。如果蓝天公司对 G 银行承担保证责任之后，再就此向阳光公司追偿会造成同一笔债权被重复分配。因此蓝天公司不能向阳光公司追偿。D 项正确。

10. 答案： AC。《信托法》第 52 条规定："信托不因委托人或者受托人的死亡、丧失民事行为能力、依法解散、被依法撤销或者被宣告破产而终止，也不因受托人的辞任而终止。但本法或者信托文件另有规定的除外。"只要能够产生新的受托人，该信托计划可以继续存续。因此 A 项正确。

信托财产具有独立性，独立于受托人，受托人被宣告破产而终止，信托财产不属于其清算财产。故 B 项错误。

信托计划中，委托人与受托人之间为信托关系，受益人是基于信托合同的约定享有受益权，并非受托人（信托公司）的债权人，故其不能在破产程序中进行债权申报，C 项正确。

信托计划的委托人和受益人，在受托人被宣告破产后，可主张分配信托财产，而非作为债权人受偿，更非优先受偿。故 D 项错误。

名词解释

1. 答案： 公司人格否认，又称"揭开公司的面纱"，是指在具体的法律关系中，基于特定事由，否认公司的独立法人人格，使股东对公司债务承担无限责任。它不是对公司人格的永久剥夺，因此其效力是对人的，而不是对世的；是基于特定原因，而非普遍适用的。

2. 答案： 股东代表诉讼，又称股东派生诉讼或股东衍生诉讼，是指当公司的合法权益受到不法侵害而公司怠于起诉时，符合法定条件的股东有权为了公司的利益以自己的名义直接向人民法院提起的诉讼。

3. 答案： 证券承销是指发行人委托证券公司（又称承销商）向证券市场上不特定的投资人公开销售股票、债券及其他投资证券的活动。

4. 答案： 承兑是指汇票付款人承诺在汇票到期日支付汇票金额的票据行为，为汇票所独有。付款人决定承兑汇票后，就成为票据主债务人，应当依汇票记载的文义承担到期付款的责任。

5. 答案： 破产管理人，是指依照破产法的规定，在破产重整、破产和解与破产清算程序中负责债务人财产管理和其他事项的专门机构。

简答题

1. 答案： 信托财产的独立性是信托关系的重要特点，主要体现在以下四个方面：

（1）信托财产相对于委托人的独立性

委托人将信托财产交付受托人后，不再享有所有权，信托财产与委托人其他财产相互独立。委托人死亡或破产时，信托财产不属于遗产或清算财产，除非委托人是唯一受益人。除特定情形外，信托财产不得被强制执行。

（2）信托财产相对于受托人的独立性

信托财产与受托人固有财产相区别，不得混同。受托人死亡或破产时，信托财产不属于其遗产或清算财产。信托财产产生的债权不得与受托人固有财产的债务相抵销，且受托人固有财产的债权人不能强制执行信托财产。

（3）信托财产相对于受益人的独立性

受益人对信托财产仅享有受益权，不占有、管理或控制信托财产。受益人的债权人不能主张对信托财产的请求权。受益人获得的信托利益成为其固有财产后，信托债权人无权追及。

（4）信托财产损益的独立性

信托存续期间，受托人处理信托事务产生的收益归信托财产，损失由信托财产承担。受托人需分别管理、分别记账，确保信托财产损益独立。

2. 答案：（1）债权人委员会的性质

债权人委员会，是代表债权人会议、为实现债权人的共同利益、确保破产程序的顺利进行而设立的常设机构。债权人委员会的设置是为了克服债权人会议这种临时性机构无法履行日常性监督职能的缺陷。

债权人会议可以决定设立债权人委员会。但是，并非所有破产企业的债权人会议都需要设置债权人委员会。债权人会议应该综合考虑各方因素来设置债权人委员会，如破产案件的复杂程度、企业在破产之前的经营规模、破产财产的数额大小、债权人的人数多少等。对于一些债权人人数较少、破产财产数额较小、财产作价变价和处理活动不太复杂的破产案件，债权人会议可以考虑无须设置债权人委员会，否则反倒会增加成本、扩大费用、减少全体债权人的实际受偿。

（2）债权人委员会的职权

债权人委员会行使下列职权：①监督债务人财产的管理和处分；②监督破产财产的分配；③提议召开债权人会议；④债权人会议委托的其他职权。同时，破产管理人实施对债权人利益有重大影响的财产处分行为时，应当及时报告债权人委员会。

债权人委员会执行职务时，有权要求管理人、债务人的有关人员对其职权范围内的事务作出说明或者提供有关文件。管理人、债务人的有关人员违反本法规定拒绝接受监督的，债权人委员会有权就监督事项请求人民法院作出决定；人民法院应当在5日内作出决定。

论述题

答案：我国证券法中的信息披露制度是维护证券市场秩序、保护投资者利益的重要法律机制。信息披露是指信息披露义务人按照法定要求，将公司财务、经营及其他相关情况向证券管理部门报告并向社会公众投资者公告的制度。其贯穿于证券发行、上市与交易的全过程，旨在确保投资者能够获取充分、准确的信息，从而做出合理的投资决策。

信息披露制度的核心要求是“三公原则”，即公开、公平、公正。具体而言，信息披露需满足真实性、准确性、完整性、及时性、简明性及同时性等要求。例如，信息披露义务人不得有虚假记载、误导性陈述或重大遗漏，且证券同时在境内外公开发行、交易的，其在境外披露的信息应同时在境内披露。信息披露的方式包括制作信息公开文件、在指定报刊刊登摘要或概要、在证券交易场所网站及规定媒体发布等。

信息披露的内容涵盖多个方面。招股说明书是股份有限公司公开募集设立时的重要文件，需记载公司主要事项及招股情况。债券募集办法则涉及公司债券发行的相关信息。定期报告包括年度报告和中期报告，上市公司等需按规定时间报送并公告。临时报告则针对可能对证券价格产生较大影响的重大事件，公司应及时报送并公告相关信息。

违反信息披露要求将承担相应责任。在民事责任方面，信息披露义务人若未按规定披露信息或存在虚假记载等情形，致使投资者遭受损失，需承担赔偿责任，相关责任人及保荐人等需承担连带赔偿责任。在行政责任方面，发行人等若隐瞒重要事实或编造虚假内容，将面临罚款等处罚，情节严重的，保荐人可能被暂停或撤销业务许可。

此外，我国证券法还规定了公平披露与自愿披露的相关内容。信息披露义务人应同时向所有投资者披露信息，不得提前泄露，但法律、行政法规另有规定的除外。信息披露义务人可自愿披露与投资者决策相关的信息，但不得与依法披露的信息冲突或误导投资者。同时，证券监督管理机构及证券交易场所应对信息披露行为进行监督管理，督促信息披露义务人依法履行义务。

案例分析题

答案：（1）不需要经过甲、乙的同意。根据《公司法》第84条的规定，有限责任公司的股东之间可以相互转让其全部或者部分股权。股东向股东以外的人转让股权的，应当将股权转让的数量、价格、支付方式和期限等事项书面通知其他股东，其他股东在同等条件下有优先购买权。但本案中，丙是将股权转让给丁，属于股东对外转让股权，仅需通知其他股东即可，不需要经过甲、乙的同意。

（2）该合同有效。虽然甲、乙反对，但根据《公司法》的规定，股东对外转让股权，只要通知了其他股东，且其他股东在同等条件下未行使优先购买权，转让合同就是有效的。本案中，丙已经同意转让，且丁愿意以合理的价格受让股权，符合法律规定。

(3) 债权人有权要求丙提前缴纳出资。根据《公司法》第 54 条的规定，公司不能清偿到期债务的，公司或者已到期债权的债权人有权要求已认缴出资但未届出资期限的股东提前缴纳出资。如果丙未按照约定认缴新增资本，且公司未及时处理，导致公司不能清偿到期债务，债权人可以依据该条款要求丙提前缴纳其认缴的出资，以保障债权的实现。

综合测试题二

单项选择题

1. **答案**：D。学界通说不属于商法的正式渊源。

2. **答案**：D。当甲将股权转让给王某时，王某可取得 L 公司的股权成为股东，登记是对抗善意相对人的效力，A 项错误。

　　虽然甲将股权卖给王某后又质押给黎某，但黎某为善意相对人，且办理了质押登记所以黎某可善意取得该股权质权，B 项错误。

　　执行董事丙拖延未及时办理变更登记未尽勤勉义务，应承担相应责任。这属于职责责任，并非连带责任，C 项错误。

　　有限公司股东对外转让股权，同等条件是其他股东行使优先购买权的前提条件。本案中，股权受让人王某给出的对价是 S 公司的股权，作为有限公司的股权不仅仅体现为财产价值，还蕴含着 S 公司股东之间的人合性以及对 S 公司将来发展的预期，这些对于转让方甲而言也许比现金更有价值，所以一定程度上具有不可替代性，股东乙给出的等值现金不符合同等条件，其主张的优先购买不能成立，D 项正确。

3. **答案**：B。董事对公司负有忠实和勤勉义务，虽然董事有任期，一般情形下任期届满可以卸任或者延任。但是，本案中公司董事任期届满，但尚未改选，如果彭兵等董事就此任性地卸任，公司治理结构会瘫痪，造成公司的不稳定。所以法律设置“超期服役”制度限制了董事的权利，即当董事任期届满未及时改选时在改选出的董事就任前，原董事仍应当依照法律、行政法规和公司章程的规定，履行董事职务。包含彭兵在内的公司董事仍需履行董事职务，A 项错误，B 项正确。

　　董事、监事、高级管理人员执行职务违反法律、行政法规或者公司章程的规定，给公司造成损失的，应当承担赔偿责任。本案中，彭兵“无心公司事务”并不能认定其执行职务违反法律法规或公司章程对公司造成损失，最多算作不作为，未尽到对公司勤勉的义务。公司 100 万元的损失，是公司投资失败导致的经营风险并非彭兵作为董事长对公司的致损行为造成的，不能直接由彭兵承担此 100 万元的赔偿责任且单纯的未履行勤勉义务本身不具备可诉性，也不能引起股东代位诉讼，C、D 两项错误。综上，本题答案为 B。

4. **答案**：B。非公开发行股份的公司的股东，只有对股东会作出“连续五年营利入分红，合并分立转财产，届满续命改章程”的决议有异议，才可以要求公司回购，本案中并没有这种情形，A 项错误。

　　股份公司属于开放性公司，具有强流通性，股东可自由转让股份，其他股东或发起人没有优先购买权，B 项正确，D 项错误。

　　股份公司强调资合性，具有股份自由流转的本质，公司章程不得作出禁止性规定，即便有类似规定，股东也可以主张相应内容无效以确保自己的股份得以流转，C 项错误。综上，本题答案为 B。

5. **答案**：A。合伙人乙和丙基于意思自治，协议自愿替甲清偿赵某的债务，征得债权人赵某同意后，法律不作干预，A 项说法正确。

　　甲对赵某负有个人债务，当甲的自有财产无法清偿个人负债的，允许用其个人在合伙企业中分取的收益清偿，而非合伙企业的整体盈利。合伙企业的整体盈利是全体合伙人的共有权益，非经全体合伙人一致同意，不可直接用于清偿某一合伙人的个人负债，B 项说法错误。

　　当合伙人的个人债务不能清偿时，债权人有权依法请求人民法院强制执行该合伙人在合伙企业中的财产份额用于清偿。法院执行合伙人份额时，应当通知其他合伙人，并保护其优先购买权，但并非征求其一致同意，

C 项错误。

普通合伙人有极强的人合性，非经全体合伙人一致同意不能迫使其接受新的合伙人即使普通合伙人的份额被法院强制执行时，其他合伙人不行使优先购买权也不同意将份额转让的有兜底的解决办法即为被执行人办理退伙或削减相应财产份额的结算，而非推定其他合伙人同意转让，D 项错误。综上，本题答案为 A。

6. 答案：C。A、D 项，基于票据的独立性，票据上有伪造、变造签章的，不影响票据上其他真实签章的效力。所以本案中的票据，虽然王某伪造了李某的签章，但该汇票依旧有效，甲公司和丙公司都是真实的签章主体。甲公司作为出票人，签发票据后应承担保证该汇票承兑和付款的责任，A 项正确。丙公司给付合理对价，合法善意取得票据：应当享有票据权利，D 项正确。

在票据上真实签章，成为票据当事人承担票据责任的前提。票据上“李某”的签章系被王某伪造，并非李某的真实签章，李某不承担票据责任，B 项正确。

王某虽然在汇票上进行了签章，但汇票上显示的签章是“李某”而非“王某”，故王某没有真实签章，不承担票据责任。但王某应为其伪造签章的违法行为承担民事、刑事等法律责任，C 项错误。

7. 答案：B。关于取回权，《企业破产法》第 38 条规定：“人民法院受理破产申请后，债务人占有的不属于债务人的财产，该财产的权利人可以通过管理人取回。但是，本法另有规定的除外。”《最高人民法院关于适用〈中华人民共和国企业破产法〉若干问题的规定（二）》第 26 条进一步规定：“权利人依据企业破产法第三十八条的规定行使取回权，应当在破产财产变价方案或者和解协议、重整计划草案提交债权人会议表决前向管理人提出。权利人在上述期限后主张取回相关财产的，应当承担延迟行使取回权增加的相关费用。”据此，A 项正确。根据上述规定，如果乙公司未在规定期限内行使取回权，其取回权并不会灭失，但由此增加的费用需要由乙公司承担，故 B 项错误，当选。

《最高人民法院关于适用〈中华人民共和国企业破产法〉若干问题的规定（二）》第 27 条第 1 款规定：“权利人依据企业破产法第三十八条的规定向管理人主张取回相关财产，管理人不予认可，权利人以债务人为被告向人民法院提起诉讼请求行使取回权的，人民法院应予受理。”据此，C 项正确。

《最高人民法院关于适用〈中华人民共和国企业破产法〉若干问题的规定（二）》第 28 条规定：“权利人行使取回权时未依法向管理人支付相关的加工费、保管费、托运费、委托费、代销费等费用，管理人拒绝其取回相关财产的，人民法院应予支持。”据此，D 项正确。

8. 答案：C。《保险法》第 46 条规定：“被保险人因第三者的行为而发生死亡、伤残或者疾病等保险事故的，保险人向被保险人或者受益人给付保险金后，不享有向第三者追偿的权利，但被保险人或者受益人仍有权向第三者请求赔偿。”在本题中，保险公司应向被保险人王强（由于王强是 8 周岁未成年人，其保险金一般由监护人王某代领）支付保险金，且不得向医院追偿；同时王强仍有权向医院请求赔偿，A 项表述正确。

当保险公司不履行支付保险金义务时，投保人、被保险人或者受益人可以通过诉讼方式要求保险公司履行义务。王某作为投保人，在符合条件下可以用诉讼方式要求保险公司支付保险金，B 项表述正确。

依据《保险法》第 46 条的规定，被保险人因第三者行为发生保险事故，被保险人或者受益人既可以向保险人请求给付保险金，也可以向第三者请求赔偿，并没有规定必须先向医院索赔，若医院拒绝赔偿，再要求保险公司支付保险金。所以 C 项表述错误。

因为该保险合同未指定受益人，《保险法》第 42 条规定：“被保险人死亡后，有下列情形之一的，保险金作为被保险人的遗产，由保险人依照《中华人民共和国继承法》的规定履行给付保险金的义务：（一）没有指定受益人，或者受益人指定不明无法确定的……”若王强不幸身故，保险金作为其遗产由其继承人受领，D项表述正确。

9. **答案**：D。根据《商业银行法》第69条的规定，商业银行因分立、合并或者出现公司章程规定的解散事由需要解散的，应当向国家金融监管总局提出申请，并附解散的理由和支付存款的本金和利息等债务清偿计划。经国家金融监管总局批准后解散。所以乙商业银行应向国家金融监管总局提出解散申请，而不是辖区市场监督管理局，A、C项错误，D项正确。

根据《商业银行法》第71条第2款的规定，商业银行破产清算时，在支付清算费用、所欠职工工资和劳动保险费用后，应当优先支付个人储蓄存款的本金和利息。而本题中乙商业银行是因被收购而解散，并非破产清算，所以不适用该规定，B项错误。

10. **答案**：A。《证券法》第33条规定："股票发行采用代销方式，代销期限届满，向投资者出售的股票数量未达到拟公开发行股票数量百分之七十的，为发行失败。发行人应当按照发行价并加算银行同期存款利息返还股票认购人。"这一规定旨在保护投资者权益，避免发行风险过度转移，因此，A项正确。

主承销商可以由一家证券公司担任，也可以由多家证券公司组成的承销团联合担任。特别是在大型证券发行项目中，常由多家券商组成承销团共同完成发行任务，以分散风险、整合资源。因此，B项错误。

证券包销是指证券公司将发行人的证券按照协议全部购入或者在承销期结束时将售后剩余证券全部自行购入的承销方式；而代销才是证券公司代发行人发售证券，承销期结束时将未售出证券退还发行人的方式。因此，C项概念混淆，错误。

并非所有证券发行都需采取承销方式。例如，部分非公开发行的证券，发行人可直接向特定投资者发行，无须经过证券公司承销。因此，D项表述过于绝对，错误。

多项选择题

1. **答案**：AC。上市公司董事与董事会会议决议事项所涉及的企业有关联关系的，不得对该项决议行使表决权，也不得代理其他董事行使表决权。梁某与A公司投资的目标公司J公司存在关联关系，A公司对此投资决策表决时，梁某不能参与表决，A项正确。梁某无表决权，王某无法代其进行表决，B项错误。

如果对此投资事宜，A公司董事会中无关联董事不足3人，说明董事会对此无决策能力，提案应交由股东会审议，C项正确。公司有权对外投资，法律没有限制公司根据章程的规定由股东会或董事会作出决议，D项错误。综上，本题答案为AC。

2. **答案**：AB。有限公司具有人合性，公司增资时，原股东有优先认购新股的权利。各股东对于新股的认购比例，由全体股东共同约定，如果没约定的，按原股东的实缴出资比例分配，无论采用哪种方式确定，均与原7：2：1的认缴出资比例没有必然联系，A项正确。

有限公司增加注册资本时，股东认缴新增资本的出资，依照公司法设立公司缴纳出资的有关规定执行。不强求一次性缴足，B项正确。C项，注册资本属于公司章程的必备记载事项，增资后注册资本增加了，公司章程应当作对应修改，C项错误。

公司增加或者减少注册资本，应当依法向公司登记机关办理变更登记，且登记变更时，增资才生效，D项错误。综上，本题答案为AB。

3. **答案**：BCD。甲作为新的有限合伙人加入合伙企业，对其入伙前和入伙后的债务以认缴的出资额为限承担有限责任，A项正确。

有限合伙人以其认缴的出资额为限对合伙企业债务承担有限责任。有限合伙人出资后，其责任已经承担完毕，“个人丧失偿债能力”并不会影响该责任的承担，不影响有限合伙人的身份所以“个人丧失偿债能力”并非有限合伙人当然退伙的理由，B项错误。

有限合伙人丧失民事行为能力没有给合伙企业带来任何变化，不会导致其退伙也不影响其作为有限合伙人的身份，C、D两项错误。

4. 答案：BCD。《票据法》第102条规定："有下列票据欺诈行为之一的，依法追究刑事责任：（一）伪造、变造票据的；（二）故意使用伪造、变造的票据的；（三）签发空头支票或者故意签发与其预留的本名签名式样或者印鉴不符的支票，骗取财物的；（四）签发无可靠资金来源的汇票、本票，骗取资金的；（五）汇票、本票的出票人在出票时作虚假记载，骗取财物的；（六）冒用他人的票据，或者故意使用过期或者作废的票据，骗取财物的；（七）付款人同出票人、持票人恶意串通，实施前六项所列行为之一的。"故本题答案为BCD。

5. 答案：ACD。《保险法》第44条规定，"以被保险人死亡为给付保险金条件的合同，自合同成立或者合同效力恢复之日起二年内，被保险人自杀的，保险人不承担给付保险金的责任，但被保险人自杀时为无民事行为能力人的除外。保险人依照前款规定不承担给付保险金责任的，应当按照合同约定退还保险单的现金价值"。故A项错误，当选。

《最高人民法院关于适用〈中华人民共和国保险法〉若干问题的解释（三）》第1条规定，"被保险人同意并认可保险金额"可以采取书面形式、口头形式或者其他形式。但他人代签的，不能认为被保险人已经表示同意，除非有证据证明被保险人明知他人代其签名同意而未表示异议。王某让杨某代签，即王某知晓此事且同意，故B项正确，不选。

根据《保险法》第34条第1款、第2款规定，"以死亡为给付保险金条件的合同，未经被保险人同意并认可保险金额的，合同无效。按照以死亡为给付保险金条件的合同所签发的保险单，未经被保险人书面同意，不得转让或者质押"。C项错误，当选。

根据《保险法》第33条规定，"投保人不得为无民事行为能力人投保以死亡为给付保险金条件的人身保险，保险人也不得承保。父母为其未成年子女投保的人身保险，不受前款规定限制"，本题中杨某为其妻王某购买保险，若王某为无民事行为能力人，该保险合同无效，故D项错误，当选。

6. 答案：BD。《证券法》第63条第1款规定："通过证券交易所的证券交易，投资者持有或者通过协议、其他安排与他人共同持有一个上市公司已发行的有表决权股份达到百分之五时，应当在该事实发生之日起三日内，向国务院证券监督管理机构、证券交易所作出书面报告，通知该上市公司，并予公告，在上述期限内不得再行买卖该上市公司的股票，但国务院证券监督管理机构规定的情形除外。"据此可知，甲只是在规定的期限内不能再买入力扬公司的股票，而不是无权再买入力扬公司的股票。A项错误。

《证券法》第62条规定："投资者可以采取要约收购、协议收购及其他合法方式收购上市公司。"B项正确。

甲的信息披露行为违法，但是其购买股票的行为是合法的，因此不能撤销购买股票的行为。C项错误。

《证券法》第71条第1款规定："采取协议收购方式的，收购人可以依照法律、行政法规的规定同被收购公司的股东以协议方式进行股份转让。"D项正确。

7. 答案：ABCD。《证券法》第53条第1款规定："证券交易内幕信息的知情人和非法获取内幕信息的人，在内幕信息公开前，不得买卖该公司的证券，或者泄露该信息，或者建议他人买卖该证券。"

8. 答案：AB。《企业破产法》第80条规定："债务人自行管理财产和营业事务的，由债务人制作重整计划草案。管理人负责管理财产和营业事务的，由管理人制作重整计划草案。"因此，尚友公司自行管理财产与营业事务时，由其自己制作重整计划草案。A项正确。

《企业破产法》第82条规定："下列各类债权的债权人参加讨论重整计划草案的债权人会议，依照下列债权分类，分组对重整计划草案进行表决：（一）对债务人的特定财产享有担保权的债权；（二）债务人所欠职工的工资和医疗、伤残补助、抚恤费用，所欠的应当划入职工个人账户的基本养老保险、基本医疗保险费用，以及法律、行政法规规定应当支付给职工的补偿金；（三）债务人所欠税款；（四）普通债权。人民法院在必要时可以决定在普通债权组中设小额债权组对重整计划草案进行表决。”可见，债权人会议应该按照债权分类，分组表决。B项正确。

《企业破产法》第84条第2款规定：“出席会议的同一表决组的债权人过半数同意重整计划草案，并且其所代表的债权额占该组债权总额的三分之二以上的，即为该组通过重整计划草案。”由此可知，重整计划草案的通过需要人数的过半数同时债权占到本组债权总额的2/3以上。C项错误。

《企业破产法》第86条第1款规定：“各表决组均通过重整计划草案时，重整计划即为通过。”D项错误。

9. **答案**：ACD。票据具有流通性，为了确保其流通性，票据的每个环节均应保证无条件付款，所以保证不得附有条件，附有条件的，不得影响对汇票的保证责任，A项错误。

保证日期并非保证行为成立的必要条件，没有记载的可以做推定。保证人在汇票或者粘单上未记载保证日期的，出票日期为保证日期，B项正确。

对于戊而言，甲、乙、丙、丁均是其前手，当戊被银行拒绝承兑后，戊有权对甲、乙、丙、丁中的任何一个或几个行使追索权，主张连带责任。所以票据保证人与被保证人对持票人承担的是连带责任，没有前后顺序，也没有份额或先诉抗辩权，C项错误。

丁承担保证责任对戊付款后，成为新的票据权利人，可以对其前手义务人行使再追索权。追索对象包括甲、乙、丙，不限定在保证的相对关系中，并非只能向丙追索，D项错误。综上，本题答案为ACD。

10. **答案**：ACD。本题考查对保险公司的高级管理人员的任职限制。《保险法》第81条规定，保险公司的董事、监事和高级管理人员，应当品行良好，熟悉与保险相关的法律、行政法规，具有履行职责所需的经营管理能力，并在任职前取得保险监督管理机构核准的任职资格。保险公司高级管理人员的范围由国务院保险监督管理机构规定。《保险法》第82条规定：“有《中华人民共和国公司法》第一百四十六条规定的情形或者下列情形之一的，不得担任保险公司的董事、监事、高级管理人员：（一）因违法行为或者违纪行为被金融监督管理机构取消任职资格的金融机构的董事、监事、高级管理人员，自被取消任职资格之日起未逾五年的；（二）因违法行为或者违纪行为被吊销执业资格的律师、注册会计师或者资产评估机构、验证机构等机构的专业人员，自被吊销执业资格之日起未逾五年的。”上述法条中引用的“《中华人民共和国公司法》第一百四十六条”对应《公司法》（2023修订）第178条，该条规定：“有下列情形之一的，不得担任公司的董事、监事、高级管理人员：（一）无民事行为能力或者限制民事行为能力；（二）因贪污、贿赂、侵占财产、挪用财产或者破坏社会主义市场经济秩序，被判处刑罚，或者因犯罪被剥夺政治权利，执行期满未逾五年，被宣告缓刑的，自缓刑考验期满之日起未逾二年；（三）担任破产清算的公司、企业的董事或者厂长、经理，对该公司、企业的破产负有个人责任的，自该公司、企业破产清算完结之日起未逾三年；（四）担任因违法被吊销营业执照、责令关闭的公司、企业的法定代表人，并负有个人责任的，自该公司、企业被吊销营业执照、责令关闭之日起未逾三年；（五）个人因所负数额较大债务到期未清偿被人民法院列为失信被执行人。违反前款规定选举、委派董事、监事或者聘任高级管理人员的，该选举、委派或者聘任无效。董事、监事、高级管理人员在任职期间出现本条第一款所列情形的，公司应当解除其职务。”故本题应选A、C、D。

名词解释

1. **答案**：股东名册是记载股东姓名、名称和股东出资额、出资证明书编号等事项的重要法律文件，是表明股东地位、确定公司与股东关系、确认股东对公司的权利义务的凭证，是公司必备的文件之一。

2. **答案**：私募发行，又称不公开发行、内部发行、定向发行或“私人配售”，是指面向少数特定的投资者发行证券的发行方式。

3. **答案**：依《证券法》第44条第1款之规定，短线交易，是指上市公司、股票在国务院批准的其他全国性证券交易场所交易的公司持有5%以上股份的股东、董事、监事、高级管理人员，在法定期间内（我国规定为6个月），将其持有的该公司的股票或者其他具有股权性质的证券在买入后卖出，或者在卖出后内又买入的行为。

4. **答案**：破产撤销权，通常是指破产管理人对破产债务人在破产程序开始以前的法定期间内（或称临界期或嫌疑期）与他人进行的，损害债权人利益的行为，有否认其效力，申请法院予以撤销该行为，并将因该行为产生的财产利益回归破产财产的权利。

5. **答案**：回头背书，亦称还原背书、回还背书、逆背书，是指背书人以转让票据权利为目的，以原票据债务人（如出票人、背书人、承兑人、保证人、付款人等）为被背书人而依法所为的背书。

简答题

1. **答案**：从学理上讲，总括各国实践，可将公司法人格否认制度的适用情形主要分为（但不限于）以下四个方面：

（1）公司资本显著不足

公司财产独立是公司法律人格要素之一，而在此意义上的财产首先指的便是公司资本。公司以资本作为其对外独立承担责任的最低担保，与债权人的利益密切相关。因此公司资本显著不足，往往是导致公司法人格否认的重要因素。

（2）利用公司独立人格逃避合同义务

具体而言，大致可分为以下三种：①为回避契约上特定的不作为义务（如竞业禁止），表面设立新公司或利用其原有的公司，假借公司名义掩盖其真实行为。②“脱壳经营”，即控股股东为逃避原公司巨额债务而抽逃资金或解散该公司或宣告该公司破产，再以原设备、场所、人员及相同经营目的而另设一公司的行为。③当事人利用公司名义转移财产进行诈欺以逃避合同义务的行为。

（3）滥用公司法人格规避法律义务或骗取非法利益的行为

这一情形是指股东利用新设立公司或既存公司的独立人格，人为改变了强制性法律规范适用的前提，从而达到规避法律义务之目的的行为。

（4）公司与股东人格混同

公司与股东人格混同在一人公司和母子公司中表现得尤为明显，其基本表征如下：①财产混同。一方面表现在公司财产与股东财产在实际经营上的混同，无法严格区分；另一方面表现在公司与股东或一公司与他公司利益一体化上。②业务混同。一公司完全以另一公司或股东的利益需要为准而进行交易活动，使交易方无法分清是该公司还是其股东及其他公司的交易行为，使公司形式上的独立性都无法获得保证。③组织机构混同。公司组织机构包括公司的意思机关、执行机关及监督机关，组织机构的混同势必导致公司独立意思无法形成，从而丧失了公司的本质性法律人格要素。

2. **答案**：破产费用和共益债务的拨付与清偿应遵循以下规则：

（1）破产费用和共益债务由债务人财产随时清偿。在破产程序中，破产费用和共益债务随时发生，为保证破产程序顺利进行，这些费用债务应由债务人财产随时清偿。

（2）破产费用优先清偿。与共益费用相比，破产费用是破产程序本身产生的费用，绝大多数情况下，若破产费用无法支付，破产程序就难以继续进行；而很多时候，债务人财产不足以支付共益债务，并不必然导致破产程序终止。因此，当债务人财产不足以清偿破产费用和共益债务时，应当优先清偿破产费用。

（3）按比例清偿。当债务人财产不足以清偿破产费用的，按照未清偿费用的数额比例予以清偿；当债务人的财产足以清偿破产费用，但不足以清偿共益债务的，将清偿完破产费用后剩余的债务人财产，再按照未清偿的共益债务的数额比例对共益债务进行清偿。

（4）债务人财产不足以支付破产费用时破产程序的处理。在债务人财产不足以支付破产费用时，管理人应当提请人民法院终结破产程序；人民法院应当自收到请求之日起15日内裁定终结破产程序，并予以公告。

论述题

答案：追索权的行使必须具备一定的要件，包括实质要件和形式要件两个方面。

（1）实质要件

行使追索权的实质要件，即持票人行使追索权的法定原因。具体的追索权实质要件，因到期追索和期前追索而有所不同。通常行使的追索权，大多属于到期追索。至于汇票到期为何不获付款，则在所不问。一般情况下，持票人都是因汇票到期不获付款而行使追索权；在汇票到期日届至前，持票人一般不得行使追索权。但是，如果在汇票到期日前客观上发生了某些情况，使持票人汇票权利有无法实现之虞，持票人也可以在到期日前行使追索权。对此，《票据法》第61条第2款规定："汇票到期日前，有下列情形之一的，持票人也可以行使追索权：（一）汇票被拒绝承兑的；（二）承兑人或者付款人死亡、逃匿的；（三）承兑人或者付款人被依法宣告破产的或者因违法被责令终止业务活动的。"

（2）形式要件

行使追索权的形式要件，是指法定的保全追索权的手续。

①遵期提示承兑或提示付款。持票人未按照票据法规定提示承兑和提示付款的，原则上丧失对其前手的追索权。不过，如果持票人提示承兑遭拒绝，或者付款人或承兑人死亡、逃匿，或有其他原因使持票人无从为承兑提示或付款提示，或者付款人或承兑人受破产宣告或者解散、歇业，持票人可以不为承兑提示或付款提示，而直接向其前手行使追索权。

②作成拒绝证明或者退票理由书及其他合法证明。作成拒绝证明或者退票理由书及其他合法证明是保全追索权手续的一项重要程序，也是持票人行使追索权的一个重要步骤。《票据法》第62条第1款规定："持票人行使追索权时，应当提供被拒绝承兑或者被拒绝付款的有关证明。"

③拒绝事由的通知。拒绝事由的通知，亦称追索通知，是指持票人为向其前手行使追索权，而事先将汇票不获承兑或不获付款的事实告知其前手的行为。《票据法》第66条第1款规定："持票人应当自收到被拒绝承兑或者被拒绝付款的有关证明之日起三日内，将被拒绝事由书面通知其前手；其前手应当自收到通知之日起三日内书面通知其再前手。持票人也可以同时向各汇票债务人发出书面通知。"将拒绝事由通知前手，可以使前手知道汇票的承兑或付款遭拒绝的事实，明确其担保汇票承兑和付款的责任业已发生。因此，将拒绝事由通知前手亦是持票人行使追索权的一项形式要件。

案例分析题

答案：（1）甲公司不能善意取得。根据《最高人民法院关于适用〈中华人民共和国公司法〉若干问题的规定（三）》第7条第1款的规定，出资人以不享有处分权的财产出资，当事人之间对于出资行为效力产生争议的，人民法院可以参照《民法典》第311条"无权处分，善意取得"的规定予以认定。本案中，E公司的出资行为构成无权处分，张三对登记错误知情，而张三既是E公司的法定代表人，同时也是甲公司法定代表人，其主观恶意视为其所代表公司的恶意。因此，甲公司不符合善意取得的条件。

（2）股权归属的约定无效。根据《最高人民法院关于适用〈中华人民共和国民法典〉有关担保制度的解释》第68条第2款的规定，债务人或者第三人与债权人约定将财产形式上转移至债权人名下，债务人不履行到期债务，财产归债权人所有的，人民法院应当认定该约定无效，但是不影响当事人有关提供担保的意思表示的效力。所以，“若股东B到期不还款，则股权归赵六所有”的约定无效，但不影响股权让与担保本身作为一种非典型担保方式的效力，即不影响双方关于以股权担保债务履行这一意思表示的效力。

（3）其他股东没有优先购买权。《公司法》第84条在股权对外转让时赋予其他股东优先购买权的立法目的是维护有限公司的人合性。而股东B与赵六之间的股权变动属于股权让与担保，并非真实的股权转让，本质是为债务清偿提供担保，不会破坏有限公司的人合性，所以不适用《公司法》中关于股东向股东以外的人转让股权时其他股东享有优先购买权的规定。

（4）发生了变更。根据《公司法》第10条第1款的规定，公司法定代表人依照公司章程的规定，由代表公司执行公司事务的董事或者经理担任。《公司法》第66条第2款、第3款规定，股东会作出决议，应当经代表过半数表决权的股东通过。股东会作出修改公司章程、增加或者减少注册资本的决议，以及公司合并、分立、解散或者变更公司形式的决议，应当经代表2/3以上表决权的股东通过。题中变更法定代表人不属于前述需要2/3表决的事项，且进行了登记，因此有效。

（5）甲公司的分红决议应经股东认缴出资额的过半数表决权通过。根据《公司法》第59条第1款第4项的规定，股东会审议批准公司的利润分配方案；第65条规定：“股东会会议由股东按照出资比例行使表决权；但是，公司章程另有规定的除外。”此处并未规定出资比例是实缴还是认缴。《全国法院民商事审判工作会议纪要》第7条规定：“股东认缴的出资未届履行期限，对未缴纳部分的出资是否享有以及如何行使表决权等问题，应当根据公司章程来确定。公司章程没有规定的，应当按照认缴出资的比例确定。如果股东（大）会作出不按认缴出资比例而按实际出资比例或者其他标准确定表决权的决议，股东请求确认决议无效的，人民法院应当审查该决议是否符合修改公司章程所要求的表决程序，即必须经代表三分之二以上表决权的股东通过。符合的，人民法院不予支持；反之，则依法予以支持。”由此可知，实践中，在章程未规定的情况下，股东会会议由股东按照认缴出资比例行使表决权。

综合测试题三

名词解释

1. **答案**：法定资本制，又称确定资本制或实缴资本制，是指公司在设立时，必须在公司章程中明确记载公司资本总额，由股东全部认足并予以实缴、实收的一种公司资本制度。为法国所首创，后为其他大陆法系国家普遍采用。
2. **答案**：复保险合同，又称重复保险合同。《保险法》第56条第4款明确规定："重复保险是指投保人对同一保险标的、同一保险利益、同一保险事故分别与两个以上保险人订立保险合同，且保险金额总和超过保险价值的保险。"为控制风险，防止行为人通过重复保险合同不当得利，投保人应将重复保险的有关情况通知各保险人。
3. **答案**：破产取回权，是指在破产程序中，对于不属于债务人的财产，其所有人或者其他权利人不依照破产程序，通过破产管理人将该财产予以取回的权利。《企业破产法》第38条规定："人民法院受理破产申请后，债务人占有的不属于债务人的财产，该财产的权利人可以通过管理人取回。但是，本法另有规定的除外。"

简答题

1. **答案**：资本维持原则，又称资本充实原则，是指公司在其存续过程中，应维持与其资本额相当的实有财产。公司的注册资本仅仅表现为公司章程中一个被股东认缴或认购的数字，在公司成立时的实有资产仅为股东实际缴纳的股款，而在公司成立后真正作为公司偿债担保的则是公司的自有资产。因此，为使公司的资本具有实际意义，使公司资本与公司资产基本相当，切实维护交易安全和保护债权人的利益，防止公司经营中的欺诈行为，各国公司立法普遍作出相关规定，以体现资本维持原则。资本维持原则不仅被大陆法系国家普遍采用，也在英美法系国家的公司立法中得到体现。

   例如，我国《公司法》体现该原则的有：（1）第105条第2款："发起人、认股人缴纳股款或者交付非货币财产出资后，除未按期募足股份、发起人未按期召开成立大会或者成立大会决议不设立公司的情形外，不得抽回其股本。"（2）第48条第2款："对作为出资的非货币财产应当评估作价，核实财产，不得高估或者低估作价……"（3）第148条："面额股股票的发行价格可以按票面金额，也可以超过票面金额，但不得低于票面金额。"（4）第210条："公司分配当年税后利润时，应当提取利润的百分之十列入公司法定公积金……"（5）第225条第3款："公司依照前两款的规定减少注册资本后，在法定公积金和任意公积金累计额达到公司注册资本百分之五十前，不得分配利润。"等。
2. **答案**：虚假陈述的具体形态主要有：

   （1）虚假记载：是指信息披露义务人在披露信息时，将不存在的情形在信息披露文件中予以记载的行为。其中，财务报表不实是主要表现形式之一。

   （2）误导性陈述：是指信息披露义务人在信息披露时做出使投资人对其投资行为发生错误判断并产生重大影响的陈述。主要体现为所披露事实的语句在理解上存在歧义，且这种歧义与事实不符。在此情形下，投资者无法获得完整、清晰、正确的信息，进而难以做出理性的投资判断。

   （3）重大遗漏：是指信息披露义务人在信息披露文件中，未披露应当披露的信息或者披露得不完全，隐瞒或遗漏了部分重要事项，使投资人难以对所投资企业有完整的判断，造成投资人的判断错误。

（4）未按规定披露：是指信息披露义务人未按照法律、行政法规、规章和规范性文件，以及证券交易所业务规则规定的信息披露期限、方式等要求及时、公平披露信息。广义而言，未按照相关规则规定的时限、方式、内容、格式等披露，都属于未按规定披露；狭义而言，未按规定披露主要体现为未在适当期限内或者未以法定方式披露，违反了信息披露的及时性或者公平性要求。

3. 答案： 破产别除权，是指债权人不依破产清算程序，就属于破产人的特定财产个别优先受偿的权利。我国《企业破产法》未采用别除权的概念，但第109条对此作了规定："对破产人的特定财产享有担保权的权利人，对该特定财产享有优先受偿的权利。"

破产别除权是破产法上的一种特殊权利，其基本特征如下：

（1）破产别除权通常以担保物权为基础。在一般的民事强制执行程序中，设定了担保物权的债权人依"物权优先于债权"的法则，具有就担保物的优先受偿权。在破产这一特殊的强制执行程序中，设定了担保物权的债权即演变为破产别除权。

（2）破产别除权是针对债务人设定担保之特定财产行使的权利。根据我国《企业破产法》的规定，债务人已设定担保之财产不属于破产财产。因此，即便是在破产财产不足以支付破产费用的情况下，也不得从担保财产中拨付，别除权人的权利不受影响。

（3）作为破产别除权成立基础的担保权，必须在破产宣告之前的一定期间已经合法成立。依我国《企业破产法》第31条之规定，人民法院受理破产申请前1年内，债务人对没有财产担保的债务提供财产担保的，破产管理人有权请求人民法院予以撤销。因此，违反上述时间限制设定的财产担保，其债权不能作为别除权而优先受偿。

（4）破产别除权是不依破产程序而行使的权利。破产别除权的行使同样须在破产程序中由破产管理人进行清偿，但不依破产清算程序而个别优先受偿。

4. 答案： 票据行为具有无因性，即权利人享有票据权利只以持有符合票据法规定的有效票据为必要，至于票据赖以发生的原因则在所不问。其实质是将票据行为与作为其发生前提的原因相分离，从而使票据行为的效力不再受其发生原因存在与否及效力瑕疵的影响。票据行为无因性是为了保障票据的流通和安全，而由票据法特别加以规定的。

例如，在基于买卖关系这一原因而签发票据之后，即使后来买卖合同无效或解除，原因关系的债务人不再负价金给付义务，但其出票行为依然有效。如果票据已流入第三人之手，则出票人不得援引原因关系的瑕疵对抗第三人。我国《票据法》第13条"票据债务人不得以自己与出票人或者与持票人的前手之间的抗辩事由，对抗持票人"的规定，即体现了此意旨。

我国《票据法》在追求使用方便、高效的同时，基于票据运作安全的考虑，其第10条、第21条、第74条、第88条等强调原因关系的真实，但不能当然地从这些规定中推断出其否定了票据行为的无因性。转让票据时，即使在不具有交易关系或债权债务关系的人之间签发的情况下，签发或转让票据的行为效力如何，仍然只需审查这些行为在形式上是否符合票据法的要求。如果票据法要求的形式要件具备，票据行为就当然有效。票据行为人不能因为违法签发或转让票据而主张自己所为的票据行为无效，《最高人民法院关于审理票据纠纷案件若干问题的规定》第14条就是票据无因性的具体体现和维护。

论述题

1. 答案： 近因原则是各国在处理保险理赔时一项重要的基本原则。近因原则起源于海上保险，现已广泛适用于所有保险业务的理赔中。在处理保险理赔案件时，判断赔偿与给付保险金的重要条件就是造成保险标的损失的近因是否属于承保的范围，即是否属于保险责任。

在保险法中，所谓近因，是指造成保险

标的损害最直接、最有效的起主导作用或支配性作用的原因。近因原则，是指危险事故的发生与损失结果的形成，须有直接的因果关系，保险人才对发生的损失负赔偿责任。近因原则是确定保险人对保险标的的损害是否负保险责任以及负何种保险责任的原则。保险人按照约定的保险责任范围承担责任时，要求保险人所承保危险的发生与保险标的损害之间存在最直接的因果关系。只有当近因属于保险责任，赔偿人才赔付保险金，否则，保险人不必承担任何责任。我国《保险法》未直接规定近因原则，但在司法实践中，近因原则已成为判断保险人是否应承担保险责任的一个重要标准。近因原则旨在确立一种公平合理的保险人归责机制，并过滤保险领域的道德风险，以保护保险当事人双方。

在实务操作中，认定损害结果发生的近因需要用到顺推（顺序法）和倒推（逆向法）两种方法：顺推法：就是从最初事件出发，按逻辑推理，判断下一个事件可能是什么；再从可能发生的第二个事件，按照逻辑推理判断最终事件即损失是什么。如果推理判断与实际发生的事实相符，则最初事件就是损失的近因。如果最初事件是属于保险责任范围内的事件，则保险人应当为此承担赔偿责任。倒推法：是从结果推原因。从损失开始，从后往前推，即从分析损失开始，分析引起损失的原因是否为前一事件，如果是，则继续再分析导致前一件事发生的原因，直至最初事件为止。假如最初事件由保险风险所致且此事件属于保险责任范围，则保险人应承担保险责任。追溯到最初事件，如没有中断，则最初事件就是近因。

为了更加合理地解决类似原因力在保险事故中的责任问题，比例因果关系应运而生，以便更灵活和公正地处理一些较为复杂的保险纠纷案件。这一理论认为，在引起损失结果的数个原因中，根据比例来确定导致事件发生的直接原因或主要原因。因果关系是客观规律，不能采用“有”或“没有”的做法去判断，而是以事实关系为依据，判断因果关系在具体事件中所占有比例，从而根据比例来定性。根据比例因果关系理论，按比例分配保险人的赔付责任，从而最大限度地平衡保险人和被保险人的利益，体现公正、公平的理念。

2. 答案：对于强化股东尤其是中小股东的保护，《公司法》（2023 修订）主要有落实产权平等保护、中小投资者保护等要求，强化股东权益保护，规范控股股东、实际控制人的行为等措施，具体如下：

（1）完善股东知情权。一是扩大股东知情权的范围，将股份有限公司股东知情权的范围与有限责任公司保持一致，并扩展到可以查阅包括原始凭证和记账凭证在内的会计凭证，即明确有限责任公司和股份有限公司的股东，有权查阅、复制公司章程、股东名册、股东会会议记录、董事会会议决议、监事会会议决议和财务会计报告；有限责任公司的股东和股份有限公司连续 180 日以上单独或者合计持有公司 3%以上股份的股东可以要求查阅公司会计账簿、会计凭证。同时强调，股份有限公司的章程只能对行使会计账簿、会计凭证查阅权的股东持股比例作较低规定。二是明确股东的知情权及于公司的全资子公司，即股东有权依据公司法关于知情权的规定查阅、复制公司全资子公司的相关材料。三是明确股东及其委托的会计师事务所、律师事务所等中介机构查阅复制有关材料，应当遵守有关保护国家秘密、商业秘密、个人隐私、个人信息等法律、行政法规的规定；上市公司股东查阅、复制相关材料的，应当遵守证券法等法律、行政法规的规定。

（2）完善股份有限公司关于临时股东会会议、临时提案的相关规定，维护中小股东利益。一是保障中小股东临时股东会会议召开请求权的行使，明确单独或者合计持有公司 10%以上股份的股东请求召开临时股东会会议的，董事会、监事会应当在收到请求之日起 10 日内作出是否召开临时股东会会议的决定并书面答复股东；二是保障中小股东的临时提案权，明确单独或者合计持有公司 1%以上股份的股东，可以在股东会召开 10 日前提出临时提案并书面提交董事会，公司不得提高提出临时提案股东的持股比例。

（3）增加等比例减资的规定。公司减少注册资本，应当按照股东出资或者持有股份的比例相应减少出资额或者股份，法律另有规定、有限责任公司全体股东另有约定或者股份有限公司章程另有规定的除外。

（4）增加双重股东代表诉讼的规定。明确公司全资子公司的董事、监事、高级管理人员执行职务违反法律、行政法规或者公司章程的规定，给公司造成损失的，或者他人侵犯公司全资子公司合法权益造成损失的，有限责任公司股东、股份有限公司连续180日以上单独或者合计持有公司1%以上股份的股东，可以依法请求全资子公司的监事会、董事会向人民法院提起诉讼或者以自己的名义直接向人民法院提起诉讼。

（5）强化对控股股东、实际控制人行为的规制，保护中小股东合法权益。一是增加规定，有限责任公司的控股股东滥用股东权利，严重损害公司或者其他股东利益的，其他股东有权请求公司按照合理的价格收购其股权。二是将股东异议回购请求权的规定扩大至股份有限公司，明确除公开发行股份的公司外，有下列情形之一的，对股东会该项决议投反对票的股份有限公司股东可以请求公司按照合理的价格收购其股份：公司连续五年不向股东分配利润，而公司该五年连续盈利，并且符合公司法规定的分配利润条件；公司合并、分立、转让主要财产；公司章程规定的营业期限届满或者章程规定的其他解散事由出现，股东会通过决议修改章程使公司存续。三是引入事实董事制度，明确公司的控股股东、实际控制人不担任公司董事但实际执行公司事务的，应当对公司负有忠实义务和勤勉义务。四是引入影子董事制度，明确公司的控股股东、实际控制人利用其对公司的影响，指使董事、高级管理人员从事损害公司利益或者股东利益的行为的，与该董事、高级管理人员承担连带责任。

图书在版编目（CIP）数据

商法配套测试 / 教学辅导中心组编 . -- 12 版 .
北京 ：中国法治出版社，2025. 9. --（高校法学专业核心课程配套测试）. -- ISBN 978-7-5216-5310-6

Ⅰ. D923. 990. 4

中国国家版本馆 CIP 数据核字第 2025XD0636 号

责任编辑：贺鹏娟　　　　封面设计：杨泽江　赵博

商法配套测试

SHANGFA PEITAO CESHI

组编/教学辅导中心
经销/新华书店
印刷/三河市紫恒印装有限公司
开本/787 毫米×1092 毫米　16 开　　　　印张/ 26. 75　字数/ 538 千
版次/2025 年 9 月第 12 版　　　　2025 年 9 月第 1 次印刷

中国法治出版社出版
书号 ISBN 978-7-5216-5310-6　　　　定价：68. 00 元

北京市西城区西便门西里甲 16 号西便门办公区
邮政编码：100053　　　　传真：010-63141600
网址：http：//www. zgfzs. com　　　　**编辑部电话：010-63141791**
市场营销部电话：010-63141612　　　　**印务部电话：010-63141606**

（如有印装质量问题，请与本社印务部联系。）